杜月笙外传

DUYUESHENG

陈重伊◎著

中共党史出版社

图书在版编目（CIP）数据

杜月笙外传 / 陈重伊著. -- 北京：中共党史出版
社，2014.7
ISBN 978-7-5098-2664-5

Ⅰ.①杜… Ⅱ.①陈… Ⅲ.①杜月笙（1888～1951）
- 传记 Ⅳ.①K828.9

中国版本图书馆 CIP 数据核字(2014) 第 096543 号

出版发行：**中共党史出版社**
责任编辑：姚建萍
复　　审：陈海平
终　　审：吴　江
责任校对：龚秀华
责任印制：谷智宇
责任监制：贺冬英
社　　址：北京市海淀区芙蓉里南街 6 号院 1 号楼
邮　　编：100080
网　　址：www.dscbs.com
经　　销：新华书店
印　　刷：香河县闻泰印刷包装有限公司
开　　本：170mm×240mm　　1/16
字　　数：440 千字
印　　张：27.75
印　　数：17001-20000 册
版　　次：2014 年 7 月第 1 版
印　　次：2019 年 9 月第 3 次印刷

ISBN 978-7-5098-2664-5
定　　价：49.80 元

前　言

提起十里洋场上海滩的陈年往事，没有人不会想起海上闻人——杜月笙。

杜月笙是20世纪上半叶上海滩上最富有传奇性的一个人物，他从一个小瘪三混进十里洋场，成为上海最大的黑帮帮主；他文质彬彬，一副书生气，却心狠手辣，杀人如麻；他为虎作伥，却又有着鲜明的爱国心；他狡猾、奸诈，却又很讲义气，他出身贫民窟却又成为涉足娱乐、文化、教育、金融、新闻各业的财富大亨，他出入于红道、黑道，游刃于商界、政界，他是上海滩黑社会里最引人注目的猛汉，一生都是惊心动魄的传奇……

杜月笙，一个上海滩的瘪三，凭什么成为黑帮老大？

杜月笙看起来是个文弱书生，为什么能够把中国最大最具威慑力量的黑帮统帅得服服帖帖？

杜月笙杀人如麻，无论是红道还是黑道，上海滩为什么却流传着"有事找杜先生"？

杜月笙与张啸林是最铁的哥们，不为争权，也不为夺利，为什么最终他亲手把同门兄弟送上了不归的黄泉之路？

杜月笙人见人恨，为什么却偏偏有七个女人围着他转？

……

这一切都是难解的谜，这一切都是杜月笙人格和性格最复杂之处，本书采撷正史、野史、传说撰写而成，故事曲折复杂，较好地展示了杜月笙富有传奇色彩的人生。

目 录

第一章 江湖有点乱

1.兜兜转转,又回到原点/1
    英雄不问出身低/1
    卖水果的发不了财/2
    穷则思变,偏得"贵人梦"/3
    人在江湖飘/6
    诡怪的"爱情"/8

2.入了那个黑圈子,人就变成野兽/11
    赌近盗,淫近杀/11
    近朱者赤,近墨者黑/13
    井底之蛙的豹子胆/14
    干的坏事居然上了报纸/15

3.别了窑子,入了青帮/17
    高人从细节中找出了症结/17
    黑帮有人不知的密道/18

4.传奇,才是真人生/21

发迹,很多时候是抓住了机会/21

邪正之间,他是人还是鬼？/23

少了张屠夫,就吃吃混毛猪/24

高人是老婆/26

老方丈打拳,出手不凡/28

对这个"土豪宫殿",连门也进不了/30

5.巧遇救星入黄府/31

混得山穷水尽,无路可走/31

大人物很和蔼/33

一场虚惊,只因太紧张/36

第二章　江湖黑

1.要命的江湖带血腥/37

抓住了师母的心/37

恶人也难当/38

说一套,做一套/41

2.孤胆抓盗贼/43

胆大要出头/43

光有胆识不行,还得有智慧/44

看问题,得有功力/46

3.是锥子早晚刺破口袋/47

夜路走多了,难免撞上鬼/47

老板不乏小聪明,但缺乏大智慧/48

荐入赌场,先碰了壁/51

母老虎出马,一个顶仨/52

4.散尽千金却娶了老婆/54

放长线钓大鱼/54

钱乃身外之物/55

女流才是江湖高人/57

无梁不成屋,无妻不成家/59

孩子是人际关系亲密的桥梁/61

第三章 江湖了不得

1.收了个徒儿,又摆平了严老九/63

乍入芦圩不知深浅/63

"萧何"惹了祸/66

以柔克刚/68

2.大盗不操戈/70

和气生财捞资本/70

江湖一把伞,容吃不容攒/72

斯斯文文的"杜先生"/73

3.与官府抢生意/74

意外的消息/74

拜把子兄弟开"茧店"/76

第四章 黑白勾结

1.巧用一人,打通了官府之门/78

官场有同学/78

闯祸不断的传奇/79

难兄难弟有故事/81

军阀、租界、帮会三方合为一体/83

2.当了"大总统"的保镖/84
　　官场还不如江湖/84
　　这个世界上真有狐仙？/86

3.美人计与禁烟令/88
　　声势很大/88
　　不好烟土却好色/89
　　上歪中邪下乱来/91

4.冤家宜解不宜结/93
　　让冤家变亲家/93
　　玩不通，找中介/95
　　好事就会多磨/96
　　卤水点豆腐———一物降一物/97
　　曲径通幽更高明/99

第五章　无情的江湖

1.师徒都有了新欢/101
　　师傅生了花心/101
　　徒弟也花心/104
　　惹上了"官二代"/107
　　黄雀在后/111

2.设计救黄，却一心为己虑/113
　　救夫如战场/113
　　没有比坐牢更糟糕的事/115
　　家有贤妇/117
　　不捞不贪，何必当官！/120

夫不遭枉祸/123

3.与结发妻离了婚/124

　　婚变,母老虎发威了/124

　　外出搬救兵/126

　　新人笑,却不见旧人哭/127

　　自古美人爱少年/129

　　牛栏里关猪——靠不住/131

4.重排座次:杜、黄、张/134

第六章　仗义的江湖

1.六箱珠宝失而复得/137

　　好不容易的养老钱没了/137

　　比电影还戏剧化的情节/138

　　人为财哭/140

　　江湖自有神通之人/141

2."有事,找杜先生去!"/143

　　当年总理居然向江湖求助/143

　　老百姓的事情,他也帮/144

3.强龙压不住地头蛇/145

　　两边当好人/145

　　有义乎? 有信乎? /146

　　他要给你,你不要也得要/148

4.仗义支持打洋官司/150

　　车夫开戏院/150

祸从天降/152

英雄有虎胆/153

三人行,必有我师/155

给国人争面了/157

第七章　江湖遇大佬

1.与政客周旋,但有坚持/159

处于巨大漩涡之中/159

两个真假"张大帅"/161

没完没了的接待/163

2.流氓也斯文/165

上流社会不能粗俗/165

换着花样与文人结交/166

杜先生还"兼管"新闻/167

3.美人计救城/168

红道黑道不约而同做着同一件事/168

要妓女"救城"/169

杜先生竟然是"革命党"/172

关键时刻救了急/175

英雄末路/178

4.江湖离不开政治/178

深夜急召是何事? /178

高人难知底细/179

深夜才微露一点端倪/181

图穷匕首见/184

付之于行动很出力/185

付之于行动很果决/187

5.参与"国家大事":以自家为陷阱/188

　　手下有高手/188

　　下决心要来努力学习/190

　　上海工界另有传奇人物/191

　　革命者惨遭暗算/193

　　惊心动魄的时刻/196

6.四一二政变的急先锋/199

　　狂徒们充当政变打手/199

　　洋人也买江湖的帐/203

　　同谋者浮出了水面/207

7.情海余波/209

　　新地位与新秀新政的矛盾/209

　　周旋在黄、张之间/211

8.碰上了恋爱的苦杯/215

　　不能与心上人说上一句话/215

　　两代人做两次媒都成了/216

　　新太太,新欢喜/218

第八章　江湖不缺钱

1.插手金融业/220

2.禁止日货,于松乔撞墙/229

3.听了吴铁城的话软了下来/234

4.一二八淞沪之战爆发/240

5.介入国际交涉/244

第九章 江湖上的多面手

1.跑江湖的成了"银行家"/257

　　有钱人也有心病/257

　　见缝插针/259

　　掌控了民营银行/260

2.四两拨千斤跨身工商界/261

　　不出一分钱的收购/261

　　不出一分钱的当选/263

3.航运业的新巨头/265

　　大达公司的风水走了/265

　　斜拉里杀出个"程咬金"/266

　　高老太爷"衣锦还乡"/269

　　江湖多是大吃小/271

4.在纱布交易中坐交椅/273

　　交易所就是玩猫和老鼠的游戏/273

　　救兵好难搬/275

　　怎么来的怎么去/277

第十章 江湖也要讲骨气

1.是条汉子/280

　　江湖之人敢斗日本人/280

　　支持抗日/282

战火中的上海/286

救国敢于挑重担/288

2. 杜先生也是敌方挖墙脚的对象/291

海军"慧眼"看上了他/291

软硬都不吃/293

惹不起,躲得起/295

3.江湖兄弟分道扬镳/296

4. 在天罗地网中脱身/301

5. 在香港仍是中心/305

门庭若市,搞起了会食制/305

"拉角"拉得台柱尽折/307

6.原配去世,一夜感慨不已/309

7.拆了汪精卫的台,却得了后来致命的病/311

政客比婊子还没骨气/311

爱国没有江湖内外之别/312

死里逃生不得闲/314

让卖国行径公诸天下/317

杀不了的江湖英雄/319

8.铁血锄奸,兄弟朋友都杀/320

痛苦万分的锄奸/320

把兄弟的铁心/321

徒弟杀了师傅的老兄/324

杜门弟子显神威/327

9.管家万墨林被抓/328

全国帮会总龙头/328

项庄舞剑,意在沛公/329

还是主人的面子大/332

10.撤离香港/334

　　"凡是我的人，暂不考虑。"/334

　　海上营救/335

　　家人走最后/337

第十一章　江湖多险滩

1. 胜利还乡，弟子居然成对手/340

　　酒醉胜利夜/340

　　近乡情怯？/341

　　回上海竟然没回家/343

　　平生最最伤心悲切的一次大号啕/344

2. 操纵米价"风波/346

　　事出有因/346

　　意外的结局/347

3. 当上全国纺联盟主/349

　　"三大亨"让步"最大亨"/349

　　敢与官商叫板/351

4. 盛名之下无虚士/354

　　只捞一把名声/354

　　好玩的选举/355

　　官多不压身/356

5. 迟来的艳福/360

　　不愿过的花甲大庆/360

　　最好的礼物/362

6. 不愿儿女们走自己的老路/366

　　忙忙碌碌又一春/366

　　"守法第一人"？/367

　　虚惊一场的"被打虎"/369

7.局势危急,仓皇出逃/372

　　恐怖的上海滩/372

　　他也难为无米之炊了/373

　　不募捐就是投共？/374

　　决定要走了/375

　　仓皇南去/377

第十二章　飘泊的江湖

1.处乱世一个"稳"字诀/380

　　偌大的家/380

　　不贪心所以没惹祸/381

　　病急乱投医/383

2.有人坚持要回上海/383

3.秘书跑了/385

　　风起青萍之末/385

　　理解不了新中国/386

　　冰释前嫌/388

　　干了十一二年的秘书居然走了/390

4.心系上海,惊魂不宁/392

　　前车之鉴？/392

　　斗智斗勇,却无果而终/395

　　病让人变得越来越胆小/397

5.希望破灭/399

6.信江湖术士丢了命/403

　　寻找生命的力量/403

　　真真假假的谶语/404

　　一个耐人寻味的故事/405

　　催命书来自台湾/407

7.红颜知己,冬皇之爱/408

8.我不想活了/411

　　一句话的"惊醒"？/411

　　自己吓自己/412

　　秘密原来在这里/414

9.死了五次,才撒手人寰/416

　　唯一能救命之人/416

　　难以侍候的病人/420

　　交代后事："死后要回大陆"/421

　　总在鬼门关前打转/425

　　终于有人说出了真话/428

第一章 江湖有点乱

1. 兜兜转转,又回到原点

英雄不问出身低

杜月笙出生于江苏省川沙厅高桥南十里的杜家宅。

他的父亲叫杜文卿,也算是个大户人家。但杜月笙出生时,杜氏已经家道衰落,20多岁的杜文卿不得不出外谋生,先后做过茶馆的"堂倌"、码头的"扦子手",后来与人合资,在杨树浦开了一爿叫永昌的小米铺,聊以养家糊口。

这时正值大清朝衰势的岁月。杜月笙出生的第二年,即遇凶岁。母亲朱氏无奈,怀抱刚满周岁的儿子离家,投奔在杨树浦开米店的丈夫。谁知杜文卿的米店因灾荒而无法营业,不能养家糊口。朱氏只得撇下嗷嗷待哺的儿子,怀着身孕进杨树浦纱厂做挡车工。每天12小时的挡车工实同苦力,体质孱弱的她不到半年,便因极度疲劳而弃世。

杜文卿无钱营葬,只好买了一口薄皮棺材,把亡妻浮厝在杜家祖宅旁的荒丘上。年幼的杜月笙从此失去了亲娘。杜文卿带着一双儿女苦度岁月,终因不胜负担,最终把女儿送给一个黄姓宁波商人,从此杜月笙兄妹永诀。

不久,杜文卿续娶张氏为妻。张氏待杜月笙犹如亲生儿子。此时,杜月笙聪明机灵,很讨张氏欢心。可好景不长,1892年,杜文卿米铺宣告倒闭。年底,杜文卿因操劳过度,溘然长逝。

杜文卿死后,张氏变卖了店铺,带着杜月笙扶柩回乡,把丈夫与原配朱氏合葬。张氏年轻守寡,之后又带着杜月笙回到杨树浦,租了一间小屋,一边卖点米面,一边帮人洗补,艰难地过着度日如年的生活。一年后,杜月笙已满6岁,张氏节衣缩食,把他送进了附近一所私塾。

两年后,张氏出外寻找事做,不幸被流氓"蚁谋党"拐走。从此,杜月笙成了失去双亲的孤儿,之后由舅父养育,孤苦伶仃。

14岁的时候,他离开了无依无靠的家,来到上海滩,在十六铺一家叫做鸿元盛的水果店做学徒。

时为1892年。

卖水果的发不了财

来到花花绿绿的上海滩,诱惑太多了。没几天,杜月笙就好上了赌博。没钱,他就去偷,结果被老板赶了出来。没了工作,衣食无着,他就在街上流浪。

一天,就在杜月笙在大街上饿得慌、惶惶不可终日的时候,碰到了曾和他在一起当学徒的王阿国。

"月笙,你在这干什么?"王阿国就在杜月笙想躲开的时候,叫住了他。

"我,我没做什么,闷得慌。"杜月笙站住脚,如实地说。

看到杜月笙的这副落魄样,王阿国知道他在街上流浪无着,也没多问,就带他来到一家浙江人开的面馆,说:"点两碗面条。"于是,两人一人一碗,边吃边聊了起来。

原来,王阿国师满后,自己在十六铺一带开了一家潘源盛水果店。

吃完面条后,"看在师兄、师弟的情分上,"王阿国说:"你到我的店里去吧!"

就这样,杜月笙当了王阿国水果店的店员。

杜月笙刚进潘源盛时,鉴于上次掉饭碗的教训,一心一意帮王阿国做生意,按月领取薪水,逢年过节还有红利可分,收入也算是很不错。但这种安分守己的日子,并不合杜月笙的心意,干了不到半年,一天他对王阿国说:"师兄,我找你说一件事。"

"什么事情?"

杜月笙说:"你都当老板了,我也自己想立个摊儿,干自己的买卖。"

王阿国见他有心去做自己的事业,什么也没说,将自己一些卖不掉的烂水果送他,并给了一点本钱,杜月笙便在十六铺码头旁边找了一个角落,摆了一个小水果摊。晚上,无处落脚,他就同一些叫花子睡在小客栈的鸽子笼里,有时也在大街的桥下过夜,看样子他是有决心去创业了。

杜月笙穷归穷,小小年纪却有一副侠义心肠。身边有几文钱时,喜欢施舍给那些饿得慌的花子瘪三们,但自己没得吃时,也不客气地敲敲他们的竹杠。在穷兄弟堆里,他渐渐有了一点儿名气。这些叫花子瘪三们送给他一个绰号"莱阳梨"。

杜月笙卖水果,大多是王阿国等人不要的烂水果,他就把那些烂梨等水果削掉皮,或者切块卖,或者用糖腌渍起来卖。久而久之,他练就一手上好的削水果皮的手法。杜月笙干的是小本经营,在诡谲欺诈的上海滩,他既没请客置酒的本钱,又缺乏实力派人物做靠山,谈何容易?尽管精打细算,但总不见赚来大钱。

但是,上海滩有钱的人多的是。每次看到财佬们坐着汽车进汽车出,西装革履,不但财大气粗,而且妻妾成群,杜月笙就心中痒痒,做梦都想过去那种天堂般的生活。可惜,事与愿违,他早起晚归,卖了一年多水果,仍然还是个吃不饱穿不暖的穷光蛋。

在五光十色的上海滩,靠卖水果这种小买卖赚不了几个钱,有时连饭都吃不饱,哪还能谈什么去发达呢?小小年纪的杜月笙,不甘心这样下去,渐渐有心改行了。

穷则思变,偏得"贵人梦"

这一天,杜月笙见生意清淡,闲着没事,想到了在浴德池当扦脚师傅的"扦脚阿二"。

　　阿二是杜月笙在上海最要好的朋友,和他最为知心。他与阿二已有十来天没见面了,身上很久没洗澡,也痒痒的,于是,就收起摊子,准备去浴德池找阿二聊聊天,顺便洗个澡。

　　谁知他在浴德池找来找去,就是找不到阿二,到茶房一打听,方知阿二已有个把星期没来上班了。杜月笙以为阿二的哮喘病又发了,二话不说,拔脚冲出浴德池,三步并成两步往阿二家中跑去。

　　阿二也是个单身汉,就住在浴德池的附近。杜月笙一会儿就赶到了阿二的住处。但是这里房门紧闭,杜月笙敲房门好久,还是不见动静。他去找房东太太,打探阿二的情况。

　　"阿二啊,我也不知道他上哪儿了,只记得上星期来交过房租,还把下月房租也提前交了,可能这些日子不会回来。"

　　"你看他身体怎么样?"

　　"人挺有精神,不像有病。"

　　"你多长时间没见到阿二了?"

　　"好几天了!"

　　杜月笙一听阿二没生病,心定了许多,但一听到他多日没归,又有些不安,找不到阿二,他也没办法,便怀着忐忑不安的心情回家去了。

　　杜月笙回到自己的住处,饭也不做,和衣就倒在床上,胡乱猜着阿二的下落。上海滩很乱,要是阿二有个三长两短,如何是好啊?想来想去,杜月笙心里不是个滋味。正在烦恼时,忽然有人敲门。他恹恹地爬起来,开门一看,原来是楼下的小三,手拿着一封信。

　　杜月笙接过信,回房内,取出一看落款,心中一喜,是阿二写来的,急急读起来,方知阿二现在已在山东青岛了。

　　杜月笙一口气读完信,又喜又惊。喜的是阿二终于有了着落,惊的是,平常不太有声响的阿二干事倒干净利索,竟然到青岛谋事去了。他不禁自叹不如。

　　夜里,杜月笙难以入眠:上海滩实在难混啊!自己在上海摆了这么长时间水果摊,还混不出一个模样来。阿二这个人样子比自己差多了,而这次他却比自己想得远,干得漂亮……

　　原来,阿二见在上海混不出个人样,便决定去闯世界。他听说有人去闯关

东,所以上星期没同任何人打招呼,独个登上去大连的船。想不到,船到了青岛后,海上起了暴风,船在青岛港避风。阿二上岸后,见青岛不错,便决定先在青岛试试看。关东闯不成,闯了山东。阿二在信中说,青岛这地方好混。目前,他在一家木行内当伙计。

杜月笙一夜辗转,睡不着,思绪万千。鸡鸣头遍时,他还没睡着,脑子晕晕沉沉,于是披衣起身,用冷水一洗脸,顿时脑清目明,心想:"我何不像阿二一样,到外头去混混,去闯世界!"想到这,杜月笙决定歇业一天,先到城隍庙去求城隍老爷指点迷津。

大清早,杜月笙饭也没吃,就来到了城隍庙,抢烧了一炷头香,跪着祈求城隍老爷保佑自己发达。烧完香,他去湖心亭喝茶吃了点心,然后在老城隍庙内游玩一阵。当他再次走到庙门口时,只看到庙前有一个拆字摊,摊前人头挤攒,围着一大群人,生意极好,"唷,拆字摊生意这么好啊!"他一抬头,又见摊旁挂着一幅名幡,上书三个字:"张半仙。"

"嗬!好气派。"其他拆字摊都号称"某铁嘴""某铜嘴",他却自称"半仙",杜月笙心中不由一动,何不请这位半仙先生指点我的前程呢?于是,挤到摊前,从"半仙"的纸签中摸出两个纸卷,看也没看,就递给了"张半仙"请他解释。

"张半仙"闭着一只眼,睁开一只眼,接过杜月笙的纸卷,慢声问道:"先生要求何事?"

"先生,我要出门做生意,请问何方吉利,何方不利,前程如何?"

"张半仙"将卷子打开,看了一眼纸卷上的字,又闭上了双眼,口中念念有词,突然他圆睁双眼,大叫一声:"出门东北方,必有贵人帮。好自为之,前途无量。"

杜月笙听了喜出望外,赶忙摸出一块银元,递给"半仙",说了声"多谢",然后喜滋滋地回自己的住处去了。

但是,一回到家中,杜月笙又犯起愁来了,老天啊,天下这么大,东北方是东北方,自己该往何处去呢?到底东北方的哪个地方才有贵人帮呢?他左思右想,突然想到了青岛。这正是东北方向啊!

好友阿二已经去了那里,到了那儿就有照应,好,就去青岛!主意已定,杜月笙顾不得休息,赶快到轮船码头,买了一张去青岛的船票,然后回来打点行

李,一直忙到半夜,才上床睡觉。

第二天,天刚蒙蒙亮,杜月笙起了床,向码头走去,稍待了一会儿,就登船,然后,在晨风中,轮船驶向青岛。杜月笙去青岛"打天下"去了。

人在江湖飘

到达青岛后,杜月笙找到了阿二。

虽然分别不到半个月,阿二却在这家木行当账房先生了,大有一番管家风度。阿二见好友来到,格外高兴,答应介绍他在木行中做工。

第二天,阿二将杜月笙引荐给老板。老板见杜月笙长得清秀灵活,很是高兴,交谈之后又发现他口齿伶俐,反应又快,是块搞推销的料,当下就说:"聘你为木行的推销员。"

杜月笙高兴极了,连声说:"谢谢老板,谢谢老板!"

老板确实没看错人。杜月笙有一张能说会道的嘴和一副精明而活络的头脑,卖水果卖出了生意之道。搞推销正是他的拿手好戏。

结果,由于推销有方,钻营有术,杜月笙几次出马,就为老板承揽了一大批新建洋房所需之材。木行的生意大有起色,日渐兴隆,老板对杜月笙更是另眼相待,视为心腹之人,说:"业务上的事,你可以一人说了算。"

这个木行老板也算是个精明人,但就是有一个缺点——贪色。姨太太有六七房,其中七房姨太二十刚出头,知书达理,还会说一口流利的上海话。老板最宠她。她也操纵着木行的大权。

8月15日这天,七姨太和老板在公馆设宴招待木行的有功人员,共度佳节。

下午6时,杜月笙等人应邀前往老板府邸。

在路上的时候,阿二对杜月笙说:"七姨太相貌好,人品也好,你要注意言谈,不要说大话夸海口。"

"她会和老板一样喜欢我吗?"

阿二说:"我断言七姨太今天肯定要注意你,而且还会难为一下你!"

"为什么呀?"

"因为她可能要试探一下你的真正能力。"阿二然后交代杜月笙如何如何

办。

杜月笙把阿二所说的,一一记在心中。

同行们在老板公馆的客厅里坐齐了。但老板和七姨太还没来,众人坐下来喝茶聊天。约莫过了刻把钟,老板才从屋里出来,和大家寒暄几声后,就大声吩咐说:"开宴吧!"

杜月笙刚坐定,只觉得身后飘来一阵阵香风,刚想回头看时,坐在旁边的阿二已站了起来。杜月笙被阿二拉了一下衣角,还没有反应过来,就听到阿二说:"夫人,您好!"

杜月笙知道是七姨太来了,赶忙站起身。谁知他猛一回头,当即怔住了:好一个七姨太,赛过七仙女!她身材苗条,穿的上等长旗袍差不多是裹在身上,露出了全部线条,下身半隐半露着迷人的大腿,红润的嘴角边隐约挂着一丝儿笑意,耳边拖垂着两串长长的耳坠,颈项上围着一圈用彩珠银牌连缀而成的项串。这真是一个妩媚的女人,杜月笙简直是着迷了,顿时变得舌笨口拙,甚至忘记了应该向七姨太问好。

"夫人,这就是我的兄弟,新近从上海到这儿来干活儿的!"

阿二见状,赶紧说。七姨太嫣然一笑,说道:"这位就是杜先生哦,快请坐,请坐!哦,大家请坐!"

众人一听,忙说:"夫人请坐,夫人请坐!"

席间,杜月笙突然觉得七姨太总是看自己,火辣辣的,立即变得有些不自在了,心想自己有什么举止不当? 正想不如找个理由告退,猛然耳边响起"张半仙"的话:"出门东北方,必有贵人帮!"不由心中一沉,莫非她就是自己的"贵人"?想到这,他随之又一喜,心也定了,话也多了。一时间,他在席上的妙语横生,逗得主宾们前合后仰,笑声不断。

然而,在谈笑之中,杜月笙边说边用眼光去寻找七姨太,顿时,两个人钟情万分,眉来眼去,暗传秋波。酒至半酣,杜月笙情不自禁地夹起一筷子菜来,站起身,面对着七姨太,说:"今晚,我太高兴了,我,我敬……"

话到此时,他只觉得小腿上被人猛踢了一下,心中一惊,一哆嗦酒也醒了大半。原来,阿二已看出一些苗头,生怕杜月笙惹出是非,紧要关头用脚悄悄地猛踢了他一下。这一脚把月笙正将丢掉的心窍踢了回来,他赶忙把菜往嘴里一

塞,连菜带话一起咽了下去,举起酒杯,转而对大家说:"团圆之夜,良宵难忘,我祝大家顺心发达,干杯!请!"

七姨太一听,也笑出了声,跟着说:"干杯!祝大家时时顺心,事事如愿!"

说完,她对着杜月笙又一个秋波抛来,弄得杜月笙的心像有蚂蚁在爬,痒痒的。

为什么七姨太这么眷顾着杜月笙呢?

原来,她早就听老板提起杜月笙生意做得好,并且得知他是从大上海来的心里更是有好感。杜月笙一进入客厅,躲在帘后的她就注意到他的一举一动。杜月笙眉清目秀,老板哪里及得上半点。看着看着,心头就蒙上了一层莫名的感情之纱,大有与杜月笙相见恨晚之情。此刻,作为老板娘,她毕竟老成持重,不露声色,而心中的计划悄然而成,见杜月笙失态之状已经收回,赶忙敬完酒,自己就先回房中休息了。

诡怪的"爱情"

过了几天,老板去济南看望父母、发妻以及子女,将木行的事一一托给阿二和杜月笙。

老板走后,第二天下午,杜月笙独自在木行门市内,正想着七姨太。忽然一个小丫头神神秘秘地送来一封信。杜月笙接过一看,是七姨太写给他的,上面写道:

月笙:

　　与君一面,相见恨晚,多日来甚为思念。老板不在,昨天回济南老家了,望君明晚能来房中以诉心中相思。

七姨太

杜月笙看罢信,先是喜悦,然后是激动,突然他觉得脑门子冲血,血往上撞,心怦怦直跳,坐卧不住了。

次日傍晚时分，杜月笙早早上了门板，回房之后，换了一身干净的衣服，准备去见为之夜不能寐的七姨太。好不容易熬到晚上，他悄悄穿过几条走廊，来到了七姨太屋前。

他轻轻推门，门没有锁，轻捷地来到屋里，把门反锁上。房内香气扑面而来，他先是一阵眩晕，环顾一下室内，柔和的灯光映着浅蓝色的窗帘，床前是粉红色的幔帐，但七姨太并不在屋里。

杜月笙慢慢坐到床边，忽然听到拖鞋的声响。

"月笙，你来了！"

突然，从内屋传来七姨太娇媚的声音。

杜月笙赶忙站起身，七姨太已经漫步走了进来。他只见七姨太头上罩着白色的浴巾，乌黑的秀发尚未晾干，顾盼多情的眼睛描着重重的眼影，千娇万媚尽在这张如桃花一样的脸上。她的身段散发着香气，胴体尽乎赤裸，只裹着一条浴巾，露着光滑如玉的肩膀，下面的玉腿或隐或现。

"月笙，你看我美吗？"

杜月笙看到七姨太的姿态，早已欲火难熬，他一下子冲上前去抱住了七姨太的柳腰。

"别急，让我好好看看你嘛！"七姨太话虽这么说，嘴巴却往他的脸上靠，"吧嗒"一下亲了杜月笙一下，然后推开他，拉着他的手，来到桌子旁边。杜月笙被她柔柔的纤手牵着，依从地坐了下来。七姨太拿过两只高脚杯，倒上葡萄酒："来，月笙，我们先干一杯！"

"好！"

杜月笙明白她的意思，端起了酒杯，放到了嘴边，刚要喝，忽然七姨太用手拦住了他。

"慢着！"说着，七姨太把杜月笙手里的酒杯拉到自己的唇边，而她手中的酒杯却送到了他嘴边。两个人竟喝起了"交杯酒"。

"自那天见到你，我的心就被你勾走了。想得我好苦啊。"

"我也想你！但是不敢高攀。"说着，杜月笙一下抱住了七姨太，对着她的脸和脖颈狂吻。

七姨太半就半推，嘴上说："不要嘛！不要嘛！"

杜月笙一下抱起七姨太,来到床前……

自从有了第一次,两人就经常密约,欢度良宵。然而,七姨太并不满足这样下去,而是想与杜月笙私奔去做长久夫妻,因为木行老板年老色衰,七姨太虽然得到宠爱,但并不喜欢他。一天,她对杜月笙说:

"我不想待在青岛了,你上海有路吗?"

杜月笙一听,心领神会,沉思了一会儿,说:"路是有的,我原来只是一个摆水果摊的,养不活你啊。"

七姨太说:"这个你放心,只要你有路,其余的一切我包了!"

于是,两人细密地商讨出走的计划。

几天之内,七姨太席卷了木行的巨款,带着自己的金银细软,准备和杜月笙离开青岛一起逃去上海。

这天晚上,两人把一切都准备好了后,租了一辆人力车,一登上车就匆匆地说:"去码头!"

哪知,杜月笙与七姨太的姻缘并非预料的那么顺利。正当他们准备私奔出走的时候,木行老板回来了。

两人刚刚转过中汇大楼,迎面飞奔而来一辆马车。马车到了他们近前,戛然而止,随即从车上跳下木行老板和几个随从。七姨太一看,吓得不知如何是好,杜月笙知道躲不开,只好对车夫喊道:"停住。"然后,静等老板走近前来。

原来,老板在济南就得知了此事,气得一夜没睡,第二天天不亮便返回青岛,到了家中,却扑了个空,一问才知七姨太刚走,于是抄近路而来,并且截住了他们。

他铁青着脸,几步冲上近前,对着杜月笙"啪啪"就是两巴掌,口里大骂:"你这个混蛋!好个王八蛋,竟敢占用我的女人,胆子真可以包天了!"

杜月笙没有说话,静静地站着不动。见事情败露,七姨太在车上低声抽泣,老板一见,更是气不打一处来:"你这个贱货,在家给我养汉子,回去我再收拾你!"

说着,他转向杜月笙:"你这个畜生,我念你过去给我效力,我也不罚你,你马上给我滚蛋回上海,我不想看见你。如果再撞见你,扒了你的皮!快滚吧!"

杜月笙回过头,看了一眼如泪人一般的七姨太:

"夫人,对不起!别怪月笙无情义,我没有本事啊!"

已是哭得泣不成声的七姨太抬起泪眼,看了一眼杜月笙,算是对他的送别。杜月笙一转身,就消失在了木行老板和七姨太的视野之中。

就这样,杜月笙又回到了他的上海滩十六铺。

2. 入了那个黑圈子,人就变成野兽

赌近盗,淫近杀

回上海后,杜月笙醒了"贵人帮"的梦,仍开着他的水果店,但情场上的失意使他很沮丧,于是开始沉迷赌博,闲余就跑去与街头那些小瘪三们掷骰子、押单双、推牌九、搓麻将,无所不干,尤其迷恋34门押其一的赌法,赌注也逐渐由小到大。渐渐地,他竟然到了一天不吃不喝可以,却一日不赌难以度过的境地。

杜月笙本来就穷得寒酸,一好赌,日子过得更苦了。身边无钱了,他就喝令几个瘪三伙伴:"把裤子脱下来。"然后拿去当了,再去下赌场。输光了,裤子赎不回来了,他就让他们穿自己的裤子出去,自己则裸身躺在被窝里,呼呼睡大觉。

这样下去,自然不是办法。杜月笙是个有心计的人,开始想办法了。

一天,杜月笙带着几个哥们儿在十六铺码头游荡,忽然计从心来,对一个叫阿狗的耳语几句。随即,阿狗拿着一瓶装着自来水的酒瓶,挤在人堆里。轮船一到,码头上的人特别拥挤。阿狗挤到一对衣着华丽的男女身旁,将酒瓶往地上猛地一砸,"砰"的一声,炸得粉碎。他当即拉住那个女的衣角,大声嚷道:"好啊,你把我的酒给碰碎了,你不赔,小爷今天跟你拼了!"

接着,杜月笙窜了过去,围着这对男女,捋起袖子,半吓半劝地说:"先生,你有话好讲嘛,何必摔酒瓶,这个小师傅替人做生意,这酒哪赔得起?先生,你看怎么办吧?"

他边说边往那个女的身上靠去。那女的吓得浑身发抖,惊慌从手提包拿出

几张钞票丢下,拖着男的就走人。杜月笙拾起钞票,微微一笑,用手指沾着唾沫数了数,"啪"的一声在手背上一弹,抽出一张给阿狗,扬长而去。

杜月笙就这样给小瘪三们出些坏主意,教唆他们如何去使坏,如何去混饭吃,渐渐地,在这一带出名了。

十六铺是三流九教的污浊之地。乞丐、流氓遍地都是,数不胜数,妓院也不少。那些打扮得妖里怪气的"野鸡",挤在人群里拉客,杜月笙也是她们的常客。

在上海滩,妓院很多,分为三四等。头等为"书寓",妓女能弹会唱,善说会道,妓女还被称做"先生",只陪酒,不留宿。二等为"长三",她们七成能喝,陪酒只收三块钱,茶围也收三块,因此又叫"长三"。三等之下为"幺二",陪酒只收两块钱,茶围收一块钱。最低级的妓女,俗称"野鸡",除抽大烟外,就是撩衣解扣,只靠与男人媾欢出卖肉体为生,也叫烟花间妓女。

杜月笙从小就贪玩,父母早逝没人管,很早就试过男女之事。这次青岛之行,更让他体会到了人间至境的快乐,现在除了赌外,拈花惹草也是他生活的内容之一。但他只是一个朝不保夕,吃了上顿没下顿的小摊主,不要说"书寓",连"长三"、"幺二"也不敢问津,他只能到烟花间和"野鸡"乱搞。

这天,杜月笙又来到烟花间。一个约30岁上下的女人,看见杜月笙,便笑眯眯走过来,拍拍他的肩膀:"喂,小兄弟,生意做得不错呀。"

杜月笙尴尬地笑笑,问道:"太太,有事要帮忙?"

那女人道:"我是小东门的大阿姐,想请你到我店里帮忙,愿意不哦?"

大阿姐是小东门烟花间的老鸨,颇有小名气,杜月笙听人谈起过。大阿姐也是听说杜月笙的名气,循声找过来的,拉他到自己那里去撑门脸。杜月笙心想:"我正是落魄时候,吃了上顿儿没下顿儿,能找个地方落脚很不错了,管它是烟花间还是燕子窝!"便有心去那儿,当即一口应允说:"没问题!"

大阿姐立即从袋里掏出几张钞票,对杜月笙说:"好,小兄弟,你先去洗个澡,剃个头,换身衣裳,就来找我。"

大阿姐经营的烟花间是小东门最低一级的妓院,专在码头、街面上拉客。来往嫖客以地痞、流氓为多,也有一些乡下佬。杜月笙来到这后,在花烟间里打杂,代妓女拉皮条,为嫖客跑腿买烟什么的,完全是跑腿的腿子。

这时,上海滩的妓女有个不成文的规矩,结拜"十姐妹"的风气甚盛。所谓

"十姐妹"并非都是女的,而是九个妓女加一个男的或十个妓女加一个男的,这个男的必是黑社会中有势力的人物,妓女与其结拜,就是为求得他们的庇护,而不至于受到嫖客的欺负,作为回报她们对结拜的兄弟,是"白玩"不收钱。杜月笙到这里没多久,就也和几个"野鸡"结成了"十姐妹"。

近朱者赤,近墨者黑

大阿姐在小东门一带的黑社会里吃得开,与三教九流来往甚密。杜月笙浪迹于烟花间,很快与一批流氓、恶棍混得烂熟。接触多了,他很羡慕这些人各霸一方,作威作福,同时感到自己如果没有靠山,就难以在这种蛇蝎出没的地方捞到便宜,而有靠山,就有势力,有势力干什么就都能发财。于是,他有心去做一个敢做敢为的黑道老大。

一天,吃过中饭,杜月笙到客堂里向大阿姐请安,见大阿姐正陪着一个小伙子闲聊。这人生得浓眉大眼,虎头虎脑,牛高马大,20岁刚出头,穿一身黑香云纱衫裤,说话粗声粗气,杜月笙一瞧便知他是这地盘上的角色。于是,他恭恭敬敬地打了个招呼:"先生,您好!"

"新来的?"那人斜视了一眼这位陌生的伙计。

大阿姐介绍说:"这是我的干儿子,叫月笙。泉根,今后你可要多照应照应。"

"多大啦?"

"17。"杜月笙回答。

这个外号"花园泉根"的青年,原名顾嘉棠,住在上海赵家桥,过去曾在北新泾种花,所以得了一个"花园泉根"的绰号。现在,他是十六铺流氓集团"小八股党"中的一名打手,在流氓中以"四大金刚"诨号出名,在十六铺一带颇有名气,是当地一霸。

"嗨,还蛮活络的啊!"泉根走过来,扳了扳杜月笙的肩膀,又用力试试他的腰板,嘴里吐了一句话:"好。这小子将来会有出息的!"

顾嘉棠看中了杜月笙,几天之后就把他拉进了"小八股党"。

在鱼龙混杂的上海滩,自从建立租界后,外商轮船在十六铺码头停泊。贩卖鸦片的生意特别兴隆，一些燕子窝（租界）的老板与土商作鸦片生意时，常遭到抢劫。因此愿意出高价请一批流氓保镖，"小八股党"独霸十六铺，专干此买卖。

在顾嘉棠的提携下，杜月笙很快在"小八股党"里"抖"起来，有了地位。每当有商轮靠码头，他就带几个小流氓蜂拥而上，如果没向"小八股党""孝敬"过的商家，他们就将这些小伙计横路一拦，霸道地说："你们都是背了招牌有店、有家、有依靠的，我们是白天喝西北风，晚上吃露水的，识相的让让路。"

久在码头上跑，这些店伙计也知这批小流氓不好惹，都自认倒霉，识相地跑了，跑不掉的就乖乖地给钱，成为"小八股党"的"布施者"。

杜月笙人很聪明，鬼主意多，于是又用这个办法时常对一些运瓜果、蔬菜的进城农民进行敲诈索要，赚得不少赌资和酒钱。

井底之蛙的豹子胆

杜月笙越混，胆子就越大。

小东门福生街有家人和客栈，店面颇阔，生意兴隆，来往汉口、上海的客商常在此歇脚，买些货物运往内地。这些客商来上海一久，自然沾上烟、赌、嫖的毛病，在客店抽上几口大烟过过瘾。人和客栈老板姓陈，见有利可图，便让茶房去轮船接点小货，补些烟土进行自销。

杜月笙在十六铺混久了，知晓其中内情，便想敲些竹杠。这天，他带着几个小流氓闯进了人和客栈。杜月笙踏进客栈，便煞有介事往账台上一靠，眯着眼睛对账房先生说：

"我是巡捕房的，听说有客人在店里抽大烟，私售洋烟，这可是犯法的，难道你不晓得吗？"

账房先生也是浦东人，见来者不善，慌忙敬上一支"白金龙"香烟，同时赔着笑脸："大爷，您请坐。我们店规规矩矩，只住客，不贩大烟。"

杜月笙用手挡开账房先生伸来的香烟，冷冰冰地说："朋友，你说的是真的？我看见你们茶房在码头上接货，特地来拜访的。"

这时进来一位茶房，账房故意问他："刚才这位大老爷说咱们店里接过小货,你知道吗?"

茶房操着宁波口音搭讪道:"先生,你莫不是弄错了?"

杜月笙将脸一沉,把手一挥:"阿四,上楼去看看。"

账房先生心里有鬼,自知这帮瘟神不可冒犯,慌忙上前拦住,低声下气地说:"大爷,自家人何必做得这么绝情。有话好说!"

这话正合了杜月笙的心意。他伸出手掌一扬:"5块大洋,算是我们兄弟的茶水钱,否则巡捕房里走一趟!"

"好说,好说!"账房先生急忙拿了5块大洋,塞在杜月笙手里。

杜月笙把大洋向空中一抛,伸手一拢,轻巧地往袋里一塞,说声"再见",头也不回推门便走了。

干的坏事居然上了报纸

杜月笙一走,账房先生如送走了瘟神松了一口气,连忙急急上楼,把刚刚发生的事情告诉陈老板。

陈老板也是十六铺混过来的,见不知哪门小角色冒充巡捕上门敲竹杠,立刻写了一张禀帖,要账房拿些大洋,叫过茶房来:"你马上去巡捕房走一趟,查查刚才这帮人的来历!"

巡捕房的包打听与三教九流都有来往,见到人和客栈老板送来的钱和信,收下钱后,马上派人查找,不一会儿就知道了杜月笙的底细。

巡捕房马上发了一张传票到小东门的烟花间。

这时,杜月笙正在十姐妹的九妹房中。他敲诈客栈账房先生后,又突然想起青岛木行的七姨太,心中闷闷不乐,便来到九妹房中,寻求一些解脱。

这九妹原来也是浦东穷人家的女儿,迫于生计才到风尘苑中,比杜月笙年纪还小两岁。但是,她比杜月笙来小东门早些时间。杜月笙虽然从小没了爹娘,但是生得眉清目秀的,做事也比较认真,所以她对他也有好感,见他走了进来,有意与他云雨一番:

"杜哥,你来啦!"

九妹笑着迎了上来。但是杜月笙脸色并不好,她关切地问:"你怎么啦?是不是哪里不舒服？"

杜月笙从小死了爹娘，没人关心过，听到这样关切的话，心里涌起一股暖意，但是没说什么，径直坐到了九妹的床上，靠着她，然后摸住她的手说："没什么，只是突然觉得做人有些没意思。"

虽然两个人年纪不大，但是从小在苦水中长大的他们对生活的艰难已经倍有感受。九妹天天做鸡，受人万般蹂躏，心里也很痛苦，听到杜月笙的话语，便也默默无语。

这样坐着，突然杜月笙一把把九妹拉倒在床上，把她压在身下。九妹本来就有意与杜月笙结交，立即顺势搂紧了他的脖子，两人忘情地吮吻着……

突然，"砰！砰！砰……"响起急促的敲门声，杜月笙正在兴头上，又是在自己的妓院里，于是并不理会，"咣——"的一声，门被踢开了，两名巡捕冲了进来，拿着枪对着赤身裸体的杜月笙说：

"你冒充巡捕敲诈勒索，你被捕了！"

杜月笙一下子被这突如其来的场面吓懵了。乌黑的枪口正对着他，巡捕们的这架势把杜月笙吓慌了。他还未经历过这样的场面呢，一时吓傻了。等他明白过来后，慌乱地穿上了短裤。

大阿姐闻言赶来了，问清怎么回事后，对两位巡捕又是作揖又是说好话。可两位巡捕就是不说话，硬是要带人走。九妹也穿好了衣服，对巡捕抛媚眼："两位哥哥，不要这样啊，我可以好好服侍你们啊！"

最后，好说歹说，巡捕同意由九妹免费侍候之后再说。

为了杜月笙不被抓走，九妹使出看家本领，把两位巡捕"服侍"得舒舒服服，快活无比。之后，巡捕才同意由大阿姐为杜月笙作保，暂不带人。大阿姐给了巡捕房一些好处，这件事才算应付过去了。

但是，陈老板仍不罢休，通知了《民主报》的记者，将杜月笙敲诈勒索的丑闻登报。1911年4月28日，《民主报》果然以"捕房解冒探索诈之杜月笙立案请讯"为题，登了一则新闻。但是，巡捕得了烟花间的好处，报纸登了"请讯"，照样不闻不问。

杜月笙刚露头脚，便栽了个跟头，心里好不气恼，他终究犯事了不知巡捕到底会如何处理，只好缩在大阿姐处，好几天不敢出门。

3. 别了窑子,入了青帮

高人从细节中找出了症结

杜月笙血气方刚,贪玩耍横成性,过了几天,在烟花间就怎么也待不住了。

眼看风声过了,他将全身上下换了一个样,悄悄溜出小东门,径直往西走去。

走了七八里,他来到了八仙桥。

八仙桥属法租界面,是上海的商业重镇。高楼矗立,戏院寥寥无几,但是这里以赌、嫖二行出名,各式各样的赌馆、妓院星罗棋布。八仙桥往南的宝带门外,是一片东倒西歪的破旧木屋,里面全是五花八门的烟花间,一些小市民在辛苦疲劳之后,就在这些低级的游乐场里消闲、鬼混。

杜月笙眯着好奇的眼睛,左看看右看看,走着看着,看到这里的繁华才觉得眼前才是真正的花花世界,感觉自己突然之间长大了,一举手、一投足之间要有都市少年的气派,于是一扫高桥镇上的"瘪三"意识,心想再也不能再像叫花子那样了,要在上海滩做番大事业。但是,如何去实现这一人生宏愿呢?他认为自己无钱无势,也没有好爸爸,还是只能从赌做起。

于是,他往赌摊信步走去。

转一条巷子,突然,他觉得眼前一家赌摊老板颇有些面熟,细一想,记起此人是曾在大阿姐烟花间见过面的"套竿子福生"。他连忙上去,双手一拱,笑盈盈地招呼:"陈老板好!"

"套竿子福生"真名叫陈世昌,住在小东门。此人平生胸无大志,干的是赌、嫖两档营生。但他开赌比较特别,从烟花间妓女吃花酒那里学会的抽竹竿,变化成一套竿子赌具:一个铁筒,插上32只牌九,下尖上方,作签子状;或16支分成五四三二一不等的五色丝线铁签;摊主与赌客,各人插5支,赌牌九,则配出两副大牌,比较大小,赌颜色即比谁的颜色多。摊主一手抱签筒,一手挽竹篮。竹篮里装的是花生糖果。这赌摊可以赌果品,也可以赌现钱。这种流动性的赌摊,是赌行中最次等的。陈世昌在上海滩虽不显眼,但他天天摆摊,日子也还算过得去。

陈世昌见是杜月笙,连忙招呼:"月笙,好久不见,现在可发财了吧?"

"哪里,哪里,刚刚失风,跌了跟头。"杜月笙直言不讳,把自己如何被人和客栈老板告到巡捕房被拿问,现在出来散心的事,详细诉说了一遍。

陈世昌慧眼识人,哈哈一笑,说道:"月笙,你靠大阿姐成不了气候,你要在上海滩混,就得拜老头子、找靠山。有事,不要说师兄弟可以帮帮忙,就是闹出点大娄子,有势力的老头子哪个不是上通天、下通地的码子,到那时,闲话一句不就掩盖过去了!"

经陈世昌这么一说,杜月笙恍然大悟。在上海滩,只要有势力,干什么都发财,没大势力,发了财也保不住,于是便想在这个号称阴阳地界的上海滩找个稳妥的靠山,免得遇事吃亏上当。他立即试问道:"陈老板能不能指条门路?"

陈世昌见杜月笙精明强悍,敢做敢为,便有意拉拢他,说:"你看投身青帮怎么样?"

杜月笙迫不及待地问:"怎么投法?"

陈世昌眨眨眼睛,神秘地露了一句:"三日后开香堂。那天半夜,你在八仙桥小庙等我。"

杜月笙看着他那副神秘的样子,点了点头,虽然不知道陈世昌会给他介绍一个什么样的靠山,青帮是什么,但是,望着扬长而去的陈世昌,想着今后不会受什么欺负,他有说不出的兴奋。

黑帮有人不知的密道

三天后的深夜,月落星稀。

从小东门到八仙桥的小庙路上,不时出现三三两两的夜行人。他们一个个面容严肃,埋头疾走。杜月笙也在其中。突然,他发现恒大水果行的伙计袁珊宝。二人相视一笑,心照不宣。他们都是按人指点,前去加入青帮帮会的。

在进香室之前,按照帮里的规矩,他们都只能算是"侉子",拜师后才能成为青帮中的小师傅。两人早已准备好了拜师红帖,袋里还揣着一个敬师的红包。

这青帮是上海滩势力较大的帮会,青帮势力仅次于洪门,为上海滩第二大帮会,相传有300余年的历史。青帮起源有许多说法,实际上是清朝雍正初年为承运漕粮而形成的。帮中人却把历史渊源推向明朝,以明永乐朝的文渊阁大学士金幼孜为第一代祖师,第二代祖师是罗传,罗传曾收徒三人:翁、潘、钱。乾隆年间,三人为清廷运粮,招徒1326名,带粮船1990只半,因系"帮助清廷",故称青帮。

运粮之后,翁、潘、钱按照军功例,被授予武职,便公开奉罗传为祖师,立下3堂6部24辈,制定10大帮规,使青帮发展为一个严密的帮会组织。3堂是:翁佑堂、潘安堂、钱保堂。6部为:引见部、传道部、掌印部、用印部、司礼部、监察部。24辈按"清静道德、文成佛法、仁伦智慧、本来自信、元明兴礼、大通悟学"排列,一字一辈。10大帮规为:一、不准欺师灭祖,二、不准扰乱帮规,三、不准蔑视前人,四、不准江湖乱道,五、不准扒灰放笼,六、不准引水带跳,七、不准奸盗邪淫,八、不准以卑为尊,九、不准开闸放水,十、不准欺软凌弱。

辛亥革命前,上海滩的青帮以"大"字辈当家,陈世昌是"通"字辈,杜月笙拜陈世昌为老头子,按顺序列为青帮的"悟"字辈,是很低的辈分。

当杜月笙、袁珊宝走到小庙时,陈世昌与邀来撑场面的青帮前辈人物早已到齐了。庙祝已将双扇庙门关住了,但大殿里香烟缭绕,烛火摇曳,神龛前放着一列营纸黑字牌位。杜月笙等人稍等了一会儿,一个引见师出来,然后带着他们这一队"侳子"直趋庙门。杜月笙跟着他们来到庙门时,引见师伸手在门上轻轻敲了三下,听见里面有人高声问道:"你是何人?"

按青帮规矩,在开香堂仪式中,任何人都不能答错一个字。引见师不慌不忙地道名报姓:"我是张某某,特来赶香堂。"

"此地抱香而上,你可有三帮九代?"

"有!"

"你带钱来了吗?"

"129文,内有一文小钱。"

答对了。庙门"吱呀"一声敞开。

引见师便把十来个"侳子"领到神案之前。杜月笙偷眼一瞟,只见神台上放着17位祖师的牌位,正当中一位是:"敕封供上达下摩祖师之禅位"。而陈世昌正端坐在一张靠背椅上,他是这群"徒子"的本命师,他的两旁排坐着两行赶香堂的前辈。

随即,有人端来一盆水,从本命师起,按着辈分次序,一一净手。净手代表淋浴,水只有一盆,手倒有好几十双,轮到杜月笙洗时,净水几乎变成了烂泥浆。然而,他不但没认为脏,反而满心虔敬地洗了又洗。

按照规矩,净好手后,还要斋戒,又一大碗海水被人端过来了。接着,大家又从本命师依次转下去,一人一口,喝时嘴巴不许碰到碗边,喝过净水,就算斋戒过了,从此可以专心致志地迎接神祖了。

这时,抱香师走出行列,高声唱着请祖诗:

> 历代祖师下山来,
> 红毡铺地步莲台;
> 普渡弟子帮中进,
> 万朵莲花遍地开。

在难听的歌声中,杜月笙随着其他人在各祖师牌位前磕头烧香,这时庙门又被关紧,抱香师宣布:

"本命师参祖!"

这时,陈世昌离座就位,面向坛上,先默默念了一首自己都不明白的诗,然后自报家门道:"我陈世昌,上海县人,报名上香。"他报完之后,又行了一个三磕头。在他的背后,在场的人纷纷如法炮制,向着神坛磕头。到此,杜月笙精神一振,跟随引进师参拜命师,参拜在场的本门爷叔。

参见完毕,杜月笙学着众人的样子,把预先准备的拜师帖和贽敬呈递上去。拜师帖是一幅红纸,正面当中一行字:"陈老夫子",右边写三代简历,自己的姓名、年龄、籍贯,左边由引见师领先签押,附写上了年、月、日。

拜师帖的反面,写着一句誓词:"一祖流传,万世千秋,水往东流,永不回顾!"

递上拜师帖之后,赞礼师分给每个人三支香,"徒子"们捧香下跪,恭听传道师介绍帮内历史。介绍完毕,陈世昌俯望着正跪着的"徒子"们问道:

"你们进帮,出于情愿,还是人劝?"

众人回答:"出于情愿!"

于是,陈世昌厉声教训道:"既是自愿,要听明白,本青帮不请不带,不来不怪,来者受戒,进帮容易出帮难,千金买不进,万金买不出!"

杜月笙和其他人诺诺连声:"是,是!"

陈世昌收齐了拜帖,突然威严地喊了一声:"小师傅们受礼!"然后,他又冷冷地扫了众人一眼,便滔滔不绝地讲起青帮帮规及帮内各种暗语、暗号、动作、手势……最后,他说:

"你们掌握了这些,无论走到什么码头,只要青帮人在,亮出牌号,就能得到帮助。但如用错,被视为冒充,也会招来杀身之祸。今后你们都是'悟'字辈的人了。"

就这样,杜月笙和其他十多位同参兄弟便成为青帮正式成员了。

听完陈世昌的训话,杜月笙几乎进了入迷的境界。站立在他身边的是袁珊宝和另一个叫马祥生的人。袁珊宝的眼里也闪着新奇的光泽,但是,黄公馆里当差的马祥生却好像并不在乎这回事,突然他偷偷凑到杜月笙的耳边,操着常州口音道:"月笙,陈老头子只有牛皮功夫,不过是上海滩的小角色而已!"

杜月笙大吃一惊,呆呆地望着马祥生。马祥生闭着一只眼,开着一只眼,深讳莫测地说:"过几天,兄弟带你去同孚里黄公馆去开个眼界。"

杜月笙最近躲在小东门的烟花间憋得太久了,一听有开眼界的事情,马上点了点头,答应同去。

4. 传奇,才是真人生

发迹,很多时候是抓住了机会

果然没过几天,马祥生来了,履行诺言,带杜月笙去同孚里黄公馆去见世面。

这个同孚里黄公馆的主人，不是别人，而是上海滩声势显赫的大亨黄金荣。

黄金荣是法租界响当当的华捕总探目。在路上，杜月笙迫不及待地问起黄金荣的来历。

马祥生在黄公馆里只是打杂的，耳闻一些内情，便在师兄弟面前开始显摆了。于是，他唾沫四扬，滔滔不绝地讲起了所知道的关于黄金荣的一个个传说。

"黄老板小名'小和尚'。"他津津乐道地告诉杜月笙说，"并非是他做过和尚，这里有段来由。当年黄老板才14岁，父亲就得病去世了，留下母亲邹老太太和姐弟4人，依靠母亲给人洗衣服勉强维持生活。但是，一个人工作，全家人还是吃不饱，于是，老太太就把黄老板送到孟将堂内做些扫地、挑水、洗洗菜等零碎活，混饭吃，过着像小和尚那样的打杂生活，因此当时的人就叫他'小和尚'。后来，他遇到贵人，就在巡捕房做了'华人巡捕'……"

这马祥生说的确实是这么回事。黄金荣在上海滩的发迹，确实是一个奇迹。

黄金荣在孟将堂做杂活时，仍然是过着半饥半饱的生活，后来，他母亲又托人把他送到城隍庙一家裱画店当学徒。这家裱画店开设在豫园路环龙桥下塊，名叫萃华堂裱画店。黄金荣做学徒期间很认真。每月拿月规钱400文。做了三年学徒，出师后，师傅又留他站了两年柜台，他虽然能任劳任怨，但是收入也不多，生活仍然清苦，谈不上供养母亲和弟妹，母亲仍靠洗衣服维持生活。黄金荣在萃华堂一共度过了五个年头，除学了些正规的裱画手艺以外，还学会了一些以假充真、偷梁换柱的技巧。

不久，法租界扩充管辖地区，捕房公开招考华人巡捕，黄金荣闻讯立即报名投考，结果被录取为三等华捕。

但是，马祥生所说的"贵人"并不"贵"。他是黄金荣一个邻居陶婆婆的儿子，刚从上海中法学堂毕业，进入法租界捕房当翻译。陶婆婆就叫她儿子在捕房内打了招呼，因此，金榜题名。捕房招考录取20名华捕，后来改组成侦缉队，陶翻译便推荐黄金荣做了领班，人称"二十股党"。

邪正之间，他是人还是鬼？

"黄金荣当了法捕房'包打听'，被派在我们十六铺码头一带管理治安，在这里他地熟人熟。于是破案有功又升了官。"马祥生说。

其实，这其中的内情他就不知道了。

做了"包打听"后，为了获得巡捕房的信任，黄金荣玩起了花招，他一面布置一批喽罗走卒，约好某月某日在什么地点作案抢劫，一面叫另一些喽罗走卒到法租界巡捕房向他"报密"，他再向法国警探报密。这样，他就"掌握"了带人破案的主动权。到了约定的日期和地点，原来那批喽罗果然进行抢劫，结果被黄金荣亲自带领、化装埋伏的侦缉队"一网打尽"。这些盗匪被关进捕房后，黄金荣又在捕房内打点，一一将他们陆续释放出来。法捕房的徐总探看到黄金荣连破盗窃案件，对他很重视，看作是"奇才"。

就是这样玩弄"贼喊捉贼"、"假戏真做"的手法，黄金荣渐渐地在巡捕房有了位置。

但是，除"耍鬼"立功之外，黄金荣办事特别卖力，勤恳认真不说，还"拒收"客商和有钱人的红包。他自以为这样公正廉洁，可以获得更多人的好评，升官升得更快。孰不知却犯了巡捕房的大忌，断了同行的外快，很快在同行眼中成了一个刺头。但因碍着徐总探的面子，众人只好忍耐着。

转眼到了圣诞节。照规矩，包探们都要去法国巡捕总探长办公室拜年。当日，同行们都衣着朴素，故作寒酸，以表示自己平时两袖清风，公正廉洁。但是，黄金荣却穿着一身簇新的绛紫色缎袍，湖色一字襟的绸马褂，派头十足。于是，这位平时对他另眼相待的徐总探看不顺眼了，生硬地说："小黄，你今天穿得挺讲究的嘛！"

"嗨，穿一套新衣，也值得大惊小怪吗！"黄金荣大咧咧地回答，"当包打听，常常得化装办案，穿件新衣裳不过是家常便饭，这也有什么不对的吗？"

徐总探懂的中国话不多，再加上黄金荣苏州口语极重，他的话总探只懂了一半，再看他这副神气，还以为他在顶撞。徐总探本来在上海滩上就不可一世，这一下马上就被黄金荣惹火了，他极为不满地沉着脸说："不行，这样坚决不行！"

"为什么不行？我这样不是为了办案更方便吗？"

"胡说八道,我们巡捕房讲的是廉洁奉公,你这样是在破坏我们的工作风格!"

"我就是要这样,你又能把我怎样?"黄金荣年少气盛,一下子也犟起来了,吃软不吃硬,还把麻脸一绷,眼睛一瞪,这一来反倒吓了总探一跳。他后退了几步,恶狠狠地说:"我看你是不想在这里干了!"

"说对了,大爷不伺候了!"

说罢,黄金荣从袋里掏出巡捕卡,往台子上一丢,转身夺门而出。在场的西捕、华捕被他的狂妄之举都吓呆了。

黄金荣走出总捕房,对着那高高的拱形大门洞骂道:"呸!"

然后,他带着自己的得力助手徐福生,直奔火车站,回苏州老家去了。

苏州是黄金荣的旧地盘,至亲好友也不少。他一到苏州,就住进了苏州商会会长刘正康的家里。徐福生则在玄妙观附近的天香楼茶馆里做跑堂。

在苏州,黄金荣无所事事,每日只是结亲拜友,多方结交朋友,日子倒也过得十分悠闲。

一天,他来到了苏州府衙门的一位捕快家里拜访。这位捕快是个遇事畏首畏尾办事无把握的人。但他的老婆林桂生却十分精明。她本来是苏州吉祥街开妓院出身的,见过世面,而且很有心计,通于世故,不是个等闲之辈。谁知她见到黄金荣气宇轩昂,派头十足,马上就生了爱恋之心。不久,林桂生私下托刘正康说合,脱离原夫,与黄金荣姘居一起了。

就这样,黄金荣成家了。

随后,黄金荣在盘门外青阳地开了一家老天宫戏馆。虽说是戏馆,其实与茶馆相差无几。中间有一个小戏台,三面环抱低窄楼座,每个楼座摆着18张方桌,看客喝茶,嗑瓜子,看戏,随便自选。进戏馆还不必买票,全算在茶钱里。他请了几个伙计在茶馆当班,晚上则自己来照看照看,再加上林桂生心胸见识胜人一筹,因此,生意颇为兴隆,日子也很不错。

少了张屠夫,就吃混毛猪

不知不觉几年过去了。

这一年，上海法租界爆出了几件巨案。几家富商相继被强盗抢劫，绑了肉票，震惊了上海滩。法国巡捕房责成副总巡长石维耶限期侦破。但是，这案子他想尽办法，都无法破，心中甚是烦恼。

这天，石维耶到苏州游玩散心。在天香楼茶馆里，他遇到跑堂徐福生。石维耶一见徐福生："你不是不拿巡捕房薪金的包探助手，又称三光码子吗？"

"我是，是黄老板的人。"

"记得你当时工作颇得力啊！"

"哪里哪里，全靠黄老板指导有方。"

徐福生这么一说，石维耶自然也联想起那年少气盛的黄金荣来，忙问徐福生："黄金荣在哪儿，我想马上见到他！"

徐福生见是号称"西探一号"的副总探，不敢怠慢，忙答道："黄先生在苏州盘门外开了家戏馆。"

"捕房想要他回来，你能说服他回心转意，我重重有赏。"石维耶从口袋里掏出一张五两银票往台上一放。

"先生稍坐。我立刻去找黄先生。"徐福生欣喜若狂，心想只要黄金荣肯出山，他们又熬出了头，在上海滩上又威风了。他连围裙也来不及脱，直往老天宫戏馆跑去。

这时，黄金荣正拥着几个赌客兴高采烈地打麻将。

"先生，先生！"徐福生跌跌撞撞地跑了进来，上气不接下气地说，"黄先生，上海巡捕房来人了。请你马上去一趟。"

黄金荣正赌在兴头上，这时一只脚蹬在椅子上，满面春风，面前一大叠现洋，手上又是一副好牌，手高高举起，正要摊牌，急听徐福生来报，以为上海老家出事了，当即一惊，回头来问：

"福生，出什么事了？"

"'西探一号'来了，要请你出山呢！"

"这是真的？"黄金荣被冷落了多年，虽然在苏州不愁吃不愁穿，日子过得闲悠悠的，但是内心里对上海滩那花花世界仍是朝思暮想，期待有朝一日东山再起。现在居然有了消息，他不敢相信这是真的："福生，不要说假话啊。"

"确实是真的！'西探一号'请你去！"

"好！他现在在哪儿？"

"他就在天香楼等你！"

黄金荣一跃而起，将牌九一甩，顺手把桌面上的洋钱一推："弟兄们，这些钱你们分了！"

然后，他拉着徐福生的手："走，去见见他！"

黄金荣毕竟是吃过捕快饭的，生性狡诈精明，等他踏进茶馆门槛，脑子已冷静了许多，觉得真正要回巡捕房还得仔细考虑衡量。因此，见着石维耶，他不卑不亢地打招呼，两手一拱："石先生，久违了！别来无恙？"

这时，石维耶已打定主意要请黄金荣回去，迫不及待地问道："黄先生何时动身跟我走？"

黄金荣装作不懂他的意思，摇头说："我黄金荣在苏州混得蛮好，为何要去别的地方？"

他一副完全不知情的样子，石维耶急了，指着徐福生急切地说："徐先生没告诉黄先生？我想请先生出山，协助捕房破案！"

黄金荣眉头一皱，沉吟片刻，然后，一副好马不吃回头草的样子，慢慢地吐出一句话："石先生来苏州，不妨先游一下灵岩、天平，金荣明天答复你们！"

"这——"石维耶见黄金荣摆起架子了，心中很不痛快，但招兵容易求将难，为了这不能不破的要案，此时也只好委曲求全，无可奈何地说："好吧，明天听回音，你可要一定跟我回去啊！"

高人是老婆

上海法租界赫赫有名的"西探一号"，亲临苏州移樽就教，给黄金荣挣了多大面子，可为何他要半推半就，不当场拍板说去呢？

原来，黄金荣是一个精明的人，他摆足架子，一则借此抬高自己在巡捕房和石维耶眼中的身价；二则还想听听老婆林桂生的意见。林桂生虽是女人，可心机狡诈，智敏过人，更胜黄金荣一筹。这几年来，黄金荣对她言听计从。

黄金荣走出天香楼，便径直回家，找老婆商量。

林桂生相貌平常，身材矮小，身着白底小花的对襟衫裤，不施脂粉，倒也蛮有精神。黄金荣说完此事后,林桂生不假思索,脱口便说:"金荣,这是个好机会,你应该去。"

"好,明天我就去答复。"见妻子允诺,黄金荣更是信心百倍。

"慢,"林桂生眼珠一转,又有了主意:"石维耶急着请你出山,可见他手里案子棘手。你要在法租界振家兴业,乌龟爬门槛就看此一番了。"

"你的意思是?"

"你就对石维耶说,你办案全仗底下的人多,这些人要吃饭,要开销,巡捕房也包不下,就让巡捕房准你在法租界开个戏馆,安顿底下人!"

"这个条件恐怕难办到!洋人的那套章程……"

"章程?"林桂生轻蔑地撇了撇小嘴,"这章程是死的,人可是活的。石维耶不答应,你就拆他的台!"

"好吧!"

第二天,黄金荣愁眉苦脸地走进天香楼。他边上楼,边思忖妻子开的价码太大,法国人如果不同意,此时机一失,恐怕他要在上海滩闯世面就难上加难了。但是,推开门后,他权衡再三,干脆一不做二不休,把老婆列的要求一股脑儿地全说了出来。

不料,当黄金荣向石维耶提出条件后,石维耶倒十分爽快,拍一下黄金荣的肩膀说:"黄先生既是如此,请你等三天,我回上海向领事请示。"

三天后,石维耶回信来了,信上写着:"所有条件悉遵台命,务请克日动身,来沪接任新职。"

"天下竟有这么好的事!"

黄金荣收到信一看,高兴得跳了起来,心里佩服林桂生的心机。他立刻把徐福生喊来,嘱咐道:"你去把老天宫戏馆盘掉,随后到上海找我,到了那儿,仍当你的'三光码子'!"

徐福生也高兴得合不拢嘴,连声谢道。

"多谢黄先生!多谢黄先生!"

"不必客气,快去吧!"

"是!"

随后,黄金荣与妻子林桂生草草收拾了行李,搭火车回到了上海。

凭着与法捕房的一纸协议,黄金荣来到上海滩后,先在郑家木桥开了一个老共舞台。随后,他巧寻暗访,终于抓出绑票的端倪,把这起"西探一号"石维耶都破不了的绑票案给破了。

老方丈打拳,出手不凡

上海法租界公董局,下设警务、工程、税捐三处,救火会与卫生局各一处。警务处在卢家湾,老上海称它是"卢家湾老行"。这是法租界的7个巡捕房之一。其余在大自鸣钟、蒿山路、喜钟路、贝当路、徐家汇等处又设了6个巡捕房,其中大自鸣钟巡捕房为最大。

黄金荣破案后就在大自鸣钟巡捕房里当差。但是,这时黄金荣做"包打听"就舒服多了。他平时不穿制服,不戴手枪、手铐,也不到巡捕房办公。每天早晨9点多钟起床,盥洗完毕,便上法大马路的聚宝楼吃茶。他每天去固定位子一坐,就有不少人问候,交换情报,打听消息,再加上"三光码子"徐福生得力,他破案的数量如日东升。

对于黄金荣的这段经历,马祥生自然不知道。在路上,他着重给杜月笙讲了黄金荣破案营救法国神甫姚主教被绑架的故事。

这确实是一个带有传奇的事情。

姚主教原是法国天主教神甫,与法国驻沪领事、法捕房总巡等人都关系密切,在上海法租界是幕后操纵的实力派人物。为开辟传教基地,一天他亲自由上海乘火车,还带着几箱银洋,准备到天津去开办教堂。当火车行驶到山东临城时,遭到军阀张宗昌部队拦车抢劫,把他绑架到临城乡下看管起来,准备勒索一笔巨款,方准赎回"肉票"。

此一事件轰动国内外。法国驻沪领事限令法捕房火速破案,将姚主教营救出来。捕房动员所有侦缉人员四处打听、搜索,但都得不到任何的一丝儿消息,不得不采取高价悬赏的办法来破案:凡知道姚主教下落通风报信的,赏银洋3000元,如能救到姚主教的,赏洋10000元。在老婆的指使下,黄金荣决定抓住这个升官发财的时机。

接受破案任务后,他一面到城隍庙烧香拜佛,要城隍老爷保佑他获得线索。他在跪拜时许下重愿："城隍老爷,金荣如能破案,必定整修大殿,重塑城隍金像。"另一方面,唆使喽罗们千方百计寻找线索,去破案立功。

说来凑巧,这个绑架巨案,黄金荣很快就从一个到上海来的山东人被扒去100元钱的案子里获得侦破线索。

在山东临城有个名叫韩荣浦的人,是吴佩孚部下的副官,从临城乘火车到上海买东西,火车到了上海,他从拥挤的人丛中走到车站附近的旅馆登记住宿时,发现装在肚兜里的100元钱不翼而飞。

韩荣浦沮丧万分,想起有个姓隋的同乡在法租界巡捕房当巡捕,于是,抱着试一试的心态来到法捕房,找姓隋的巡捕。姓隋的巡捕听了他的经过,替他报了失窃案,并介绍他和黄金荣见面,说："只要是上海滩的事情,没有黄先生办不了的。"

或许真是城隍有灵性,黄金荣一听韩荣浦是从临城来的,立即向他打听法国神甫临城被绑架的事件。韩荣浦是吴佩孚手下的副官,熟悉行伍中的事,此时吴佩孚的部队和张宗昌的部队都驻在天津附近,双方所干的坏事,互有所闻,于是,把听到的关于姚主教的消息一一告诉黄金荣。

有了线索,黄金荣大为高兴,立即付给韩荣浦150块钱,说："你回到临城去,详细打听肉票藏在什么地方,一有下落赶快到上海来报信,再给500元赏金。如果破案,更有重赏。"

黄金荣的慷慨解囊,打动了韩荣浦的心。

果然,韩荣浦回到临城之后,只几天时间就同绑架姚主教的张宗昌部队取得联系,并且打听到了姚主教被关押的地方。然后,他马上跑来上海,同黄金荣接头,商量赎票问题。

黄金荣点子多,对韩荣浦说："不必去找部队头头开价赎票。"

"那咋行,取不回肉票的!"韩荣浦脱口而出。

"你只用重金买通看押姚主教的人员就可以。"黄金荣说。

"这个主意高!"

然后,黄金荣又与石总探长商量,先向捕房支领2000元,说："给韩荣浦500元,另交1000元叫韩荣浦去买通看守人员,并答应等我到达关押姚主教地点时,再付2000元,以便这些看守人员逃往外地。"最后,黄金荣请人用法文写了一张纸条说：

> 姚教主，受惊了。请放心，黄金荣会亲自来营救，请配合。

然后，他把钱和纸条给韩荣浦带去，说："要看守把纸条交给姚主教。"

韩荣浦再度回到临城之后，果然把看守人员买通了。之后，黄金荣按照预定日期，亲自带领几十个便衣，化装成张宗昌部队的官兵，由上海乘火车到达临城。夜晚，他们赶到乡下，里外迎合，把姚主教营救出来，安然返回了上海。

黄金荣用釜底抽薪的办法，不去直接同张宗昌部队谈判，而只花了几千元买通少数看守人员，竟把姚主教营救出险，事后法捕房对他完全刮目相看。这次营救成功，完全改变了黄金荣的命运。

原来法捕房中重要职务都由法国人担任，此事之后，法国人破天荒地提升黄金荣为督察长，还专派了八个安南巡捕（越南人）保护他的安全。黄金荣的美梦成真，一下子升上了天堂。以后，他带着这八个安南巡捕在租界进进出出，权势越来越大，名气越来越响，成为上海滩上最有名、最有力量的"大亨"。

1917年7月，黄金荣与法捕房西探阿尔泰希一起辅助护军使署办理重要事宜，颇为出力。经过淞沪军使卢永祥呈请北洋政府，被聘为护军使衙门上校督察。以后又被法国东亚全权大臣安南总督聘为高等顾问，三次被授金银质宝章。

对这个"土豪宫殿"，连门也进不了

"手里有了钱，黄老板买下了老北门民国路同孚里一整条的弄堂房子。"马祥生手一指，"你看，赫赫有名的黄公馆就在这里。"

杜月笙听完马祥生从头至尾一番介绍，不由得打了个寒噤，他对马祥生说："黄老板从一个白相人到成为大亨，其经历真是不寻常啊！"

"月笙，我说你呀，凡事要多动动脑筋啊！"马祥生虽然也还是个打杂的，但在杜月笙面前口气却大不一样，"你好好干，也可以可像黄老板那样出人头地呀！"

"做人当然要做像黄老板那样的大亨。可是，我这样的小人物，对黄公馆这

块招牌,简直望尘莫及呀!"杜月笙说罢,这时才仔细凝视黄公馆。

眼前的黄公馆是一幢灰色洋房,但是气派豪华,完全是上海滩上特别有钱的人的超级豪宅。杜月笙看着这幢高不可攀的宫殿,马上对在黄公馆里当差的马祥生肃然起敬了。杜月笙曾不止一次路过民国路,每当走过弄堂口时,总是远远地忍不住看上两眼,内心里很羡慕在同孚里进进出出的人群。但像黄金荣这样的大亨,岂能是他所攀附的?!对于此时候的他来说,确实是望尘莫及!

这一次,这位马祥生只是带着他在黄公馆附近看了看,瞧了瞧,并没有带他进去,因为马祥生还没有这个权力。

临分手时,马祥生说:"月笙,如果你有意,你就想办法先进入黄公馆,看事行事,能攀几个靠山。那就好了!"

杜月笙把他的话记在了心中。

5. 巧遇救星入黄府

混得山穷水尽,无路可走

尽管入了青帮,找了靠山,但是,还是不能解决吃饭问题。

杜月笙从小东门出来后,天天在外和街头瘪三们混在一起,最后没饭吃饿得慌时,就跑到恒大水果街的袁珊宝找口饭吃。

俗话说得好:"瓦片儿也有翻身的一天",就在混到山穷水尽无路可走时,杜月笙遇到了一个救星。

此人名唤黄振亿,绰号"饭桶阿山",他平时很欣赏杜月笙的聪明伶俐,活络机警,看着杜月笙靠着袁珊宝,贪吃懒做,好赌好嫖,几乎就要变成"马浪荡",心里不禁觉得可惜。一天,他见杜月笙正袖拢双手,百无聊赖地在大街上闲逛,跑了过去,拍拍他的肩头,很诚恳地说:

"月笙,你这样下去不是事体。假使你有心向上,我荐你到一个地方去,好吧?"

杜月笙懒洋洋的,抬起头来望他一眼,问声:

"啥场子呀？"

"八仙桥同孚里，"黄振亿压低声音，神秘地说，"那是黄金荣黄老板的公馆。"

乍听之下，杜月笙简直不敢置信！"黄金荣"三个字，此时早已在他心中形成了一块响当当的招牌。黄金荣这位法巡捕房里的华探头目，是端坐在青云里，财势绝伦，威风八面的人物，像自己这么一个默默无闻、潦倒不堪的小瘪三，能够踏得进同孚里，上得了黄大老板的门？他杜月笙也能到他的公馆里行走吗？

"同孚里离民国路不远，一排两层楼的巷堂房子，里面住的，都是法租界里了不起的角色。"黄振亿说道。

"我知道。"自从上次马祥生给他讲了黄金荣的传奇故事后，杜月笙曾不知几次走过弄堂门口，但只是远远地探望两眼，从来不敢越雷池一步，他曾眺望同孚里附近人来车往，门庭如市，而那些进进出出的人，谁不是挺胸凸肚，趾高气扬，他们出手阔绰，平时吃的是大鱼大肉，穿的是上等绸缎。而黄金荣则更是高高在上，几乎不可攀，在上海滩小瘪三们心目中，一方面对他畏之如虎，一方面又对他衷心仰慕。杜月笙便向黄振亿笑笑："好啊！你行吗？"

其实，黄振亿已在黄金荣面前提过这件事了。此刻，为了表示自己在黄老板跟前吃得开，有资格荐人，听到杜月笙这样的话，知他有意追随黄老板，顿时就拍拍胸脯，大模大样地说：

"我是开过眼界，见过世面的人。要么，你现在就去收拾行李，我带你一道去。"

杜月笙一听，知道黄振亿有把握，大喜过望，连声道谢，马上和他约好了见面的时间地点。

黄振亿转身走了，杜月笙立刻欢呼雀跃起来，一路跑回十六铺，向埋头清洗水果的袁珊宝说：

"你进来，我有事情告诉你。"

放下手头的工作，袁珊宝跟着他走进了小房间。杜月笙反手把门一关，拉袁珊宝同在床沿坐下，然后一五一十，将刚才遇见黄振亿的一幕，说了个一字不漏。

"这真是再好不过的事情,"袁珊宝替杜月笙高兴,笑逐颜开地说:"黄老板那边场面大,来往的都是体面人物,月笙哥,你这次算是一步登天了。"

"就怕——"杜月笙仍还揣着心事,"黄振亿不过说说罢了,就怕他没有这么大的面子。"

"黄振亿是爷叔,通字辈的前人,"袁珊宝点醒他说,"他不会在我们小辈跟前开玩笑,何况,他一直都是热心而老实的,他何苦跟你寻这种开心?"

细想想,袁珊宝的话确实不错。倘若没有因头,黄振亿绝不会主动提起这个建议,而且把话说得那么明朗。反正,究竟进不进得了黄公馆,三五个钟头就见分晓了。于是,袁珊宝帮杜月笙收拾行李,一床被窝,几件换洗衣服,一些毛巾牙刷,没一件是新的,或比较像样些的,包了包就行了。手里拎着简单的行李,袁珊宝送他到街口,两人分手时,杜月笙特地停下来,郑重其事地说:

"我这次进黄公馆,不管老板叫我做啥,我必定尽心尽力,把事体做好。所以,或许有一段时间,我不能出来探望你。"

"我们各人做各人的事,"袁珊宝欣然地鼓励他说,"等你有空的时候我们再碰头。"

大人物很和蔼

杜月笙和黄振亿在约定地点见了面。

两人略谈数句,便往同孚里走。

天气晴朗,杜月笙一路上直感到心情欢畅,喜气洋洋。沿途黄振亿在和他说话,他嗯嗯呵呵,一个字也不曾听进耳朵。

但是,眼看同孚里的弄堂总门在望,他的一颗心便逐渐往下沉,突然之间又紧张起来了,越紧张便越着急。最后,他只好硬着头皮,像木偶似的机械地跟在黄振亿背后,向黄公馆走去。等下见到了黄老板,十中有九,必定是一个字都说不出口。

进了同孚里的总门,迎面是弄堂口。过街楼下,一边一条红漆长板凳,凳上坐着五六名彪形大汉,一色黑香云纱褂裤,微微地掀起袖口,对襟纽扣,板带宽厚,一个个虎背熊腰,目光闪闪,像煞戏台上的武生。黄振亿跟他们很亲热地打招呼,那班人却皮笑肉不笑,嗯嗯啊啊,意思仿佛在说:"好啦,好啦,你们进去吧!"

穿出过街楼,黄振亿跟杜月笙咬个耳朵:"他们都是黄老板的保镖,在弄堂口随时等候差遣的。一声老板要出去,他们统统跟着走。"

这时,杜月笙却想:"到黄公馆,至少这碗保镖饭我吃不上,看人家的胳臂有多粗,身胚有多壮!"

走进黄公馆的大门,门廊下,天井里,来来往往,到处是人。黄振亿不停地打招呼,有时候还叫杜月笙站住他喊谁一声。杜月笙本来就很紧张,此刻更加迷迷糊糊,头昏脑涨。从大门口到客厅,路上碰见几个人,黄振亿又教他如何称呼,俨然他们都是大长辈。

黄公馆的客厅是中西合璧的布置,百彩粉陈,红木炕几垫着大红呢毡,紫檀木的八仙桌与靠背椅上盖着鱼虫花卉的图案,湘乡围披、波斯地毯上放着紫红丝绒沙发。四面墙壁层层叠叠地挂满了名家字画,楹联立轴,大幅山水和西洋裸女横陈图绚丽夺目,但一个洋文的奖状却高悬在屏条之上,正当中是一幅关公读春秋图的彩色民画,真人大小,栩栩如生。两旁是一副泥金绣字长联:

赤面秉赤心,骑赤兔追风,驰驱时无忘赤帝。

青灯照青史,仗青龙偃月,隐微处不愧青天。

"黄老板,"黄振亿领在前头,走到一张几个人正在打牌的方桌前面,大声说道:"我介绍一个小团给你。"

"啊!"一位方头大耳,嘴巴阔长的矮胖子应一声,转过脸来,目光越过黄振亿的肩头,落在杜月笙的脸上:"蛮好。"

杜月笙顿时觉得心里一块石头落了地,因为"蛮好"听起来,黄老板大概是接受他了。杜月笙一笃定,脸上自然而然地流露出了笑容。

"你叫什么名字?"黄金荣和颜悦色地望着他问道。

杜月笙起先还怕自己一句话也说不出来,如今眼见鼎鼎大名的黄老板这么和蔼亲切,胆量陡然壮了十倍,一开口便声清气朗,语惊四座:

"小姓杜,木土杜。名月生,月亮的月,学生子的生。"

月生是杜月笙的乳名，也是他发达以前所用的名字，因为他出生于农历七月十五日中元节，月圆之夜，他父亲便为他取名"月生"。后来他发迹了，平步青云，一些文士墨客为他另题雅号，于是在"生"字上加竹字头，取周礼大司乐疏：东方之乐谓"笙"，笙者生也，从此改称"月笙"。

杜月笙在黄金荣面前通名报姓，黄金荣一听，当即呵呵大笑，向在座几位客人说：

"真是奇怪，来帮我忙的这般小朋友，怎么个个都叫什么生的？苏州有个徐福生，帮我开老天宫剧院，前面有个金廷荪、顾掌生，厨房间里有个常州人马祥生……"

黄金荣所说的，便是日后惊天动地、四海闻名的"黄老板左右的八个生"，几个"生"都是沪上闻人，即杜月笙、金廷荪、徐福生、吴榕生、马祥生、顾掌生等。

主客谈笑风生，一室盎然，杜月笙神态自若，心中有说不出的喜欢，无意间往桌子上一望，眼睛顿时都瞪圆了："咦，像黄老板这种大人物，怎么也和自己一样，公然在赌挖花纸牌呢？！"

其实这是杜月笙一时看走了眼，黄金荣和他的三位贵宾，玩的不是挖花，而是"铜旂"。铜旂也是纸牌的一种，和"挖花"约略仿佛，只不过少了一副"五魁"。玩"铜旂"是黄金荣毕生惟一的嗜好，五六十年来乐此不疲，几乎一日不可无此游戏。

在牌桌边谈话，黄金荣随和轻松，杜月笙如沐春风，仿佛有一种力量，能够令人在不知不觉中跟黄老板接近，认为他是可以肝胆相照、推心置腹的朋友。

趁黄金荣顾着玩牌，杜月笙细细打量这位大老板，他大概要比自己矮半个头，肩胛块头并不太大，因此显得那颗胖大的头颅和他的身份颇不相称。不过他却有一张正田字脸，四四方方，给人天庭饱满、地角方圆的印象，他两颊多肉，嘴润唇厚，在那张紫膛脸上隐约可见一块麻皮，这便是他绰号"麻皮金荣"的由来。同时，他有一对大眼睛，睁开眼睛时，目光炯炯，可以看穿别人的五脏六腑似的，但是，威而不凌，严而不厉。他穿长袍、布鞋、白布袜，不管情绪喜怒哀乐，一开口便先冲出一句："触那娘！"

黄振亿怕打扰黄老板的赌兴，坐了一会儿便起身告辞。这时，黄金荣唇角

挂着微笑,眼睛望着杜月笙,开门见山地问:

"马祥生,你总认得的啰?"

黄老板这一说,杜月笙心中凛然一惊,连忙应了声"是"。

"你去寻他。"黄金荣随和地一挥手:"你就跟他一道住吧。"

一场虚惊,只因太紧张

杜月笙跟着黄振亿走着走着,忽然想起自己来时手里拎的行李不知丢到哪里去了。是遗失在天井里了,还是忘在客厅里了?他回头望了一眼,没有见着,他心里很着急但没说出来,怕给黄振亿添麻烦,也怕刚进来就闹出笑话。

杜月笙送黄振亿出了门,再三向他道谢告别。

这时,马祥生来了。杜月笙正要和这位同参兄弟打招呼,马祥生却莫名其妙地望着他——原来,他们刚才在天井里就见过面了,而且他的行李也是马祥生顺手接过来,替他放到马祥生小屋里的另一张床上了。

没想到,杜月笙却太紧张,把刚才的事给忘了。

第二章 江湖黑

1. 要命的江湖带血腥

抓住了师母的心

进了黄公馆后,杜月笙仿佛换了一个人。 他沉默机警,事事留神,平时除了奉公差遣外,几乎是足不出户。嫖赌两项嗜好,在很长一段时间里,他沾都不沾,提也不提,几乎戒绝了。但是,他时刻在盘算着自己的人生目标。

杜月笙把进入黄公馆,当作自己人生奋斗的新起点。在黄公馆,他不仅手脚勤快,任劳任怨,还眼观四方,耳听八面。几个月后,他终于发现掌握黄宅大权的不是黄金荣,而是他的老婆林桂生。

这重大的发现使杜月笙明白,只有抱住师母的粗腿,讨得她的欢心,才有可能得到主人的重用。于是,他决心在师母身上用功夫,从每个生活细节做起,讨她的欢心。林桂生每顿饭后, 杜月笙就及时送上削得滚圆雪白的梨子或苹果;林桂生抽鸦片,他就打出不大、不小、不长不圆的烟泡;林桂生喜欢搓麻将,他在一边出主意使眼色,递毛巾擦脸;甚至林桂生洗完脚,他也会抱着那小脚丫修趾甲、涂趾甲油……不过,这些只能是在师父不在家的时候,他才去做。

日复一日,苍天不负苦心人,半年下来,杜月笙终于博得师母的欢心。林桂生觉得这条小光棍既忠心又灵活，开始外派他一些差使，叫他去黄金荣开的"共舞台"收盘子钱——戏馆里的前座和花楼包厢座位前，除香茗外还摆上果品，供观众享用，任你吃不吃都得付钱，而且价钱昂贵，这是一笔好收入，行话叫盘子钱。

接着，林桂生又派他到妓院去取月规钱，到赌场去"抱台脚"。

杜月笙收到这些钱款后，当即回黄宅，把款子如数上交，一分不差。经过一段时间的考验，林桂生于是把杜月笙视为心腹，把自己的私房钱也交给他去放"印子"——高利贷，并让他参加"抢烟土"的班子。

恶人也难当

有一次，黄金荣把探得的一个消息告诉林桂生：有个南京大客商从租界买了5000两印度大土，分装10大包，打算由龙华周家渡上船，从黄浦江水路偷运到嘉兴去。

林桂生立即派人出动去抢烟土。当然，杜月笙也在内。

这是一个伸手不见五指的黑夜，徐家汇一带没有行人。一辆马车急驶而来，马蹄在石子路上发出"嗒、嗒、嗒"的响声。马车转弯，来到漕河泾，离周家渡几百米的地方，几根烂木头交叉横在路当中。

马车夫骂了一句"操娘的"，正要招呼座厢里的人出来搬开，话音刚落，只听"呼啦"一声，车夫脖子套进了一只绳圈，随即一拉，他被拖了下车来。

车厢里的人正要动作，几支手枪与匕首对准了他们。

套绳圈的是杜月笙。他当年跟在"套签子福生"后面"抛顶宫"——抢别人的帽子，学了一手甩帽子的功夫。这功夫与甩绳圈相通，他一练就会，一会便精，现在终于用上了派场。

这次劫烟土的头头是一个叫做"歪脖子阿广"的头子。

歪脖子阿广同手下人七手八脚把四个押送大汉和车夫绑起来，然后从车上翻滚下几口酒坛子，一一敲碎，扒出一包包烟土，各人用麻袋一装，扛上肩膀，一声唿哨，逃之夭夭。

半小时后，他们在徐家汇一间小屋里聚齐，一点烟土数目，竟多了两包。

阿广眼珠子一转,从袜筒里拔出匕首,把两包烟土切成八块,让每人拿一份。杜月笙呆在一边不敢去拿,歪脖子发狠道:

"老板、老板娘要我们抢的是10包,这两包外快,弟兄们辛苦,分点香香手。你怕什么,拿着!"

歪脖子阿广边说边把剩下的一块烟土,用纸包了包,往杜月笙手里一塞,接着又说:"我办事公平合理,每人一份。要是有人去师父那里打小报告,老子就再赏他个'三刀六洞'。"

当抢烟土的一班人马回到黄公馆,林桂生已叫人在厨房里摆好酒菜点心,自己端坐一张餐桌前等候着。大家将麻袋里的烟土取出,一包包放在桌上,让她点数、过目。林桂生十分满意,一面招呼大家坐下吃喝,一面挑出一包烟土打开纸包,叫杜月笙切成几份,向几块烟土努努嘴,说:

"这趟买卖干得漂亮,每人拿一份吧。阿广双份,吃完了休息。——月笙,把货送到我房里去。"

说完,她上楼去了。

林桂生住二楼。她的房间,除贴身使女以外,只有杜月笙可以进去。杜月笙将烟土搬进房里,锁入大铁箱。然后,他走到林桂生面前,从怀里掏出两包烟土,双手呈给林桂生,随即把徐家汇小屋里私分烟土的事情悄悄地说了一遍。

林桂生听了,柳眉倒竖,勃然大怒,一拍桌子,就要传歪脖子问罪。

杜月笙连忙向前拱手相劝,而后又在她耳朵边嘀咕了一阵子。

林桂生点了点头,他退出去,回楼下吃喝如常。

第二天晚上,林桂生与黄金荣在大餐间里,周围站着金九龄、顾掌生、金廷荪、马祥生等几个徒弟。

黄金荣一抬下巴:

"叫歪脖子。"

顾掌生跑到门口一招手,候在门外的歪脖子阿广趔了进来。林桂生看门外还站着四五个人,便发话道:

"让他们也进来吧!"

以歪脖子阿广为首的六个人,低头垂手恭敬地立在黄金荣夫妇面前。

黄金荣虎起麻脸,说:

"歪脖子，你这欺师骗祖的杀坯，在老子跟前掉花枪！原来我只晓得10包烟土，可是上午巡捕房报案有12包。你也真会钻空子，手脚做到我的头上来，活得不耐烦了吧？"

歪脖子阿广"扑通"一声跪下，浑身发抖。

"砰"的一声响，黄金荣一巴掌拍在茶几上，吼道："家有家法，帮有帮规。拖出去宰了！"

其余五个人见状，急忙一齐跪下求饶。歪脖子阿广慌了手脚，爬到林桂生跟前，拖住她的双腿喊道："救命啊！奴才下次不敢了。"

静坐一旁冷眼观看的林桂生这才开始盘问："这两包烟土，你独吞了呢，还是私分了？"

"分给他们每人一份，我独得三份。"

"这主意是你出的还是别人？"

"是我一时鬼迷心窍。我对不起师父。"

林桂生鼻孔里冷笑一声："歪脖子，你不配当光棍。念你跟师父多年，放你一马，免了'三刀六洞'。你走吧！一人做事一人当，你们都起来。"

跪着的人谢过师母恩典后站了起来，歪脖子向黄金荣夫妇叩过头，灰溜溜地走了。

大餐间死一般沉寂，谁也不说话。

这时，黄金荣猛吸了几口吕宋雪茄，喉结一动咽下肚去。过了一会儿，从鼻孔里长长地呼出两道青烟，然后缓缓地说：

"以后由顾掌生主管这些事。"

"好的，让月笙帮着干吧。"林桂生马上跟着建议。

黄金荣看了看杜月笙，说："好。月笙还是挺能干的。对了，歪脖子那婊子养的，要不是你师母菩萨心肠，我早就剁了他。现在死罪饶过了他，活刑可不能免的。月笙，你去一趟，取下他的一个手指来。"

"这个……"

"怎么下不了手，不敢去？"

"不是。我是想，这个婊子养的歪脖子肯定已逃出上海滩了。"杜月笙一看黄金荣板起脸，立即改口。

"这赤佬是江苏青浦人,现在末班车早开走了,航船要等到明天。他一时还跑不掉,你给我马上去。"说着,黄金荣从角落里摸出一把短柄利斧,递给徒弟,"就用这个。要不要带几个人去?"

"师父放心,不用带人,我一定能办好。"

杜月笙接过斧子,转身放入一只蒲包里,披了一件夹袄,匆匆走了。

说一套,做一套

夜色苍茫,秋风萧瑟,寒气袭人。杜月笙打了个寒噤,接着来了个喷嚏。他随即拐进一家熟食店买了那小桌上摆着的熟菜肴,又去买了两瓶高粱烧酒,一并放进蒲包里,来到歪脖子的那间江边滚地龙小屋。

歪脖子阿广正躺在床上唉声叹气,地上满是老刀牌香烟烟蒂头。他一见杜月笙推门进来,"嚯"地一下从床上跳下来,头上直冒冷汗。他知道情况不妙,来者不善。

进门后,杜月笙先把熟食打开,摊在小桌上,再捞出一瓶白酒,而后拨亮油灯。

阿广待在一边看着,等杜月笙在一条板凳上坐下以后,才去门外张望了一会儿。没有别的随从,只有杜月笙一人。他放了心,闩上门,搬条板凳在杜月笙对面坐下。

于是,两人相对,喝起闷酒来。

几杯白干落肚,双方的眼珠子都布上了红筋。杜月笙知道火候到了,就从腰间摸出白花花的八块银圆,放到猪舌头边上,说:"我们两个师兄弟一场,今天你落难,小弟没有什么好相送的,这几块大洋送给大哥作盘缠……"说到后来,声音呜咽起来。

"这不行……怎么好意思啊……"阿广也动了情。

"兄弟我,一时也拿不出多少钱。我们两个兄弟一场,你不会嫌太少吧?你收下来路上买碗酒喝。"说着,杜月笙用左手背把大洋推到阿广面前。

歪脖子感动极了,半晌说不出话来。

"月笙老弟,师父、师母待你不薄,好好干,前途无量。将来自立门户时,让我再来讨口饭吃。"

"唉,别说了!我也是泥菩萨过河,自身难保哇!今天是你,明天说不定就是我了。"

"怎么,兄弟也遇到难题了?"

"我……算了,不说……我们喝酒吧!"杜月笙端起面前的满盏烧酒送到唇边,一仰脖子,咕嘟咕嘟全都灌了下去。放下酒盏,他双手扭下一只鸭腿,低着头啃起来。

阿广纳闷了。这杜月笙平时是相当爽快的,快言快语,从不含含糊糊,这样吞吞吐吐,内中必有缘故,于是问道:"兄弟,你要把我阿广当自己人,有何难处,只要我阿广能办到的,绝无半点推托。"

"阿广哥,你留个家乡地址给我吧。你是知道的,我没有什么亲人。说不定,过几天我要逃到你那里去……"

"怎么,你犯事了?"

"好吧,我就直说了吧。本来,我喝完这碗酒后,是要和你告别的,现在,你一定要我讲,我只好从命!"

"快说吧,我阿广为你解难。"

"不瞒你说,一个时辰以前,师父硬要我来取你的一截手指,说帮内规矩不可坏,还亲手交给我一把斧头。"一口气说完,他眼睛朝角落的蒲包斜了斜。

"原来是为我……"

"阿广哥,我在路上就想好了。你走你的路,这里的事体我担当。大不了卷起铺盖另寻码头。"说完,杜月笙提起蒲包,从中取出另一瓶烧酒,递给阿广,"这瓶酒你带着路上吃。"

歪脖子阿广没去接酒,却向前抢上一步,抓过蒲包,掏出那柄寒光闪闪的利斧,说:

"兄弟,你是够哥们儿的,我也绝不让你为难。师母说我不配做光棍,可我自个儿觉得是条光棍。"

他说罢,转过身,左手叉开三指,撮起一盏烧酒,"咕咕咕"灌了下去,一转身凑在桌角上,咬住牙,提起利斧喀嚓一声,斩下一截无名指来。

"你!"杜月笙忙过去阻止,已来不及了。

阿广左手紧攥成拳头,右手一扬,把斧子扔在地下,显出一副英雄气概,眼珠子转向桌角上那根血淋淋的手指:"拿去交差吧!"

"保重!"

"后会有期。"

"回家后,遇到为难之事,就来找我。"杜月笙说道。

歪脖子阿广点点头。

杜月笙取回歪脖子无名指后,回到林桂生那交差时,并未讲述办事的经过,若无其事,也无居功而洋洋得意的样子。此时的林桂生却是眉飞色舞,满意自己的眼力没错看人,而且,更相信杜月笙将来前途无量,甚至会超越丈夫黄金荣。但她没有要替丈夫除去这个隐患,反而暗自高兴。这究竟是为什么呢?

想到这,林桂生心头一热说:"月笙,你跟我到楼上去一趟。"

两个小时过去了。杜月笙像一个征服者那样从楼上下来。虽然他仍然在众人面前谦让谨慎。但他相信自己,总有一天要凌驾于这些人之上。这两个小时使他知道,自己没有什么不能得到。哪怕是最不可能的东西,也是一样,他一定能够得到。

2. 孤胆抓盗贼

胆大要出头

这一天,大概是晚上八九点钟时候,有人气急败坏地从外面跑来,报告林桂生,说有一宗货,装在一只大麻包里,已经得手,交给某人雇黄包车拖到黄公馆来了。谁知,断后的人都到了,问外面守门的,运货的人却不曾到,可能出了什么岔子,请桂生姐快些派人去查。

林桂生一听,勃然大怒。

黄金荣已经出去了,黄公馆里的保镖们都不在场。这是动家伙、拼性命的差事,一般在家打杂做工的仆从们闻言,都面面相觑,不敢说一句话。一时找不到人,林桂生担心出大事,急得像热锅上的蚂蚁团团转。

这时在一旁的杜月笙却暗自高兴起来。他觉得这是天赐良机,不可错过,于是走上前来,对林桂生说:

"师母,我能不能去一趟?"

林桂生看到他有捋虎须的胆子,她一方面有些赏识他,另一方面却又担心他出什么事,不想派他去了这差事。

但是,此时的确无人可派,林桂生也是个敢做敢为的角色,于是点了点头。同时又问:

"要不要再派几个人帮助你?"

这一次杜月笙决定要做一次"拼命三郎",得失成败在此一举,自己去拼死一搏,于是摆出一副久在江湖的无所畏惧的样子,用力一摇头,说:

"不必了,我马上就回。"

他问清了运送"麻袋"所走的路线,然后,从林桂生手中借了一支手枪,又从自己的床下拿出一把匕首,插在裤腿里疾步跨入黑暗之中。

来到弄堂口,杜月笙找了一个熟人黄包车说了个地方,然后跳上车,说了声"快!"

车夫飞跑起来。

光有胆识不行,还得有智慧

黄包车在林阴道上飞跑着,杜月笙坐在车上,脑子飞快地转着。他想:黑吃黑的偷烟土的贼,既然敢从黄金荣虎口夺食,他绝不会是等闲之辈,也绝不会飞蛾扑火而到法租界来。但是,这年头的上海滩,谁都知道带一麻袋烟土,就等于带一颗不定时炸弹,不知它什么时候会轰然爆炸。"黑吃黑"的抢烟土者到处都是,深更半夜独身一人,带着值万千钱的烟土,随时都有挨刀子、吃枪子、被打闷棍的可能。于是杜月笙断定,偷烟土的这家伙一定会就近找一个藏身之地,绝对不会跑远。

那么,他会藏身何处呢?杜月笙想,上海县城一到夜晚就四门紧闭,偷土之人进不去,法租界又不敢来。他一定会冒险穿过法租界,赶往英租界。因为英租界不是黄金荣的势力范围,在那里做烟土生意,是另一批人多势众的"好汉"。

偷土之人惟有逃到英租界里躲起来,才能够保全他的性命,才能保住冒死吞没的烟土。

判明了追赶方向,再细细计算时间和路程,他立刻吩咐车夫:

"快点,往洋泾浜那边跑!"

洋泾浜是法租界和英租界的接界处,两个租界只隔一道小河沟,浜南是英租界,浜北是法租界。杜月笙想在法租界地段拦住那贼。

夜已经很深了,街灯都已经熄了,无星无月,暗暗沉沉,风很猛。

杜月笙坐在人力车上,手握着手枪。此时的他虽然是一个人,却没有什么担心害怕。他耳眼并用,在夜幕中像猎人一样搜寻着蛛丝马迹,不放过一个可疑的人影和声响。

果然,他发现了前面一部黄包车艰难地向一条胡同拐去。

一麻袋烟土有100多斤重,再加上一个偷土贼,重量大,因此,如果是偷土贼坐的,黄包车速肯定不能快。于是,杜月笙判断,十有八九就是他,催促车夫:"快跑,追上去。"谁知他这么一追,前面的车似乎发现了什么,也拼命地跑起来了。但是,载重的车子怎么也跑,也跑不过杜月笙,转过一个街角,终于被追上了。

杜月笙叫车夫把车横在他的车前面,跳了下来。

黑暗中,杜月笙首先亮出手枪,枪口指着车上那人,很镇静地说:"兄弟,你失风了!快下来吧!"

车上的偷土贼,已经惊得魂飞天外,知道已无法逃跑了。同时,拉他的车夫又累又吓,也走不动了,停住了。

"你是谁?你要干什么?"过了半晌,那贼在车上声音颤抖地问。

杜月笙一听那胆怯的声音,就已判断出偷土贼身上肯定没有手枪,不然,他不会先问话,一定会先开枪,于是他那忐忑不安地心也定下来了。

杜月笙把手上的枪亮了亮,然后插回腰间,对拉土的车夫说:

"车夫,没你的事。不过,请你把车子拉到同孚里黄公馆。我赏你两块大洋,保证不追究你什么!"

杜月笙这三句话,第一句先安抚了车夫,第二句说出了黄公馆,第三句有赏并且带有一种威胁的成分,车夫怎能不听?

看问题，得有功力

随即，两位黄包车夫并肩奔跑起来。

这时，那个偷土贼却慌了神，连忙求饶，大声叫喊着："停！停啊。"车夫停了下来。

"怎么了？"杜月笙抓住口袋中的手枪柄，厉声问。

"兄弟我是一时糊涂，财迷心窍。大爷，货全在这里，你老回去完全可以交差了，你就网开一面，让我走吧。"偷土贼知道到了黄公馆等待他的是什么，已经完全吓破了胆。

听着他的苦苦哀求，杜月笙问：

"你只想保全这条性命，其他什么都不想要了？"

"是的，是的。大爷，求求你，高抬贵手，饶了我这条小命吧，家中还有老有少。"

"这件事我帮不上忙。你老实跟我回去，横财是发不成了，性命总还能保住。"

"大爷，求求你哪！"

"放心吧，黄公馆里什么时候都不会做过分的。"杜月笙并不松口。

"大爷……"

"跟我一道回去，挨几句骂是免不了的。骂过以后，一出大门，你就离开这上海滩，另找生路吧。"

"大爷，你肯帮我讨饶，说个情吗？"这时偷土贼已从车上抖抖索索地滚了下来，一骨碌跪在地上磕起响头来。

"你用不着求我，我说不说情都是一样的，黄公馆里向来不会动刀动枪，这种事，你还能不晓得？"

"我怕啊，大爷。"

"少啰唆，老实跟我走吧。"

在杜月笙的命令下，偷土贼只好又上了车，跟着杜月笙往黄公馆驰去。

杜月笙回到黄公馆时，林桂生早已从楼上下来，站在门口，亲自迎接这位凯旋归来的大英雄。

杜月笙初次出马，人赃俱获，干得干净漂亮，不负她的一番苦心。林桂生可谓是慧眼识英雄的。她本以为杜月笙一见到她，便会绘声绘色、滔滔不绝地向她夸耀一番抓贼经过。没想到，杜月笙却很平淡，什么也没说。见到她时，只是告诉说：

"货已经搬进去了，人在客厅里面，顾掌生他们在看着呢，请师母发落！"

林桂生心中更加喜悦，觉得自己的眼力真是太准了，这杜月笙准是个能成大事的料，将来功业绝不会在黄金荣之下。

林桂生匆匆下楼，亲自发落那个吃里扒外的偷土贼。

但是，最终那个偷土贼的结局，杜月笙的预料一点也不差。林桂生破口大骂，发了一顿大火后，既没打，也没杀，骂过以后，就叫他立刻滚蛋，并警告说："从此以后不许再到上海来！"

当天午夜，黄金荣带着保镖回来听说了杜月笙单枪匹马人赃俱获的事，大为赏识。他意识到杜月笙是一个可以独当一面的干将，也就是从这一天起，杜月笙在黄金荣心目中的分量更重了。

3. 是锥子早晚刺破口袋

夜路走多了，难免撞上鬼

就在杜月笙夺回鸦片之后才过一星期，上海法租界接连爆出了几件抢烟土大案。各帮烟商与流氓连连火并。劫烟土的流氓一经得手，便逃遁无踪。有的说他们是一批英租界的帮头，有的传闻他们是十六铺的黑道朋友，众说纷纭，搞得"神探"总探长黄金荣都束手无策，极为苦恼，生怕这样下去，会砸了他的金字招牌。

这天，黄金荣受了法捕房的训斥，回家后，对谁也看不顺眼，无缘无故地对着佣人大发脾气，骂这个是"饭桶"，骂那个是"混蛋"。一时把黄公馆闹得鸡犬不宁。

林桂生见乱了家政，也不客气地顶撞起老公来："你今天怎么啦?什么事犯了你?在家里耍威风?"

"我心里烦死了!"见了老婆，黄金荣却一下子软了起来。

"怎么回事，你说说，我听听!"

"'西探一号'又要换人了。法租界闹抢大烟土，捕房限我半个月里摆平这件事情。"

"你有办法吗?"

"能有什么办法?我根本抓不到一个人。"

林桂生闻听抢大烟，不由想起前几天半夜偷烟的事来。烟虽追回，但毕竟丢了黄总探的面子，因此她曾一度严令府上人一律不准在外人面前说起这件事情，现在，她想难道这偷烟贼与抢烟风有牵连?想到这儿，便后悔自己心太软，放了人，也断了眼线。

"你手底下的'三光码子'都是干什么吃的，福生呢?"

"敢抢大烟的，不是小贼，有人，有枪，背后也有靠山，'三光码子'有个屁用?"黄金荣泄气地说。

"夜路走多了，难免撞上鬼。"林桂生眼珠一转，若有所思地说："我保荐一个人给你怎么样?"

"谁?"

林桂生脱口而出："杜月笙!"

林桂生推荐杜月笙，并非因为他有把握破案，而有着另一番意图，一来杜月笙头脑灵活，也许会爆出冷门，能提供出一些线索;二来她有意捧杜月笙出道，得让他在黄金荣跟前显显本事。所以，她推举了杜月笙。

杜月笙被叫来后，欣然受命。

老板不乏小聪明，但缺乏大智慧

杜月笙在十六铺码头混过，首先派人找到了青帮"悟"字辈的同门兄弟，结果，当年高高在他之上的小"八股党"四大金刚之一的顾嘉棠做了他的眼线。通过他，杜月笙一下子就把抢烟案件的内幕搞得一清二楚。

原来,自上海开埠以来,鸦片是英、法洋商一直偷偷暗地里干的重要买卖。政府禁烟,但上海是外国人的租界,非中国政府所能及,于是,洋商们便将上海作为烟土的转运站。鸦片烟由远洋轮船自吴淞口运来,为避开军营与关卡,烟商们就在吴淞口将鸦片装入麻袋,抛入水里。随着退潮,河水倒灌,麻袋顺水势退入黄浦江。然后,烟商们雇人用舢板小船捞取货物,或者让预先埋伏在岸边的人,用竹竿挠钩捞住麻袋拖上岸来。一些流氓侦悉了烟商们接货的秘密,也如法炮制,先驾着舢板在江面截运鸦片麻袋,用挠钩抢烟土。这是水上行动,江湖上叫做"挠钩"。

当烟商接货后,都在十六铺向西不远的新开河一带库房入栈。由于这是英、法、华三界接境的地带,各巡捕房都不相干,极便于隐蔽。烟商们运货时,将鸦片分装在煤油箱以障人耳目。烟栈运进运出也不惹人眼。抢烟者则预先布下眼线,只等煤油箱进栈,便大模大样地架着马车开进入了烟栈,车里藏的是一批大木头箱子。待无人察觉,盗贼便迅速将木箱套在煤油箱上,偷天换日,搬上马车,堂而皇之地溜之大吉。这是陆路行动,江湖上叫做"套箱"。

但是,也有个别流氓势单力薄,便拦路打劫单身烟客,以打闷棍、谋财害命来抢鸦片烟。这在江湖上称之为"硬爬"。

做这抢烟勾当的,是横行一时的"八股党"。大"八股党"纵横英租界,小"八股党"独霸法租界。顾嘉棠也是其中一股。

杜月笙从同参兄弟那里得知了抢烟的来龙去脉,非常高兴,马上找到黄金荣、林桂生进言道:

"依月笙的想法,要平息抢烟风潮,先得摆平'八股党'。"

杜月笙说话声音不大却显得十分老练。

这时,没等黄金荣开口,林桂生急着问:"怎么个摆法? 杀他几个头领? "

"不,给他们些甜头,这事就好办多了!"

要出钱,就等于破财,黄金荣有些不愿意,不耐烦地问:"什么甜头? "

杜月笙伸出一根指头:"抽一成提运费做脚钱,条件是由我们统一安排押货。"

黄金荣一听,脸色十分冷淡,冷冰冰地说道:"这个价太高了!"

林桂生也有些着急了:"我们犯不着自掏腰包啊!"

杜月笙却笑嘻嘻地说:"区区一成提运费,可以振黄门的威势,何乐而不为呢?"

一听杜月笙还说什么"何乐而不为",黄金荣更加有些生气了,眼睛一闭:"这怎么说?"

"让'八股党'改抢烟土为押货,就等于把他们组成了一支黄门别动队,由他们押送烟土,土商们每次出一部分钱作为保护费,由我们收取。别动队也长期护烟土,定期给我们分钱。这样,一则平息了抢烟之风,交了法捕房的差;二则我们用押货名义给烟商保镖,按利抽税,这一成提运费岂不是羊毛出在羊身上?再则以后不再发生刑事案,而土商也会感激不尽。租界平安无事,洋人也会感觉很好。"

"不错!"黄金荣终于露出了一丝微笑。

"黄府总不能单靠几个'三光码子'们来撑场面。"杜月笙接着说,"'八股党'为总探长押差,算捧上了铁饭碗,犯不上铤而走险,日子一长,便死心塌地为黄门做事。这支护运队就收为总探长的班底,也算是一支自己的队伍。"

黄金荣、林桂生听了,高兴得手舞足蹈:"好主意,好主意!真是一箭三雕,"随即,黄金荣站起身,拍拍杜月笙肩膀:"好,这事就委你去办。"

"月笙,老板对你信任,你可要好好干才对。"林桂生插话。

"是,承蒙黄老板与师母栽培,月笙一定效犬马之劳。"

经过杜月笙"合纵连横",巧妙周旋,再加上顾嘉棠穿针引线,很快就招抚摆平了横行无忌的小"八股党"。

这样息事宁人,巧解冤家,法租界的情势很快就扭转了过来,一些小伙的流氓帮派也划清了势力范围,互不侵犯,一度混乱的法租界安定了许多,竟然"太平"起来了。

鸦片商们见黄金荣如此有本事,竟能摆平黑社会的众帮会头子们,于是纷纷请他承镖。

林桂生一见形势不错,乘机双管齐下,搭了一份干股,兼贩鸦片。于是乎,一袋袋鸦片源源不断地运进了黄公馆。

杜月笙给黄金荣挣足了面子,又挣满了林桂生的腰包,他在黄公馆的地位也一下随之上升了许多。

荐入赌场,先碰了壁

一天,林桂生将杜月笙唤来,郑重其事地告诉他:"月笙啊,从今天起,我让你放单档,到外面去闯闯世面。"

"这是真的吗?师母?"

"是真的,我和老板商量过了。"

杜月笙受宠若惊起来,他晓得,这是老板娘抬举他出道。

"多谢师母!"杜月笙心里比吃了蜜还要甜。

"不用谢。你去找公兴记老板,就说我差你的,要他拨一个赌台给你照看,也吃份儿真正的俸禄!"

在黄公馆当差都是不挣薪水的,借着黄总探的招牌,就满可以在上海滩混了。杜月笙获得林桂生的信任,吃上一份俸禄,这已属破格,更何况是看赌台的肥差使?

大上海的赌场无一不是找些租界会董事局之类的后台撑腰,有此背景,巡捕房可以明里暗里保护,一般流氓不敢讹诈捣乱。当然,请要人照看台子,得抽九成红利,底下人的"俸禄"也自然十分可观。更有甚者,在大赌场露面的都是些阔佬、显官,踏进那地方,无疑是反映了高身份。

公兴记是法租界闻名的三大赌场之一。这里整天车水马龙,门庭若市。杜月笙每次走过它的门口,总忍不住羡慕地往里面张望。没料到林桂生竟然派他到那里去吃俸禄,怎不叫他欣喜若狂呢?

他简直不相信自己的耳朵,张着大嘴,愣愣地望着林桂生:"师母,我,行吗?"

林桂生笑眯眯地把他往怀里一拉,然后点着头:"怕什么呀,胆子大些!"

杜月笙正想着赶快啃了这块肥肉,马上告别师母,然后兴冲冲跑去华商总会,然后,将自己的来意告诉赌场老板。

不料,老板却给了他个橡皮钉子:

"伙计,空口无凭,我怎么一下子给你支薪?"

杜月笙"唰"地红了脸。他跑惯了小赌棚,从没踏进夜总会的门槛,好容易鼓起勇气闯进来,被老板一闷棍,一腔胆气全都泄了。更可恼的是,他竟当众受此奚落。平日随机应变的杜月笙一下子变得笨拙起来。

他一转身,逃似的奔出了赌场。路上,在他耳朵边还嗡嗡地响着老板的嘲笑,一阵羞惭涌上了心头。他想:这次丢脸也连上了老板娘,还是少招惹是非为妙。回到家里,杜月笙只好闷不做声,就溜回自己的房间,蒙头而睡。

母老虎出马,一个顶仨

第二天,林桂生下楼来客厅吃茶,看见杜月笙未出门,觉得十分奇怪,便问:"月笙,为什么不去公兴记?那边给你多少钱?"

"我,我身体不太舒服!"杜月笙支支吾吾答不上话来。

林桂生是一个精明人,她一眼便料到其中必有缘故,马上沉下脸,问道:"说实话,在外面当差,不准丢黄门的脸面。"

杜月笙知晓躲不过去,便从实讲了经过。

林桂生一听,呼地一拍八仙桌跳了起来,厉声说:"好啊,公兴记的老板竟敢不给我面子,空口无凭?好,我亲自带你去!"

林桂生带着杜月笙在一群护家保镖的护送下,杀气腾腾冲进公兴记。

赌场老板见林桂生突然驾临,丈二和尚摸不着头脑,见她铁青着脸,一双眼睛射来阴冷的寒光,心里一下虚了许多,便知有大事。再看见她身后跟着杜月笙,正是那天被他一句话打发走了的小伙子,不由得头皮发麻。

林桂生是出名的"白相人嫂嫂",黄总探的内当家,谁敢得罪?

"啊哟,桂生姐光临,事先为啥不通知鄙人,这样,我也可以准备准备嘛!"老板见过世面,何等圆滑,机敏!然后转头冲着底下听差喝道:"还不端茶!桂生姐,嘿嘿,您,您请抽烟。"

老板连说带做,要堵林桂生的嘴。

林桂生根本不吃这一套,好像什么也没听见,向身后的杜月笙招招手,示意他走上前,随后冷冰冰地问赌场老板:"认得他吗?"

这时,老板意识到当时的玩笑开过头了,马上赔笑说:"桂生姐,抱歉,抱歉,这位伙计,鄙人不认识。误会,误会,实在是误会!你桂生姐关照的事,我怎敢不依从呢？"

林桂生叉着腰，哼了一声："你不是要凭据嘛，现在，凭据自个儿送上门来了！"

林桂生的声音不大，但在寂静的赌场里竟像响了一枚炸弹。那些赌牌九、摇转轮的赌客都瞠目结舌，发呆似地坐着，谁也不敢动一动。

赌场老板赔着笑脸说："鄙人怎敢劳您大驾。这位伙计吃份长生俸禄，月支50块大洋。夫人，你看这样行吗？"

以前看台子的都是30块大洋，林桂生心想面子已经挣足，也不必闹僵，于是顺水推舟："既然这样，他就跟着你了，你可要好好待他！"

"是，是！"

林桂生走到一张牌九桌上，说道："我来推几副。"

"欢迎桂生姐来公兴记玩玩手气。"

老板见风暴已经过去，心中一块石头算是落了地，招呼当差的："伙计们，快给桂生姐上瓜子、糖果，送热茶、毛巾。"

当差的马上去办。老板暗中向几个赌客飞了个眼色，意思是让他们赶紧帮忙。那些赌客心领神会，忙拥了过来，围着林桂生大捧特捧。林桂生的脸上总算露出了笑容。老板和赌客们也暗暗松了一口大气。

32张牙牌往台上一摊，林桂生坐庄，赌客分三门押注。不多时，赌场气氛热闹起来，恢复了原样。

林桂生可是位赌场的行家，十几副庄坐下来时，就赢下不少，眼前的码洋堆成了小山。可是她兴头一过，才想起自己是黄总探夫人，在赌场久留，有碍探长名誉，不如早些抽身退步。她看看面前约莫有二三百元的筹码，够做赌本了，便叫过杜月笙："月笙，过来，你接着来。"

杜月笙不明白老板娘的心意，稍犹豫了一下。

"月笙，你在这里玩玩。老板不是不认识你吗？多玩玩就熟了，下次就不至于再要凭据了。"

林桂生说着哈哈一笑，就带着保镖们回府了。

赌场老板明知话中有刺，还是硬着头皮，送林桂生上了包车。

4. 散尽千金却娶了老婆

放长线钓大鱼

林桂生一走,杜月笙也放出精神赌了起来。

他生来嗜赌如命,为赌在人生路上栽了不少跟头。进了黄公馆当差,不敢造次,很久时间也没摸过一张牌。现在,手头有了白花花的现大洋,又是在大赌场里,这真是平生未有的快事。他挑袖捋膊放开大赌。三四个钟头,居然赢了2400元大洋。

为什么这次赢这么多?

过去,杜月笙一进赌场头便发昏,直到输光为止。这次他晓得赌本是老板娘的能赢不能输,丢了面子以后日子难过。所以每次出牌都冷静得出奇。

他现在一看已经赢得不少,赶紧收场。

杜月笙站起身来,双手抱拳,作了个四方揖,笑嘻嘻地打个招呼:"时候不早,老板娘等回音,兄弟先走一步了。"

"这……"赌客们都瞪眼瞧着他。

杜月笙知道赌场的规矩,赢家不得自身退场,忙打出林桂生的招牌:"老板娘万一有什么事,我怕担当不起,下次再玩个痛快!"

这一着真奏效。赌客们只好自认晦气,干巴巴地瞧着他得意洋洋迈出了"公兴记"。

杜月笙将筹码换了现钞,兴冲冲雇了一辆黄包车,回到了同孚里黄公馆。

一进门,杜月笙来不及与师兄弟们打照面,便直奔上楼,向林桂生交账。"师母,我赢了,钱全在这里,你点一点!"

林桂生见他递过一包东西,不解其意,打开一瞧,竟是整整齐齐一堆大洋。她怔了怔,马上明白过来了,说道:"月笙,我要你替我推几副牌九,是想让你赚几个零用钱。这笔钱是你的,我一文不收。"

"不,我不能要!"杜月笙诚心诚意地说,"我代师母坐庄,为的撑面子,不是为了赚大钱。"

　　杜月笙为什么这样做呢？原来，虽然他已经多次上了老板娘的床，但他并不甘心做她的玩偶；因为他知道林桂生是一个极为精明而又理性的女人，虽然两人床上是伙伴，但是悬殊的地位差别，她并不会轻易地授他太多的金钱，或者太高的地位；因此他杜月笙要想有所作为，必须放长线钓大鱼。

　　这时林桂生听到杜月笙的话点了点头，对他心里又增添了一分喜欢："好，我领你的情，就拿400块零头，其余你拿着。"

　　"不，师母栽培之恩，月笙已难忘，怎敢讨大笔红利？"

　　林桂生做事从来不容人回拗。沉下了脸说："叫你拿就拿，不要多说了！"

　　"多谢老板娘！"杜月笙只好收下了2000块大洋。

钱乃身外之物

　　这天晚上，林桂生和黄金荣在一起吃饭，旁边有一群佣人在伺候着。桌子上的山珍海味虽好吃，但并没有勾起黄金荣的多大胃口。

　　这时，林桂生慢慢进言道："金荣，我想告诉你点儿事！"

　　"什么事？"

　　"我把月笙荐入公兴记了。"

　　"这事我知道。你上次说了一次了。"

　　"当时，我陪他一块去的，我让他赌了几把，赢了2000多块，我只留下零头，给了他2000。"

　　黄金荣听了，眉头一皱，说："月笙还是个小孩子，给他这么多钱干什么？"

　　老板娘一笑，说："我要看看他怎么个用法！"

　　"什么意思？"

　　"月笙是个人才，看准了，才好派上大用场啊！"

　　原来，精明的林桂生是要对杜月笙进行一番考察！

　　那杜月笙到底是如何处理这2000块巨款的呢？

　　他从林桂生那出来后，捧着2000块大洋，欢天喜地地跑回住处。

　　马祥生正在睡懒觉。他一把拉起他说："祥生，你想要钱吗？"

　　马祥生张着睡意蒙眬的眼睛，不经意地睋了他一眼，又倒下翻了个身睡了,嘴里嘟囔着:"别寻开心了,谁不知道我们都是穷光蛋!"

"你看这是什么?"杜月笙当着马祥生打开了报纸,顿时亮出了一大堆大洋。

马祥生大吃一惊,把眼珠瞪得像铃铛一样大,一下子从床上跳了起来。杜月笙见他如此稀罕,吃吃地笑了起来。数出100块塞在他手里。"这个给你!"

"你这是从哪儿发的财?"

杜月笙毫不隐瞒,一五一十倒了出来。

"这笔钱怎么花?是开店还是买房子?"

杜月笙一愣,他实在没想到这一层。

"祥生,明天请个假,先到十六铺去逛一圈。"

马祥生将嘴一撇:"小地方有啥白相?"

杜月笙摇摇头:"我想看看师兄王阿国。"

马祥生知道他讲义气的脾气,见他现在腰包鼓了起来先是想到师兄们,从心眼里佩服,立即说:"好,我和你一块儿去!"

第二天,他俩向林桂生告了假,说要去十六铺转转。林桂生一声不问,便点头让他们去了。

杜月笙一进小东门,就先找鸿元盛水果行的师兄王阿国:

"师兄,你还好吗?"

兄弟俩见面,格外亲热。王阿国打量着衣冠楚楚的杜月笙,高兴地问:"月笙,你出道了?"

杜月笙红着脸点点头,偷偷将一个红包塞进了师兄的衣袋。

王阿国急忙掏出来,见是一叠钱,怔怔地问:"月笙,这是啥意思?"

"小意思,给师兄泡杯茶喝。"

王阿国是个老实人,点点大洋约莫有200多块,生怕师弟又走上歪道,不由得担起心来:"月笙,这钱……"

杜月笙明白他的心思,忙打断他的话头,说:"师兄,你尽管放心吧,钱的来路是明的。晚上你来老正兴聚聚,我先走了。"

他生怕师兄刨根问底,急忙拖着马祥生走了。

两人走出水果店,便找杜月笙的师父陈世昌、师叔黄振亿,送上孝敬钱,以谢知遇之恩。接着,他们又一一拜访杜月笙一同在码头混过的朋友,凡借过债的朋友,一律还了双倍的钱。把这些事办完,杜月笙觉得一身轻松。就一天功夫,他花去了900多块。

最后,他又和马祥生来到了小东门的烟花间,送了200块给大阿姐,感谢她当年为他向巡捕房取保之情,然后又找九妹小娥,大阿花告诉他:"小娥正在接客。"他等了半晌,小娥还没出来,这时天色已黑了,杜月笙估计她可能是遇上兴味正浓的嫖客,像这种情形,他知道嫖客一般是要玩通宵过夜的,于是又留下300块委托大阿姐交给小娥,才走人。

马祥生见他挥金如土,不由得伸舌不止,忍不住问:"月笙,你这么做何苦呢?"

杜月笙耸耸肩胛,毫不在意地说:"在家靠父母,出门靠朋友,我月笙没有朋友,何至有今天?"

马祥生点点头。

不到两个星期,杜月笙的腰袋就完全空空如也。

女流才是江湖高人

这天,林桂生把他喊到楼上来。杜月笙不知有何吩咐,以为师母又要和他做那事,稍稍整理了一下情绪,洗了个澡,然后才上楼去。

谁知见面后,林桂生好像并没那意思,只是问道:

"月笙,你这几天钱花得差不多了吧?"

杜月笙一听,心里一阵发虚。但他不敢在林桂生面前撒谎,他只好点点头。

"手面倒是挺阔的嘛!"

其实,林桂生早已把杜月笙的花钱之事掌握得一清二楚了。对他的这种花法,她很满意。她认为,假如杜月笙拿着那2000块钱去狂嫖滥赌,尽情挥霍,那么即使他有胆有识,充其量不过是个小白相人的材料。假如杜月笙拿着那些钱存在银行,买房子、开个店面,这样他就不配做混迹江湖的人。他花大笔的钱去清理旧欠,结交朋友,就是在树信义,树招牌,等于在说,他不但要做个江湖之人,而且要做江湖上的人上人。

从这一点上,林桂生断定他是黄公馆里最需要的得力助手。

杜月笙原以为老板娘要发虎威,不料她笑嘻嘻地问道:"你交女朋友了?啥地方人,家境怎么样?"

听她这问话的语气,杜月笙明白自己这几天的行踪又被她知道了,但是,见林桂生没有追究他花钱的事,而扯开了话题,才松了口气。对林桂生的问话,他如实禀告说:"这几天,经旧日的朋友介绍我认识了一位苏州姑娘,名叫沈月英,随同母亲闲居在南市,我们已经见过一面。"

"你喜欢她吗?"

"嗯!"杜月笙点点头。

"那就讨回来吧。"林桂生不愧是风月场走过来的人,这时不仅不吃醋,反而能够以大姐身份关心支持杜月笙的人生之路。这正是她的过人之处。

"我怎么讨得起,我的2000块大洋其实早已经……"杜月笙语塞。

"我知道。你就不用管了,一切由我来办。"林桂生爽快地拍了一下胸脯。

当天晚上,林桂生在黄金荣的枕边滔滔不绝地说起了杜月笙。

"我试过他了。这2000元花得有名堂。"

"干什么了?"

"还债,交朋友。我看这人有肚量,有志气,眼光看得长远。我断定他可以做黄门的得力帮手。"

"好!"黄金荣也暗暗称赞。他很清楚夫人的胆识和眼力,家里的事情他管的不多,这时顺水推舟地说道:"那就听你的吧!"

"月笙要结婚了,你当老板的总要意思意思吧!"

"怎么帮他的忙呢?"黄金荣想起杜月笙现在的窘境,满口应道:"用钱,就让他去账房里拿!要争面子,我黄金荣来替他撑腰。"

林桂生笑着微微摇头,"不够,不够。"

"我黄金荣替他保媒,够了吧?"

"不够,还得加两样!"

"哪两样?"

"头一桩,法租界的三个赌台,你拨一个给月笙,让他有个财源。第二桩,在同孚里让出一幢房子,由他自立门户。这样,你才是他的真正第一大恩人。"

这两桩事实在非同小可。首先是包赌台不易。法租界的三大赌台实际上都是规模很大,兼容烟、嫖、赌的销魂场,一年四季,月进斗金,财源滚滚。赌场是个发大财的码头,工部局、巡捕房三教九流的都想插一手,分点油水。要杜月笙负责一个赌场,绝不是像开始在公兴记抢脚台,而是要管一大批保镖,应付突发事件。赌场保护人所面临的,乃是大千世界的红道黑道人物,上至外国衙门、大小官吏,下至强盗瘪三、三教九流,四面八方全都要套得拢,摆得平,这样赌场才能安然无事,大发其财。而上海滩的十里洋场里,到处是高人和黑手,稍微一个不留神,轻则赔钱,蚀面子,重则枪林弹雨,性命攸关。杜月笙年纪轻轻,刚刚出道,稳得住吗?再说,让他另立门户,岂不要与黄金荣同起同坐了?黄金荣沉默不语,心里的算盘却打得直响。

林桂生却比他高明得多,劝老公说:"你当总探,总不能样样包办嘛,人也有老的时候,现在不捧个贴心人出道,以后再提拔也来不及了。再说,杜月笙绝顶聪明,待我们很忠心,谅他不会过河拆桥!"

经不住夫人的唠叨,黄金荣终于迸出一句话:"照你的意思办。"

经过这次林桂生的决定,杜月笙的人生旅程改变了。

无梁不成屋,无妻不成家

1916年,在林桂生的安排之下,杜月笙就要结婚了。

婚前,他想起捧场做客的朋友虽多,但是自家的亲眷总也要到几位,才算说得过去。此时他最亲的人,只有姑母。因此,他派人到高桥,将姑母万老太太接过来了。

把姑母接来后,杜月笙在法租界栈房里开了房间,对姑母很尽孝心,替她买衣料,请裁缝,让她穿得整齐体面,来吃喜酒。

一天,杜月笙又带了一副黄澄澄的金镯头,到栈房里送给姑母。万老太太以为侄儿有钱了,于是建议说:

"月笙,你结婚是件大事情,高桥乡上,你的长辈亲眷不止我一个。既然要请,你为什么不统统请到呢?"

杜月笙沉吟了半晌,他问:

"应该再请哪些人呢？"

万老太太终于说了：

"你的老娘舅、舅母,还有一位嫁到黄家的阿姨……"

她一口气开了一张长长的名单,杜月笙的心里回首往事,在他成为孤儿时无人理他,任他在街头打流,不胜感慨。但是,他还是听取了姑母的话。

"也好。"杜月笙无可奈何地回答,"我这就派人去请。"

"这副金镯头我不要。"万老太太笑着说,"你最好拿它送给你舅母。"

杜月笙懂得他姑母的意思,说:"镯头你还是收下,舅母和阿姨,我自会再准备一份。"

万老太太长长地吁一口气,感到很欣慰,觉得杜月笙终于有出息了,并且在他的心目中亲戚总是亲戚,记着那句"皇帝还有草鞋亲"的俗语。

在同孚里,黄金荣拨出了一套房子给杜月笙,又为他置办家俱,订做衣服,杜月笙要成家,办喜事了,由于他平时人缘好,心肠热,自黄金荣、林桂生以下许多朋友都自动跑来帮忙。林桂生更是像姐姐似的,为杜月笙安排周全,该办的全办好了,然后,黄金荣亲自出马担任大媒,又亲自到沈家去提亲。

黄金荣亲自来说媒,沈老太太非常高兴,说:"月笙是一位乘龙快婿,身价够,家当足,一切事情都好商量。"谁知她冷不丁地却对黄大媒人提出了一个要求:

"我要跟女儿过来,住在女婿家,由女婿为我养老送终。"

黄金荣一听,心想杜月笙住的还是我的房子呢！但还是代表杜月笙欣然应允。

后来,沈老太太又两次修正自己嫁女的条件,沈月英有两位亲戚,年长的叫焦文彬,还有一个小男孩华巧生,也想跟过来找碗饭吃。这一点,杜月笙答应了。因为他成家伊始,家里正需要人,于是,他分派焦文彬给他管账,华巧生当一名小听差。

一切谈妥后,沈老太太怕杜月笙反悔似的,连连催着女儿和杜月笙当夜约会。

没几天婚礼就如期举行了。

婚礼虽然规模不大,但是很热闹。迎亲行列中,最引人注目的是一顶宁波龙凤花轿,那是林桂生做主花了大价钱租来的。花轿抬进同孚里时,欢声载道,爆竹喧天。

喜筵设在同孚里,吃的是流水席,客人凑齐一桌便开席,吃完了就走,如此周而复始,川流不息。酒席整整吃了10天。浦东来的亲眷住在房里,10天后一个个高高兴兴地辞别回乡。

婚礼开销很可观。但在林桂生的资助下,亲眷们回乡时,杜月笙还每家奉敬20块大洋的旅费,因此人人都觉得称心满意。

俗话说"无梁不成屋,无妻不成家",杜月笙终于有一个家了。

孩子是人际关系亲密的桥梁

沈月英是苏州南桥人,天生的美人胚子,秀发如云,长眉入鬓。结婚之后小两口子十分恩爱,家务事外有焦文彬当账房,内有沈老太太操持,因此她不必费什么心。人们都说:"杜月笙真是应了黄太太的那句话:'成家立业了'。"

成家后,杜月笙的事业也一天天发达,收入一天天增多。新建立的杜家,就已经现出欣欣向荣的兴隆气象。

有一天,沈月英告诉杜月笙:"你就要做父亲了。"

杜月笙一听,高兴得跳了起来,第二天便忙不迭地向朋友报告喜讯。消息传到黄金荣和林桂生耳里,夫妇也是欢喜得很,林桂生特地把杜月笙叫了去,笑吟吟地说:

"月笙,恭喜你,要抱儿子了!"

杜月笙呵呵傻笑,不晓得应该怎样回答。

"是老板说的。"林桂生又说,"你们结婚是他做的媒人,你把这个孩子过继给我们,好不好啊?"

杜月笙点点头。

他以为这是黄老板和林桂生在攀亲眷,觉得十分荣幸,但是当他兴冲冲地跑回去跟沈月英一讲,沈月英却有点不高兴:"我们才生的第一个孩子怎么就给他们呢?他们生怕我们有孩子似的!"

她不高兴归不高兴,林桂生的话,杜月笙却不敢不听。

杜月笙的孩子出生后，是一个男孩，起名叫杜维藩。他出生不久就被黄金荣就收做干儿子，人们都说他："这孩子真是命大福大！"

由于这层关系，杜月笙便和黄金荣以兄弟相称，改口喊老板为"金荣哥"，称老板娘为"桂生姐"，而进黄公馆比他早的金廷荪、马祥生、顾掌生等人，仍还口口声声地喊"爷叔"、"娘娘"。

沈月英的话不幸言中。两年后，她生了杜月笙的长女，可惜这孩子还不到两岁，便因为出痧子而告夭折。这是后话。

黄、杜成了亲家，来往一日比一日密切。沈月英常常抱着杜维藩去看他干娘，和林桂生像同胞姐妹般热络。两人几乎无话不谈。

之后，同孚里的房子，黄金荣和林桂生给了杜月笙，自己搬到了钧福里的新宅。杜月笙在黄金荣和林桂生的提携下开始了新的人生。

第三章 江湖了不得

1. 收了个徒儿，又摆平了严老九

乍入芦圩不知深浅

杜月笙办完婚事，已是春分时节，马路两旁的法国梧桐已是叶绿枝头了。

他喜欢这个节气。春风吹来，他感到了人生的暖意。黄老板特准他自立门户，公兴记那只赌台——公兴俱乐部转到了杜月笙手里。杜月笙不再是在这里拿"俸禄"，分点油水，而是自己掌权，完全控制这个赌台了。杜月笙意气风发，内心里有着一种类似大鹏展翅、跃跃腾飞的惬意和满足感。是的，这条路终于被他闯过来了，而且比想像中的还要宽阔。

这一天，杜月笙在十六铺老正兴菜馆摆了桌酒席，筵请了陈世昌和黄振亿两位引路恩师。

杜月笙恭恭敬敬地给两人斟了一杯酒，诚恳地说："师父、师叔，月笙敬老人家一杯。"

"月笙，不要太客气了。"陈世昌拿起酒杯，惬意地呷了一口，"月笙春风满面，又得到了黄老板的重用，自立门户了，可喜可贺啊！"

然而，黄振亿却与他不一样。老于世故的他没有急于动杯，而是眯着眼冷冷地打量着杜月笙,慢慢说道:"月笙,这杯酒可难吃啊!"

陈世昌一懵,随即装做什么都了如指掌似的,掩饰自己的愚拙说:"振亿,这是月笙记你的恩,敬杯酒,尽尽孝心,不喝不行啊!"

"恐怕月笙要得陇望蜀了吧?"黄振亿笑着呷了一小口说道。

杜月笙不由得一愣,暗暗佩服他的心机,立即赔着笑脸说:"师叔,不瞒您说,老板让我包公兴记,月笙想请师叔捧个场。"

"什么?黄金荣让你包赌场?"陈世昌一听吓了一跳,这事非同小可啊,心想:这小子终于发了!

然而,黄振亿却冷笑一声说:"谈何容易呀?你月笙在上海滩有什么根基?"

杜月笙刚挟起一串金华火腿正往黄振亿的碟碗里送,听到此话,手立刻在半空中僵住了。

"黄金荣是在掂量你的轻重。"黄振亿耸耸肩膀,端起酒杯一饮而尽,捡起筷子,在桌上夹了几筷子菜,咽了下去,接着说:"公兴记月息要十几万呢,黄金荣岂肯轻易放手?"

"是啊!"杜月笙若有所悟。

"依我看,黄金荣轻许一言,不做数的。他还要试试你,万一有个疏漏,他随时可以收回成命,到那时,你杜月笙翻在阴沟里,永世不得翻身了。你不能轻举妄动,凡事还得三思啊!"黄振亿继续说道。

这一盆凉水泼来把杜月笙那股得意劲顿时泼退了许多,一下子仿佛掉进了黄浦江,身子直往下沉。

黄振亿拿过酒壶,自己斟满了一杯,又接着说:"月笙,你想过吗?老板娘挑你出道,黄金荣手下几只蟹脚能不眼红?"

杜月笙一想,对呀!黄公馆是藏龙卧虎之地,黄金荣手下多的是文武双全的角色,有人为他流过血,有的为他卖过命,有的为他赚过大钱,立过大功。无论从年龄、辈分、职务,从哪一方面来讲,比自己要强的人比比皆是。

"而今黄老板将你提到跟他齐头并进的地位,他们能不在背后捅刀子,拆你台?退一步说,就算有老板娘撑腰,这班人马能乖乖听你的摆布?光棍一条,就想包赌台,嘿嘿,你伸着脖子,等着人家宰吧!"

陈世昌起先并不在意,听黄振亿说得如此严重,倒也着了急。他见杜月笙耷拉着脑袋,脸色一阵青一阵白,有些不忍了,打哈哈说:"振亿,犯不着吓唬月笙,你这当叔叔的,总不能见死不救吧!"

杜月笙发急了:"求师叔指条路!"

黄振亿眼珠一转,说:"路倒是有一条。"

陈世昌催道:"快说。"

黄振亿看到陈世昌、杜月笙都瞪着眼珠,盯着他的嘴,焦急地等着下文,却不慌不忙地往嘴里丢着火腿。他嚼了一会儿,才说:"黄金荣靠啥起家?还不是有批'三光码子'帮忙。老古话说,'有人便是草头王'。"

陈世昌不听倒罢,一听明了黄振亿的意思,觉得这可不是轻而易举的事情,刚才装做的"大智"消逝了,禁不住摇摇头,叹了口气说:"振亿,拉人马谈何容易。我收了不少门生,没一个像月笙有出息,青皮溜子,都上不了台面。总不能要我去抱月笙的台脚吧!"

"这我倒有个主意。我介绍一个人。这个角色在十六铺混得蛮不错,在各行堂里都有眼线,通过他,可以慢慢笼络些人。"

"这人是谁?"陈世昌问。

"绰号'宣统皇帝'的江肇铭。"

杜月笙望着陈世昌,默默地征求他的意见。

说到江肇铭,陈世昌想起这个人的模样来了,他瘦猴似的削尖脸,佝偻着身子,耸着肩胛,长着一副罗圈腿,一口吴侬软语,虽说相貌丑陋,但心眼极细,性格柔和,善于鉴貌辨色,曾在上海大世界做过的差事。一年前十六铺的鱼行贩与水果行贩为争山东门的地盘,两帮主失和,各自派喽罗惹事,找着对方的荏儿砸店铺。一些青皮光棍也跟着起哄,浑水摸鱼。这实实惹恼了一些规规矩矩的生意人。鸿元盛水果行也难免遭灾。店伙计无意之中在赌棚里对江肇铭说起鸿元盛的苦衷来。江肇铭那时正输得猴急,便信口开河地说:"只要你们肯把赌本给我,鸿元盛的事包在我身上!"鸿元盛老板真的给了他赌本。

没过几天,江肇铭去找了鱼行和水果行的帮主。也不知他灌了迷汤,还是调了枪花,两个帮主竟然坐下来吃茶,谈判没费多大劲就议和了。这一来,江肇铭声誉鹊起,成了两帮的座上客。十六铺的青皮瘪三们也捧起他来,叫他"宣统皇帝"。

想到这里,陈世昌朝杜月笙点点头:"那小子是个帮手,有心眼儿。"

黄振亿补了一句:"你开香堂,收江肇铭做门生。"

"这个主意不错!"陈世昌点点头。

"姓江的肯吗?"杜月笙对这做法感到有些没把握。

"拜你的帖子,等于进了黄门,谁不愿意呀?"

陈世昌不等杜月笙细想,就拍板了:"月笙,就这么办。"

"萧何"惹了祸

从老正兴菜馆酒散回家,杜月笙思绪如麻。他觉得黄振亿说得实在。要另立门户,非得要有自己的亲信和班底,也非得有个像林桂生那样的智囊不可。黄金荣的发迹,对他的印象太强烈、太深了。

杜月笙毕竟是个精细人。他生怕自己招兵买马引起黄金荣疑心,于是先找到林桂生:"师母,师父把公兴记给我,我觉得力量还不够呢。"

"你想怎么办?"林桂生看着杜月笙。

"我想找个帮手,收个学徒,这样我才能维持好赌台的安全。"

"想的周全,你自己看着办吧!"

杜月笙这才放下心来。一个星期后,由陈世昌、黄振亿作证,杜月笙在红庙开了香堂,收了江肇铭。这是杜月笙第一次开山门收徒弟。

杜月笙初出茅庐,谁知差点就掀翻了人生的航船,而这个导火线正是这个江肇铭。

江肇铭生性好赌,常在英租界一个赌场行走。那里的老板严九龄是英租界的大亨,他的权势不逊于法租界的黄金荣。这天,江肇铭又来严馆"摇摊"了。严九龄的赌台规模也不小。赌局有轮盘、牌九、摇摊三等。上流的富商阔少学英国绅士派头,在轮盘上赌输赢,一般的人玩斗天杠、翻么三的牌委;最次的赌徒则是摇摊。摇摊,俗名又叫掷骰子。赌柜上放口摇缸,盛三枚骰子,赌客下注猜点子。这种赌法简单,开缸便见颜色,直截了当。江肇铭喜欢这种简单明了的赌法,常为摇摊的座上客。这夜,他赌风不顺,加下几注都败北,输得脸上直冒汗。江肇铭输红了眼,粗话连篇:"操他娘,老子手气不灵,还是骰子里有毛病?"

赌场最忌作弊。他说这话有碍严九龄的声誉。庄家见江肇铭出言不逊，连连冷笑："你看看这是什么地方，闲话放明些。"说罢，坐庄的便要收摇缸了。

江肇铭急了，伸手一拦，"慢！"要孤注一掷。

他见自己面前筹码还有100多块大洋，气呼呼地往前一推："下三点。"

这时一担米也才8元大洋，一注100块大洋确实是笔大数目。由于赌注下得大，赌场上的气氛非常紧张。

桌台上的赌客都咋舌不语，默默地退到一边，冷眼看这场龙争虎斗。一瞬间，场面上敛息屏气，肃静寂声，只听得摇骰子声。"哗啦"一下，坐庄的喊声："开！"

摇缸盖揭开，一旁观战的赌客都伸长脖子凑过去看。缸里三颗骰子，两个四，一颗二点——"二"，坐庄的统吃，江肇铭一下子跌坐在椅子上，顿时傻了眼。

可赌场有个规矩，一局揭晓，要等桌面下的输赢全部结清收支两清，方可盖缸。随后摇几下，换掉旧的，这叫做"洗缸"。然后，庄家再请赌客下注，猜赌缸里骰子的点数。谁也没有料到，就在江肇铭最后赌本就要被吃掉的时候，代表赌场的庄家虽赌赢了，还是心有余悸。他挥了一把冷汗，顺手盖上摇缸，又摇了几下，伸手就拢筹码。江肇名正处在懊悔、愤恨之时，无意中他发现了这一幕。

"慢着！"江肇铭冷不防喝道。

他见庄家先盖缸，后结账，正犯了赌场三大忌，惊跳起来，突然他急中生智，使了乖巧，笑嘻嘻地说："老兄，缸里的是三点，你睁开眼珠儿看看。"

庄家往桌面上一瞧，吓了一跳，连连跺脚，暗骂自己糊涂。

江肇铭容不得对方犹豫，抢先招呼一声看客："诸位朋友可作证，明明是三点。庄家该你赔我了吧！"

"点子还摆在缸里，你押的是三，我摇出来的是二。"

江肇铭斩钉截铁地说："不要瞎讲，摇出来的明明是三。"

庄家看看这次摇缸，如今将赢钱的证据没了，再摇一次，谁又能保证缸里的点数仍然是"二"呢？

赌客们见江肇铭强横，敢在严老九家里耍赖，想必也是狠角色，于是，一个个噤若寒蝉，不敢做声。

赌台上的争吵惊动了严九龄。他从里间出来，冷眼看了一眼瘦猴似的江肇铭,威严地说:"闲话少说,输了就赔!"

坐庄的无可奈何地推出一叠筹码来。

"朋友请坐。"严九龄和颜悦色地招呼,客气地问,"贵帮多少船?"

江肇铭先是一愣,猛记起这是青帮内的暗语,忙答:"1991只半。"

严九龄在桌面上一连摆开三只茶杯,眼睛盯着对方,一连斟了三个半杯。江肇铭会意,这是查问他在青帮的辈分,他是杜月笙的门徒,"悟"字之下的"大"辈。严老九与"通"字辈并肩,要高出自己两辈之上。他连忙伸出大拇指在桌上点了三下,表示晚辈的自谦。

严九龄到此已明白这小子不过是刚入堂的起码货,当场换了脸色,冷笑一声:"朋友,对不起,我这赌场可打烊了。"说罢,站起猛喝一声,"来人,给我关上大门,收档!"

这一声不要紧,如同炸雷一样,吓得赌徒们个个魂飞魄散。

收档,是火拼的信号。

严九龄更狠,要把在场的赌徒们全部吃掉!在场的赌客纷纷奔向赌场后门,争先恐后,夺门而出。胆小的早已脚底抹油溜之大吉。那些肥头大耳的阔佬们动作迟缓,只得僵在那里。

此刻,江肇铭才知闯下大祸,强作镇静,举手打着四方揖,嘴里边喊着边往门外退去:"严先生高抬贵手,高抬贵手。"

严九龄冷笑道:"乳臭未干,也敢来我这儿撒野,看我不收拾你!"

一个保镖从账柜上拎了一袋子大洋,朝江肇铭丢去,喝道:"小子,赏你的!"

江肇铭拾起来,没命地逃了。真是菩萨保佑,在一片混乱之中,他竟能平安地回到住处。

原来,他已料定不能活着走出赌场,他只一手拿着钱一手提着脑袋拼了死命,终于逃了出来。

以柔克刚

第二天,杜月笙的开山徒弟江肇铭大闹赌馆、英租界大亨严九龄收赌档的消息传遍了上海滩。

严老九是英租界的头面人物,与黄金荣旗鼓相当。如今,他在黄门手下的一个小角色面前收档,无疑是给黄金荣、杜月笙出了个难题。黄公馆顿时一片惊慌,风声鹤唳,颇有草木皆兵、应付事变的架势。

当差的不敢惊动黄金荣,悄悄地把这件事告诉了杜月笙。杜月笙一听着实吃了一惊,几乎脸都变色了,初立门户就让徒弟闯下弥天大祸,如果让黄老板知道,后果不堪设想。

"去,把那个饭桶给我叫来!"

江肇铭一步一停地挪进了杜月笙的屋子里面。

"你这个混蛋,可给我招来了麻烦了!"

杜月笙狠狠地抽了江肇铭两个耳光。

江肇铭知道他这样做的极大后果,哪敢做声,"扑通"一声跪下,拼命地磕头求饶:"求师父饶命!"

杜月笙并没理会他,而是把脑门子转得飞快,思想着解决问题的办法,心想先要平息风波,不能让严老九捏着把柄,惟一办法就是单刀赴会,随机应变。想到此,他怒气未消,喝了声:"跟我走一趟!"

"去哪儿?"

"去找严老九!"

事已至此,江肇铭也没有办法,乖乖地跟着杜月笙走进了严馆。

他们进来时,严老九的赌场里一字排开十几名彪形大汉,杀气腾腾。严老九旁若无人地坐在太师椅上喝闷茶。

杜月笙对着他双手一拱:"严老板,小徒失礼,杜某上门来负荆请罪。"不等严老九回话,杜月笙对江肇铭一招手道:"畜生,还不跪下!"

江肇铭一下跪在严老九面前,说道:"严先生,小的有眼不识泰山,望你老人家高抬贵手。"说着,捧上大洋400块。

"严老板海量,能否给杜某一个面子,网开一面?"杜月笙又进逼一步,"到时我约朋友为严老板捧场!"

严老九原是摆下鸿门宴,让这位刚出道的毛头小子尝尝他的威势。不料,杜月笙从容自在,以守为攻,既是上门请罪,又不卑不亢,不失黄门身份,不由得暗暗佩服。

他一仰首,哈哈大笑起来:"不愧是黄老板的门下,好说,好说。"他回头招呼当差的,"看茶。"

就这样,杜月笙和严老九坐了下来。两人边喝茶,杜月笙边赔礼,言语又不时把鹬蚌相争,渔翁得利的利害点破,一席话直说得严老九点头不止。最后,严老九满意地说:"承蒙你如此讲义气,再有黄老板的面子,这件事就既往不咎了。"

"如此,月笙告辞了!"

"送客!"

一场风暴,就这样烟消云散了。

当时,在场的人无一不为杜月笙捏着一把汗。事后江肇铭更是佩服得五体投地。

回到同孚里,江肇铭不仅对杜月笙感激不尽,而且把这件事添油加醋,吹得天花乱坠。

凭着一张巧嘴,杜月笙在英、法租界声名鹊起。他既能单枪匹马地和严老九去较量,他也已经有资格和黄老板、严老九一辈人物相提并论了。"杜月笙"三个字开始在白相地界不胫而走。

2. 大盗不操戈

和气生财捞资本

但是,就凭这杜月笙要在十里洋场中站稳脚跟,自成一番大气候,还远远不够。

近年来,上海赌风甚盛,成了十大行业之一。地痞、流氓和黑帮人物都要捧这只饭碗。旧上海街面窄,街巷岔路多,成了帮会"剥猪猡"的好场所。"剥猪猡"就是说几个人在夜里守着一家赌馆旁边的弄堂暗处,发现有人眉飞色舞地从赌场走出来,就用砖头、棍棒把他打翻在地,然后把钱全部抢走。此风一开,各家赌台的生意纷纷下跌。胆大的赌客也要雇个保镖进场。江肇铭见师父要在赌场里闯世界，不由得吊起心事来，心想这应该提醒师父，也算是自己将功赎罪。他打定主意，就对杜月笙说："师父，英、法两租界起了'剥猪猡'风，赌场老板个个头痛。要在赌行立足，恐怕先要刹这股风。"

这时，杜月笙也意识到要想赌场生意好，首先得让赌客在赢了钱后有安全感。要做到这一点，就得保证他们首先不会被"剥猪猡"。他对江肇铭余怒未息，本不想搭理他，但此刻见他说得有理，点在了关节上，心中的气顿时消了一大半，问道："你说，有啥办法？"

"和气生财！"

"怎么个和法？"

江肇铭见师父浓眉已舒展，情知那件事已过去了，心一定，说话便上劲了："来个拜四方，行不行？"

杜月笙想了想，点头说："好，你用我的帖子去请。"

第二天，江肇铭铤而走险将那批头目一一请到。

杜月笙定睛一看，果然都是满脸横肉的凶煞之神，其中有一个就是上次帮过他的忙的顾嘉棠。他不等江肇铭介绍，先招呼顾嘉棠，笑着问："泉根，上次你帮了我的忙！这几位朋友的大名？"

顾嘉棠见杜月笙不忘旧情，又当众抬举他，心里一得意，就滔滔不绝地介绍了他的同行。

顾嘉棠介绍一个角色，杜月笙就点头示意，给每人一个红包，并且言明今后每个月都可以给他们这么一笔钱。待发钱完毕，杜月笙才说明他的意思："杜某有一桩事。"

"月笙哥，凭你一句话。尽管说来。"顾嘉棠立即抢先回答。

他出道比杜月笙早，可现在杜月笙成了黄门的红人，他要攀龙附凤，自然要改口自谦了。

"我杜某由黄老板提拔，在公兴记当事，请各位圆场，法租界三人赌台的赌客们夜场出门，望各位放一码。"

杜月笙见在场的头目面有难色，便接下去说："至于各位的开销，我负责每个赌台抽红利一成！"

"一成？"顾嘉棠等人不约而同地跳了起来。这个价码太可观了。他们立即拍着胸脯说:"月笙哥办事爽快,兄弟们今后为你帮忙,听你的!"

这些人并不傻,"剥猪猡"不就是为了几个钱吗?现在杜月笙按月分钱,价码可观,还省去了黑道营生的提心吊胆,又能送个顺水人情,何乐而不为呢?

"就这么定了!"

杜月笙的话虽出口,可心里却没底。分赌台的红利要黄老板点头才行,至少也得与另外两个赌台的金廷荪、顾掌生通个气,万一意见不合,这事就算砸了。杜月笙又犯难了。

江湖一把伞,容吃不容攒

送走了顾嘉棠五兄弟,杜月笙立刻去找大师兄金廷荪。

金廷荪做事素来稳当,从不冒风险,在黄门里资历最老,是黄金荣的第一门生,在"八大生"中,他第一个出道,最先自立门户,只要他点头,杜月笙就有办法瞒住黄金荣。

他找到金廷荪,巧得很,顾掌生也在场。他迫不及待地讲了请诸侯、杀"剥猪猡"的计划。

但是,一听杜月笙讲完,金廷荪慢条斯理地说:"老板的规矩破不得,多一事不如少一事嘛!"

这时,顾掌生也插话说:"月笙,一成赢利数目实在太大了。"

杜月笙泄气地坐在椅子上,呆睁睁地望着两位黄门师兄。突然,他灵机一动,想出了主意:"羊毛出在羊身上,让赌台老板自己来掏腰包!"

金廷荪望了望顾掌生,把握不大地说:"这只能先探探赌台老板的口气,掌生,你看呢?"

"是啊,他们要不同意,我们就没办法。"

杜月笙见两人不反对,就急忙奔公兴记,先找自己场子的老板说话。杜月笙的嘴功厉害,口吐莲花,右旋左转,提了好几层道理,大意就是一个:抽一成利是给英租界的赌客,使得生意兴隆,一成赢利稳可赚回来;何况江湖一把伞,容吃不容攒?

公兴记老板被他三寸不烂之舌说动了,答应说:"先试一个礼拜。"

杜月笙见公兴记这一头已摆平,连忙驱车找金廷荪,把这个好消息告诉了他。于是,金廷荪同意去做自己这台老板的工作。杜月笙趁热打铁,又邀来顾掌生。三人连夜劝说另外两家赌场老板。

虽然费了些口舌,但是,黄金荣手下三大门徒出面,这些赌场老板又怎敢不答应?事成之后,金廷荪再三叮嘱杜月笙和顾掌生:"此事万不可给老板知道,一有风声马上收摊!"

杜月笙正求之不得呢。

他的锦囊妙计果然奏效了。

顾嘉棠的小"八股党"和各路头目投身杜月笙,谁还敢在法租界闹事、"剥猪猡"?

杜月笙抓准时机,立刻让江肇铭到处串门,散布说:"公兴记已出高价为客人保镖。凡客人上公兴记,如果逢夜'剥猪猡'的,愿以十赔一。"

此消息一传开,赌客们相互禀告,瞬时间传遍上海滩。

杜月笙开赌吸引人的还有另外一面,就是赌场上一掷千金的多半是一些豪门大亨,这些人对钱不是很在乎,可面子最重要。偏偏法租界又不时要来抓赌,并且还要捆几个人拴成串,拉着游一游街。怕被捉住游街丢丑,所以这些人只在家里玩,不去上赌馆。为此,杜月笙又生一计,他专门雇了一群小瘪三当替罪羊,代去游一圈街回来后发给他们赏钱。

夜幕刚降,法租界便车水马龙,挤满了门前的大小马路。华界、英租界的赌客,听说法租界的赌势好,纷纷转来法租界狂赌,公兴记由杜月笙执档,更是生意兴隆,行情日日跳高,喜得公兴记老板合不拢嘴来,只要逢人便夸:"杜先生有一套,有本事!"

杜月笙打响了第一炮,初登赌台便割了上海滩赌行的牛耳。杜月笙的胜利,赢得了黄公馆上上下下一片喝彩声。金廷荪、顾掌生因小兄弟机智大胆而不得不刮目相看。

斯斯文文的"杜先生"

三个台子夜夜宾客满座,赌场生意兴隆得不得了,林桂生因自己扶起了一个门生而心中暗暗自鸣得意。黄金荣为抢了华、英二界的赌行生意也在兴高采烈。

可是,他们做梦也想不到,杜月笙乘着包赌台,悄悄收罗了一批亡命徒,建立了自己的亲信班底。

杜月笙收罗顾嘉棠后,对"小八股党"严格训练。他们每次出动都有一贯的作业方式、精密的调查、妥善的布置、猛如虎的行动、疾如兔的撤离。他们神出鬼没的行动,很快又取得不少辉煌"战绩"。

赌场,还是黄金荣的。杜月笙知道,这支队伍才是他的真正的身价。

赌业得了手,杜月笙略放宽了心。

有了钱,杜月笙的身价不一样了,思想也上了层次。他领悟到"大盗不操戈"的道理,知道做大生意不必自己上街叫卖,捞大钱也并不需本人动手,渐渐学得了黄金荣的作风,一清早跑茶楼,听听市面上的行情,做起了上等人的模样。每日,他穿着长衫,戴着时兴的礼帽,袖口的雪白衬里向外挽出一圈,口衔象牙烟嘴,斯斯文文地踱着方步,俨然一个大老板了。

当然,他还是在黄公馆当差。

但是,由于他在黄公馆已升到"杜先生"的地位,工作不再是打打闹闹,而是与各方人士议事谈生意,在公馆负责接待一些客人;外出时则有人跟随,威风凛凛。这样一来,他不但成为林桂生的左右手,甚至来黄公馆的达官贵人、富豪巨贾都由他出面代替林桂生或黄金荣接待。然而,杜月笙就是杜月笙,上海滩市面上那些三教九流、偷鸡摸狗之辈,他亦暗中交往,应付得面面俱到。

他完全是两面人,一面是正道"杜先生",一面是黑道的"通吃头目"。

3. 与官府抢生意

意外的消息

这天早上,杜月笙还坐在老正兴茶楼上品茶,远处传来妓女们的弹唱声。这时,江肇铭匆匆跑上楼来。

杜月笙望望他,问道:"什么事?"

"师父,新任淞沪护军使何丰林与警察厅长徐国梁搭上了一班富商,集资1000万,合股组织聚丰贸易公司,名义上经营地产,实际上贩卖鸦片。"

杜月笙生性机敏,很快领会过来。官府公开插手烟土业,是企图包办鸦片的信号。一激灵,意识到自己要进入"亨"字号行列,就得乘官府包烟计划尚未实现之前,赶紧插一杠子。于是,他连忙下了茶楼,回黄公馆找老板娘。

自从公兴记一炮打红后,黄金荣十分喜欢杜月笙,林桂生更是不在话下。尽管现在杜月笙改口称林桂生为"桂生姐",但是两人幽会并没有断过。这么一大早上,杜月笙急匆匆找来,林桂生知道他并不是来嬿欢而是有什么要事,赶紧拿出公事公办的作风,把他请到了客厅。

一坐下,杜月笙就急急地说:"桂生姐,何督军新上任就染指烟土,我们赶紧开一家吧!"

林桂生对杜月笙的主意大多是言听计从,这回要和官府对着干,却犯了犹豫,说:"你师父好歹是总探长,和吃官饭的干,恐有些不妥吧!"

杜月笙眼珠一转,说:"对,那我们就不要老板出面,我来做。"

林桂生点点头:"我相信你。你要多少本钱?"

杜月笙捏着手指道:"办公司得买幢房子,有6万元就差不多了。"

"才6万元!"林桂生惊讶地问,"你不是说何督军资本1000万,你怎么只要6万?这要干就要干好,不能闹着玩啊!"

"桂生姐放心!"杜月笙还是那股作风,胸有成竹地说:"我与潮州烟商有来往,手里有不少干货。"

林桂生见他说得那么肯定,也就不问了。她有个准则,用人不疑,疑人不用,既然信得过便任由他干了,这又何况是杜月笙!于是,她接着问道:"那你打算让哪些人入股呢?"

杜月笙小心地探着林桂生的口气:"人不宜多,老板和桂生姐各算一股,我与廷荪哥各凑一股。"

"我看使得,"林桂生说,"索性场面搞大一点儿,弄成个大公司……"

"知我者,还是桂生姐也!"

林桂生拿定了主意,办事便十分果断,行动也极为迅速,当场取出私房钱交给杜月笙。

"月笙，这是我的15000元银票，你先拿着。"

杜月笙没有推辞，拿上银票走出黄公馆，直奔混堂金廷荪处。

拜把子兄弟开"茧店"

金廷荪进黄公馆的门要比杜月笙早，很受黄金荣的器重。他与杜月笙都是黄金荣的心腹大将。杜月笙是个武角色而金廷荪是个文角色。他心思机敏，算盘打得既精又狠，是黄公馆惟一的理财专家。

杜月笙一见金廷荪，开门见山地说："廷荪哥，我已和桂生姐商量好了，由我俩与老板合股，明天由法租界工商局包下鸦片的运送销售与全部业务与税金。"

金廷荪一听，先是一惊，随即脱口而出："这个盘算好极了，就依你！"

"因为黄老板只能幕后操作，不便出面，桂生姐的意思是就由我负责全盘代理董事长。你任总经理。"杜月笙说。

"好说，好说。"

于是，两个人在屋里嘁嘁喳喳了一阵，只花了两个钟头，便订出了公司的一切章程和开张事项。

最后，金廷荪问道："公司总要有个名字吧？"

杜月笙灵机一动，想出一个绝妙主意，干脆把公司的名字当场定来："我想好了，这公司就叫'三鑫'。"

"三鑫？"

"一二三的三，三个金字的鑫，老板的名字有个金，老兄尊姓也是金，我月笙虽没金，也托你们的福，也算一个金吧。"

"这公司办好了，发大财，每日金子滚进来，三三见九，9两、90两、900两金子哩！"金廷荪的话说完，两人哈哈大笑起来。

于是，这个以后在上海滩刮起旋风的三鑫公司就这样敲定了。

三鑫公司最初设在法租界维祥里，办公室与仓库连壤，弄堂门口装起大铁门，由安南巡捕日夜把守。从弄堂口到弄堂底，有三道铁栅栏，每过一道，都有便衣巡捕盘问。弄内五幢房子，第一幢设写字间、会客室、警卫宿舍，其余全作存放鸦片的仓库。

黄金荣不露面，由杜月笙任董事长，金廷荪出任总经理。

有了规模宏大的三鑫公司，法租界的烟土，零售批发，全部集中在此，场面挺红火。但开之初，它比英租界最有名气的潮州帮大土行要逊色得多。但发展势头迅猛，大有后来居上之势。

第四章 黑白勾结

1. 巧用一人，打通了官府之门

官场有同学

三鑫公司的飞跃，得益于一个人，那就是刚来上海滩的张啸林。

张啸林来上海滩，源自于他的几个同学的升迁。

1919年8月14日，浙江督军杨善德病故，卢永祥由淞沪护军使升迁，护军使一职则由卢系大将何丰林继任，江翰廷任护军使署秘书长，刘吾圃任肥沪警察厅主任秘书，俞叶封调充缉私营统领。他们与张啸林均有私交。

有了靠山，张啸林觉得，上海滩这片天地比杭州广阔多了，能使自己有更大的发展，便决定往上海去发展了。

张啸林把妻子娄氏带到了上海，同时还带来了两个好友，一个是号称文武全才的翁左青。一个是他的过房亲家陈效岐。他要和他们一起在上海共创一番"大事业"。

到了上海，听说以前的生死之交——杜月笙已在同孚里黄公馆发迹，他马上便来拜访。

闯祸不断的传奇

张啸林是何等人也？

张啸林，浙江人，排行第二，哥哥名大林。张啸林出身穷苦，父亲是个木工，但是，木匠的收入很微薄，加上银贵钱贱，张家日子过得十分艰苦。不久，父亲积劳成疾，离开了人世。

张啸林20岁时，全家在乡下实在难以度日，不得不背井离乡，移居离慈溪140多公里的杭州拱宸桥。然后，张啸林与大林一起进了杭州一家织造绸缎的机房，当学徒。

张啸林当学徒，却不务正业，游手好闲，专同地痞流氓为伍，还不时纠众滋事，寻衅打架。各机房的老板对他都头痛万分。于是，大家暗中约好，把他赶出了机房。

1903年，张啸林迫于生计，考入了浙江武备学堂。在校与同学周凤歧、夏超、张载阳等人结为密友。

浙江武备学堂是专门培养军事人才的学校。张啸林在入学以前已染上地痞流氓的恶习，入学后不是把精力集中在学习上，而是用在与官府衙役的勾搭上，想以此为资本，抬高自己的地位，扩张自己的流氓势力。结果没毕业，就离开了武备学堂，拜杭州府衙门的一个领班李休堂为先生，充当李的跑腿。

以后，他依仗地方官府的支持，在拱宸桥一带开茶馆，以此作为结交地痞流氓、聚赌敲诈的据点。

拱宸桥有个诨名叫"西湖珍宝"的赌棍，拥有相当大的势力。张啸林则采取小恩小惠的方式，勾引他的赌徒，逐步扩大自己的实力。"西湖珍宝"岂能甘心被张挖去墙脚，经常纠集赌棍，寻张斗殴。结果，张啸林常常被打得狼狈不堪，几乎无法在拱宸桥立足。

正在这时，张啸林结识了一个外号叫"马浪荡"的江湖艺人。

马浪荡本名叫陈效歧，原是个唱滩簧的。滩簧是苏州、上海、杭州、宁波等地流行的一种曲艺。陈效歧每次出堂会，就让张啸林帮着扛丝弦家什，演完一场后便赏他几文钱。就这样，张啸林暂时躲在陈效歧的门下。

这天，在大清政府曾任武英殿大学士的杭州人王文韶病死。出殡那天，陈效岐受雇扮戏,参加送葬行列,张啸林便伴在陈的身边当下手。

出殡队伍经过日本租界清河坊,张啸林无意中撞倒了一位看热闹的日本小孩。这下子,捅了马蜂窝。住在清河坊的日本人倾巷而出,拦住了王府的孝帏,强行勒索赔款。送葬的人气愤不平,双方争执不下。

这时,张啸林大喝一声:"开打!"成百上千的捐执事、骑顶马、吹吹打打各色人等,立刻像潮水一样冲向日本人,吓得日本人回头便跑,纷纷关上大门。

待到出殡诸事完毕,队伍解散,张啸林又约数十个艺人和以往流氓痞子来到清河坊与保佑坊,看见日本人开的店铺,不分青红皂白,冲进去便又打又砸,掀起了一场较大的风波。

这和日本人干,可不是小事情。在日本人的压力下,杭州官府不得不惩办带头闹事者。

为保护张啸林,陈效岐以滩簧先生首脑的身份挺身而出,结果被判在拱宸桥头,披枷带锁,示众一月。陈效岐被枷锁示众,更激起杭州人民的反日情绪。他们自动组织起来,一致拒买日本货。日本人难敌群愤,只得相继迁出清河坊。经过这次事件,陈效岐十分赏识张啸林,并与张结成了过房亲家。

然而,张啸林仍然改不了聚赌诈骗的恶习。每年春茧上市和秋季稻谷收获之际,他便雇佣小帆船一条,到嘉湖一带,以三粒骰子做赌具,巧立青龙、白虎等名目引诱农民赌博,设局骗取农民钱财。乡间农民受到他的欺骗,有的输得当空卖绝,有的输得投河上吊,为此,杭嘉湖一带人写状上告,杭州府与钱塘县都曾出签缉拿张啸林。

但张啸林贿赂了衙役。一有风吹草动,衙役就为他通风报信,使张啸林几次避过风头,逍遥法外。这使得张啸林更加洋洋自得,更加不可一世。

一次,在茶馆里喝茶,张啸林与人争座位,结果他对旗人大打出手,险些酿成命案。事后,他自感大事不好,怕被官府捉拿,逃到了绍兴安昌镇,投靠老朋友、在安昌任巡官的翁左青,过着躲难的日子。

不久,武昌起义爆发,随即杭州光复,张啸林托人探得自己的案子不了了之,于是又从绍兴安昌镇堂而皇之地回到了杭州。

辛亥革命后,张啸林参加了"三合会",当一名普通的门徒。但是,在一次偶然的机会,他结识了洪门大哥杭辛斋,并靠着杭辛斋的关系,利用一批旧日的机房朋友做班底,逐渐发展成为当地颇有势力的一霸。

难兄难弟有故事

谁知张啸林本性难改,不久又闯下了大祸。

一天,他在朋友家喝了几杯喜酒,不觉已有三分醉意,回家途经拱宸桥附近时,看到几个人合力殴打一个人,就向前劝说。那几个人也不是好惹的,见张啸林在旁多嘴,反而围住他动起手打过来。

张啸林什么阵势没经历过?见三人打来,便飞起一脚,朝中间的那人的下身踢去,正中睾丸。那人睾丸当场被踢碎。张啸林又闯了大祸,急忙挣脱身跑了,但之后不敢回家,连夜逃到上海。

这是张啸林第一次来上海,落脚在小东门外东昌渡一带码头上,更名为林生。经同乡、投机药商黄楚九介绍,他拜青帮"大"字辈樊理远为"老头子"。由于有些文化,他很快熟记了青帮的联络术语,下一辈的流氓都称他为"张爷叔"。

一年过去了,杭州官府对他打死人命一事淡忘了,张啸林又公开露面了。也就在这时,他结识了也在小东门一带游荡的小混混杜月笙。

张啸林在东昌渡码头,最初是与杭州锡箔船商打交道。杭州的一些锡箔船商见他在码头上的流氓帮里有一些路子,为使船上的货物在码头不受损失,就找他商量,拿出部分钱作保护费。张啸林见有油水可捞,就在十六铺码头上的流氓群中寻找合作者,结果,找到一个外号叫做"水果月笙"的杜月笙。

此时,杜月笙正跟在"套签子福生"后面乱转,听了张啸林的话,非常高兴,立刻答应下来。

随后,杜月笙把杭州锡箔船商的货物引渡到十六铺码头上一个叫"小浦东"的地方卸货,从中收取保护费。这事很快被其他流氓瘪三得悉后,于是互相勾结,纠众前来明抢,当场与杜月笙和他的小兄弟们在十六铺码头上发生了一场恶战。

在这场恶战中,杜月笙这帮人马因寡不敌众,被其他流氓帮打得落花流水,杜月笙本人也被打得奄奄一息。在混乱中,张啸林把杜月笙背走,来到自己租的房子中,然后请医治伤。

张啸林本人也是穷得要死，但眼看杜月笙奄奄一息，为了支付医药费，仗义当出了自己身上的棉衣，换来杜月笙的救命钱。因此，杜月笙对张啸林的救命之恩，非常感激。

这期间，通过杭辛斋介绍，张啸林也认识了黄金荣。但黄金荣觉得他粗俗，只不过一个老混混，没有什么利用之处，虽然见过面，但一直没和他往来。

而张啸林天生一个惹祸的主儿。

不久，上海新开河码头建成，外省来的船商受到上海稽征吏的勒索，纷纷通过张啸林等人的关系，到别处卸货上岸。稽征吏发现情况有异，于是从侧面打听到原来是张啸林在船商中暗地捣鬼，砸了他们的饭碗，便决意把张啸林擒到手，要了他的命。

这一天，张啸林正在南码头联系事务，被驻该处的稽征吏发现，立刻纠集十余个稽征巡警，不问情由，围上来，就把张啸林强行拽进稽局内，然后捆绑起来，就痛打，准备夜深人静时把他扔进黄浦江里淹死。

在这紧急关头，张啸林的随从急忙去找杜月笙，求他设法营救。杜月笙得讯后，一面叫手下把兄弟到稽查局去摸清虚实和张啸林关押的地方，一面和李阿三等几个头目商量营救办法，然后，他挑选了数十个流氓，准备去"劫狱"救人。

到了晚上，杜月笙和李阿三率领这班流氓，悄悄来到稽查局，突然一脚踹开门，一起冲了进去，然后，打的打，砸的砸，杜月笙则扛起张啸林就走。众人一起救出了张啸林。

张啸林脱险，逃了性命。休养数日后，内心很不服输，咽不下这口气，决心报仇。随后，他打听到把他往死里整的稽征吏头目名叫"金狮狗"，是当地一个手段非常残忍的家伙，心狠手辣。为此，他找到"三十六股"流氓头子"吊眼阿定"，说："请你助我一臂之力。"

"吊眼阿定"说："我对'金狮狗'早就看不顺眼了！"当即满口答应了张啸林的要求。

第二天上午，"金狮狗"照例出来巡查商船。他独自走到江边时，突然，埋伏在那里的十几个人冲了过来，把他掀倒在地，一顿拳脚后，他被人七手八脚地拖到江边，十几个人一声号子"抛——"，用力往江中抛去。此时，正好漂来一只大粪船,只听"扑通"一声,"金狮狗"被抛进了大粪船中。

这伙人就是张啸林和"吊眼阿定"等人。

当"金狮狗"爬出大粪船时,张啸林等人早已逃得无影无踪了。结果,"金狮狗"虽然保住了性命,但已饱尝了大粪的滋味。

张啸林得罪了"金狮狗",知道上海呆不下去了,只好回了杭州。

军阀、租界、帮会三方合为一体

这一次张啸林携家带口,并且还有手下,一起来到了上海滩。杜月笙见到张啸林,十分高兴。

第二天,杜月笙就带他去见了黄金荣,并力请黄金荣重用张啸林。

因为三鑫公司这时已垄断了法租界的烟土市场,牢牢掌握了上海滩上的烟土业,展望前景,一片金山银海,瑞气万千。但是,他们还有一道关口却无法突破,即从吴淞口到高昌庙、龙华进入租界这一条路,都是淞沪镇守使衙门的天下,水警营、缉私营、警察厅,乃至各级队伍,侦骑密布,虎视眈眈,不小心就可能损失一批烟土。这时,政府虽然明令禁烟,但各地的军阀大多数是以鸦片烟为主要的经济来源,他们长袖善舞,经验丰富,利害所在,一眼便可洞察。在租界里经营鸦片,对他们来说有百利而无一害,军阀何丰林、俞叶封何尝不垂涎这股财香?只因为地位悬殊,关系搭不上,只好进行水陆查缉,通过没收、罚款搞些钱,但是,内心里他们更希望介入烟土走私赚大钱。

杜月笙对黄金荣说:"有了张啸林,由他出面去联络,这道关很可能就打通了。"

"他打得通么?"黄金荣问道。

"他的武备学堂同学现在都是官府数一数二的人物,很有把握!"杜月笙说。

黄金荣觉得杜月笙说得很在理,为了扫除这些路霸,便决定接纳张啸林。

张啸林从杜月笙处领了一笔钱,作为交际费用。然后,他装出一副腰缠万贯的模样,打着浙江省省长张载阳和督军卢永祥的旗号,自下而上,由外而内,一步步地向俞叶封、何丰林接近。一见面,他发现何、俞二位对于与黑帮合作早已求之不得,于是张啸林被他们敬为了上宾。

在张啸林的多方沟通下,于是,军阀、租界、帮会三方合为一体,大家同心协力发烟土横财。三鑫公司不仅打通了最后一道关卡,而且与官府接通了联系,凡事不再缩手缩脚,经营烟土的局面豁然开朗,"事业"愈发蒸蒸日上。几年下来,杜月笙也跃身了沪上闻人之列,成为上海滩的名流。

2. 当了"大总统"的保镖

官场还不如江湖

人生无常。

1923年,北洋军阀出身的民国大总统黎元洪内忧外患,曹锟等直系军阀气势汹汹地上总统府索饷,并且雇用游民组织"公民团",逼他退位离开北京。黎元洪还没反应过来采取措施,直系大将王怀庆干脆派兵"请"他走人,他只好仓皇出京,先赴天津,最后几经努力复位,但得不到军队的支持还是无望,只好黯然南下,进行散心并联络上海的保黎派。

6月13日,黎元洪抵达上海,黄金荣、杜月笙等上海名流都去迎接。

当天,法租界巡捕房总探黄金荣做东,为黎大总统洗尘。杜、张当然也在座奉陪。席间,黎元洪特地走过来,向杜月笙敬酒:"月笙先生,黎某……"

黎元洪之所以这么客气,是因为手下告诉他杜月笙是黄老板的灵魂,今后在上海的安全,全部掌握在杜月笙的手里。

黄金荣保护黎元洪也确实很够诚意的。他对法捕房里多年相从的巡捕还不放心,这次专门动用了杜月笙的这支小型快速精悍部队。杜月笙则亲率他的"小八股党",轮流分班,为"黎大总统"保驾。

经过几年的打拼,"小八股党"的顾嘉棠、高鑫宝、叶焯山、芮庆荣、侯泉根、黄家丰、杨启棠、姚志生等八人追随杜月笙身后,个个鲤鱼跳龙门,如今变得有钱有势。他们又从杜月笙那里学来仗义疏财、广交志友的全套本领,拥有成千上万的徒众。徒众们散居在上海市及其近郊,只消他们一声令下,马上就可以组成浩浩荡荡的大军。

"民国大总统"(黎元洪虽然退职,但部分人坚持他是民选总统不能被人强行剥夺,把他作为总统,后来民国政府"恢复"他的职位,也不承认他的这次退职。)由一伙黑帮保驾,还真是前所未闻。而杜月笙之所以被请来保"大总统"的驾,一是黎元洪名义上还是民选大总统,但自己被逼退职已无实权,落魄了;二是因为杜月笙在上海滩的实力确实强大,可以随时招数万徒众来保黎大总统的镖。

黎元洪和他的如夫人一起相偕南来,随行的还有一些秘书、副官、卫士、奴仆等。为了迎接黎元洪的到来,杜月笙在杜美路26号,买下了一幢精致幽美、花木宜人的小洋房。在得到黎元洪派驻上海代表的秘密通知后,黄、杜、张一商量,觉得杜美路适合这位退职的"大总统"小住,于是,杜月笙雇了工人去修葺一新,并且置备了全套的家具。

黎元洪的秘书长饶汉祥,当年曾代黎元洪所拟全国通电,文情并茂,传诵一时。这一次,他随行来到上海,却留下了一副脍炙人口的好对联。他特别赏识杜月笙的慷慨好客,群贤毕集时,为杜月笙题了14个字:

春申门下三千客,
小杜城南五尺天。

杜月笙将这副对联爱如拱璧,特地请名家雕刻为黑底金字,悬在他家客厅的两楹。

黎元洪和他的如夫人送给黄金荣的礼物,可以说是相当奇特,黎元洪送黄金荣一套陆军上将的煌煌戎服,由于黄老板的身段和"黎大总统"约略相仿,黄金荣私自在房中常常穿着起来,摇摇摆摆,踱个八字官步,自己沾沾自喜,逗得俏娘姨们一个个地掩口大笑。除了衣服外,他还送了黄金荣一套很名贵的礼物:一套精美的鸦片烟具,连同烟盘,全部纯银镶钻。黄金荣拿在手里把玩再三,爱不释手,赞不绝口,而黄金荣还在吃法捕房的公事饭,并不会抽大烟。

杜月笙对于保护"黎大总统"的工作,十分认真而尽心,他每天尽量抽出时间,守在杜美路,他和黎元洪、如夫人同进同出,平起平坐。

落难的凤凰不如鸡,黎元洪大总统就是一个例子。暗地里,杜月笙和黄金荣、林桂生交谈时,林桂生忍不住笑着说:"你们都说江湖黑,我看官场还不如江湖呢!"

这个世界上真有狐仙?

这时,黄金荣私下爱慕着一个名伶,叫露兰春。她正在老共舞台献艺,风靡了整个上海。黎元洪和如夫人客居无聊,于是黄金荣请他们去听戏。

为黎元洪及其如夫人这次在公众场合露面,杜月笙和他的"小八股党"做的防范和戒备工作,非常周密而彻底。这一天,他们身上都带了手枪,进行警卫。

黎元洪及其如夫人是轻装简从进入老共舞台的。两人所坐包厢的前后左右,布满了黄金荣和杜月笙的铁杆心腹。

老共舞台全场爆满,好几百观众全神专注于台上露兰春的投手举足、轻歌曼舞,谁都不知道他们今天是如此的幸运,正和"黎大总统"同处一厅,享受着"黎大总统"在上海与民同乐的"幸运"。

杜月笙也站在包厢不远处,暗中打量着四周,一切布置正常,黎元洪及如夫人都在聚精会神地听戏,吁了一口气,然后信步走到楼下去休息一会儿。才到门口,他便碰到了老共舞台把门的阿大。他是黄公馆的老佣人,一向忠心耿耿,老共舞台开张时,黄老板便给了他这样一个美差,曾使他高兴得三天三夜没有睡觉。杜月笙一来,阿大马上迎上来,向他诉说刚才看到的一个神奇事情。

"杜先生,"阿大说:"这桩事情真是太稀奇了。"

杜月笙眼睛望着他,一面擦汗一面问:

"什么事情?这样大惊小怪的。"

"刚才你们陪那两位贵客进门,"阿大凑近他,压低了声音神秘地说,"还不到两分钟,突然之间我看到一大串狐狸,仿佛受了惊吓,从戏馆里一溜烟地跑出来。"

"瞎三话四,"杜月笙耸肩笑笑,"这么大一个城里面哪儿来的狐狸,笑话。"

"千真万确的啊,"阿大委屈般地喊起来,然后左右一看,又在悄声说:"我起先被它们吓一大跳,连忙跑出大门去追。我清清楚楚地看到,那一串狐狸跑到斜对面那爿当铺里去了。"

"那么,"杜月笙还在跟他开玩笑,"你就该追进当铺里去看呀。"

"当铺老早打了烊,"阿大一本正经地说:"我亲眼看到,它们一只只地往当铺门上扑,扑一下,就不见了一只。"

"大白天见鬼了!"杜月笙听他说得那么活灵活现,回念一想,阿大是个老实人,连黄老板都夸赞过他从来不说谎话,也不说一个字的废话,他有什么理由要编这一套鬼话呢?

"阿大,"杜月笙轻声安抚他说:"我看你是太辛苦了,一时看花了老眼。"

"绝对不是。"阿大断然否认,并且提出反问说:"我怎么可能接连两次都看花了眼睛?"

"不管怎样,"杜月笙累了一天,稍微有点不耐烦地说:"这种事情就摆在自己心上好了,用不着说给别人听。"

"我只说给你听,杜先生。"阿大真诚地说:"杜先生,你是黄老板和老板娘最看重的人。我跟你说说就是,在老板、老板娘面前,我这个话是不敢说的。杜先生,你知道不知道,我们老共舞台原来有个狐仙洞?"

"这个——我不知道。"

"老共舞台如此的好生意,都是靠着狐仙好法力啊!"

"啊?真有这事?"

"如今狐仙统统跑掉,依我看,老共舞台的旺气也就跟着跑了。"

"别瞎说。"杜月笙拦住他。

"信不信由你,杜先生。"阿大叹了口气,忽然又想了什么又问道:"刚才你请来听戏的贵客是哪一位?"

"你听了可要吓坏的!"杜月笙没回答他。

谁知这引起了阿大更大的好奇心,不住地追问,杜月笙奈何不了他,只好附在阿大的耳边,悄声告诉他:"来者正是大总统黎元洪和他的如夫人。"

"这下糟了!"不曾想到,白发苍苍的阿大竟会跌足叹息,他十分怅惘地说:"大总统是天上的星宿呀,星宿怎么可以随便到什么地方去呢?难怪黎大总统一来,我们供的狐仙就要赶紧逃跑,而它们这么跑掉,杜先生,你看嘛,老共舞台的生意一定不灵了。"

杜月笙只觉得阿大戆得可笑。孰知往后事实的演变，却又使他对这个不解之谜将信将疑了。

黎元洪，在杜月笙的杜美路住宅驻跸三个月，然后乘轮北返，行前曾向杜月笙再三致谢："我这次来黄老板处遇到你这样一个好朋友，真是三生有幸，感谢感谢！"然后，他手掌一拍，随行的秘书长饶汉祥和一人抬出了黎元洪自己破费订制的30余面金牌，上镂"义勇"二字，分赠杜月笙和手下们。

"黎大总统"走后不久，发生在黄金荣身上的事情留给杜月笙一个不可磨灭的印象——那便是狐仙确实有灵。

3. 美人计与禁烟令

声势很大

上海滩的烟土遍地都是，并且到处都是走私、贩卖烟土的各色人等，偏偏万国禁烟会议要在上海召开了。

万国禁烟会议前夕，潮州的大土行统统搬进了法租界，法工部局的头目们高兴得手舞足蹈。可是，这一搬，负责收他们保护费的"大八股党"一见财路要断，马上表示要跟到法租界，继续收保护费。

"想在老子的地盘上捞果子吃，这是在做梦。"

黄金荣听了杜月笙的报告，愤愤地说。

"大八股党"的首领叫沈杏山，是英租界的探长，也是个敢碰硬的黑帮头子，当然不肯眼看着钱财从自己的手中流到别人的手中，发誓要夺回失去的地盘，准备动手。

这样，他和黄金荣双方明来暗往，剑拔弩张，都憋着一口气，想大干一场。

由于万国禁烟会议即将在上海召开，北洋军阀趁此机会下达了一道禁烟令，令曰：

鸦片危害最烈，已经明颁禁令，严定专条，各省实力奉行，已著成效。惟是国家挽回积习，备极艰难。所有前次收买存土，业经特令汇集上海地方，克期悉数销毁……致私种、私运、私售，均将厉禁，并当各懔刑章，勿贻伊戚。

在禁令下达的同时，北洋政府派了一个叫张一鹏的专员到上海，专门监视禁止鸦片。他到达上海前，就到处发表演讲，表达决心要彻底禁止烟土，大有雷厉风行之气势，俨然一个新林则徐又出世了。

这时的三鑫公司生意正红火。杜月笙当然不能让他禁烟断了财路。在张一鹏从北京到达上海的前一天，内线谢葆生就偷偷地跑来报讯说：

"明天，总统特派专员张一鹏就要到上海，英租界探长沈杏山已打点好烧香拜佛的香烛。"

"哦"，杜月笙没有说什么，似乎这是他早已预料之中的事。

"我们是不是要早做准备？"谢葆生又建议。

"去吧，这没你的事了。"杜月笙并没有回答，而是把他打发走了。

但是专员一来事关重大，谢葆生一走，杜月笙立刻禀报林桂生。

林桂生一听，马上与他商议办法，然后连夜调兵遣将，布置行动。

不好烟土却好色

两天后的一个晚上，在一品香旅社的一个套间里，禁烟专员张一鹏正与杜月笙交谈着。

这一品香旅社建于清朝道光年间，它虽然房屋陈旧，设备落后，在上海是属于相当老式的旅馆。但是，它主要接待北路客商，里头的美女却是响当当的。许多北方佬见到水灵灵的南方姑娘，十分喜欢，舍得在姑娘身上花银子，从而使"一品香"在花界颇有佳誉。

原来，通过种种关系，杜月笙早已打听到这位张专员的为人和爱好——不亲烟赌而好色，于是，对症下药，投其所好，选中了这"一品香"。

"我在京都就听说黄老板手下有个杜月笙，是个非常人物，今日相见，果然不同凡响。敝人初次到沪，人地生疏，正想找些社会贤达了解沪上鸦片的情况，有人推荐了您。一鹏理应登门拜访，不料杜先生破费，今晚在此招待，实在不敢当。"

"哪里，哪里！张专员是总统特使，钦差大臣。上海滩上有些内幕情况，我晓得一点，理所应当提供给专员。本想请专员到寒舍畅谈，后来觉得专员公务在身，多有不便，所以就包了这房间，供专员在上海期间散心用。"

"那太不好意思了，让杜先生费心了。谢谢！"

"小意思。"杜月笙摇手道："刚才专员问起上海滩鸦片烟贩卖情况，我了解到大英租界的棋盘街麦家圈一带有几爿大土行，叫李伟记、郑洽记，还有一爿叫郭煌记。这几爿是潮州帮开的。还有本帮的广茂和土行，开在三马路。听说英租界捕房里什么人带头拉起了一帮人，组成了'大八股党'，专门做这一路生意。这些土行不封闭重办，光烧毁查明的存土，禁土还是一句空话。"

"你说得对，要查封！这是条约上规定的了，可是办人，就难了！"张一鹏长叹了一声，接着说："那些家伙是在英国人庇护下的，他们会把鸦片转移，我这小专员动不得他们一根毫毛啊！"

"要是张专员信得过我杜月笙，我请黄金荣探长去对付，保证会把他们治得服服帖帖。这事全包在我身上啦。"

"什么事啊？杜先生包在你身上？"

突然，一个娇声娇气的声音，从隔壁套间里飘了出来，接着出来一个仙女般的女人。

她穿着一件紫色的软缎旗袍，裹住了苗条的腰身，一双大红的绣花拖鞋，轻盈地从地毯上移来。看打扮，20岁不到，19岁有余，一张粉脸嫩得滴水，一双窄长而黝黑的眉毛，遮护了流动着粼粼波光的眼睛，每一流盼都在显示出盈盈的笑意……她走到杜月笙跟前，嗲声嗲气地说："杜先生，刚才茶房来关照，说你府上太太打电话来，有客人在等你，叫你快点回去。"

说完，她妩媚地一笑，就在一把椅子上坐下来。这时，整个房间里弥漫着氤氲香气。

"曼蕾小姐要赶我走了，我只得从命了！"杜月笙说。

"我是关照你，要是回去迟了，你那位苏州老四发起脾气来，你可吃不消啊！"说着，曼蕾小姐向杜月笙打了一个媚眼。

"我家老四可不像你，是个大醋缸。我是真有事，一个朋友约好的。"

杜月笙站起来，向曼蕾小姐挤挤眼，卖个俏，意思是这里的事全交给你了，然后拎起皮包，向张一鹏点点头说："专员，我走了。你托我的事，我一定办到，再见！"

张一鹏站起身送客到门口后，转身轻轻地带上房门，弹簧锁"啪"的一声锁上，他再坐回双人沙发上。

此时，子夜已过。张一鹏扶起曼蕾小姐，揽住她的细腰，往卧室走去……

第二天天大亮了，张一鹏还在梦乡遨游，本说上午开始行动，结果随从却敲不开他的门，只好等到下午，才见他带领下一行10人，浩浩荡荡地来到海关监督税务司查点烟土储存情况。

上歪中邪下乱来

这海关何来储存的烟土呢？说起来话长。

早在1915年4月29日，正在做皇帝梦而苦于经费太少的袁世凯，突然派清朝末年担任过上海道台的蔡乃煌，到上海担任苏、赣、粤三省的禁烟特派员。

蔡乃煌却在这里玩起了鬼把戏。

这时的江苏、江西、广东三省还是禁烟的"世外桃源"，没有被禁绝种植和输入烟土，因此，积存有大量的印度鸦片。这可是馋人的油水。清朝末年，不少官吏以禁为名，征收销烟"损耗款"，大发横财。这一次，袁世凯是"故技重演"。

蔡乃煌深晓袁世凯的心意，一到上海，马上与上海、香港两地经销印度鸦片的烟土联社签订《苏、赣、粤三省禁卖烟土合同》。合同以准许联社在江苏、江西、广东三省运销积存的鸦片为条件，规定联社销售一箱鸦片向政府交纳三千五百元"捐款"。果然，蔡乃煌此举，为袁世凯进账达千万元。

可是，这一招激怒了上海人民。尤其是蔡乃煌的同乡在孙中山的带领下认为蔡大伤了广东人的脸面，纷纷与他决裂。蔡乃煌顿时声名狼藉，成了孤家寡人。

转眼，合同到期，民怨沸腾之下，上海正式宣布禁止外国鸦片进口，公共租界工部局也同时收回在租界里的烟土售卖执照。北京政府国务会议只得顺应民意，决定取消积存鸦片的合同。

这样，联社的另外1000多箱鸦片销售只好停止。

这就是海关私存鸦片的来历。

张一鹏到了那里，按单据一检查，原来的1600多箱鸦片，现在只剩下1200箱，有400多箱已被盗卖。他并不知道，这400多箱竟都是通过杜月笙的三鑫公司销掉的。但是，这个张一鹏尽管在北京信誓旦旦，但是到了真枪实干的时候，却没胆量，也无心再追究这400箱烟土的去向，只是装腔作势地命令："把剩下的鸦片全部封存好，准备运往浦东。"

这天下午，黄浦江两岸挤满了看热闹的人群。为了扩大影响，张一鹏特意不用车子装载，而是到中国地界调了几千民工抬着鸦片，由沪军士兵押送过静安寺路，从外滩过外白渡桥，从而到达码头过江。

这时，万国禁烟会议的代表也坐游艇过江到场察看。

当太阳快要落山的时候，1000多箱鸦片排列在浦东稻田里，当场开箱，让各界人士检验过目。

想不到开到第57箱时，里面竟是一条麻袋包着一堆砖头。官员们面面相觑，张一鹏脸上红一阵子白一阵子，请来观瞻的洋人们不停地耸肩，不住地做鬼脸。

幸好柴禾已架好，火一点，便"噼噼剥剥"地焚烧起来。

第二天，在万国禁烟会议上，张一鹏宣布了他的调查结果，英租界的探长沈杏山，利用职务之便，在英租界里大肆保护、贩卖烟土，希望英租界工部局予以调查、取缔。

张一鹏之所以敢在这万国大会上点英租界的名，无非是沽名钓誉，显示自己是一个"当代林则徐"的形象。谁知英国代表也不是好惹的，当场表示英租界绝无此事。但是，迫于大会代表的压力，英国代表不得不答应回去对华捕探长沈杏山严加审查。

很快，沈杏山被上司严重警告。

因为他以前做的，也都是上司所支持的。不过，这一次，上司罚了他3000大洋。谁知这次罚款却吓得他急匆匆地逃往天津避难。

在杜、沈较量中，杜月笙借助张一鹏之手打了沈杏山一记响亮的耳光。

4. 冤家宜解不宜结

让冤家变亲家

上海滩的公共租界，是由英、美两租界合并而成的，它的范围要比法租界宽阔得多，也是上海滩的商业中心，闻名于世的英大马路和四大游乐公司都在租界内。在英租界内探长沈杏山、赌场老板严九龄等都是显赫的人物。黄金荣当家的法租界帮会，跟英租界大亨明争暗斗，嫌隙甚深。"小八股党"顾嘉棠抢了"大八股党"的饭碗，就连小角色江肇铭也讹过严九龄的赌台，现在杜月笙又打人耳光叫沈杏山做不得声。凡此种种，都潜伏着火并的危机。

俗话说，冤家宜解不宜结，杜月笙深明这个道理，于是又生出一个绝招：以柔克刚，化敌为友。

倒运的沈杏山到天津避了一阵风头。天津虽也有租界，却是欺生客，他混了几个月之后吃不开，便又悄悄回了上海，躲在家里凄凄惶惶的。杜月笙觉得此时去投石下井，不如溺水救人来得高明，瞅准机会就马上行动，先去游说黄金荣，由老板出面安抚沈杏山。

因为这样更能事半功倍。

杜月笙来到了黄公馆。

"金荣哥，听说沈杏山回上海了。"

"哦，"黄金荣当年曾亲手打过沈杏山的耳光，现在沈杏山已是落水之狗了，见杜月笙重提沈杏山之事提不起劲，"姓沈的回来是要重开码头吗？"

杜月笙在旁察言观色，先要摸摸老板的底："他哪有这个气魄呀？孵豆芽还差不多。"

听杜月笙这一说，黄金荣却并不赞同，长叹一声："姓沈的也是个角色，当初我脾气躁，为争码头敲了他一记耳光。凡是人，总是要挣张脸皮嘛。"

杜月笙见黄金荣中了自己的诡计，也抱有了凡事宁息的态度，暗暗庆幸，于是顺水推舟，渐渐引出他的真实来意说道："金荣哥，你再拉他一把吧。"

黄金荣不住地点头："大水冲龙王庙，横竖都是自家人。月笙，有机会你开个差使给他吧，算是了却前账。"

"金荣哥，我陪你走一趟，也显显我们黄门的肚量。"杜月笙一步步把黄金荣引向自己所设想的路上来。

"好吧。"黄金荣真的被他说动了心。

第二天，他果然带着杜月笙登门拜访沈杏山。

沈杏山见黄金荣和杜月笙双双来访，喜出望外，忙唤来爱女四小姐春霞敬茶。

杜月笙一见这玲珑俏丽的少女，顿时又生一计，启口问沈杏山："杏山兄，四小姐不曾配亲吧？"

沈杏山一听，以为杜月笙看上了他的女儿，脸色顿时吓得苍白，但是嘴巴上还是不自主地如实说："没，没……"

"哈哈，老杜讨杯做媒酒喝了。"

沈杏山一听杜月笙保媒，由忧转喜，更是受宠若惊，忙不迭应道："岂敢，岂敢。不知哪位公郎肯娶丑女。"

杜月笙一笑，指指黄金荣："金荣哥的二郎源焘。"

一听是黄金荣的儿子，沈杏山满口答应了："高攀，高攀啊！"

就这样，黄、沈由冤家成了亲家，给沈杏山撑足了面子。沈杏山对促进这桩美事的杜月笙更是感激涕零。在送别黄、杜时，沈杏山悄悄凑着杜月笙耳边说："士为知己者死，杏山甘愿为杜先生赴汤蹈火。"

杜月笙的收伏"大八股党"之策终于成功了。

玩不通,找中介

收伏"大八股党",是杜月笙下的第一着棋。这一高招给他带来的不只是堂皇的高冠,更重要的是实力,是一支能为他拼夺的御林军。制服沈杏山,使他深深懂得了古人所云"擒贼先擒王'的真正涵义。

接着,杜月笙开始了他的第二着棋,即扫平英租界的赌档。这一次他的瞄准器上的猎物,却是赌界大亨严九龄。

严九龄自家开赌场让别人赌,自己也豪赌。杜月笙细细品味着这只猎物,了解了严九龄的个性、嗜好后,果断地决定:在牌桌上与严九龄建立政治同盟。

一天傍晚,他驱车直驶英租界,登门拜访与三鑫公司做鸦片生意的范回春。在这盘棋中,他将充当杜月笙一匹卧槽马的角色。

说起范回春,此人也是英租界的"亨"字号人物,论身价,他比严九龄还高。他曾当过七天的上海县长,辞职后,在虹口外的江湾开设了上海第一座跑马厅。早先,黄金荣办案时,范回春在英租界帮过他的忙,之后,黄金荣为答谢他,便让自己的长媳李志清拜他为干爹,两家从此结上了亲戚。现在杜月笙要"智擒"严九龄,自然就想起打他这张牌了。

杜月笙来到范家,已是晚上7点光景了。

范回春酒足饭饱,正要带着小老婆去严九龄的赌馆消夜。见杜月笙驱车上门,连忙迎进客厅,吩咐大烟伺候。随即,他的小老婆娇声娇气地递上玉嘴湘翠竹烟枪。等招待拿齐,范回春启口道:"杜先生,怎么晚上不消夜,还在忙公事?"

"回春兄见外了,你我除做生意,就不能串串门,叙叙情了?"杜月笙调侃地说。

"哪里,哪里,杜先生肯光临寒舍,是给我老范的面子呀。"那小妾扭着细腰,用那只细白胳膊轻轻搭在杜月笙的肩上,抿着两个酒窝斜乜着对方。

"范太太,真不愧是女中豪杰,嘿嘿。"杜月笙回首扫了那女的一眼,仿佛刚发觉似的,"啊哟,范太太盛装,莫不是要上夜总会去?该死,我来的不是时候,我这个不速之客尽是扫人之兴。"

"贱内要我陪着上严老九的场子凑热闹。"范回春说了实话。

"那好,那好,我下次再来。"杜月笙边说边站起来。

范回春慌忙拉住:"哪里话,莫走,莫走。坐,坐!"

杜月笙轻轻拍拍范回春的手:"老兄,你我是外人吗?快陪夫人吧。"

他转身走了几步,突然记起什么,又回转头来,貌似随意地说:"范兄,我也想为严先生捧场,陪他搓几圈麻将,老兄能否牵个头?"

范回春爽快地应允道:"好嘛,这事包在我老范身上。"

当晚,范回春把杜月笙要求来英租界陪赌的事,告诉了严老九。谁料,严老九冷冷地从鼻子里"哼"了一声,就没下文了。

过了两天,杜月笙打来电话,问问严老九的意向。这可急坏了范回春。他不住地催问严九龄,可是那边却偏偏不动声色,气得他直骂:"婊子养的,你严老九不要太过分了,在老子面前摆架子,一点情面都不讲?"

第三天晚上,范回春正在家里生严老九的闷气。"叮铃铃",电话又响了。听差禀告:"又是杜先生打来的。"

老范尴尬极了,拿起话筒,正不知如何回答是好。但出乎意外的是,电话里传来的不是埋怨,而是杜月笙豁达、开朗的笑声:"范兄,我已派人送来两份帖子,请你与严先生来寒舍一叙,务请范兄转告严先生给个面子。"

"好的,好的,这次小弟一定尽力,非把老九拖来不可,一定向杜先生陪罪。"

范回春放下电话,不由得跷起大拇指,连声称赞道:"好,杜月笙有肚量,是个响当当的亨头。"

经过范回春的又一番说服,严九龄终于却不了情面,只好答应了去杜月笙那里。

好事就会多磨

这一天,杜月笙的酒筵摆得十分隆重,且不说上等鱼翅席,就是陪客都是轻易请不动的上海青帮大亨。高士奎、樊瑾全都被他拉来作陪,就连上海滩刚爆出来的新大亨、黄包车夫总头领顾竹轩也兴冲冲地赶来凑热闹了。

杜月笙煞费心机布下了八卦阵，单等严九龄就范。偏偏半途遇到了马谡失街亭，这次又未如愿，搞得几乎下不了台。毛病就出在这个顾老板身上。

顾竹轩是江北盐城人。当年，江淮一带连年灾荒，盗匪遍野。每逢一次灾年都有大批难民乞食逃荒，会有不少灾民流入上海。男的拉黄包车、剃头、擦背，女的进窑子苦度余生。没几年，流入上海的苏北灾民竟达一百万之众。这些人备受歧视，杂居在棚户区，被称作"下只角"。但是，他们抱成一团，发奋图强，不惜一切手段地谋生存。顾竹轩就是他们的帮主。他手下拥有八千多余包车夫，这些弟兄个个愿为他卖命。这时，血气方刚的顾老板正在势头上，仗着人多势众，又横跨三个租界，连杜月笙也不放在眼里。他这次肯赴宴，不过是想趁机结识几位青帮头目，抬高抬高自己的身价而已。

严九龄碍着老范的情面，勉强来杜公馆应酬了，但是，酒席上的宾客各怀鬼胎，话不投机，这一鱼翅席吃得冷冷清清。顾竹轩心直口快，菜还没上完，便离座起身，对严九龄说：

"大家吃闷酒，不如上赌场开心，老九，我们走吧。"

说毕，他将油嘴一抹，长袍一撩，大大咧咧地走出客厅。严九龄稍犹豫了下，也顺势站起来，也不向范回春打个招呼，便双手一拱，说："杜先生，后会有期了。"

杜月笙心里十分恼火，脸上却堆满了笑容，客气地送他到屋檐，嘴里还不停地打着招呼："月笙惭愧，照顾不周，请严先生多多包涵。"

一旁作陪的范回春却涨红着脸，浑身不自在。他见严九龄告退，连身子都不曾动过，自斟满一杯状元红，一昂头，一饮而尽，乘着酒意，气恼地骂道："不识抬举，哼。让我过不去！"

他正要斟第二杯时，一只大手沉重地压在他手背上。他一抬头，只见杜月笙笑眯眯地望着他，一语双关地说：

"日久见人心啊。"

卤水点豆腐——一物降一物

过了几天，机会终于来了。

坐镇南京的五省联军总司令孙传芳电令驻浙的军长谢鸿勋赴宁，商议军情。谢鸿勋久闻杜月笙的盛名，特意在上海下车，要好友严九龄代为引见。这下可难为严老九了。他对范回春抱有敌意，多次冷落，其实是想疏而远之。他刚刚拒绝杜月笙，孰料这谢鸿勋专程为杜月笙而来，哪有推卸之理？不得已，严老九只好又去找范回春商议。

"回春兄，谢军长要结识老杜，你与杜先生是熟人，有烦老兄穿针引线。"

范回春正生着闷气，见严老九来，一股脑儿发泄了出来："你老九身价太高，人家杜先生真心诚意要交朋友，你却搭足架子，让我丢尽面子，今后哪还能在上海滩上混？姓谢的，我一不沾亲，二不带故，何必去舔人家的屁股？"

"小弟错了，"严老九厚着脸皮，忙不迭地检讨，"务请范兄递个信，今晚陪夫人赌个通宵，输赢全包在我身上。"

范回春余怒未消，想起杜月笙那边也有意要结交他，现在他正在夹缝中，于是只好无可奈何地说："你的情，老范不敢领，只是欠杜先生的人情，总得要还。看在杜先生的佛脸，我跑一趟了。"

"拜托，拜托。"严老九连连称谢。

杜月笙从范回春那里得到消息，脸上露出了一丝微笑，他吩咐听差："你去严馆走一趟，送上我的帖子，说我恭候两位大驾。"

谢鸿勋得到请帖喜出望外，严九龄则是惭愧不言，马上答应："赴宴，赴宴，准时赴宴。"

结果，这席酒筵气氛截然不同了。主宾谈笑风生，情谊融洽。杜月笙丝毫没有冷落难堪严老九之意，反而对他恭敬有加。这使得老九暗暗钦佩杜月笙的大将风度。酒过三巡，谢军长也成了杜月笙无话不谈的老朋友了。

谢鸿勋兴致勃勃地谈起了他逛法国夜总会的情景，顺口道："洋人真会拉生意，夜总会里的每只赌台都有标致的洋女人陪着，就是吸大烟、喝咖啡的客厅里，也尽摆着新奇的洋玩意儿。"

杜月笙听着微微一笑，转身向旁边侍奉的娘姨说："去太太房里，将那只鸟笼拿来。"

不多时，娘姨捧了个白玉雕成的鸟笼，笼里锁着一只玲珑剔透的黄莺。杜月笙伸手去开发条，不一刻，那只黄莺做着扑翅、点头、转身的动作，然后又引吭高唱，发出婉转呖呖的莺啼之声。谢军长惊异地喊道："这居然是假的。哟，奇物、奇物。"

杜月笙解释道："这是法国朋友送的，据说，在巴黎也只有一只。"

谢军长小心翼翼地把鸟笼捧在手里，一遍又一遍地摆弄着。杜月笙悄声对那娘姨说："将那个盒子也拿来，等下装好，送到谢军长的汽车上去。"

谢军长只顾玩鸟，对杜月笙的吩咐不曾注意。但细心的严九龄却听得清清楚楚，他忙拦住："不，不，君子不夺他人之好。谢军长不会收的。"

杜月笙压低了声音回答他道："谢军长不肯收，就托严先生作主代收下吧。"

严九龄默默无言，只是用手紧紧握住了老杜的手臂……

就这样，杜月笙终于降服了骄横一世的赌王严九龄。

曲径通幽更高明

两天后，严老九的回报来了。他凑好四个牌搭子邀杜月笙搓麻将。除了范回春外，还有上海的另一帮会头领，外号叫"塌鼻头"的郑松林。每天下午三四点钟入局，直到半夜才尽兴而散。

四个大亨赌的输赢，一家要三四千元。一担米才只三块银洋，这桌麻将足已令人咋舌了。

两个月下来，杜月笙在麻将桌上结识了英租界许多头面人物，对那里的情形也摸了个透彻。谁知这时，黄金荣耳目很灵，他听说杜月笙丢下三鑫公司不管，成天泡在英租界豪赌，心里很是不快。他担心杜月笙又犯了早年的毛病，无意支撑黄门了。于是，他忙叫来范回春，坦率地吐露了自己的心事：

"我吃一辈子包探饭，现在把世事看淡了，也不想管事了。亏得有月笙，否则，这辈子搏来的场面难以善终啊。"

"是啊，是啊。"范回春不置可否地回答着。

黄金荣的话头渐渐转入了正题："月笙的担子不轻。里里外外的，都少不了他。我听说，他日日在严馆赌铜钿，丢着正事不干。我真担心啊。"

范回春这才听出了话音，觉得黄老板对杜月笙并不太理解，心里有些忿忿不平。"金荣哥，你的意思是要我劝劝他。"

"我想你最好不要去凑赌场这个热闹。"黄金荣说，"我晓得杜月笙并不是轻易可劝动心的，只是想拆散这个赌局，让他自己收心才妥当。"

既然黄老板开口有求，范回春情面难却，只得允诺了。

谁知范回春拆伙，赌兴正浓的严老九则干脆另起炉灶，再搭牌局，反把杜月笙拖到了泰昌公司楼上的盛五娘公馆里。

这盛五娘是晚清邮电大臣盛宣怀的五小姐，一门豪阔，富可敌国，凡能参加盛五娘赌局的人物都是社会名流，除了商界富豪，更有政界名望高的人物。这对杜月笙来说，真是求之不得。

第一夜豪赌，杜月笙一家就输了3万。但他轻松自如，毫无怯意，竟在泰昌公司整整赌了半年。杜月笙的豪爽、豁达在盛五娘心目中留下了深刻印象，结果成了她难以离却的牌友。在盛五娘的引荐下，杜月笙终于进入了英租界的上流社会。

黄金荣在上海混了一世，势力范围始终不出法租界。他害怕"大八股党"绑票，严令儿女们不准逛英租界。而如今，杜月笙只是用旁敲侧击之法，就轻轻推开了英租界的大门。事后，在旁静观的黄金荣终于不由得伸出大拇指，夸奖说："月笙了不得。"

对黄老板的称赞，杜月笙的反应只是微微一笑。

其实，他的心胸中正燃烧着熊熊火焰，一个英租界能算得什么？他那进攻的箭头，是整个上海滩，不，他的疆界应该越过十里洋场。

第五章 无情的江湖

1. 师徒都有了新欢

师傅生了花心

正当杜月笙春风得意、踌躇满志的时候,他的恩师、老板黄金荣却摔了个大跟头,在黑社会里人们称之为"跌霸"。

这件事情还得从黄金荣捧女京剧演员露兰春说起。

这位露兰春本是黄金荣的一个徒弟、名叫张师的翻译官的养女。在黄金荣娶了林桂生、势力已雄霸上海法租界的时候,露兰春还是一个七八岁的小女孩呢。

因为张师和黄金荣的关系,在小时候,露兰春就常常到黄公馆玩,那时就显出美人胚子的模样儿,一双大大的黑眼睛,粉嘟嘟的圆脸,天真无邪的神气,在黄公馆里里外外蹦着跳着玩,管黄金荣叫"公公",管林桂生叫"奶奶"。全公馆上下的人都喜欢她。

杜月笙认识露兰春,是他来到黄公馆不久,正在厨房里当差的时候,和师兄马祥生在一起,每次碰见露兰春的时候,总要去逗逗她,叫声:"乖,小囡。"露兰春就立刻笑着跑过来,甜甜地叫一声:"叔叔好!"

童年的时候,露兰春就和黄公馆的人混熟了。露兰春稍长大以后,她的养父张师带她去剧院看戏,发现她乐感很好,是块唱戏的好料,就在家里请老师教她学戏,唱文武先生,练刀马功夫。

谁知这露兰春一点就透,一学就会,没几天,就已唱得有板有眼。这里上海滩正时兴女唱男角,露兰春唱生角,尤其是武生,口里唱腔、身上功夫,样样皆精,学了几年,可以登台了。于是,她开始了优伶生涯。

张师想让女儿找个后台,好使她在剧院里不受人欺负,便带她来拜黄金荣。

露兰春几年不到黄公馆,一来倒把黄金荣吓了一跳:好一个绝世美人!两道细细弯弯的秀眉,一双顾盼生辉的美目,面似桃花,唇似含朱,身段儿窈窕,步法轻盈;一袭粉红滚黑边的旗袍,裹着刚刚长成的少女娇躯,勾出迷人的曲线,仪态娇雅,衣饰华丽,清秀中透出风流,挺拔中饱含娇嫩,恰似一朵带露牡丹、出水荷花。

露兰春跟着张师,款款走到黄金荣面前,甜甜地叫了声:"公公好!兰春向您老问安!"一口地道的京腔令人倾倒。

这时,黄金荣已看得两眼发直,顾不上答话,半天才扭头对张师道:"好个张师,真有你的!把个女儿调理得可够水灵的!"

然而,他在这个少女面前竟不知如何说是好了。坐在旁边的林桂生只淡淡地点了点头,就招呼别人去了。她怎么也没有想到,这个露兰春以后会被黄金荣弄来,取代她成为黄公馆的女主人。

黄金荣见此美人,心就再也放不下来了。

老板娘林桂生和黄金荣结婚时年纪已不轻,但是她心思缜密,行事练达,为黄金荣出谋划策,立下了汗马功劳,在黄公馆的地位举足轻重,一直是一个主事的内当家。但是,黄金荣被她管束得太久,富贵思淫欲,早就有心外面找人。而林桂生已是人老珠黄,黄金荣霸势已成,不思进取,她既已没什么用处,也就乐得把她踢开,好自己自由自在地寻欢作乐。黄金荣心里装上露兰春后,就开始整天想着怎样讨好她,以博得美人的芳心。

马祥生足智多谋,善于见风使舵,看出了黄老板的心思。一天,他于是向黄金荣献策说:

"师父,咱们的'九亩地'可是个好地方,师父何不一用呢? "

"那儿的四周不是咱们的店铺吗? 哪儿还要做什么用? "

"师父您没想到,原来那是个破老舞台,若拆了改个新大舞台,就凭那个繁华热闹的街面儿,生意肯定错不了。"

"修舞台有什么好?费钱、费功,没什么意思!"黄金荣没有意会到马祥生的意思,不耐烦地说,"我看不用了。"

"师父,目前露小姐登台正没有什么好去处,在外面搭别家临时的班子,离咱们家又远、又不方便,要是让她来咱们家的舞台唱戏不是更合适吗? "

最后这几句话说得黄金荣眉开眼笑。一番筹划之后,他特地在华法交界的"九亩地"上建造了共舞台。这时,戏剧舞台上男女合演还不很普遍,取名"共舞台"的意思,就是男女"共"演的戏院,因为是老地方,人们便称之"老共舞台"。

在黄金荣的不住催促下,几个班子不分昼夜地加班加点,很快,共舞台就建好了,黄老板对露兰春大献殷勤,让她在共舞台登场,挂头牌,竭力捧她出道。露兰春登台唱戏,黄金荣亲自下戏院为她把场子,每日带着一帮人为她喝彩叫好。

露兰春学艺精湛,唱念做打皆有独到之处,人又漂亮,扮相风流俊雅,马上就一夜唱红,名声响遍了法租界乃至上海滩。

共舞台从此场场满座,生意兴隆,人们争相来一睹露兰春的风采。黄金荣更是得意非凡,并且差人到各大报馆走动,要他们着意吹捧露兰春。

在黄老板的关照下,报纸上每期为露兰春登的戏目广告,都放在最抢眼的位置:"露兰春"三个字,每个都是鸭蛋般大小,非常炫目。露兰春摇身变为了一流红星,身价倍增。

同时,黄金荣对她照顾殷勤。露兰春去戏院,他派车子、出保镖,保接保送。露兰春休息,他在共舞台边为她修建了休息室,独门小院,装点有如行宫一般。

露兰春到了这个地步也无可奈何。大凡红伶都逃脱不了被人玩弄的命运,更何况她露兰春是被黄金荣一手捧红的呢?而黄金荣又是赫赫有名的一方霸首。于是,她半推半就,做了黄金荣的外室。

徒弟也花心

黄金荣与杜月笙是师徒俩,最近却不常见面,两人各忙各的。黄金荣忙他的"兰春",而杜月笙在做什么呢?

师傅做了样,徒弟照现样学。杜月笙此时也瞄上了一位年轻妩媚的美娇娘——陈婷婷。

杜月笙的原配夫人沈月英,生得苗条秀美,温柔端庄,夫妻感情很好,和杜月笙琴瑟和谐,你恩我爱。但是,随着杜月笙地位逐渐重要起来,在外面应酬渐多,不常回家。沈月英一人在家,难耐寂寞,就开始抽起了大烟。

人一沾上烟瘾,就别想再漂亮了。沈月英本来就很纤弱,抽上鸦片后,身体更加瘦弱,很快就剩一把皮包骨了。在家里,她一切事情不闻不问,每天只躲在楼上抽大烟,几年下来,她早已不是杜月笙年轻时迷恋的那个亭亭玉立、圆润秀美的沈月英了。

而这位陈婷婷小姐是个舞女、交际花,和杜月笙是在舞场上认识的。她正值双十年华,身材丰腴,肤色如玉,尤其是长着一双清澈明亮的大眼睛,在众多的舞女堆里,犹如鹤立鸡群,显得别有风姿。

杜月笙平时喜欢嫖赌,对抱着女人的腰肢"咔嚓嚓"的华尔兹、勃鲁斯并不感兴趣,怎么会有机会认识陈婷婷呢?

原来,有一次丽都舞厅举行周年庆典。这事本来和杜月笙没有什么关系,偏碰上张啸林和那儿的经理很熟,硬拉着杜月笙同去应酬。杜月笙在丽都舞厅正好碰上刚刚走红的陈婷婷。两人共舞一曲后,杜月笙被对方那双多情的大眼睛所迷倒。陈婷婷趁势投怀送抱,临别时情意绵绵地叮嘱他:"想看大眼睛就来找我。"从此,陈婷婷就占据了杜月笙的心。

没过几天,杜月笙的徒弟谢葆生要开一个名叫"仙乐斯"的舞厅,请杜月笙去剪彩。但杜月笙因为恼恨他拜自己为师后又拜张仁奎为师,所以不愿答应。那谢葆生也不是等闲之辈,擅长揣摩人意,对症下药,懂得怎样才请得动对他有戒心的师父。在这紧急关头,他甩出了一张"黑桃皇后":

"师父,您即使不看在我徒弟面子上,那也得看在陈小姐的情分上,劳您的大驾走一趟吧!"

"这关陈小姐什么事？"

"师父有所不知，仙乐斯舞厅特地聘请陈小姐挂头牌伴舞。陈小姐起初不肯，后来听说我是您的徒弟，今晚师父光临剪彩，她才同意。她已在舞厅内翘首以待！"

杜月笙的一段心思，被徒弟勾引起来。他一想到陈婷婷，心里不由甜丝丝的，果然把口气放软了："你呀，你把她骗来干什么？"

"师父，您去剪个彩，同她见个面，那我就不是不骗她了嘛！"

"咳，拿你真没办法。走就走一趟吧！"杜月笙摇摇头，跟着谢葆生钻进了汽车。

车子向仙乐斯舞厅开去，上了南京路，在第二个路口被红灯挡住。杜月笙皱着眉，用手指扣着真皮包面的坐垫，忽然想起什么来，对谢葆生说："葆生，以后不要叫我师父，叫先生，在一些大场面称师父、徒弟，显得太土气，不好听，不大方。"

"是的，师父——不，先生想得对。称先生文雅而又亲切，也大方，我今后一定改过口来，叫先生。"

绿灯一亮，车子开动了，杜月笙似乎想问什么，又停住不说。

车子过了24层的国际饭店、大光明电影院，在仙乐斯舞厅门前的霓虹灯下"嘎吱"一声刹住了。几个制服笔挺的侍者上来开车门。进了大门，一大堆来宾见杜老板到场，便"噼噼啪啪"地鼓起掌来。掌声中走出了晚会的"皇后"陈小姐。她穿了一件无袖印度绸旗袍，奶白色的底子上缀着一朵嫩黄的小菊花，滚边是嵌金线的黑丝绒，穿着一双蛋黄色高跟皮鞋，肉色荧光的长统丝袜在高衩旗袍下显露出一双修长的大腿，蓬松的卷发像波浪自然披散下来，光影中曲线玲珑，凹凸毕现。她见杜月笙来了，立即柳腰款摆，走到跟前，挽起杜月笙的胳膊娇嗔地说道："哎哟，杜老板您也来了啊！真给面子啊！"

"让陈小姐久等了，实在对不起！因为有些小事，杜某迟来一步，请大家多多原谅、多多包涵！"

杜月笙向大家拱拱手，然后，文质彬彬地拉起陈婷婷的手，走进舞厅内。

舞池四周的小圆桌子上，除了插满了各色各样香气扑鼻的鲜花外，还有汽水、果子露、香槟等各种饮料，供客人们随便取用。乐池里穿着西装、打着黑领带的乐队成员,个个抱着乐器在等第一首曲子开始。流光水滑的舞池像面镜子,可以照得出人影。四壁柔和的灯光混合着微香,洒向人群。

这时,两对十五六岁的童男童女,拉着一幅大红绸子,横过舞池,在绸子中央打了两只斗大的彩球。

杜月笙在人们的簇拥下,踏进舞厅,乐队奏起了迎宾曲。陈小姐挽着他的胳膊,走向舞池中央。这时,一个女孩端着一只红漆盘子随在后边,盘内有一把镀金的大剪刀,仙乐斯舞厅的开头彩由杜月笙剪。

杜月笙站了片刻,等来宾们都进厅了,然后才拿起剪刀,在人们"噼噼啪啪"的掌声中剪了彩。

这时,四壁灯光渐渐变暗,镶在地角旮旯的脚灯发出淡淡的微光。几盏宇宙灯慢慢地开始旋转了。

乐队奏起一支中四步的舞曲,绅士、淑女们纷纷步入舞池。

杜月笙和陈婷婷紧搂着开始了跳舞。搂着这青春的、馨香迷人的胴体,杜月笙沉醉在这柔曼的乐曲声中,渐渐漾起一股热潮,不自觉地把陈婷婷搂紧了。这陈婷婷更是风月场的人物,杜月笙这一搂,她就干脆把胸脯和脸贴上去,杜月笙感觉到她贴紧的身体的体温,全身都酥了,但是这陈婷婷并不老实,不住地摩擦他的下身。这轻曼的音乐本来就使人情意绵绵,她这一弄竟然使得风月场的老手杜月笙更是无法自持了……

两人在闪烁的灯光中尽情地体会着对方,身体相触,心手相连而又可望不可及。陈婷婷青春漂亮,不同于温顺老实的沈月英,而充满了另一种魔力!此时此刻,杜月笙从心底里生出一种感触:眼前的婷婷是一杯美酒,香醇而甜蜜。我杜月笙竟然错过了这么多年。人丈夫在世,这杯醇美至醉的酒真的是不可不饮的啊!

这一夜,杜月笙便在谢葆生为陈婷婷包的汇中饭店一个房间里度过。一夜的柔情蜜意,已使两人如胶似漆,难舍难分了。

第二天一大早,杜月笙就挂电话给自己的管账万墨林,要他马上收拾好二楼房子,等着要用。在谢葆生的撮合下,杜月笙终于娶上了陈婷婷,当了自己的姨太太。

自从得了这个迷人的姨太太之后,杜月笙开始"不理朝政"了,天天都和这个新太太厮混在一起，连二门都不出，日夜干着"春宵苦短"的浪漫事了。

杜月笙的这一举动，使大太太沈月英苦闷得很，然而她却做声不得。丈夫纳小这种事，顺理成章，又司空见惯，谁能阻止得住？失宠的旧人无限悲苦，沈月英从此以后更迷恋于大烟，甚至整天在烟榻上混日子了。

而林桂生此时也大不顺心，任她八面威风，足智多谋，黄金荣偏偏迷上了露兰春，却也奈何不得，只得把苦水默默地往肚里咽。

惹上了"官二代"

黄金荣既得了露兰春这样的风流尤物，夫人又管不着，正是春风得意的时候，日夜陪着美人转，前也是美人，后也是美女，好像露兰春就是他的心头肉，没了她他黄金荣就活不下去了……

然而，没几天，他没想到半路却杀出个程咬金来，于是乎掀起了上海滩的情场风波。

此人是谁？

他就是浙江督军卢永祥的儿子——卢筱嘉。

卢公子年少气盛，倜傥风流，也是一位翩翩公子。他一身白绸衫裤，带着两个跟班整天出入于酒肆、剧院、舞厅等声色场。

这时，正值第一次直奉战争以后，直系军阀战胜奉系，控制了北京政府。皖系段祺瑞、奉系张作霖，与在广州的孙中山暗中联络，结成孙、段、张三角联盟，共同对付直系军阀曹锟、吴佩孚。

居间联络的则是四少公子：孙中山之子孙科、张作霖之子张学良、段祺瑞之子段宏业，还有卢永祥之子卢筱嘉。时人称此四人为"四大公子"，全是"官二代"。

这位卢筱嘉年方二十又二，交际甚广。他长居上海，对当地旦角名伶了如指掌。露兰春一唱红，各家报纸纷纷报道，自然招惹了不少蜂蝶。卢筱嘉就是其中一个。卢筱嘉虽是"官二代"，不学无术，却最爱听戏，一听说报上捧露兰春，当即轻车简从，专程前往老共舞台。

醉翁之意不在酒，这位"官二代"公子哥儿来看戏，其实是看人来的。卢筱嘉到老共舞台看了几次戏,看中了露兰春。露兰春虽唱的是生角,但风情做派,一吟一唱都带有一种媚人的娇柔。他第一次听露兰春的戏,露兰春刚一出场,一个飞眼就把他飞了个心猿意马。从此卢公子就盯紧了露兰春,戏台上下,送花、约会,展开了猛烈的攻势。

这一天早晨,卢筱嘉起床后洗漱完毕,就吩咐佣人把早点拿来。伺候卢筱嘉早点的是个二十来岁的后生,名唤阿旺,生得精明伶俐,最善于揣摸主人的心思。他把早点放在卢筱嘉的桌上,故意在下面压了一份《晨报》,这种报纸专门报道上流社会、娱乐圈中的艳闻逸事,供一些有闲阶层的人们消遣。

卢筱嘉先端起了果子露,同时用眼瞄了一眼底下那张报纸。恰好报纸折在上面的那一版上,登载着露兰春主演《落马湖》的报道,鹅蛋般大小的"露兰春"三个字赫然映入他的眼帘,他心中又荡起绵绵情意,不由抬眼望了一眼阿旺。阿旺垂手侍立,会心一笑:

"少爷,今儿可有露兰春小姐的戏啊!"

"露兰春,露兰春,你就不知道出出主意?"卢彼嘉沉吟了一下,喃喃地责备说,随后又问:

"阿旺,你一向鬼主意多,你说说,怎样才能赢得露小姐的芳心呢?"

"少爷,恕我阿旺多嘴,"阿旺一边说,一边偷偷察看着卢筱嘉的脸色,"哪个女人不爱金银珠宝?更何况像她这样的梨园戏子,多给些小恩小惠,她肯定会动心。不过……"

阿旺故意卖了个关子,把话茬刹住不说。

"不过什么?"卢筱嘉转身盯住阿旺,"有什么好吞吞吐吐的。"

"少爷,这个露兰春小姐可是黄老板的意中人哪!"

于是,阿旺把露兰春的身世、和黄公馆的关系,以及黄金荣如何看中露兰春、着意讨美人欢心,为她捧场宣传等一一讲述了一遍。

卢筱嘉听完把眼一瞪:"他黄麻皮是个什么东西,年纪一大把了还占着这样一个美人胚子?今晚就去共舞台,我倒是要看看这支出墙红杏摘得还是摘不得!"

当晚,卢公子带了两名马弁,早早来到戏院。他们在包厢坐定,戏还没有开场。卢筱嘉唤过一名跟班,将一枚金丝钻戒交与他:"去后台送给露兰春小姐,并约定戏散以后一同吃饭。"

露兰春正在化妆,见此举动可左右犯了难。她唱戏的这个共舞台是黄金荣的地盘,并且每次散戏后都是黄金荣派车接回,今天所得到的一切名誉、待遇都是黄金荣给的,这次若去和卢筱嘉约会,岂不是砸破了醋坛子,捅翻了马蜂窝?若拒绝了卢筱嘉,那也没有好果子吃,卢筱嘉是大名鼎鼎的"四大公子"之一,浙江督军卢永祥之子,有权有势的"官二代",更是不敢得罪。这露兰春也不是等闲角色,收下了戒指,至于约会之事,只推说:"今晚没有空。"没有接受,也没有拒绝。

跟班回来把原话报告卢筱嘉。卢筱嘉不由一阵冷笑,顺手掏出一张帖子,丢给跟班,命令道:"去,露小姐不喜欢私的,少爷就来公的。"

露兰春接着帖子,心慌意乱,还不曾想出对策,戏台上已锣鼓敲起催着上场了。她急忙站起来,走进门口,做了几下深呼吸,力使自己神智清爽一些,然后出场了。

这晚,露兰春反串小生,演岳飞《镇潭州》。大剧院里人已坐满,一些绅士、名媛、阔少、太太们都在一边喝着茶、吃着点心,一边等着戏开场。黄金荣坐在特座上,身后跟着两个随从,正得意洋洋地眯起眼睛笑着。他左手夹着一根燃了半截的雪茄,右手在扶手上扣着鼓点,由于天气热,脸上不住地往下淌汗。

看见黄老板耐不住热,戏院一个打杂的跑前跑后地忙乎,又是用蒲扇扇风又是拧毛巾送上。黄金荣接过毛巾正要擦脸,忽然听到一声怪声怪气的喝彩:"唷,唷,好——"

黄金荣撂下毛巾往喝彩方向一看,见是包厢里的一位公子哥儿站在座位上,拔直了喉咙叫好。黄金荣再往台上定神一瞧,露兰春刚从"出将"门上场,甩了一下水袖,移步台中亮相,想将腰上的垂带踢上肩头,连踢三下,都没踢上去。台下人看着,由于慑于黄金荣的威势,没有敢声张的。但是,卢筱嘉作威作福惯了,无所顾忌,再加上肚子里正憋着一股闷气,当下便怪声怪气地喝起倒彩。

"唷——!乖乖,好功夫!"

露兰春一听有人喝倒彩,忙抬头用粉眼朝卢公子方向一瞧,做了个应景的俏眼,意思是请包涵一些。可是这卢公子却硬是不领情,仍然是一个劲地起哄:

"唷,漂亮! 啊哈哈! 妙哉!"

台上的露兰春难堪极了,顿时觉得头昏目眩,身子晃了一下,差点昏过去了。

"别着急,再踢啊!"卢筱嘉的随从也跟着主子大喊大叫起来。

卢筱嘉得意洋洋,继续大喊大叫:"名角又怎么样? 连这点功夫都没有?啊,好——"

他这边损人出恶气,黄金荣那边已气得肺都炸了。卢筱嘉一句话还没有说出来,右边腮帮子上"啪"地一声,已挨了一记响亮的耳光子。黄金荣一脚踏着坐椅,一手叉腰,大喝一声:"好猖狂的小子,给我打!"

"是!"散在附近的一群打手马上冲过去,抓住卢公子的衣领提拎了出来,一把将他摁在空地上,拳打脚踢就像一阵雨下来。黄金荣的这群打手本来就是一些市井流氓、泼皮无赖,平日无事尚要生非,如今有了这么一个闹事的机会,岂肯放过,一个个狐假虎威,争先恐后,拳脚劈头盖脸落了下来。

卢筱嘉带来的两个马弁见主人被欺,本来想上来帮忙;但是,看见这些打手个个面目狰狞,凶神恶煞一般心狠手毒,自己人少势单,缩在一边不敢上前搭救,但是,他们即使是这样,也还是吃了黄金荣手下的一顿打。众打手把卢筱嘉打得鼻青脸肿,过足了瘾,这才罢手。

尽管卢筱嘉被打得哭爹叫娘,但坐在不远的黄金荣怒目相向,脸上的麻子颗颗绽起,待哭喊声小了后,喝令:"把那个捣乱的家伙带过来。"

卢筱嘉被打得鼻青脸肿地拖了过来,黄金荣刚要骂娘,突然却像被谁捏住嗓门,一句话也挤不出来了。他认出了卢筱嘉这个"官二代"。

这一惊真是非同小可。黄金荣虽说霸道,但毕竟只是一方毛神,而那卢永祥则是权倾东南的督军,双方实力之差,无疑是天上地下。

黄金荣打一个愣怔,心想,若当面赔礼,这卢筱嘉若不依不饶,众目睽睽,可太栽面子了,于是装作不认识,把这件事当做误会,当下咬着牙喝了一声:"好,放你一马!"

这时,卢筱嘉满身满脸都是血,笔挺的西装被撕成碎片。他缓过气来,咬牙切齿地说道:"好,姓黄的,走着瞧!我不叫你尝尝我少爷的厉害,算我没本事。"转过身,带着两个也被打得一瘸一拐的跟班,出了戏院。

卢、黄争风吃醋,以至斗殴的消息不胫而走,迅速传遍上海滩,人们估摸卢筱嘉不会善罢甘休,都在等待着看好戏。

黄雀在后

卢筱嘉挨了一顿毒打,当然忍不下这口恶气,连夜跑回杭州,要去向父亲浙江督军卢永祥哭诉告状。

到了杭州,他直奔督军府。府门前有两名兵士站岗,认得卢筱嘉,当即"啪"地一个军礼:"大少爷!"卢筱嘉也不答言,径奔客厅。

卢永祥正在与郑秘书下棋,见状吃了一惊:

"筱嘉,怎么了?"

卢筱嘉放声大哭,边哭边把被大流氓黄金荣聚众殴打的事说了一遍。卢永祥一听火冒三丈:

"这个麻皮,不过是法国佬的一条狗。我儿子再不行也轮不到你这白相人来管。我倒要看看这麻皮的能耐,你头上生了角,我也能把你踞掉!"

卢永祥当即致电上海淞沪护军使何丰林,责令他出面为卢筱嘉出气。

1922年前后,上海地区是皖系军阀卢永祥的势力范围。何丰林名义上受江苏督军齐燮元的管辖,实际上则事事听命于浙江督军卢永祥。何丰林是卢永祥部下,怎能不尽心竭力地为他效劳。

黄金荣打了卢筱嘉,得胜回了同孚里黄公馆。林桂生并不知道老公是为着露兰春起的风波,满以为卢筱嘉仗势欺到黄门头上了。她看见黄金荣长叹短吁有些害怕,便笑他胆怯,将嘴一撇,连连冷笑:"嘿嘿,总探长,你这块牌子也该收起来了。连个毛头小子都摆不平,还是好好在家猫着吧。"

林桂生一激,黄金荣一股热血冲上脑门,脸上那几颗大麻子颗颗涨开,猛一拍桌子,跳起来大吼大叫:

"不信老子就摆不平他!走着瞧,老子给他点颜色看看!"

第二天,黄金荣带领保镖倾巢而出,直奔老共舞台,临出门时还亲自给法捕房去了电话,要全班华捕到场助阵。刹那间,老共舞台戒备森严,各出口、太平门旁都站着全副武装的华捕,场中巡逻的则是黑拷绸短打的保镖。这些保镖一个个卷着袖子,敞着怀,露出臂膀上的"刺青"和胸前悬挂的金灿灿的金表链,目露凶光,杀气腾腾。他们不住地往包厢里射来警惕的目光,搜寻着可疑的看客。

那些来到老共舞台消闲听戏的看客们见此阵势,哪里还有什么雅兴,一个个提心吊胆,生怕被怀疑到自己头上。

可是,直到戏散,都不见卢筱嘉的影子。

黄金荣倒松了一口气。其实,他心里也知道自己敌不过人家的势大,来此一招,只不过撑撑黄老板的面子而已。既然卢筱嘉没有露面,他当即将头一摆,吩咐:"备车回府。"

一连几天过去了,老共舞台仍然风平浪静。

这天黄金荣吃罢晚饭,只带了四个贴身保镖,又摇摇摆摆走进了共舞台大剧院。共舞台今晚要首演《枪毙阎瑞生》。这是根据一件轰动一时的社会新闻编的新戏,讲的是阎瑞生诱骗、杀害妓女黄莲英的故事。露兰春饰妓女黄莲英,有一段《莲英惊梦》是她的拿手戏,还灌了唱片,在留声机里放着。

为了露兰春这一出戏,黄金荣摆出法租界大亨的权威,事先发了请帖,请租界里各帮会、商会的头面人物前来看戏,为露兰春捧场。

剧场打人的风波已过,剧院恢复了往日的热闹场面。太太、小姐们打扮得花枝招展,手拿檀香粉扇,与一些公子哥儿、阔少们打情骂俏,娇言浪语,眉目传情,茶水、糖果、点心一桌桌摆满,相熟的人们凑在一起谈论轶闻趣事,说着这个坤角、那个名伶以及正上演的新戏;有的戏迷们则摇头晃脑地哼几句戏文,逗得人们哈哈大笑。跑堂的、卖小吃的、小混混们在人群中来回穿梭,凑个热闹。整个老共舞台乱哄哄的一片,声音嘈杂。

锣声一响,露兰春踩着碎步上场。由于是新戏,她今天的行头全是上海最时髦、最风流的装扮,行动间动作身段,风情尽露;啼唱婉转,媚波频传,一出场就是满堂彩。黄金荣乐得心花怒放,他眯着眼,跷着二郎腿,合着锣鼓点子,光脑袋摇来晃去,看得很入神,很迷痴……

戏正唱到高潮,"莲英"一句摇板,令台下观众又一次欢呼鼓掌。黄金荣将头一仰,哈哈大笑。

就在这时,突然十几个便衣悄悄溜进了正厅包厢。一个身着白色西装的青年掏出手枪顶住那颗光脑袋,一声低喝:"姓黄的,幸会了。"

黄金荣睁开眼一瞧,不由得倒吸了一口冷气:"你、你……"

"是我,卢筱嘉。"西装青年冷笑一声,头一摆,吩咐便衣队动手。

几个便衣上来,就狠狠地给了黄金荣两个耳光,打得他头晕目眩。随后一个便衣朝他腰间又踢了一脚,黄老板马上一捂腰,蹲了下去。

"麻皮,你的命连狗都不如,要是不相识,爷们现在就送你上西天。"说着,有人上前又狠狠地打了十几个耳光,又飞腿向他身上猛踢。

这边形势一变,剧场里立刻乱了起来。观众们四散奔逃,女客们尖声怪叫,噼哩啪啦,桌倒椅翻,人人恨不得插上翅膀飞出门去。

黄金荣带的那四个保镖早已被便衣军警制服。人家手里都有手枪,他们只有两只拳头、一把匕首,若硬往上冲,岂不是以卵击石,白赔一条小命?好汉不吃眼前亏,一个个乖乖地被缚绑起来了。

卢筱嘉更不多废话,一挥手,两个便衣便架起黄金荣,拖出大门,上了早在门外等着的一辆轿车。"嘎——"轿车载着卢筱嘉一行启动了,在夜色和霓虹闪烁的街道上,风驰电掣般地向淞沪护军使署驶去。

黄金荣在老共舞台上被绑架的消息迅速传遍了上海滩。

第二日,各大报纸纷纷报道了此事。堂堂华捕第一号黄金荣、大名鼎鼎的黄老板,竟然在自家的一亩三分地上遭人绑架,不说他的徒子、徒孙们觉得脸上无光,就是那些小泼皮、小混混们,过去靠在黄金荣门下吃饭的,也内心对黄老板的崇敬少了三分。大亨黄金荣真是丢尽了面子。

这一次的被绑票,使黄金荣在上海滩的显赫声名、一方霸主地位突然之间一落千丈。

2. 设计救黄,却一心为己虑

救夫如战场

在老共舞台,卢筱嘉带着便衣军警将黄金荣绑架开车走了之后,黄金荣随身的保镖阿才等人让人解开身上的绳子,垂头丧气、惴惴不安地回到了黄府。

他们回到公馆,立即求见林桂生,说有要事禀报。林桂生传话:"让他们到楼上来讲。"

保镖们匆匆上楼,看见林桂生穿着一件家常的月白缎子旗袍,正坐在客厅的沙发上逗鸟。见人进来,用威严的目光瞟了他们一眼,轻轻说道:"什么事?讲吧。"

"这……我们不敢乱说。"

"有什么不敢说的?阿才,以后说话不要吞吞吐吐的。"

"老板娘,老板,老板他……他被绑架了!"

"啊?"林桂生惊得一下子从沙发上跳了起来:"快说!到底怎么回事?谁这么大胆?"

阿才于是把黄金荣在共舞台看戏、卢筱嘉带人闯入,将老板打倒绑架等经过,一一述说了一遍。

林桂生气得柳眉倒竖,甩手狠狠地扇了阿才和几个随同保镖两个耳光,骂道:"笨蛋!养你们都是吃干饭的!平时耀武扬威的那股威风到哪儿去了,到正经时候却屁也不顶!"

林桂生骂够了,却一时想不出主意来,急得大哭。

众人束手无策,也不敢劝,生怕一说错了话反而招骂,只是一个个垂手侍立,动也不敢动。林桂生冲他们大吼:

"都给我滚下去!你们这帮蠢才!去,找人把月笙、啸林叫来。"

杜月笙、张啸林受到召唤,急匆匆来到黄公馆。刚一进门,林桂生已经迎了出来:"月笙、啸林,你们可来了,急死我了!"

两人一见林桂生竟跑出来接他们,就觉得今天的事情不寻常。平时她运筹帷幄、决胜千里,那稳当劲儿是令人叹服的,现在看她那焦急的样子,两人都心中暗暗一惊。

"有劳师母下楼迎接,徒弟愧不敢当。"两人恭恭敬敬地行了礼,"但不知什么事,让师母这样着急?"

"你们先上楼,进客厅再说。"林桂生领两人上了楼,到了接见"家里人"的客厅里。林桂生往沙发上一坐,来不及叫人倒茶,就着急地说道:"你们老板,今晚在共舞台被人绑架了！"

"啊？"两人不约而同地叫了一声。黄金荣被绑架！这可是件令人震惊的事。若被人绑架，他就是栽大跟头了，上海滩大大小小的帮派、团会一旦知道，黄老板日后还怎么有脸在这儿混？他还怎么有威望领导他的众多弟兄，称霸上海滩？

"谁他妈的有这么大的胆子？"张啸林是个火爆性子，他瞪圆了眼珠子问。

"是卢筱嘉这个小崽子。他仗着他老子是浙江督军，就横行霸道，如今欺负到咱们头上来了。老板被他们抓去了，我一个妇道人家又有什么办法？所以赶着把你们叫来，请你们给拿个主意。"

张啸林一听是"四大公子"之一的"官二代"卢筱嘉，不由得干瞪眼。他岂能不知道卢筱嘉的父亲这尊瘟神可不好惹，于是转脸看看杜月笙，说："月笙，你平时足智多谋，一定有办法。"

这时，杜月笙却皱眉蹙额，半天没做声。这可将林桂生惹火了，直着嗓子大声嚷道："亏得你们在场面上兜得转，老板平时最倚重你们。可老板一出事，你们就干瞪眼了，一个主意都讨不出来，官府不都是不中用的脓包吗？怎么救个人竟成了天大的难事？"

张啸林被骂得脸上红一阵、白一阵，坐不住了，"嚯"地站起来，硬着头皮说："让我去何丰林家走一趟。"

林桂生见张啸林出来了，火气也就消了一些。她斜着眼又瞟了一眼杜月笙，问道："月笙，你说呢？"

杜月笙站了起来，诚挚地说道："这件事不同寻常，我们还没有摸着底细，不能盲目瞎撞。不如让啸林先去探探虚实，再对症下药去救出老板。"

林桂生点点头。

当下三人计议已定，由张啸林先找到亲家俞叶封，明日就去何丰林家打探情况。

没有比坐牢更糟糕的事
老共舞台的风波就是何丰林奉卢永祥之命，为卢筱嘉出气之举。"洋场"以外的沪南地区,是军阀的世界,流氓地痞也要受军阀控制。护军使何丰林就是这里的土皇帝。

何丰林为人玲珑、圆滑,来上海坐镇的短短几个月中,已深知租界的种种奥秘。凡在地界上称得起"亨"字号的人物,无一不是以洋人为靠山。对这些纠纷,他信奉中庸之道,以不偏不倚为准则。

这次他奉卢永祥之命为卢筱嘉出气,将黄金荣绑架到淞沪护军使署,也只是想给他点颜色看看,趁机敲这个"大亨"一笔,并没有真将他置于死地的打算。否则,惹翻了租界的洋人和青帮那一大批弟子,他这个淞沪护军使也不会好做。

尽管如此,黄金荣还是被关进了何丰林的私人大牢。黄金荣一进了大牢,事情就不那么顺心,受难的日子就开始了。

何丰林的私人大牢设在何公馆的后花园里的假山下面。上面是假山,下面就是地牢。一丝阳光从石头缝隙间射进地牢,这是阴暗污秽的地牢中的惟一光亮。石板砌的地上铺着一堆乱糟糟的干草,四壁是凹凸不平的石头。石头上还不时渗下水来。黄金荣就在那堆干草上坐着。由于挨打、冷饿,心情郁闷焦躁,精神十分颓唐。那张麻脸苍白了,连黑麻点也变成白色了。

第二天下午通道口的木栅门才被打开,卫兵班长端来一碗米饭,往地上一搁:"喏,吃饭!"

黄金荣已饿得头眼昏花,抬眼望了望给他送来的饭食:一只粗瓷青花碗里盛着一碗糙米饭,上面有几条萝卜干,算是菜了,另外有一双筷子。

威震上海滩、挥金如土的大亨何曾见过这等饭食,他连喂狗、喂猫也不用这个!他把眼一瞪:"你们就给我这个吃?"

"不饿死你就算便宜了,你以为你是谁呀?还挑三拣四!"那卫兵班长冷笑一声,"你以为你平时吃惯了山珍海味,我们这儿就该给你吃鸡、鸭、鱼、肉?你清醒清醒吧!黄老板!这儿可不是你的黄公馆、共舞台,这里是何公馆的牢房!你别做梦了!"

说完,他回身将门一关,"啪"地重又上了锁。

若是平时,谁敢在他黄老板前这般放肆,早就脑袋搬家了,但是,现在人在屋檐下,黄金荣怒冲冲,却丝毫没有一点儿办法,只好瞪着眼睛看着他扬长而去。

黄金荣低头看看地上的饭碗,真想一脚踢开,但肚子已饿整整两天了,看见吃的肚子里就不由得"咕咕"地作响,一阵响似一阵。他终于端起了饭碗。

第一两口,他还皱皱眉头,觉得难以下咽;第三四口就觉得香多了;最后,不但狼吞虎咽地吃了个精光,而且肚子还没吃饱,似乎更觉饿了。黄金荣望望碗底,又望望木栅门,突然端起碗狠命地向石条上砸去,吼道:

"这是什么鬼地方?你们凭什么把我黄金荣关在这里?你们出来!我的人都到哪儿去了?王八蛋!他们把我关在这儿,你们就不管了!养兵千日,用兵一时,养你们都是吃干饭的?这帮混蛋,废物!啸林哪,月笙!你们救我出去啊!"

黄金荣的大喊大叫,引来了几个卫兵。他们趴在木栅门上骂道:"妈的,还想看点厉害?关起来了还不老实!有本事你别进来啊!狗娘养的!"

黄金荣冲过来,想扇卫兵的嘴巴子,但隔着栅门,自己却反被卫兵用毛巾塞住了口,再也喊不出来了。

家有贤妇

黄公馆那边,林桂生正在紧锣密鼓地筹划营救老公。

尽管张啸林答应去找何丰林,但是林桂生思前想后,觉得张啸林这条路未必行得通。于是,第二天一早,她就亲自前去拜访黄金荣的好友、道胜银行买办、大名鼎鼎的虞洽卿。

上海滩的流氓头子、大买办、大军阀之间,都有着千丝万缕的联系,彼此都是朋友,大家互相照顾,才能保佑平安发财。虞洽卿也是上海滩上有名的地头蛇。林桂生亲自来访,他闻讯热情地出门来迎接。

林桂生到客厅坐定,佣人倒上茶来。今日的林桂生也没有了往日那般指挥若定、谈笑风生的气魄。此番行动她纯粹是求人来的。

虞洽卿老奸巨猾,早晨已看过报纸,对黄金荣被绑架的事,胸中已经了然,林桂生一登门,他就猜出了她的来意,但是表面不露声色,殷勤招呼道:"黄夫人可是稀客啊!今天怎么得闲到寒舍来呢?"

林桂生满面愁容,只好直言地说:"虞先生,金荣这次遭难了,只有仰仗您来帮我这个忙了。虞先生若能帮助金荣解了这场危难,以后有用得着他的地方,他定会竭尽全力报恩的。"

"黄夫人哪儿来的话,我与金荣兄是莫逆之交,有用得着我的地方,哪有坐视不管之理。金荣兄一向春风得意,不知会有什么危难?"

"唉!"林桂生长叹一声,就把昨晚黄金荣在共舞台看戏、卢筱嘉带人闯入,将黄老板绑架的情况讲述了一遍。

虞洽卿眉头紧锁:"有这等事!黄老板一世英名啊!黄夫人,此事须向何丰林讨个人情,让他放了黄老板。"

"可是我们当家的素来与何丰林没什么交情,若是有交情的话,也不会发生昨天晚上的事。所以我冒昧来求虞先生,不知您肯否帮这个忙?"

"黄夫人哪儿来的话,黄老板遇难,我虞某人岂有不帮之理。我这就去何丰林府上,向他求情!"

"全仗虞先生了!"林桂生千恩万谢,告辞出门。

林桂生一走,虞洽卿就立即喊道:"坐车!"前往何丰林公馆去了。

两人见面叙谈,何丰林态度不冷不热,但有一点虞洽卿是明确的:如此不痛不痒就放人,他虞洽卿的面子还不够这么大。何丰林摆着护军使的架子说:"卢公子受了委屈,督军老爷也很生气。这件事必须要达到各方面的满意,才能圆满解决。"

虞洽卿知道自己的能耐,于是告辞而去。

张啸林还不如虞洽卿。他折腾一通根本就没有见到何丰林。当马弁来禀告三鑫公司总经理张啸林求见时,何丰林将手一挥,吩咐道:"回话,我不在家。"

何丰林挡驾,使张啸林陷入了困境。他大骂起来:"妈的,摆什么臭架子。老子当年在武备学堂,论资历还是他爷爷呢!"

骂归骂,何丰林既然不见,张啸林也想不出招来。没办法,他又去找亲家、专当密探的俞叶封讨主意。俞叶封是何公馆里的常客,对情况十分熟悉。他听了张啸林的抱怨,将眼珠一转,说声:"跟我来。"

俞叶封带着张啸林又一次来到何公馆,也不叫人通报,拖着张啸林走出客厅,直奔深院内宅。俞叶封是这里的常客,对深宅门径甚熟。两人绕过几座假山石,穿过翠竹掩映的月洞门,来到一座朱红粉墙、琉璃瓦顶的堂楼跟前。张啸林隐隐闻得有一股清香从里面飘来,惊异地问道:"亲家,这是什么地方?"

俞叶封诡秘地一笑，说："何老太太的佛堂。"

"找老婆子干什么？"

"啸林兄，你不是为黄金荣讨情吗？"俞叶封放低声音轻轻地说，"何军使是孝子，只要老太太开金口，这扇正门就不敲自开了。"

张啸林恍然大悟，钦佩亲家那密探竟将上司的秉性、家底摸得一清二楚的本领。两人走进佛堂，那慈眉善目、体态微胖的何老太太正在闭目修心，手拨着佛珠，嘴里念念有词。两人不敢做声，在旁边静静等候。

约莫过了一个时辰，老太太睁开眼，认出旁边站着的俞叶封，有些惊讶："俞统领，丰林今天在家啊，你怎么闯到佛堂来了？"

"叶封今天特来向伯母请安。"俞叶封慌忙施礼，又介绍说，"这是三鑫公司的总经理张啸林先生。他今天来，是有件事情想请伯母给帮个忙。"

张啸林赶紧鞠躬，把黄金荣托情的事如实禀报一遍。

不料，老太太还没听完就闭起了眼睛，不耐烦地打断了张啸林的话："少啰嗦，老身不管政事。"

张啸林被惹急了，正要开口冲上几句，俞叶封急忙悄悄用手肘撞了他一下，先插上了话："叶封素知老太太信佛行善、不问政事，因此这次来是专为请安的。我们还有点事，就不打扰您了。"

说着，他就拉着张啸林告辞出来。

等走到佛堂外，张啸林着急地问："亲家，莫非这一趟又白跑了不成？"

俞叶封拍拍他的肩膀："亲家，这事可不能来硬的。咱们虽没说动何老太，可是探明了虚实。下一步，就要看黄金荣夫人的了。"

张啸林一想也是，这一趟不能算白跑，于是急忙辞别了亲家，匆匆来到黄公馆来报告探来的信息。

林桂生一听，心里就有了底：她得亲自出马了。

女人自有女人的办法，她从自己的保险箱里取出一尊身高三寸、精雕细刻的金观音，又将黄金荣珍藏着的、一个土商进贡的竹节罗汉拿出来，用红丝绒包好，放进挎包，坐汽车后吩咐司机说："到龙华拜访何老太。"

林桂生一见面，就奉上两件宝贝。何老太太一见"观音"与"罗汉"这两件稀有的见面礼，笑得缺牙的瘪嘴都合不拢了。林桂生趁机甜甜地说：

"何妈妈，我早就寻思来看您，可就是没有机会。可巧刚得了这个观音、罗汉，放在我那儿也没什么用处，就拿来孝敬您了。何妈妈是个行善信佛的人，这两件东西供上香火，也算是一件功德了。"

何老太太乐得眼睛眯成一条缝，连声说："好，好！黄夫人，这是你的善根哪！肯定会福寿绵长、福寿绵长啊！"

林桂生却拿帕子擦了擦眼睛，悲凄地说："可惜我从小就没有了爹妈，孤苦无依，没人亲没人疼的。老太太，如果您不嫌弃，我就认您做个干妈吧！"

何老太太开始还有点推托，但林桂生一张甜嘴巴子，何妈妈长、何妈妈短的，叫得老太太满心欢喜，不出几个小时，老太太便认了这个干女儿。

林桂生和何老太太成了干亲，放人的事就好办多了。

不捞不贪，何必当官！

可是不知为什么，何丰林还是迟迟不放人。

这几天，黄金荣手下的徒弟、徒孙，大小流氓们，生怕失去自己的靠山，如丧考妣，无计可施。他们只好去找杜月笙，要杜月笙下令去攻打何公馆，把黄金荣抢出来。

这时，杜月笙却有了自己的打算。赫赫有名的大亨、有着几千徒弟的老头子黄金荣被抓到龙华关起来，在上海滩"跌霸"也跌到份儿上了，关押的日子越长，则这霸跌得越惨。黄金荣一抓，杜月笙开始时也很着急，后来静静地一想，老头子跌下去，我就可以趁机爬上来，何丰林多关他几天，于我反而有益，于是迟迟按兵不动。

等到林桂生把一切都办得差不多了，那么何丰林为什么迟迟不放人呢？原因是什么？精明过人的杜月笙摸透了这些军阀们的心思，马上意识到归根到底是一个字：钱。

黄金荣开剧场，做鸦片生意，开赌局，日进斗金，赚了多少黑财？黄金荣名为法租界华捕第一号，而实际上主要精力都用在经营这些产业上。所以人们称他为"黄老板"，而不是"黄捕头"。

这一次黄金荣跌在何丰林手下，何丰林手握这根竹杠焉能不敲他一笔而轻易放人？区区金观音、竹罗汉算得了什么，虽然名贵，也值点钱，但只是两件玩物而已。他何丰林要的是现钱，要的是算得上是一大笔钱的东西。

杜月笙肚子里有了底以后，便带上金廷荪孝敬的10根金条，到龙华去见何丰林。到了何公馆外，他把装着金条的锦盒交给卫兵："请进去通禀三鑫公司董事长杜月笙求见。"

何丰林听说杜月笙来了，以为他可能要动武了，问："他带了多少人？"

"开车的不算，就他一个。"

这下何丰林就放心了。卫兵又递上杜月笙送来的金条，见到黄灿灿的金子，何丰林摸着两撇小胡子笑逐颜开，不住地点头："还是'水果月笙'明事理，会办事。这年头，不动真格的，光凭一张薄面办不成事啊！——你去请杜先生到小书房见，说我还有一点事，处理完了马上就到。"

何丰林接见人，一般在客厅里，杜月笙被安排到小书房，实属特殊待遇。这恐怕要归功于那几根金条的面子了。

"欢迎、欢迎！杜先生是稀客，我何丰林有失远迎，失敬了。所以请在这小书房里见面。请坐，吃茶。"

杜月笙进了小书房，何丰林就立即从垂花的门洞里走来，双手抱拳，一边拱手，一边招呼。

长衫礼帽西裤皮鞋的杜月笙一见何丰林，立即站起来行鞠躬礼，斯斯文文地恭维道："将军在上海驻守，保土安民，万人称颂。今日我有幸再睹将军风采，真是三生有幸！"

"哪里，哪里。我是个粗人，有话直说，有事公办。能为百姓做一点事，使百姓安居乐业，我老何就乐了——你们上海人叫开心。坐，坐下谈。"

杜月笙重新归座，端起勤务兵送上的茶盏，揭开盖子，轻轻地吹了吹飘在上面的茶叶末，喝了一口，盖好又放下，这才再次启齿："何将军，您是个爽快人，我说话也不会绕弯子，有什么就说什么。今天来拜访，是有件重要的事要和您商量。"

何丰林听了心里好笑，明明是求我放人，却说"有事商量"。他心里这么想着，可脸上并没露出来，还一本正经地应道："杜先生有什么事，请尽管吩咐。"

"我想办一个公司，请将军入股。"杜月笙避过正题，把给何丰林的好处当做一件正事来谈。这样既争取了主动,又抬高了自己的身价,稳稳当当。杜月笙继续不露声色说:"我们想借将军的威风,好多多发财。"

"办公司?"何丰林无论如何也想不到杜月笙是为了这件事来找他。办公司、赚大钱,他最听得进去,于是侧过了身子,伸长了脖子凑过来:"入一股要多少钱?"

"您一个铜子儿也不用拿,只要将军参加,股份我们奉送。"杜月笙十分慷慨。

"那太不好意思了。"

"我们只借用将军的名望与财运,每月都可以参加分红。"接着,杜月笙又详细地告诉何丰林,他已和张啸林、黄金荣三人筹集了1000万资金,准备开一个名叫"聚丰贸易公司"的烟土公司,全力从事鸦片贩卖。

何丰林一听喜出望外,走到门口向勤务兵吩咐:"我与杜先生有重要事情商量,别人一律不见,电话不接。若上峰来电话,就说我不在。"

吩咐完了以后,他回身对杜月笙说:"请进小书房后边的密室商谈。"

杜月笙想不到他的小书房后还有一间密室,暗暗吃惊:这真是一个高人啊,难怪在官场这么顺风顺水地爬这么高!进了密室后,杜月笙接着对何丰林说:"如果你和卢督军两位愿意加入,所得红利,五人平分,你俩不必出钱只需在运销上向部下打个招呼,在浙江各地,聚丰公司的货畅行无阻就行。"

这件事对于何丰林来说,可是一件从天而降的好事。作为军阀,虽然手握重兵镇守一方,但除了盘剥榨取一点客商的赋税以外,并不直接与公司、商业打交道。如果一旦能在杜月笙、黄金荣等人办的公司里加入股份,发财的大门不就是向自己打开了吗?更何况股份是白送的,并不要掏一分钱。如此不出本钱白拿红利的买卖,一旦错过,可向哪里找去?何丰林当场拍板:"成交。"

关于卢永祥入股的事,何丰林却替他的上司做了这个主,知道他肯定会同意。果然,一封电报拍过去,没过两天,卢永祥的回电就来了,电文说"同意",还派了卢筱嘉来沪与杜月笙商谈。

卢筱嘉此次与杜月笙会面,两人居然谈得很投机,成了好朋友。原来,涉及发财大事,卢筱嘉报私仇扣押黄金荣的矛盾就顿然变得芝麻大一丁点儿了,其他一切便不言而喻可以忽略好说了。

杜月笙创立这个聚丰贸易公司，是为他的烟土事业寻找保护人的。因为烟土生意虽然利润极大，却常常面临丢失烟土的危险，土商、烟贩，以至像黄金荣、杜月笙这些大老板也时常被这些军阀们弄得忧心忡忡，十分头痛。如果军、商彼此能够合作，他们的烟土运输就可化暗为明，由军警一体保护，严禁沿途骚扰，是能保证烟土生意永远平安发财的最佳办法。而军阀看到利之所在，这无本而万利的生意还有什么犹豫之理，当下一拍即合，聚丰贸易公司一成立，局面豁然开朗了。

事实上，杜月笙技高一筹的是，成立聚丰贸易公司还一个目的是为三鑫公司找靠山，甚至打掩护。没有了后顾之忧，杜月笙等人的"生意"就可以大胆做了。三鑫公司的营业更是蒸蒸日上，每年收取的保护费就在100万银元以上，连同自身的营业收入，年盈利最高曾达5600万银元之巨。财源滚滚，如海水滔滔而来。它不但操纵了货物的进出，而且也控制价格的涨落，形成一个大垄断公司。这恐怕是中国有史以来最好的生意了。

这是后话。

夫不遭枉祸

而何丰林既与黄金荣成了公司的同仁，当然不能再关押他了。一次，杜月笙与何丰林聚在一起喝茶，聊天中提起黄金荣时，何丰林不好意思了，说："马上派人去请黄金荣黄老板，到司令部里一道谈谈。"以示修好。

不料杜月笙却摇手阻止道："别忙，别忙。还有一件事呢。"

"什么？"何丰林却不明白。杜月笙难道不愿意黄金荣放出来？

杜月笙微微一笑："何军使，黄老板也算地方上的一个人物，对不对？"

"是啊，当然。黄老板威名赫赫，雄霸法租界，也算上海滩这地方的一号人物了。"

"何军使说的是。"杜月笙说，"当日威风凛凛的黄老板被押到龙华关了五六天，最后就这样悄无声息地放了出来，不是要把面子丢光了吗？"

何丰林连连点头，暗暗佩服杜月笙想得周到。随即，杜月笙提出了两条：一是在龙华寺请一次客，庆祝聚丰公司成立，也是何、黄两家认干亲的家宴。当然,何老太太一定要出席;二是恳请何丰林向卢永祥说情,由卢永祥呈请北洋军阀政府陆军部颁一枚奖章给黄金荣,并聘黄金荣为护军使衙门督察。

这两件不费吹灰之力的小事,何丰林自然一一答应照办。而在军阀看来很小的事情,却给黄金荣争回了面子,补偿了他手下大小流氓的心理损失。

黄金荣在龙华寺吃了酒,认了和老太太这门干亲,又接受了陆军部颁给的荣誉勋章,偕夫人林桂生风风光光地回到了同孚里黄公馆。

黄金荣被放回后,为了回报,对杜月笙、张啸林两大弟子的奔走营救,便在华格臬路造了两幢房子,都是三间两进,前一进是中式二层石库门楼房,后一进是西式三间三层楼洋房。西边一座216号,送给杜月笙;东边一座212号,送给张啸林。

3. 与结发妻离了婚

婚变,母老虎发威了

俗话说:"家有贤妇,夫不遭枉祸。"这次黄金荣被绑架,林桂生可谓是营救他出来的最大功臣。

大概是共舞台的狐仙作怪,也许是应了"福无双至、祸不单行"那句老话,黄金荣刚从剧院风波中解脱出来,不久又碰上了一件使他大煞风景的事。

龙华寺宴会后,林桂生领着被关押了五六天的丈夫回了家,夫妻重逢,举家团圆,不由悲喜交集。黄金荣也老老实实呆在公馆里休养了几天。这次营救,林桂生也可以说是尽心竭力,立下了汗马功劳,见到黄金荣变得这么老实,也暗暗欢喜,指望他从此收一收心,老夫老妻白头偕老。

谁料黄金荣在家呆了还不到三天,就坐不住了,推说公司里有事,就又逛出去了。林桂生一个人闲着觉得没意思,就与侍候她的佣人阿四姐扯起了闲话。

"不怕太太生气,依我看哪,老爷又是去拈花惹草了。"阿四姐从林桂生第一次结婚时开始就服侍她,到现在已三四十年了,因此说话并不十分忌讳。

"怎么去拈花惹草了？"林桂生吃了一惊，紧盯着阿四姐问。

"唉，太太，您以为他这次是去公司了？其实根本就不是。去公司怎么不带人呢？而且他还带了一包蜜枣去了。太太请想，老爷何曾爱吃过蜜枣？这不是那个小戏子爱吃的吗？"

听了此话，林桂生不由勃然大怒：又是那个戏子！

阿四姐还继续唠叨说："上次因为那个露兰春得罪了卢公子，受了这几天罪。这一次还不知要闹出谁来呢！唉唉……"

一听此话，林桂生已变了脸色。她满腹都是委屈、愤恨与嫉妒！露兰春！原来与卢筱嘉的事也是因为露兰春！怎么没人告诉我？若早知道他黄麻子是因为那个小妖精被人绑架的，何苦替他奔走？他现在成了势了，用不着我了，就这样猖狂！索性我也不用替他撑着面子了，大家闹开吧！林桂生越想越气，越气越伤心，不由放声大哭。

阿四姐一见说漏了嘴，不由后悔不迭，想劝又没法劝。

林桂生哭了一晌，把眼泪一擦，吩咐手下人："等老爷回来，你们就锁住大门，不许他出去。"

下人们素知黄老板惧内，公馆内一向是老板娘说了算，于是各个领命，布好阵势，单等黄金荣回府了。

直到晚上掌灯时分，黄金荣才哼着小曲儿，在府门口下了汽车，摇摇晃晃地进了门。他双脚刚一迈进门槛，背后"稀里哗啦"大门落了锁，他把眼一瞪，刚想发火，看门的已禀道："是老板娘吩咐的。"

一听这话，黄金荣发热的脑袋忽地清醒过来，知道事已败露，只好轻手轻脚地上了楼。

林桂生早已等着他了，见他上来，当即劈头盖脸一顿臭骂：

"黄麻皮！当我不知道？刚从大牢里出来又去搞女人！好了伤疤忘了疼，你忘了是谁跑前跑后，把你救出来的！现在你做了老板了，就可以为所欲为了，问问你自己你当初是怎么发的家！那小妖精还没把你害死嘛，就把你勾引得这样？"

黄金荣与林桂生结婚这么多年，还从未见她这样破口大骂过。理亏的他也不答言，一甩手就进了自己的卧室。

尽管如此,但是从此林桂生就把黄金荣软禁在公馆里了,横竖左右不让他出门。黄金荣虽然英雄,却敌不过林桂生的淫威。

外出搬救兵

一天,黄金荣乘林桂生串门应酬赌局,使了个金蝉脱壳之计,驾着汽车急驶三鑫公司。

公司的当差、伙计们见大老板光临,慌忙迎进了董事长的写字间。黄金荣踏进房间,连连挥手斥退底下人,一屁股坐在沙发上,脸孔红一阵白一阵,似乎满腹心事难以启口。

杜月笙颇觉意外。黄金荣碍于身份,从来不公开在公司露面,今天神色慌张,驾车跑来,杜月笙料想一定是出了事:

"怎么,又出事了?"

黄金荣用手搔搔光头皮,半晌迸出一句:"桂生跟我闹了。"

"是不是兰春的事?"

黄金荣点点头,尴尬地吐露了真情:"老共舞台坍了台,不知怎么兰春被抖了出来,桂生成天闹,真不成体统了。"

杜月笙劝道:"金荣哥,你们这么多年夫妻了,犯不着为一个丫头伤了和桂生姐的和气。"

"不,"黄金荣坠入了情网已经鬼迷心窍了,眼睛射出绿光,第一次对林桂生胆子大起来了:"他妈的,老太婆揭开了,老子干脆堂堂正正讨兰春。"

杜月笙吃了一惊,想不到他做出了这样的决定,只好说:"按理说,你腰缠万贯,名声显赫,讨个三妻四妾应是极平常的事。桂生姐再怎样霸横,也难明里反对。只是露兰春从小在她身边长大,又生得绮年玉貌,更犯忌的她不同于老实、柔顺的沈月英,小丫头心机较多,你迷上了她,桂生姐内当家的地位便摇摇欲坠,难保有一朝要逼宫告终。"

杜月笙知道个中利害,不想卷入内宫的暗流漩涡,此刻明知黄金荣的来意,却装傻作痴地推卸道:"这事怕难办。"

黄金荣一听,急得直搓手。

平时，他总觉得杜月笙是自己一手提拔的，在他面前爱摆出师父的尊严，这番顾不得这些了，拉着杜月笙的衣袖，哀求道："月笙，我求你这一回了。你的话，她最听得进去，你去谈谈看。只要她让让步，把兰春接进来，我绝对不会让兰春当这个家的。"

杜月笙被迫无法，只得允诺下来："我只能试试看。"

黄金荣这才松口气，临走前，又叮了一句："月笙，就等你的回音了。"

新人笑，却不见旧人哭

两天后，杜月笙特地跑了一趟黄公馆。

黄金荣见来了救星，知趣地回避了。杜月笙觑个机会，叫声"桂生姐"，就吞吞吐吐地把事情说了出来。然后，准备一场电闪雷鸣的暴风雨，谁知林桂生却苦笑一声，问杜月笙道："你的意思呢？"

"我赞成。"杜月笙边说边偷偷窥察林桂生的脸色，见她神色平静，便试探地说："讨了兰春，也许可以收收老板的心。"

林桂生瞅了他一眼，冷冷地说道："我不反对他讨小老婆，但不许讨露兰春。论辈分，露兰春是孙女，要我同她称姐妹，太不成体统了。"

林桂生关门落栓了。

黄金荣讨定了露兰春，她却一个棒打回头。这苦了夹在中间的杜月笙。他是黄金荣的心腹，也是林桂生一手栽培起来的，并且两人还……现在他一出面，林桂生还说不定以为他是想和她一起过呢！而他此刻心早在那个妙龄少女陈婷婷身上了，哪敢多劝说。老谋深算的他也是一筹莫展了。

杜月笙最不愿意卷进这场难断的家务官司里，便搭讪道："桂生姐，公司还有事，我走了，有机会我再劝劝老板。"

说完，他就要溜出去。

"慢走。"不料林桂生却忽然下了决心，"月笙，你是受命来的，我不难为你。你告诉老板，露兰春可以进门，但从今后，我与他一刀两断。我有一个条件，要他拿出5万块钱做赡养费。"

"桂生姐，你，你，就只要5万元？"杜月笙不相信自己的耳朵，不知道应该怎样说才好。两人半世的夫妻,林桂生作为老板娘,一手策划替黄金荣打下的江山,难道就这样分手了?同心协力赚到巨大财富就只要5万块,这不过是九牛一毛,谁都会替她抱不平。杜月笙有些惊讶。

其实,林桂生是一个多么工于心计的人,连杜月笙这样精明的人都被她蒙住了。

林桂生却不容分说,转身进自己的房间了。

在隔壁偷听的黄金荣却如逢大赦,喜滋滋地走出来,送杜月笙下楼,并当即派人拿地契向银行押了一笔现款,然后交给了林桂生。

林桂生也不是简单的人,而是自有她的如意算盘。黄金荣的万贯家财,主要来源是做鸦片生意的三鑫公司,她在公司拥有巨额股份,一年三次分得的红利、数额之巨就令人咋舌,其实,她的小金库里的钱多着呢。

第二天一早,林桂生便搬出了黄公馆。

杜月笙也不管黄金荣生气,亲自在西摩路处为林桂生租了一幢房子,里面的家具摆设尽量保持黄公馆的样式,算是报答她的知遇之恩。

林桂生一走,黄金荣就用大花轿把露兰春抬进了黄门。

新娘子不愧是色艺双全的红伶,长得亭亭玉立,风流娇媚,齐眉的刘海,天生有些卷曲,一只盘发髻,周围插了一圈茉莉花,更衬着秀发如云,人香花也香。一身大红绣凤的旗袍,满身的珠光宝气,透着那么一股香艳。黄金荣为讨好新娇娘,摆宴三日,请到了法租界所有头面人物。

一时之间,黄公馆宾客盈门,贺礼堆积如山,像赶庙会一样热闹。

黄金荣得力的八大生都来讨露兰春的欢心。其中,顾掌生是最起劲的一个。他端着酒杯,走到黄金荣与露兰春的面前,对老夫少妻肉麻地笑道:"掌生敬二老三杯。老板属龙,老板娘属鸡,龙戏凤,凤附龙,真是天就的龙凤配。哈哈哈!"

露兰春羞得满脸通红,但这阵阵红晕更增添了她的美色,乐得黄金荣直搔那光头皮。得意之际,他对露兰春说:"来来,这里没外人,唱一段,大家快活快活。"

露兰春忸怩了半天,才慢慢站起身来,微微启口,轻轻地唱道:"三尺雕翎箭,能开方上弦,弹打飞禽鸟,英雄出少年……"

这是《天霸拜山》里的一段唱腔。她一身大红,镶金嵌玉的新娘装束,倒更使得这个黄天霸英气妩媚,风流俏丽。酒席上爆发出一阵震耳的喝彩声。连声叫:"再来一段,再来一段!"

杜月笙面对这热闹的婚礼场面,却坐在角落里默不做声,坐了片刻,就悄悄退了出来。

自古美人爱少年

这时露兰春虽然年仅25岁,却早已与上海的花花世界结下了不解之缘。

她嫁到黄公馆后,黄公馆保险箱钥匙都一概交由她保管,当了老板娘。黄金荣年老得少妻,对于她的吃穿用度都极为上心,身上戴的、穿的、手里玩的、屋里摆的,全都挑着最时髦最名贵的要。但金银珠宝、豪门深院锁不住那颗年轻的心。尽管黄金荣明媒正娶,用龙凤花轿把她抬回家中,但她还是留恋着外面的粉墨生涯。

蜜月过后,露兰春执意要上老共舞台登场。在五彩缤纷的彩灯里,在雷鸣般的喝彩声中,才是她的梦幻美景。黄金荣开始看出她对舞台生涯的留恋,只装作看不出、不接她的话茬。他只想金屋藏娇,把这个美娇娘揽在自己怀里,断了那些浮蜂浪蝶的痴念。但露兰春心意十分坚决,对黄金荣说:

"我从十几岁就开始学戏、唱戏,是在舞台上唱出来的。让我这么突然离开舞台,我会闷死的。我就像过去那样唱戏,有什么不好呢?谁敢对我无礼呢?"

话说到这份上,黄金荣不好强拗,只得答应了她,但说:"有一件事要你答应,即出门唱戏,进出都要由黄公馆的车和保镖接送。"

"这个没问题。"露兰春同意了。

这样,露兰春又回到了共舞台。

她色艺双绝,为之倾倒的倜傥少年为数不少。但她已入黄门,那些原来倾情于她的"富二代"、"官二代"乃至那些小混混们只好望而止步,目光转向了新的坤伶。

唯独有个风流少年不甘心。

他就是上海滩上首富颜料大王薛宝润的公子薛二。这薛二是世家出身,从小生在锦绣之乡、荣华堆里,正儿八经的纨绔子弟一个。他对露兰春情痴已久,不能自拔。

露兰春再次在共舞台登场,薛二欣喜若狂,在共舞台包了个正厢,每晚必到,专看露兰春的戏。第一晚,露兰春唱《枪毙阎瑞生》,薛二先声夺人,赶在开戏之前就差人给她送去一个大花篮,上面夹着一张烫着金边的香水名片。

露兰春见到薛二的礼物,只是抿嘴一笑,右手两指夹起那张名片看了看,顺手就往废纸篓里一丢,不理这茬了。

等到戏散场,她卸了妆,换了衣服准备回家,谁知一出场,就看见薛二站在后台边,恭恭敬敬地向她致意。露兰春摆着大明星的架子并不答理。但薛二毫不气馁,仍旧每晚送礼物,每晚跑去看她。日子一久,那风流潇洒的模样就渐渐印在露兰春的脑子里了。她忽然对他产生出一种说不出的好感。

虽已做了黄金荣的正牌夫人,但黄金荣已垂垂老矣,露兰春却还是风月年华。钱再多,别人再尊敬,陪着一个老头子,又有什么意思呢?自古美人爱少年啊!

这时,在老夫少妻之间,黄金荣对她是事事迁就,处处巴结。很快,黄金荣也觉得不对劲了,许多晚上他明显地感觉到体力跟不上,而怀中的露兰春也不似以前那样温柔了。以前,她在共舞台演出时,是极温柔的;现在,成了名副其实的太太,就一点也不温柔了。露兰春因为心里有了薛二,反对老头子更增一种厌倦感,再也不对黄金荣绽开笑脸了。

一天,戏刚散,薛二又恭候在后台了。一身银灰的西装洒上了法国名贵香精,淡淡的馨香配着他那轻声细语的恭维,真有股说不出的柔情。露兰春望着他嫣然一笑,破例答了话:"唔,是薛先生,你身上怎么好香哟。"

那一笑,立刻牵走了薛二的情弦。他忙上前搭讪,却被娘姨和保镖挡住了。

他呆站在原地,眼睁睁地望着娘姨拥着露兰春坐上轿车,扬尘而去了。

第二天,晚戏开场。薛二加倍殷勤。露兰春来到后台,正在着妆,一个娘姨手捧着价值1万银洋的香精,对她说:"这是那个姓薛的小白脸送的。"

露兰春心中明白,这就是昨晚那"好香"的香精。薛少爷求爱来了,便不动声色地吩咐娘姨:"请薛先生散戏前来一下。你让跟班不要等我了。"

然后,她从无名指上勒下个金戒塞在娘姨手里,叮嘱道:

"不准多嘴。"

那娘姨自然知趣,答应一声就退了出去。

薛二得到消息,灵魂险些飘然出窍。他哪还有心思看戏,锣鼓刚敲响,就出了包厢,溜进露兰春的化妆间。这时,挂头牌的坤伶都可独占一个小房。露兰春是黄老板的夫人,身价显赫,化妆间更是装点得像闺房一般。薛二坐在沙发上,眼睛紧盯着那扇小门,飘飘然地幻想起与露兰春幽会的甜梦来。

锣鼓停歇。门"呀"地推开了,如花似玉的露兰春亭亭立于面前。薛二惊醒,腾地站了起来,正想迎上去,只见她细眉一挑,喝声:"哪个大胆的,敢闯到这里来!"

她转身就要喊人。

这可吓慌了薛二。他飞步上前一拦,结结巴巴地,连话都说不完整了:"是,是小姐捎——捎的口信呀。"

其实,露兰春做了个假动作,冷眼里瞧着他那惊慌模样,暗自好笑。但为了试探薛二,仍旧板着脸,正色地说道:"你不怕黄金荣的黑枪、硝酸水吗?"

薛二"扑通"跪了下去,哀求道:"小姐肯垂青,薛二情愿上刀山,下油锅,只求小姐念我痴情一片,思慕小姐啊!"

其实,露兰春早已春心荡漾了,见薛二如此笃情,禁不住牵动了一片柔肠。轻轻地拉起了薛二,温情脉脉地说道:"现在我相信你,可就怕你将来会变心哪。"

经此一番,二人鸳帐同入,暗结鸾凤。

牛栏里关猪——靠不住

薛二那年轻、潇洒、风流、多情的相貌,那吐不完的呢喃爱语,对着月亮发出的山盟海誓,都让露兰春感到了爱情的甜美。比起那个又老又丑的黄金荣,薛二可真是天仙般的人物,露兰春沉浸在少女初恋般的兴奋与喜悦之中。

纸里包不住火。一次两次的,不会走漏风声;日子一长,两人情意日笃,如胶似漆,恨不得一天24个小时泡在一起就难免被发现。露兰春每天都要去唱戏,又一夜一夜的不回来,这样一来二去,事情就闹大了。

　　杜月笙手下的耳目众多,起先碍于老板的情面不敢声张,后来被张啸林听到了风声。他是个火爆性子,气得大声骂娘:"他妈的小丫头片子,竟敢如此放肆!"

　　见众人没有做声,张啸林更是骂开了:"薛二?他是个什么东西,也敢来咱太岁头上动土?反了反了!不就是那个卖颜料的吗?让我撞上,非管教管教这个兔崽子不可!"

　　众人还是不敢接腔,张啸林更加跳了起来:"敢搞黄老板的女人,我张啸林就咽不下这口气!黄老板怎么忍得?!"

　　别人还是不敢言语。

　　虽然张啸林这番话没当着黄金荣的面说,但这一来,黄金荣还是有所风闻了。他心里动气,但因为对露兰春宠爱有加,只是找了个当口,板着麻脸,冷冰冰地对她说:"兰春,以后你出门应酬,都要让我知道。"

　　露兰春沉住了气。她早料到会有这么一天,当下不露声色地反问:"为什么?"

　　"外面绑票的多,你被人家绑去了,可要塌我的台了。"黄金荣尽量压着事儿。

　　露兰春何等机灵,早听出了话头,黄金荣是向她发出了警告。她淡淡一笑,不予回答,心里却暗暗打定了主意。

　　6月中旬,黄金荣受法捕房的差遣,去了山东临城。官差不由己,他不得不去。

　　老板前脚刚离上海,露兰春就通知薛二,要他赶紧准备车辆、船只和路上应用之物,马上远走高飞。

　　露兰春手中掌握着黄公馆各保险箱、珠宝柜的钥匙。等到黄金荣从山东归来,家里已是人去楼空,露兰春已逃之夭夭,到处是凄凉景象。

　　露兰春一逃,黄金荣苦恼了几天,幡然觉悟:他已近暮年,应该隐退了。经过几天的细细思索,他有气无力地打发听差去请杜月笙。

　　露兰春一逃,杜月笙早就有了周密的准备,立刻派人跟踪,暗地掌握了薛二与露兰春的行踪。但是,暂时没有采取行动。

　　精明的杜月笙知道此刻不能将事态扩大,因此,一边派人跟踪薛二和露兰春,一边等着黄金荣回来。然而,这时他已预感到,随着这一连串打击,黄金荣不行了,不久的将来他杜月笙就要取而代之。听到黄金荣有请,杜月笙暗想,是该出场收拾残局了。

黄金荣不愿外人过问夫妻床笫的私情,把希望寄托在自己的心腹身上。

杜月笙来到黄公馆,在客厅坐定,偷偷地看了一下黄金荣的神色。他显得苍白、憔悴,带着绝望的眼神,默默地看着杜月笙,一言不发。

杜月笙见火候已到,有意激他:"金荣哥,薛二这个贱胚太可恶了,绑他的票,一定要把兰春找回来。"

黄金荣连连摇头,轻声说道:"女人心,海底针呀! 兰春既然变心,寻回来也是白搭。我只要把她拿走的东西多少讨回来点。"

"也好,也好。"杜月笙点头答应着,脑海里却得出一个清晰的结论:黄金荣垮了。

随后经杜月笙调停, 黄金荣请来了上海会审公厅的大法官聂榕卿和上海清文局长许源,为黄、露双方进行调解。调停的结果是,露兰春交回卷走的全部财物,黄金荣正式签下解婚书,由薛二聘礼再娶。

从会审公厅归来,黄金荣特地将杜月笙唤进了内室,说:"有话商谈。"

这间卧室当年正是黄金荣与林桂生筹划大略的地方,现在人去楼空,早已不是原来的样子,只有几件家具、一套沙发,是林桂生从前用过的。黄金荣看着这个败落的家,感慨万千。他抚着杜月笙的肩膀,长长地叹了一口气:"我这一生,就走错了这步棋。唉!人生如梦呀!我黄金荣起家在女人身上,没想到败家也在女人身上。"

看着黄金荣赔了夫人又折兵、心灰意冷的样子,杜月笙回想起最近发生的一连串事情,突然想起了那晚阿大看见狐仙的事情……

不久,当杜月笙去营建华格臬路住宅时,特地在大厅后面,专辟一座狐仙祠,并且雇用一名宁波老佣人,负责祭供洒扫,晨昏三炷香,逐日献奉茶果。而他自己则是不管怎样么个忙法,每个月的阴历初一和十五,必定去那里,然后正心诚意供以酒馔,亲自上香,再磕下几个头。

4. 重排座次：杜、黄、张

黄金荣彻底"跌霸"了，法租界众多流氓瘪三这才知道天外有天，黄老板并非法力无边，也有"吃瘪"的时候。

黄金荣在"爱情"上受了打击，对人生失去了信心，事业也陷入低谷，原来黄公馆这帮人马的江湖座次就重排了，改变为杜月笙、黄金荣、张啸林。

随后，杜月笙搬进了华格臬路216号。他有了自己的公馆，手下的工作人员也重新作了安排。

宝大水果行的黄文祥，在杜月笙当年浪迹街头卖水果时，常常把好水果当做烂水果送给他，使他渡过不少难关。如今，黄文祥的儿子黄国栋已经长大，找杜月笙想谋一个职位，杜月笙知道，黄国栋跟父亲黄文祥做过不少年生意，会理财，便让他来做账房。银行取款，支付各项开支，管理来信和分发事物，重要来客的接待等，就全交给黄国栋。

此外，杜月笙还找了杨筠心、邱曾受、赵琴波三人，辅助黄国栋一起做账房。

杨筠心负责处理发来的各种婚丧喜庆帖子，逢时逢节各处送礼发信，写回单簿，管理电话、水、电的修理装置和各种报纸，分发零星开支、年赏、节赏，管理大厅清洁，招待来客的汽车司机和侍卫人员等。

邱曾受管理伙食账目，厨房炊事员的人事调动，并负责每月发放杜月笙救济贫苦孤老的"善折"金额，发信时写回单簿等。

赵琴波负责带领"小开"们到外面玩耍，管理电话、水电费和所有大小挂钟等。

管家万兆棠原先也是宝大水果行黄文祥的门生，杜月笙进了华格臬路后就让他来当管家。几年后，万兆棠积累了些钱，也吸上鸦片，日夜在杜宅工作，他渐渐吃不消了。他向杜月笙推荐了兄弟万木林。这万木林识不得几个字，记忆力却极强，任何电话号码只要听上一遍就可牢牢记住。杜月笙倒也乐意，就把万兆棠介绍到烟土公司去上班。但是,杜公馆的人都认为"木林"难听,就请常来走动的杨度将"木"字改为"墨"字。

万墨林负责管理茶房(服务员)、汽车驾驶员、厨司、门警、卫队等,外面打给杜的电话,都由他先接听,然后才交杜月笙接,杜月笙向外打电话,也都由万打通后再交杜接听。万墨林能记住亲友、门生、机关、企业等190个电话号码,成为杜月笙的电话号码簿。

为了做好文字工作,杜月笙又请了翁佐卿、邱访陌、王幼棠、胡叙五4个人做秘书。其中胡叙五是由黄炎培介绍的。

为了做好防卫,杜月笙又选了陆桂才、陈秦鹤、陈继藩、高怀礼等近身侍卫4人。陆桂才,是张啸林的门生,他做过旧军队的军官,在社会上,人称陆大麻子。他广收徒弟,有一二千人之多,家住南阳桥,开设维扬大舞台和荣贵祥香烟批发行等。

陈秦鹤,是台州白相人,也收有不少徒弟,兼开西藏路恒茂里内的恒雅书场和恒雅剧场、八仙桥第一旅馆、东自来火街的恒雅书场和恒雅剧场、八仙桥第二旅馆、顺昌路同乐剧场、同乐旅社等。

陈继藩,较有文化,能说法语,是由法租界领事公馆华董张翼枢介绍来的,杜月笙认为他比较老实,抗日战争发生后,杜月笙去香港后也将他带去了。

高怀礼,北方人,曾在法租界巡捕房做过包打听,在淞沪警察厅担任巡官等职。

不久,杜公馆又购进8部汽车,十几个司机由王宝钰管理。

厨房里,万墨林聘请了苏州帮2人,扬州帮2人,本帮3人,北京帮2人,下手3人。

同时,杜公馆还有夜班卫队4人,门警6人,后弄巡路卫队2人,大菜间专职待客茶房4人。

在烟榻房,还有一个专门为杜月笙装鸦片的人,此人叫郁泳馥。他原在十六铺摆水果摊,身刺花。后来任新城隍庙总稽查、上海纱纺易所总稽查。他带两个助手,帮他烧鸦片膏。

杜公馆中还有杂务工2人,管冷气的2人,打扫天井、大厅、送信等杂役8人,花园司务3人,女佣20人。

　　除了杜公馆配备各样人手外,杜月笙还广交朋友,张翼枢、章士钊、陈群等都是座上客。

　　另外,刘春圃、杨度、洪帮大哥高士奎、律师秦联奎、江一平、王荫泰、陆殿东、朱文德、王思默等,工商界的闻兰亭、钱新之、王晓籁、虞洽卿、刘鸿生、潘公展、徐寄庼、吴开先、杨管北、杨志雄等,加上杜的门生金廷荪、陆京士、唐世昌等都常来常往。

　　有了人,有了广泛的社会关系,1924年初杜月笙的事业开始走向顶峰。

　　杜月笙天赐智能,又勤恳努力,聚精会神,他在光怪陆离,无奇不有的大十里洋场,接触其心脏,伸展其触角,融会贯通,心中有数,正如沙砾中的一粒宝石,几经磨炼,终于光芒四射,脱颖而出。

　　他,成为了上海滩的风云人物。

第六章　仗义的江湖

1. 六箱珠宝失而复得

好不容易的养老钱没了

自从黄金荣因为女人在共舞台"跌霸"之后，杜月笙的名气在上海滩上如雷贯耳，很多人开始用目光重新审视起这位当年的小混混、如今的江湖新秀来。

杨多良坐在何丰林的客厅里，佣人不停地替他烧烟。这大烟膏子是由上等的印度土熬制而成，平时抽起来，杨多良向来觉得特别过瘾，此时却觉得索然无味，抽一口，呛几口。

他已经三天三夜没合眼。那六大皮箱的珠宝古玩使他的心如同被一剪子一剪子剪碎那样疼痛，如果找不回来，他这后半辈子和一家老小的生活便毫无着落了。他说："要是真这样，我会一直睡不着的，眼睁睁地看着自己最后气死而去。"

杨多良是何许人也？福建督军周荫人的秘书长。20年来，他搜刮民财曾让许多人陷入家破人亡的境地；当然，他大肆敛财受贿也曾使许多人飞黄腾达。结果，他自己从上任到离开时，便有了这六大皮箱的珠宝古玩。

上海这个花花世界是有钱人的天堂,只要有钱,山珍海味,名酒美人,应有尽有。他以前曾因公事在这住过一个月,最令他难忘的是那些美女,要多少有多少,仪态万方,风情万种,一晚上换十个都有,永远有新鲜的感觉。当时他就想将来一定要到上海来享受享受这一切。

离任后,他马上想到到上海这个花花世界来打发余生。谁知他一来上海,一切都并不像他想象的那样好。当他派4个保镖押运着多年搜刮而来的六大皮箱珠宝古玩,乘着法国邮轮来上海时,却被上海的女人给暗算了。

比电影还戏剧化的情节

那两个女人是什么时候上船的,四个保镖都不清楚。他们只记得船到长江口时,她们都出现了。

当时,她们在舱门前说笑,声音又大又尖,浪荡得很。

"看他那肚皮,还想和我跳舞,我躬着腰也搭不到他的肩!"

"真是个臭家伙!请我们吃完牡蛎后,又要我们结账买单,这算什么男人?"

杨多良的四个保镖在舱内吸着纸烟,似乎对眼前的一切,谁也没有听见,谁也没有看见似的。

"两个小婊子,还我钱!"这时,外面又响起一个男人粗粗的声音。

"姐姐,快跑!"

"跑,往哪跑?"

"哧——"一声,什么东西被撕烂了。

"流氓!你这个流氓!"

"老子一没摸二没睡,流氓什么了?"

接着,外面又响起了厮打声。

终于,有一个保镖忍不住了,打开了门。"救命!"这时一个身上只穿着胸罩和裤头的女郎耗子一般钻进舱门,接着,另一个女郎也倏地钻进舱来。

"老子就在这里把你们都解决了。"

保镖们这时才看清,这是一个肚皮比戏台上的猪八戒肚皮还大的家伙,脖子下挂着一条猪尾巴样的领带,脸上的胖肉差点把眼睛给挤合缝,正冲过来也要进来。

"让我进去，"他用力一拨舱门边的一个保镖，"她们拿了我的钱，想跑，能跑得掉吗？"

保镖被他一拨，差点摔倒，不由得瞪起眼睛。

"眼不要瞪得像牛卵子样的，当心老子把你抠下来。"

说着，肥猪般的胖男人又看了看周围其他三个保镖："通通给老子出去，我要在这里干干两个婊子……"

然而，四个保镖们似乎还没从眼前的一幕中醒过来似的，懵懵懂懂地都没动，胖子走上前，拉住一个女郎就使劲往门外带。眨眼间，四个保镖似乎醒了过来，一人动了一只手，把胖子击倒在地下，接着其中一个人飞起一脚，胖子像皮球样滚出门外。门边的那个保镖跟着又一脚，胖子换了个方向，从走道上往那一头滚去。

当保镖们都进来时，那位身上只剩下胸罩和短裤的女郎已披了一件床单在身上，两只美丽的大眼睛里依然流露着惊恐的光。

"太感谢你们了！"

另一个女郎从随身带的挎包里拿出一瓶洋酒，拿起桌上的杯子倒了一杯，"姐姐，压压惊吧。"

披床单的女郎接过，手一扬，"咕嘟"一口喝下肚去。

"吓死我了，这个流氓！"

"你们来一点点？这可是正宗的法国货！"

保镖们看了看，都摇了摇头。

"几位先生，再麻烦你们看着我姐姐，我去替她拿衣服来换。"

女郎把酒瓶装进挎包，拉开舱门，刚跨出，突然大叫起来，原来那个胖子又来了。

保镖们全站到门外。

胖子抓住想往回跑的女郎就往另一头跑，保镖们急忙追了过去。

拐过一个弯，胖子不见了，而那个女郎却坐在甲板上哭。原来，她的长裙也被扯掉，身上只剩下胸罩和短裤了。

"那家伙哪去了？"

"往那头跑了。"

两个保镖顺着她指的方向走过去看了看,没有发现人,马上折了回来。

四个保镖围着女郎,"怎么办?哭有什么用,想想办法呀!"

"我的破裙子在这里,我用它暂且遮身去取衣服吧。"

"要不要我们保护你?"

"不用,我们的舱房就在前面。你们快回去,防止那家伙再去找我姐姐的麻烦。"

"对,快回去,防止意外。"一个保镖似乎突然想起了自己的任务。大家也有所悟,纷纷往回跑。

推开舱门,他们全愣住了。那个女郎早已消失,地上扔着她的胸罩和短裤,那装满珠宝古玩的六只大皮箱一个也不见了。

此时,汽笛长鸣起来,邮轮已驶进吴淞口了。甲板上,很多人正在往岸上走去,不少人已经上了岸……

人为财哭

远在福建的杨多良正准备启程到上海,接到珍宝丢失的消息,顿时就吓得变了脸色。这可是他为官一生,四处敲诈勒索的全部财产啊!他立刻赶到上海。

淞沪护军使何丰林是他的老相识。他一到上海就直奔何家,请何丰林出面,帮他查找珍宝的下落。何丰林对这位老朋友倒也爽快,对他说:"三天后来听音讯。"

杨多良从往日在福建的经验中得出,只要何丰林出面,事情差不多能解决。但那些珠宝古玩是他一生的心血,不怕一万,就怕万一,所以,三天来他一直没睡着,干脆厚着脸皮去何家住了下来。

三天后,何丰林来到客厅,进门,他无奈地说:"实在抱歉,老兄,兄弟无能,你的东西实在难以寻找。"

一听这话,杨多良顿时像泄了气的皮球似的一屁股坐到地上。

旁边的佣人立刻上前扶起。

"难道,难道,"杨多良结结巴巴地说,"难道就这么丢了!"

"哎！老弟，在上海滩，并不是一切都是我说了算。这就不是你在别处领兵所领教过的了。可以说，谁来都没有办法，它一半华界，一半洋界！"

"没有办法？我这后半生，就这么完了？"说着，这杨多良也不顾自己的身份，竟然当着何丰林的面哭了起来。

何丰林踱了两步："去找杜月笙吧。杜先生肯定是有办法的。"

这是1923年底的事。

江湖自有神通之人

当杨多良拿着自己的名片，来到华格臬路216号的杜公馆时，心里十分不安。杜月笙的名字他早已听说过，但他不知道杜月笙有多大的能耐，能不能把何丰林找不到的东西找回来，因此他一边走着，心情还是如同死了爹娘一样阴沉沉的。

杜月笙看过杨多良的名片后，立刻把他请进客厅。

杨多良行过礼后，在一张太师椅上坐下。这时，他仔细看了看坐在他对面的这位名震上海滩的人物。

杜月笙突出的特点，便是有一个剃得光亮的大脑袋和两只如树上的蘑菇那样支棱着的耳朵。他的脸坑坑洼洼，很不规则，宛如装满土豆的袋子。杨多良并不知道，这是他小时候常常挨揍的结果。他的嘴唇在突起的牙齿外面绷得很紧，总是呈现出一副笑的模样——其实，这是一种假象，他即使是发怒时也是这样。他的左眼皮耷拉着，好似老在眨眼，有一种挑逗的味道。杨多良实在摸不透，对面这个大耳朵的家伙到底是什么样的人，他有什么能耐，能帮他找回这六只箱子。至今，他对何丰林的话半信半疑。

杜月笙倒显得很闲适。他简单问了问事件的经过，即叫来管家万墨林："打电话给顾嘉棠，叫他快点查一下。"接着，他又问了杨多良在福建任上的事，便吩咐送客。

杨多良临走前，杜月笙说：

"杨先生放心，只要东西一有着落，我立刻派人通知你。请你放心，不会超过今天。"

杨多良将信将疑地回到了旅馆。

回到旅馆，他长叹一声："事已至此，急也无用。"要了一瓶酒，四个小菜，自斟自饮起来。

过了一个多小时，杨多良酒足饭饱。三天三夜没合眼了，现在疲倦从脚底缓缓而来，昏昏欲睡。

"杨先生是住这吗？"

外面响起了敲门声，把杨多良吓了一跳。他立刻开开门。

"我是杜先生的手下顾嘉棠。你的东西我帮你找回来了，请过目。"

说着，他轻轻一摆手，后面进来三个人，一人拎了两只大皮箱，放在了他面前。

杨多良一见六只箱子，不多不少，便激动地抚摸着皮箱："是我的，正是我的。"

"杨先生，请打开看看东西少不少。"

杨多良一只一只地把六只箱子全部打开，里面各种珍宝和古玩整整齐齐地摆着。他一一过数，全部都在。

"不少！一个也不少！"

"那好，杨先生歇着吧，我们告辞了。"

"别，别走！兄弟我这有点零钱，请弟兄们喝碗水吧。"

当天下午，杨多良带了一尊金佛、一个金香炉、两颗猫眼、一串大珠，来到了杜月笙的公馆。

"杜先生大恩，没齿难忘，这点小意思，万望笑纳！"

杜月笙看了看几样东西，连声称赞说："果然是好东西！自家人，何必这么客气？你带回去吧。"

"哪里哪里，杜先生不要客气。"

"带回去吧。今天，我们就算是交个朋友，以后有什么事，尽管开口吧。"

2. "有事,找杜先生去!"

当年总理居然向江湖求助

许多事实都无可辩驳地说明,1924年初的杜月笙在上海滩的青帮中已是当之无愧的领袖,他在江湖中的手段和他手中掌握的黑社会的力量使他在整个上海滩的帮会中已变得举足轻重,如同遍及意大利和美国的黑手党的党魁们一样,他的触须已延伸到和正在延伸到各个领域,他已成为上海滩一个地地道道的黑帮教父。

这个时候,上海滩上流行着这么一句话:

"有事,找杜先生去!"

1924年春天,浙江发生水灾,在租界里做寓公的孙宝琦等人不甘寂寞,乘机发起了一个救助乡亲赈灾会。

孙宝琦,字慕翰,浙江人,前清即为显宦。在北洋军阀时代,曾历任驻外公使、总长、国务总理,在上海滩也算是一个名人。但救助乡亲赈灾会成立后,却应者寥寥。孙宝琦声嘶力竭地搞了一个多月,才收到千把块钱的捐赠。

救助乡亲赈灾会轰轰烈烈地开场,寒寒伧伧地结束,孙宝琦觉得脸上实在过不去,整天愁眉苦脸,唉声叹气。

"还是找找杜先生吧。"有人向他献策。

"杜先生?是不是杜月笙?"

"正是。杜先生急公好义,如果慕老出马,多了不说,万儿八千的,杜先生定然会慷慨解囊的。"

"他真会这样吗?"一直在官场高高在上的孙宝琦对这个江湖之能人将信将疑。

"怎么不能?如今在上海滩,谁有难处都去找杜先生。"

于是,孙宝琦来了个江湖做派,准备了每个重20两、印度产的"大土"三个,然后,乘车亲到华格臬路216号的杜公馆拜访。

杜月笙看到这位"孙总理"亲自来访,不免一怔。他和他素不相识,此次来访,意在何为? 不敢怠慢,马上命人把孙宝琦热情地迎进客厅。

孙宝琦寒暄一番坐下后,仿佛不在意地请教:"照目下的行市,不知印度大土每只值多少钱?"

杜月笙说:"目前禁烟甚严,大土久已绝迹,没有行情了。"

"哪里话,我这就有三只。"

孙宝琦说着,吩咐跟班立即到汽车里取来,放在桌上,笑着又说:"以前听说是200两银子一只,现在算它涨了几倍,也不过千把元一只吧。"

杜月笙连忙说,"这么好的东西,大概绝不止千元一只,怕要2000块钱吧。"

孙宝琦有些得意,说:"听说杜先生有时喜欢'香'两口,古人云:'宝剑献于烈士,红粉赠之佳人',这就献给足下吧。"

"不敢当,不敢当。"杜月笙连忙说,"让我照价买下来,送给时疫医院,救济病人,为慕老造福罢。"

孙宝琦忙说:"那么,就算捐给善会吧!"连忙取出捐款簿,摊开放在桌上。

杜月笙吩咐秘书:"写一万元,开张支票给慕老。"

接过支票后,孙宝琦万分感激,兴冲冲地告辞。

谁知上了汽车后,司机却对他说:"孙总理,这三只大土,杜先生已经送回,放在车后座上了。"

孙宝琦得意地诡秘一笑,说道:"这个杜月笙还真不是一般人,够仗义的!"

老百姓的事情,他也帮

1924年春,去找杜先生的人除了达官贵人、社会名流外,还有一些普通老百姓。

租界马路对面的一个弄堂里,住着一家王姓居民,家中不幸被窃,两箱子衣服全被偷走了,其中有几件是祖传的"传家之宝"。

王姓居民情急之中,也"去找杜先生"。

杜先生的名声,王姓居民当然知道,但他会不会帮忙,王姓居民却觉得实在难说。

当他转弯抹角找到杜月笙时,杜月笙却微笑着说:"让我想想办法吧。"

第二天清早,姓王的起来准备去买菜,开门一看,一卷纸压在一块石头下。拿起一看,是一沓当票和几十块钱。

他不明就里,顾不上去买菜,拿着当票跑到当铺。结果,他那些被盗走的衣服和传家宝全在那里。他用这几十元钱一赎,就把衣服和传家宝全赎了回来。

3. 强龙压不住地头蛇

两边当好人

这时,法租界中,职工大多数是中国人,但他们的工资却少得可怜。在水电公司的法国籍员工,月薪起码有200多块光洋,而华工却平均只有12块。公司虽然每次都答应了工人提出的改善待遇的要求,但都从没有兑现过。

1924年3月中旬,水电公司工人实行总罢工,要求履行增加工资的诺言。法方不但不理会,反在第二天关闭厂门,拒绝工人上工。

法商水电工会于是决定实行罢工,并正式提出以每人每月增加工资8元,废除罚款制度作为复工条件,法商方面拒不接受。

淞沪护军使何丰林几次邀请劳资双方进行调解,法方拒不参加,并且态度异常蛮横。几天过后,法商方面宣布,所有罢工的工人一律开除,另外招雇了一批白俄工人和新工人接替工作,双方矛盾加剧。

为了使罢工取得胜利,工会里一个杜月笙徒弟说:"我们去找杜先生吧,他一定会使我们取得胜利的。"

接到工人们的求援信后,杜月笙果然爽快,立刻吩咐管家:"墨林,把这两万元钱送到法商工会去,让他们支持住。就说我杜月笙说的,不加工资,绝不复工。"

万墨林刚走,法国资本家的代理人、法商水电公司买办沈叔眉跟着也来到了杜公馆。他说:"杜先生,这工潮越闹越大,请你无论如何得设法制止。"

杜月笙忙说:"沈先生放心,这事我不会不问的。你回去对甘格霖总领事和费沃礼总监说,就说我杜月笙说的,工人工人,就是做工的,不做工,绝对不行。"

本来水电公司罢工最初租界只限于机务部门声援，但自从法国人指使越南巡捕在华成路开枪打死一名去参加开会的工人后，车务部门的工人也参加了罢工，弄得法租界内电灯不亮，电车停开，自来水供不上，预定在7月14日举行法国国庆狂欢也不得不宣布改期。

7月21日，法国巡捕又枪杀在水电工会俱乐部开会的工人，当场死伤20余人。这一惨案激起全市工人的愤怒，其他工会也纷纷行动，支持罢工。罢工浪潮开始席卷上海滩。

情形越来越严重。法国总领事甘格霖和巡捕总监费沃礼，请杜月笙出面设法不让工潮继续下去，可是，他们对工人提出的要求却不肯接受。为了使法国人松口，杜月笙叫来门徒陆京士等人说："你们去组织个罢工后援会，处理有关事宜，既要让法国人给工人涨工资，又要迅速让工人上工。"

然而，法国人态度十分强硬，对陆京士等人提出的要求根本不予理睬，并且还宣布在法租界实行戒严，加派铁甲车巡逻，同时继续逮捕领导罢工的工人，抓了几十人。但是，这还是无济于事，平息不了罢工浪潮。

杜月笙答应的事情，似乎对双方都没有兑现。

此时全国工潮风起云涌。其实，他希望法租界的事情闹得更大，从中渔翁得利。他在等候时机……

有义乎？有信乎？

工潮一直坚持到8月中旬。由于法租界水电供应一天比一天紧张，电车交通断绝，垃圾堆得到处都是，法国当局无法再坚持下去了，只好去找到陆京士说："我们愿意给工人增加工资，每人每月2.4元。但是，那领导罢工和带头闹事的45人要全部开除。"

杜月笙听到这一消息，对陆京士等人说："要的就是这个效果，该死的法国人，不给他点颜色看看，他就不知道上海滩上还有我们这些中国人。京士，去和那些头头说，立刻复工。"

"那被开除的45名工人领袖怎么办？"

"这帮工头,开除得好!不然,他们就会认为在上海滩上他们就是老大了。就按法国人的意思办。"

陆京士嘴一歪:"不行啊,杜先生,这45个人都是头头和积极分子,一听说开除,他们无论如何不会叫工人复工的,工人们也不会同意复工的。"

杜月笙想了想说:"好吧,你去对那45个人说,让他们一定要同意复工。至于工作,我负责安排他们到工会中去,工资归我支付。"

罢工的工人终于同意复工。但是,在签字的时候,却又掀起了一些波澜。

工人代表说:"复工前,请先释放被捕的45名工人。"

法国人说:"这些家伙全是一帮捣乱分子,这时候放他们出来,无异放虎归山。你们先复工,复工过后我们视情再定。"

"不行,一定得复工之前放!"

"不行,只有复工后视情况再定。"

双方从早上争到中午,都没有争出一个所以然,结果,复工的字未签成。

下午,杜月笙亲自驱车找到工会的头头,说:"不是都谈好了吗?怎么不签字呢?"

"杜先生,我们有45个弟兄在罢工期间被他们抓进去了,我们要求先放出来,但法国人硬要复工以后视情况再定。"

"那也没什么,他们还能不放人?"

"法国人什么事干不出来?有这几十个人关在里面,复工后,他们就会要挟我们,想怎么干就怎么干!再说,这几十个兄弟是为了大家共同的利益才被他们抓进去的,现在我们工资加了,怎么能忍心看他们还在受苦呢?"

杜月笙频频点头:"好,好,有情有义。我这就去找甘格霖总领事和费沃礼总监,要他们放人。"

来到总领事馆,杜月笙见到甘格霖和费沃礼,直截了当地说:"我是来要求放人的。"

甘格霖说:"你能保证这些人出去后能老老实实的不惹事?"

费沃礼说:"在这些日子里,我们吃了他们许多苦头,放出去他们会继续煽动工人罢工来报复我们的。"

"这件事,我想是没有关系的,既然大部分人都同意复工了,他们这几个人也不会有什么办法,再说,还有我呢。"

"杜先生,你能保证他们出来后会老老实实?"

"我完全能够保证。如果他们出来后再闹事,我愿意赔偿双倍的损失。"

于是,甘格霖和费沃礼立即说:"我们法租界立刻同意放人。"

第二天,罢工的工人全部复工。

但是,法方要开除的那45个人,杜月笙垫了两个月的工资,就把他们打发。然后,就给他们断了"粮"。

这些人也不是好惹的,于是纷纷到杜公馆说理。万墨林出面接待说:"杜先生说给你们发工资,不是已经发给你们了?"

"只发两个月,现在为什么不明不白就不发了?"

"杜先生又没说要一直发下去,发两个月还不行吗?你们自己想想,整天不上工,白花人家的工资,天底下哪有这种好事啊?"

"这……"

"去吧,去吧,法国人不要你们,你们再找其他活,何必要在一棵树上吊死呢?"

他们已经白白地从杜月笙那里领了两个月的工资,现在听到万墨林这么一说,也觉得不好再说什么,悻悻而去。

他要给你,你不要也得要

杜月笙"万能",没有他摆不平的事情,于是地位在法租界中空前巩固,上海滩所有的青帮人物都开始托关系与他结识,叙"兄弟"情。

不久,一件与外国人牵连多日的事,使杜月笙的声望更加高涨起来。

工人罢工事件结束后,法租界的费沃礼总督因此反被法当局革了职,法伯逊中校奉命来接替。此人比较耿直,而且清廉,更兼有法兰西民族的傲慢,同时也接受费沃礼同上海滩的流氓来往而被革职的教训,所以十分讨厌流氓,更不屑与流氓来往。

但杜月笙并不理法伯逊这一套。

这是一个晴朗的日子,在法租界的一幢漂亮的洋房里,颇有军人气质的法伯逊中校迎来了三位客人。他们在书桌上放下一只精致的红木圆盘，像一只微型的小圆台。在小圆台上，他们排下了黄灿灿的金碗、金碟、金勺和两双金筷。

"尊敬的法伯逊中校，这是杜先生的意思。"来人说。

法伯逊毫无表情，围着书桌踱方步，忽然停止了脚步，往书桌边的椅子上一靠，开口道："你们听着，本人不吃这一套，把桌上的东西拿回去！还有，转告你们主子，要他解释清楚，这是什么意思，然后登报声明保证，以后不再发生类似事件。否则，我将下逐客令，不准你们呆在法租界！送客！"

送礼的人回到杜公馆，把情况一说，杜月笙笑了笑，没吱声。高鑫宝恰巧在一旁，火冒三丈地说："他娘的，强龙不压地头蛇，这小贼新官上任三把火，烧到我们身上来了。得给他点颜色看看。"

"何必呢？老弟，"杜月笙缓缓地说，"人各有志，不可强求。"

三天后，法商电车公司的工人又全部罢工了。工人们提出了反对压迫、改善待遇等一系列要求。

罢工的领袖是赵子英和沈静彝。他们鼓动起了每一个工人，使罢工的声势越来越大，法租界的电车交通一夜之间又全部瘫痪。

法伯逊上任不久就遇到这样的麻烦事，十分尴尬。然而，他更担心上司不知内情，认为他无能，所以很想快些平息事态。然而，尽管多次与工人们交涉，但总不能达成协议，罢工还是像烈火一样燃烧着。

两个月后，有人悄悄告诉法伯逊说："带头罢工的赵子英和沈静彝都是杜月笙的徒弟。"

"这……这……"法伯逊半晌说不出话来，缓过神来后问道，"这咋办啊？"

"事到如今，只有一个和字诀。"

法伯逊想去和，但是由于上次对杜月笙送来的礼物态度蛮横，不好意思去与杜月笙打交道。但事到临头，焦头烂额的法伯逊没办法，只好硬着头皮去让步，叫人找杜月笙的手下说："杜先生公开登报声明的事就算了，但请先生写个书面保证，保证下次再也不会有这样的事发生，就可以了。"

"可以，中校先生。但是，这点小意思还是请中校先生笑纳。中国有句话，叫做'恭敬不如从命'；中国还有句话，叫做'下不为例'。先生既然来中国，还是要明白点。"来人不客气地说。

法伯逊中校只好将原先退给杜月笙的金器全部收下。

第二天,法商电车公司的工人全部复工。

杜月笙当然也没有写什么保证书。几个替他送金器的门徒则说:"在上海滩上,他不愿给你,你拿命也换不去;他要给你,你不要也得给你!"

4. 仗义支持打洋官司

车夫开戏院

这一时期,杜月笙还做了另一件震动上海滩的大事,那就是帮助"江北大亨"顾竹轩与洋人打赢了官司。

"江北大亨"是上海滩对天蟾舞台的老板顾竹轩的称呼。

顾竹轩,江苏盐城人。清末民初,苏北天灾兵祸,顾家子女众多,顾竹轩排行第四,有一年逃荒到上海,以后当过工部局巡捕,拉过黄包车。几年后,顾竹轩稍有了积蓄,开了一爿车行,拜"大"字辈曹幼珊为师。继而,他也收徒弟开香堂,人称"顾四爷",在闸北大统路、潭子湾一带作威作福,因其祖籍苏北,故称其为"江北大亨"。

顾竹轩开车行不久,结识了一个小寡妇,此人叫王月花,有财有貌,扬州人,满嘴是扬州平话般的口音。顾竹轩经常以老乡的身份找她聊天,谈家乡风土人情。一来二去,两人有了感情,成了相好。

从此,顾家车行里不断添置新车,王月花俨然以老板娘自居,发号施令,顾竹轩对这位财神奶奶也言听计从。

顾竹轩开车行发财以后,经常和王月花一起到湖北路和丹桂舞台听戏。

这时,京剧在上海渐渐走红,像丹桂这样的戏院,几乎天天客满。

顾竹轩想,开车行毕竟和黄包车夫打交道,难以和上流人物攀辈分,不如开个戏馆。他这样想,却不曾和别人讲过。恰巧一天,和他一起当过巡捕的马小六子来看他。两人多日不见,一问起来,小六子已经升了巡官,专门管南京路到福州路一带的茶楼、戏馆、妓院、书场。顾竹轩便留下小六子一起吃饭。

两人边饮边谈。

小六子管什么行业就说什么行话,对顾竹轩说:"老四,开戏馆的确是很赚钱,你有意思,完全可以开一个!"

顾竹轩哈哈大笑说:"小六子,你喝醉了吧,而今上海是寸土寸金,买地皮,造房子,全套弄起来,总要得上万元。我到哪儿去弄?你别瞎说了!"

小六子带了几分醉意,说:"我不是酒后胡说,丹桂斜对面,湖北路南京路路口的那块空地,地段不错吧。这块地是工部局圈了的,现在想标价卖掉,这事我有办法,出几千块钱买下来,造个戏院是没有话说的!"

顾竹轩仍然摇头。

小六子面孔一板,把酒杯重重一放说:"老四,我对你一片真心,从不开玩笑,你说钱不够,那我给你指点一条路吧。"

顾竹轩忙问:"找谁?"

小六子神秘地一笑说:"找你的心上人王月花嘛!"

顾竹轩不由脸上发烧,没有说话。

但是,当晚他果真和王月花商量投资开戏园的事。

一阵温存之后,顾竹轩说:"我的意思是把车行全部盘出,专门开戏园。"

谁知王月花却不同意:"多经营一样,多一条财路。你看黄金荣、杜月笙他们,样样都干,苏北人难道比他们差?争口气,我帮着你,一定要干出点名堂来!"

顾竹轩听了,望着王月花说:"我何尝不想,不过,我财力不够,你有,可那是寡妇人家活命钱。我全心经营戏馆,不会有太大闪失,但是别人的闲话难听,也对不起你。"

王月花用手指头在他的额上一戳:"咱们俩还分什么,你去张罗吧。要开戏园就大大地干一番!"

和王月花谈妥后,顾竹轩就到巡捕房找小六子,商量吃下工部局的那块地皮。小六子拍胸脯帮忙,接着顾竹轩又亲自找到这一地盘的地头蛇季云卿,打通关节。由于一切都弄得妥妥帖帖,事情办得很顺利。

不久,一座崭新的大戏院就在一乐天茶馆对门盖了起来。顾竹轩给戏园取名天蟾舞台,大家都知道刘海戏金蟾,当然还有一个天赐金蟾的发财之意。

戏园开张,顾竹轩福至心灵,聘请当时有名文武老生、花旦、丑角演出连台本戏《开天辟地》。这是一出神怪戏,机关布景奇妙,噱头十足,场场客满。顾竹轩因此也一炮打响,很快财源滚滚,成为一方财神。

祸从天降

正当顾竹轩财运亨通、踌躇满志的时候,有一天,杜月笙突然打发人来告诉他说:

"你那个天蟾舞台要保不住了!"

顾竹轩听了真是大吃一惊,急忙赶往杜公馆,一见杜月笙就问:"杜先生,这是怎么回事?"

杜月笙也有些着急地说:"你园子旁边不是永安公司吗?他们要在你这块地方,准备盖10层大楼,开一个旅馆。这家公司是在英国注册的,工部局是要买他们账的,听说准备给价收回天蟾地皮。"

"那你合计一下,我怎么办?"顾竹轩一下子顿失了主意。

"这事我和黄老板都帮不上忙。租界是人家洋人当家,我们的力量仅此而已!"

"杜先生,你要帮我啊!"

"我看你还有个法子,可以拼一拼。"

"怎么拼?"

"和洋人打官司。这样,还有可能赢。"

"拼不赢怎么办呢?"顾竹轩又有些胆怯。

"不拼也不能拱手相让呀!"杜月笙鼓励他说,"先试试嘛!"

眼看戏院要保不住,顾竹轩心里急死了,虽说杜月笙给他指了一条路,但是他还是觉得前路渺茫……坐了一会儿,他就再也坐不下去了,心情烦躁地告辞了杜月笙。

回家的路上,他又想起情人王月花。如果戏院关门,怎么对得起她?而自己若回去再当黄包车行老板,就永远算不上沪上闻人了。想来想去,他更加烦死了,不小心脚下被石头绊了一下,一跤跌倒在地上,摔得屁股生疼。但是,这一跌却把顾竹轩的狠劲给跌了出来,他爬起来,一瘸一拐地走着,自言自语说:"大不了摔倒收场,回苏北老家种地去。我要拼一下,不能就这样便宜永安公司!"

英雄有虎胆

不久,工部局果然命令天蟾舞台一个月内拆迁,并且只是象征性地给几百两银子的迁移费,还不够顾竹轩当初的买地皮钱,更别说他建戏院的费用了。

派来执行命令的是一个叫阿华的巡官。他走到戏园写字间,见到顾竹轩,坐下来后,先叹了一口气:"老四,端人碗,受人管,这倒霉的差使偏偏派在我头上。说什么呢?老四,我尽力拖着,你去想办法吧。"

顾竹轩反而哈哈大笑,用手掌重重拍了一下他的肩膀:"阿华,我怎能怪你?不过我顾老四也不是好惹的,我要和永安公司打官司,打不赢,我从此就不在上海滩上混!"

阿华有点胆怯地说:"老四,永安公司的后台是英国总领事,你能跟英国人斗?"

顾竹轩微笑不答,似乎他一下子比以前胸有成竹多了。

原来,两天前,他又去找了一次杜月笙。杜月笙表示坚决支持他与洋人打官司。因为洋人今天能挤掉"江北大亨",明天就能挤掉他这个"上海大亨"。

当天,杜月笙带着顾竹轩又去找了另一位名人——"三北大亨阿德哥"虞洽卿。

虞洽卿听顾竹轩讲了这事的前因后果,说道:"竹轩,打官司,洋人与中国人不同,洋人有时认理不认人,不像我们法院认人不认理,只要理在你手里,你就不用怕。不过,打官司时间长,不知道要打到哪一年?你有没有这么多钱?舍不舍得?"

"没问题,阿德哥,有我呢。"杜月笙在一旁一拍胸脯说。

这时,顾竹轩表情十分庄重地说:"虞老,我顾老四争气不争财,我准备全部家私赔光,也绝不退让,大不了回苏北种地去!"

虞洽卿连声拍掌说:"好,你有志气!这忙我帮定了。我给你请两位外国律师,官司打下去,准有好消息!"

于是,这场天蟾舞台做原告,控告工部局违反合同、强迫迁让的官司先告到了英国驻上海的总领事馆。

这诉状一递进总领事馆,顿使总领事目瞪口呆:中国人告工部局的事,他还是头一次见到。可是,他眼珠子一转,此风一长,以后租界里的中国人还能管得了吗?!随即,他叫来工部局经办这事的人,问清了前因后果,半晌讲不出话,只好摇了摇头说:"你们办事太笨了,这块地方怎么能卖给那个中国戏院老板呢?他有了产权,就费事了。"

过了一阵,他牙缝里吐出几个字:"不过,绝不能让那姓顾的打赢官司。"

大约过了半个多月,英国总领事馆的批文下来了。这是一纸英文,顾竹轩看不懂,忙拿去找请的那个外国律师穆安素。穆安素拿过来一看,皱皱眉头说:"这文批得十分滑头。里面说该地皮原是工部局产业,虽卖给天蟾舞台使用,但现在收回,可两方商议议价赎回。现在这事,顾先生,你如果愿意就此了结。工部局会赔偿你的地皮价数。但按照惯例,此款只限地皮款,不包括地上建筑,上面的建筑可以由你处理!"

顾竹轩一听,气得跳了起来,说:"放屁!真是洋人的蛮理,只收地皮,不管上面盖的房子,哪有这种道理。"

"这个批文是有些滑头!"

"穆大律师,我不能这样了事。反正我已花钱到了这个地步,现在不打赢我绝不罢休。"

穆安素听顾竹轩的口气,知道他已是孤注一掷了。这官司打下去,他可以得到一大笔酬劳,这下他的精神也上来了,笑吟吟地说:"按照法律规程,总领事只是第一层次的裁决,如果没有公使或大使一级外交官的指示,他的裁决不发生效力。"

顾竹轩问:"如果我们告到公使那儿,公使裁定,算不算最后判决呢?"

"还不能算是最后裁决。"穆安素摇了摇头说,"因为根据英国法律规程,伦敦大理院的裁定才是最后的裁定。但是我告诉你,上诉到北京公使,还在中国境内,花费不算太大,告到伦敦,那就需要用外币付款。我可以尽力,但我不能说裁决对你一定有利。当然,如果你要把官司打下去,我仍然十分高兴为你效劳。你慎重考虑一下，过两天给我回音。如果决心继续诉讼，我们再签订委托书。"

顾竹轩从穆安素那儿出来，心中有些不安。

三人行，必有我师

顾竹轩走到湖北路时，又路过天蟾戏园门口。

这时天色已逐渐黑下来，街上华灯初上，戏馆门口车水马龙，十分热闹，他望着熙熙攘攘的人群，伫立在南京路，心潮起伏。这官司是个无底洞，自己已陷在洞里必须挣扎爬出来，他横了横心："打，打到伦敦也要打，就是输了，我顾竹轩也名扬四海了。"

但是，冷静下来，他又拿不准主意了，于是决定先找杜月笙商量一下，便叫了一部黄包车，说："去华格臬路216号。"径直来到了杜公馆。

杜月笙听了他的话，思索了一会儿说："打是定下来要打的。不过具体的事，还是要听听阿德哥的。"

两人随便喝了两杯，就坐上杜公馆的汽车，直驶虞洽卿家去。

虞洽卿刚刚吃完晚饭，正懒洋洋地靠在藤椅上休息，见顾竹轩他们进来，一摆手要他们在旁边椅子上坐下，然后问道："官司听说打下来了，你们打算怎么办？"

顾竹轩把穆安素谈话的内容大致和他讲了一遍，最后说："虞老，官司已打到这个地步，骑虎难下，我想和工部局奉陪到底。您看如何呢？"

虞洽卿睁开迷迷糊糊的睡眼，坐直了身子说："竹轩，这官司你只能打到底，如果一软，恐怕连那几百元地皮银子都会拿不到了。"

杜月笙也说："破釜沉舟，这仗准能打赢。"

"你这次敢把官司打到伦敦大理院，这是上海有租界以来，由普通中国人诉讼到伦敦的第一件案子。因为涉及国际视听，英国人也许不能不重视。况且外国人司法独立，不受行政干扰，会依法裁断。"虞洽卿继续说，"我研究过，这事工部局是理亏的，不过你还得按层打上去，先诉北京的英国公使。当然，我不会袖手旁观，我是工部局华董，可以给你造些舆论，使工部局在这件事上有点理亏。这样以后那些洋董就不那么神气了，我们的话也可比以前讲得更响亮些。"

杜月笙随即进出一个歪主意："对，这段时间，我派一些弟子四处放放风，就说工部局的人接受了永安公司的大量贿赂。"

"这样最好。"虞洽卿说，"这个杀伤力最大！"

第三天，顾竹轩和穆安素签订了委托书，向北京英国公使上诉，理由为裁判不公，应赔偿损失，不迁让。

北京的英国公使接到这份诉状，也觉得十分棘手。这个公使是个老官僚，察觉出这事工部局理亏，因为地皮虽然原是工部局官产，却已经买断立契，就属于个人私产，不可侵犯了，所以原告顾竹轩自然有权不让。可是，永安公司是在香港政府注册的公司，而且工部局未曾与顾竹轩协商，就答应把地皮给它，还签下合同，这明明是工部局一个女儿许了两家亲的事情。于是，公使命令秘书："通知总领事和姓顾的商量，给予一定代价迁让。"

这一天，顾竹轩正在家中休息，正思忖着北京英国公使的批复事儿，心想诉状上去一个多星期了，为什么没有消息呢？正在胡思乱想之际，忽然佣人来回禀说："有一个洋人，带着翻译来找你，说是工部局的。"

顾竹轩一怔，马上想到这可能是北京的状子生效了，于是立即吩咐说："请客人到楼下小客厅见。"

洋人满面笑容地进来了，一坐下，把顾竹轩吹捧了一番，然后，慢慢转入了正题："顾先生，关于天蟾舞台事宜，公使已通知总领事，要工部局妥善解决。我是工部局英籍董事史密斯，工部局授权予我和您磋商，想听听您的意见。"

顾竹轩平常见了这些外国人都有三分恐惧，但是自从打官司以来，和他们较量过了好几次，觉得这些高鼻子、蓝眼睛家伙，吃硬不吃软，你越怕他，他就越欺侮你，于是对他们也就不怕了。

这时，他的嗓门也高了起来："史密斯先生，我的要求、办法总共有两条，一是不动迁，我也不向你们索取任何赔偿。二是如果一定要动迁也可以，地点一定要在市中心，给我盖一座三层楼的大戏园。不然，我还要继续打官司！"

史密斯脸上的笑容收敛了，板起了脸，严肃地说："顾先生，还有没有第三条可以接受的办法呢？"

顾竹轩想了一下说："其他办法我是不能接受的。"

史密斯悻悻然地站起来，拍拍裤子说："我很遗憾，不能给顾先生提出更好的解决办法。不过，我要奉劝顾先生一句，恐怕将来的解决办法未必能达到你的要求，那时你不要后悔！"

顾竹轩听了洋人的要挟，火气上来了，但竭力放慢语气说："我顾某官司打到这个地步，大不了全部家当弄光，成个瘪三。但是，我不会退让。请你转告工部局的各位先生，这好意我无法接受。"

史密斯闻言，只好灰溜溜地走了。

给国人争面了

史密斯走后不到一星期，穆安素打电话告诉顾竹轩，北京英公使的回文寄给他，表示这事不能由公使馆解决，可以上诉到伦敦大理院作最后裁决。然后，他征求顾竹轩意见："是不是按原来商定的步骤，向伦敦上诉？"

在电话中，顾竹轩斩钉截铁地说："穆大律师，就这么办！"

谁知诉状到了伦敦，一连两三个月，杳无音讯。

这时，有人劝顾竹轩说："算了，船帮船，水帮水，洋人总归帮洋人，最后裁决如果仍和工部局、总领事一样，更会弄得敬酒不吃吃罚酒，更加得不偿失。"

顾竹轩也有些后悔了，说："我顾四在上海混了多年，最后弄个两手空空，回苏北老家去吃山芋稀饭，大概也是命中注定的。"

他话这么说，但是，这戏园的资本一大半都是王月花的，两人相好一场，把她也拖下水去，人财两空，，他觉得怎么说也不应该，想着想着心里就难过。于是，趁着月色皎洁，他往王月花家里走去。

顾竹轩上街，看着行人都手提月饼盒，这才想到已是中秋佳节。于是，便买了点熟菜和一瓶酒，走到王月花家。

自从打官司以来，顾竹轩的心情一直不好，好久没到王月花家去了。一见面，王月花看他瘦了许多，心中不免有点酸楚，禁不住眼圈红了。

顾竹轩也动了情，从口袋里掏出手帕，轻轻给她拭去泪痕说："月花，我对不住你，把你也拖进来受苦，这辈子算完了，我下辈子做牛做马还债吧！"

王月花听得伤心,深情地说:"不要说这种扫兴话。现在判决没下来,谁也不知怎么样哩!就是官司打输了,家当败光,你到哪里,我也到哪里,嫁鸡随鸡,嫁狗随狗,嫁一根扁担我抱着走,我宁愿陪你做一辈子讨饭婆,绝不分手!"

患难出真情,这话出自王月花的肺腑,顾竹轩一把紧紧握住王月花的双手,说:"好月花,有你这句话,我死也瞑目了!"

两人泪眼相对,无限感伤,又无限深情。最后,还是王月花打破沉默说:"竹轩,咱们伤心也没用,今天是中秋,是个团圆节,我们来喝上一杯,解解闷吧!"

她话语刚落,忽然响起一阵十分急促的敲门声。她赶快跑下楼去开门,原来是顾竹轩的一个贴身亲信,跑得上气不接下气,气喘吁吁地说:"四爷,四爷,杜先生找你!"

"找我有什么事?"

"他和穆大律师一起来找你,说伦敦大理院的判决下来了。"

"判决下来了?"顾竹轩的心提到了心口上,马上接着问:"结果呢?结果怎样?"

"你赢了,杜先生说你赢了。"

一听赢了,顾竹轩欣喜若狂,激动地跳了起来,然后也不顾有手下在眼前,抱起王月花围着屋绕了一个圈子,然后说:"月花,我先去看看。"

到了天蟾戏台的写字间,杜月笙和穆安素正在那里坐着喝着茶。见顾竹轩来了,他们马上递上一份文件。

顾竹轩一看,正是大理院判决书的中文副本。上面写着:"顾竹轩先生,你的上诉经本院终审裁定,工部局违约拆迁不合法,应赔偿损失费10万元,由你择新址,重新修建天蟾舞台。"

这时,一栋房子只几百元,10万元可是一笔相当可观的数目。

报馆纷纷进行报道此事,顾竹轩的名气一夜之间响彻上海滩,不少人说:"给国人挣面了。"

人们好奇地追问此事的来龙去脉,接着获悉是杜月笙在背后为他撑腰策划,对杜先生的能力和能量更加称奇了。此事之后,杜月笙身上的光环更耀眼了。

第七章　江湖遇大佬

1. 与政客周旋，但有坚持

处于巨大漩涡之中

杜月笙在上海滩如鱼得水，声望日隆。但是，这个时代正是乱世，北洋各路军阀进行混战，直系、皖系、奉系各派军阀，今朝我联你，明天你打我，闹得不可开交。总统、内阁如走马灯般在北京城转换。由于在政治、经济，外交上的特殊地位，上海无可避免地被置于这一巨大漩涡之中。那些粉墨登场的政客、军阀都在上海留下了活动足迹。

时局动荡不已，正是英雄大浪淘沙之时。在上海滩上，杜月笙比其他人表现得更加机巧善变，既能巴结上台的新贵，又善安抚下野的旧要，游刃有余。因此，虽然各路豪杰你方唱罢我登场，走马灯似的换人下马，他非但毫毛不损，反而大大扩展了自己的势力。

上海原是皖系军阀卢永祥的势力范围。杜月笙通过何丰林，与卢永祥建立了关系。但直系军阀、江苏督军齐燮元对卢永祥独占上海，早已耿耿于怀。1924年，随着卢永祥反对直系的态度日益露骨，终于爆发齐卢之战。

杜月笙夹于两军对垒之中，充分施展八面玲珑、狡兔三窟的手段，钻营于权贵们之间。他首先力图支持卢永祥取胜，以保住上海的已成局面。齐卢之战的第一次战役发生于浏河前线，齐燮元部下团长冀汝桐，率军突破卢军在太仓方面的防线。杜月笙动员黄金荣、张啸林等分头奔走，多方联络，集中了法租界里的大部分卡车首尾相接，一字长龙般地开往龙华，供卢永祥运兵遣将，急援太仓，使得浏河前线转危为安。

但不久，另一直系军阀、福建督军孙传芳应齐燮元之请，乘机袭取浙江，卢永祥腹背受敌，力所不支，被迫和淞沪护军使何丰林一起通电下野。杜月笙立刻向孙传芳频送秋波，接受孙委令，担任督署咨议。与此同时，他仍然与卢永祥藕断丝连，在孙传芳抵达上海之后，还悄悄将卢永祥的儿子卢筱嘉藏至家中避难。

早在皖系兵败后，北京政府的实力派人物段祺瑞通电下野，时任总统的徐世昌下令通缉祸首，指斥段祺瑞的亲信徐树铮"称兵畿辅，贻害闾阎"，严令全国军警一体严缉捉拿。

徐树铮起先躲到北平东交民巷日本军营，一住70天。但因英美、法三国公使帮助直系，力主"驱逐罪魁"，于是，他只好躲进一只柳条箱里，在日本天津驻屯军司令小野寺的帮助下，"运"赴天津，逃到上海。

来到上海后，他住在英租界麦根路，借用前浙江督军皖系大将卢永祥手下一名师长陈乐山的房子，不久又搬到英租界南洋路9号。后来，他又辗转到广州，由广州前往桂林，和孙中山先生会晤，谈得十分融洽。之后，到福建延平，会合他的老部下旅长王永泉，通电成立建国军政制置府，自任总领，奉孙中山先生以段祺瑞为领导。然而，王永泉不久又把他撵走，徐树铮返沪，旋去日本。1923年9月21日，他又回上海，仍旧在南洋路住着。他在福建轰轰烈烈的那一幕，对于孙中山先生的国民革命军消灭广东军阀陈炯明，以及往后的完成北伐事业，曾有很大的帮助。

1924年齐卢之战，卢永祥兵败，三天后，英租界巡捕房立即将在上海的徐树铮加以软禁，之后，派人强迫他登上达达鲁斯货轮，遣送到英国利物浦，规定他一路不许下船。徐树铮离国没多久，北方政局又发生变化，直系垮台，段祺瑞出山担任临时执政，立即给徐"考察欧美、日本各国政治专使"名义。

杜月笙与皖系和卢筱嘉的这一交情没有白做。

1924年底，卢永祥势力在奉系军阀的支持下，东山再起。奉军以宣抚军第一军军长张宗昌为统兵前锋,南下江苏,驱逐齐燮元和孙传芳。张宗昌统兵为前锋,直指京沪,一路收缴齐燮元败兵的军械,孙传芳自浙援苏的部队也退到新龙华,然后双方划地而治,暂时相安。

两个真假"张大帅"

张宗昌是山东掖县人,人高马大,胳臂粗腿子长,因此绰号叫"张长腿",坐在汽车里面,都是蜷身缩脚;又因为他嗜赌,最喜欢玩一翻两瞪眼的牌九,北方人称赌牌九为"吃狗肉",于是他又有个"狗肉将军"的雅号。辛亥革命时,他曾投身上海光复军。现在他卷土重来,也算是旧地重游。有许多旧朋友,争先恐后地准备为他洗尘接风,一席千金。

黄浦滩上的军阀们与政客们本来就是花天酒地,人欲横流,纸醉金迷,恰似夕阳晚照,添了最后的一笔绚烂彩色。张啸林绰号也是"张大帅",见到八面威风的真张大帅到了上海,比谁都高兴,使劲怂恿杜月笙,要作盛大热烈的欢迎。杜月笙欣然同意他的提议,但是心里却另有打算。

事先,杜月笙和张宗昌的驻沪代表单先生,接触频繁。两人很快成了好朋友。"这次招待应该怎么样办?"单先生说,"你先听我把张大帅的性格脾气与所好,跟你细细分析。"

在张宗昌莅临上海之前,杜月笙就把张宗昌的性格和嗜好摸得清清楚楚。

1925年1月29日,张宗昌率领奉军1万余名,源源开入上海华界。他的部下有白俄军队、山东大汉和东三省改编了的红胡子。这些兵痞凶猛粗暴,风纪极坏,他们头戴皮帽,身穿灰棉军装,个子高大,穿得臃肿,见人眉扬,口一开,不是"妈特个×",便是"妈拉个巴子",上海人没见过这班红眉、绿眼睛的人物,尤其是这些胡兵奸淫烧杀,把华界居民吓坏了,逃长毛贼似的争先恐后往租界里搬。

但是,上海的几家阔佬公馆,豪华酒楼,正忙于布置灯彩,安排山珍海味,搜罗交际花,摆好牌九麻将,盛大热烈欢迎张大帅。

张宗昌曾是李徵五的手下。现在李徵五是上海商报的老板,声望地位相当的高,老部下亲率"十万雄兵"来到上海,这位老上司乐滋滋地要抢在前头聊尽地主之谊。由于杜月笙派人婉转示意，李徽五宴请张大帅时，也备了一份请帖，请杜月笙和张啸林到席作陪。

这一次宴会豪奢而隆重。

但是，在席间，杜月笙冷眼观察，已经看得出来，胸无城府、粗鲁不文的张宗昌对于那些繁文缛节，丝毫不感兴趣。他记起了单先生供给他的情报，张大帅就是喜欢玩，玩什么呢？打牌和玩女人。他暗中决定了他的招待方式。

第二天，轮到杜月笙做东了。

他干干脆脆请张宗昌到长三堂子富春楼里吃饭。

这时，上海滩被杜月笙捧红了的名妓有许多人，但其中最美的一个，应推所谓"花国大总统"富春楼老六。富春楼老六名叫王海鸽，是姑苏美人，长身玉立，艳光四射，她爱梳横爱司（S）髻，一口吴侬软语，眉目传情，明眸皓齿，风姿极为迷人。因为一登杜门，她的声价陡然增加十倍，于是特将香闺设在汕头路，门前下马、停车的，尽是沪上的达官巨贾。

杜月笙借富春楼老六的香闺设宴欢迎张大帅，算是投人所好。因为张宗昌的脾气，他又代为邀集"花国"的十大美人作陪。

这一夜，由于主人殷勤，美女留情，使得张大帅手舞足蹈，乐不可支。席间，王海鸽开个玩笑。她美目盼兮，莺声沥沥地说：

"哎呀，今朝我们这里有了两位张大帅了。"

张宗昌忙问缘故。单先生把张啸林的绰号也叫"张大帅"一说，张宗昌哈哈大笑，竟来了个颇为可人的幽默，对张啸林说：

"你是张大帅，我是张小帅。"

张啸林不好意思，满脸通红地说：

"大帅不要开玩笑。"

"真的嘛！"张宗昌叫嚷起来，"不信你问，我的号叫效坤，我手底下的人都喊我"效帅"，你们上海人说"效帅"，可不就是"小帅"吗？"

于是，举座哄堂。但是，翌日杜月笙回家以后说起这件事，对手下们说："别看张宗昌外貌像个粗人，他的肚皮里还不简单。"

这一席盛宴一直吃到10点多钟。张宗昌赌兴大发，麻将间里早已备下了赌具，大亨豪客陪着倚红偎翠的张宗昌，走到隔壁。

"怎么个打法呢？"张啸林问。

"自然是推牌九。"王海鸽笑着说。

"我对上海人把大牌九拆开来打，分为前后亮牌，而且还有什么轮流推几副的赌法，一点不熟啊！"张宗昌说。

"那我们搓麻将吧！"杜月笙忙打圆场。

因此，杜月笙他们陪张大帅搓了一夜的麻将。

张宗昌在上海整整住了半个月，2月14日，他便以北上磋商军事为名，在上海居民的交口咒骂中，率大队撤走。不过他仍留了一条尾巴，派一个补充旅在沪"协助清乡"。

没完没了的接待

送走张宗昌，不久，杜月笙又迎来了徐树铮。

1925年11月，徐树铮从国外回到上海，由于段执政徒有虚名，大权握在张作霖、冯玉祥手里，而他们都不愿段、徐之携手合作，进而促成国民革命军和段祺瑞安福系的南北呼应。所以，徐树铮归来，到处都隐藏着杀机。

徐树铮周游列国后，是从日本乘大洋丸回来的。在轮船抵岸之前，有一位神秘人士来到杜公馆。他和杜月笙是旧相识，早先在卢永祥的部下，因此，他自然也是皖系人物。

他率直地向杜月笙提出请求："徐树铮这次到上海，关系重大，希望杜先生能够公开加以保护。"

这个任务很艰巨，很危险，若以这时的政治情势而论，更是极其微妙局——因为徐树铮在意大利时，曾经和意大利的实力派墨索里尼订立协议，支持段、徐，供给大量军火，如果他能够回到段祺瑞的身边，段祺瑞则将由傀儡而重新掌握军事实力，统领北京政府。这对于争权夺地、年年征伐不休的军阀们来说，关系无比重大。所以，一般人认为徐树铮这次回国，随时都有遭到暗害的可能。

保护这么样的一位政治人物，谈何容易？但是，杜月笙还是没说一个二字，就满口答应下来了。

谁知他回去和黄金荣、张啸林密商时，黄、张两位都不赞成。黄金荣说："徐树铮的公馆在大英地界,以法租界势力担任保护工作,岂非隔靴搔痒,难免力所不逮。"

张啸林呢,这时和奉系军阀张宗昌正亲近,言辞激烈地说:"皖系早已徒有其名,毫无实力,替公然露面的皖系头目冒险做事,我是百分之百的反对。"

杜月笙却独持异议,针对黄金荣和张啸林所提的反对理由说:

"卢督军和何丰林,多年来和我们的交情不错,患难之中,派人来请托,这是他们看得起我们。这件事就人情上来讲,我们不便推脱。再则,尽管徐树铮住英租界,我们一样可以保护他,这正是我们露脸的机会。"

说完,他又望了一眼张啸林说:"锦上添花的事让人家去做,我们多来几次雪里送炭,这才是江湖上所讲的义气。"

黄老板赞许地点点头。张啸林哑口无言。杜月笙怕张啸林临时反悔,先约好了说:

"船到的那天,我们一道先上去接。"

张啸林刚把眉头皱起,杜月笙又抢在前头说:"这是件大事体,一定要我们三个同去。"

这一日,大洋丸抵吴淞口,黄金荣、杜月笙和张啸林,黄浦滩上威震八方的三大亨轻裘缓带,乘一艘小火轮,官方欢迎人士尚未出现,他们已先上了大轮船,先行迎接徐专使。

码头上,摩肩接踵,人群麇集,有的是官方为了敷衍段祺瑞,派来欢迎的官员,也有的是报馆记者,还有跑来看热闹的小市民,以及杜月笙事先安排好的群众。其中,许多人是杜月笙派来暗中进行保卫的青帮流氓打手。

大洋丸徐徐驶近,徐专使穿一袭西服,在甲板上含笑出现。沪上三大亨黄老板、杜月笙,张啸林一起出动,站在徐专使的身边,寸步不离左右。三大亨保护徐树铮,三人在上海的实力总加起来,何啻十万雄兵!这是一个何等的盛大场面!人丛中爆出了阵阵的欢呼声。

黄、杜、张一起护送徐树铮上岸,再一路护送到英租界南洋路,自此派人日夜轮班守护。

已统一东南、自称五省联帅的孙传芳闻讯后,从南京匆匆赶来,迎接徐专使,却"晚了一步"。于是,第二天 便由上海各民众团体,在市商会举行大会,隆重欢迎徐专使与孙馨帅——馨远,是孙传芳的大号。

孙传芳和徐树铮住了一天,便联袂专赴南通,拜访南通状元——民国第一任实业总长张謇。

这位东南耆彦,已经70多岁了,仍是朝野同钦、举足轻重的政治人物。张謇和徐、孙两人几度长谈,并且邀请他们往游东奥山庄。但他本人却以年老体衰为由,没有奉陪嘉宾同去。

12月初,徐树铮从南通回上海,要到北京去见段祺瑞。段祺瑞打电报来叫他暂缓动身,以免有性命危险。他不肯听,19日乘顺天轮船离开上海。杜月笙全始全终,保护之责总算是尽完了。

24日,徐树铮到达北京,与段祺瑞晤见。两人对面跪拜,抱头痛哭。他在北平住了5天,力劝段祺瑞下令讨敌。但是,段祺瑞迟迟没有答应。

29日,他忽然起意南下。段祺瑞以及其他皖系人员力劝他等些时候再走,但是他不理,30日终于在廊坊火车站,被冯玉祥的部下拖下火车,"砰"地一声枪毙了。

杜月笙保护徐树铮,白费了一场功夫,但他招待了张宗昌,因此,皖系奉系都看得起他。但是,他并没有忽略其他各路豪杰们,他与如日中天的直系将领孙传芳建立了交情,甚至常在川东一带活动的范师长范绍增,和他在业务方面都经常有往还,他的触角越伸越远,到了西南边陲。杜月笙在上海滩的地位谁都不敢小觑,他也与政坛混合在一起,分不清你我了。1925年,北京政府特地派人送来财政部的两张委任状,聘请杜月笙、张啸林担任财政部参议。

2. 流氓也斯文

上流社会不能粗俗

杜月笙虽然继承了黄金荣的势力,并作了发展,但影响主要是在黑社会和政客中。社会名流尤其是知识分子,与他虽有往来,但内心深处对他不无鄙夷,多采取敬而远之的态度。杜月笙认为要想在上海滩真正成为上层人士,光有打手不成,还必须接近士人,拉拢、利用乃至控制一批知识分子为其效劳。

为了达到这一目的,杜月笙开始附庸风雅。

首先,他在服饰方面作了大变换,改变人们对他的印象。

旧上海的流氓,包括黄金荣这样的大头子在内,传统打扮是黑拷绸短打,对襟中分,单排密扣,卷着袖,敞开怀,露出臂膀上的"刺青"和胸前悬挂的金怀表链,表链越粗,身价越高。手指上则大多戴一只耀眼的金刚钻戒指,跷着大拇指,凶相毕露地招摇过市。一般市民见到这等打扮,便知遇到了流氓,避之惟恐不及。

杜月笙继黄金荣而起之后,命令手下各大徒弟一律去掉短打装扮,盛夏季节也不准赤膊露体。他本人则一年四季身着长衫马褂。平时,他暗暗打量那些有身价、有地位,而且有教养的绅士的装束和打扮。一天,他突然发现,这些人没有一个手上戴戒指的,回家后立即把自己手上的大戒指取下来,放进了保险箱。

他连讲话也学着大亨的腔调。每天接待来宾时,他雍容和蔼,答以那么三句:"你的事体我晓得了。"

"我会替你办好。"

"好!再会!"

晚年时,杜月笙曾向人透露他爱穿长衫的秘密。原来他年轻时手臂上刺有花纹,长衫袖子长,撸下来,便可将"刺青"遮盖无遗。著名记者徐铸成见到他时,原先以为此等人物纵使不是红眉毛、绿眼睛,总该是一起赳赳武夫,但见面之后,却发现杜月笙只是一个修长身材、面色带青的瘦削的人,看上去"手无缚鸡之力",言谈中也很少带白相人常说的粗话,一副文质彬彬的做派。

换着花样与文人结交

杜月笙正是以这种新的做派,周旋于原来陌生的阶层,着力拉拢知识分子,结交文人墨客。

这时,上海滩有位名律师,叫秦联奎,是个有真才实学、经验丰富、精湛的法学造诣的人。据说他洞彻人性看破事态,判断力极强,因为他喜欢替人拆字,屡猜屡中,人们送他一个绰号叫"天眼"。刚执业时,他听说杜公馆多设赌局,场面豪华,年少好奇,便托人带去玩。去后,他小小押了几注,结果连输4000大洋。4000大洋,对刚执业的他来说,并非是个小数,心中不免懊丧,悻悻然付了赌账,起座离去。

恰好他的这一场面,被杜月笙瞧见,便问带秦联奎来的人朱如山:"这位是什么人?"

朱如山介绍了秦的身份,杜月笙当即拿出4000大洋,托他带还秦联奎,并无不体贴地说:"当律师的靠摇笔杆,用心血、费口舌为生,没有多少钱好赚,我不能赢他的钱。请你帮我退还给他。"

朱如山将钱和杜月笙的话带给秦联奎后,秦大为感激,以后常去杜家,乐于效力,成为杜月笙的义务法律顾问。

章太炎是著名的朴学大师,学界泰斗。杜月笙早想结识,只恨无缘。一次,居住在法租界的章太炎的侄儿,与一位颇有背景的人物发生房屋纠纷,相持不下。章太炎风闻杜月笙是法租界炙手可热的人物,便给他去了一封信,请求帮助。

杜月笙见信后,不但即刻为章太炎的侄儿排难解纷,而且借此机会,专程去苏州拜访章太炎。临别时,他悄悄将一张两千银元的钱票压在茶杯底下。

回上海后,他每月派人送钱接济当时境况并不太好的章太炎。

于是乎,他与章太炎建立了所谓"平生风义兼师友"的交情。以后,章太炎曾以一代朴学大师的身份,为杜月笙修订家谱。

上海滩的"才子律师"江一平,曾经留学法国获得过博士学位、后担任国民党上海地方法院院长的郑毓秀,乃至曾任北洋政府司法总长的章士钊,经杜月笙巧为拉拢,都先后出入杜门,成为杜公馆的座上客。曾任吴佩孚的秘书长、人称"江东才子"的杨云史,当过国民党监察委员、号称"诗人"的杨千里,均被杜月笙罗致为私人秘书。

杜先生还"兼管"新闻

为了便利知识分子投入杜门,杜月笙不惜改变原来沿用的青帮收门徒仪式,将开香堂改为点香烛,磕头改为三鞠躬,徒弟改称"学生子",杜月笙本人则由"老头子"改称"老夫子"或"先生",写有三代简历的拜师帖改为门生帖,拜师帖上"一祖流传,万世千秋,水往东流,永不回头"的套语,简化为"永遵训诲"。

杜月笙还在法租界善钟路创办了一所正始中学,亲任董事长,由陈群任校长,并在老家浦东耗资10万元,建起"浦东杜氏藏书楼",附设学塾。

为了左右舆论,杜月笙极力拉拢新闻界的知识分子。《新闻报》编辑唐世昌,成为他在新闻界所收的第一个徒弟。以后,如汪松年、赵君豪、姚苏凤、余哲文、李超凡等著名报人,也都或明或暗地成为杜月笙的门生。经过这些人,杜月笙控制了新闻界一大批从业人员。

新闻界凡依附杜月笙者,不但职业有保障,而且按月有津贴。据说津贴数额相当可观,如被津贴者将所得津贴存入银行,一年可买一辆轿车。然而,他们如对杜月笙不买账,不但饭碗会敲掉,甚至会有性命之虞。

经过这样软硬兼施,杜月笙俨然成为新闻界的幕后操纵者,许多重要新闻,甚至是排好了版的头条新闻,只要杜月笙"闲话一句",往往会忽然不见。靠着在报界新闻界的力量,杜月笙帮助不少达官贵人抽掉了不宜外扬的桃色丑闻。受惠者因而感激涕零,以后遇到与杜月笙有关的事,一个个都设法帮忙,作为报答。

经此一系列活动,杜月笙不仅在黑社会,而且在知识界也有了自己的影响。上海滩的三大亨中,黄金荣、张啸林分别被称为"黄老板"、"张大帅",惟独杜月笙却得了个文雅称呼——"杜先生"。

但是,杜月笙后来在上海纵横无敌的主要原因,还在于他和蒋介石国民党搭上了关系。

3. 美人计救城

红道黑道不约而同做着同一件事

1926年前后,中国政治风云变幻,革命的北伐军与北洋军阀的战争进入了生死较量的阶段。

杜月笙的态度是左右骑墙，谁也不得罪，谁都交往。随着局势渐渐明朗，他料定北伐军控制上海后，仍然离不开他，因此有恃无恐。

1927年3月，上海大难临头。

南北两大军阀，会师大上海。张宗昌的直鲁部队、孙传芳的五省联军，耀武扬威，杀气腾腾，在大街小巷堆沙包，拉铁丝网，布置防线。但是，没有人晓得什么时候会爆发巷战，全市的报纸都已经被迫停刊，上海成了孤岛，外面的消息完全隔绝。

与此同时，共产党也正自四面八方悄然的集中，顾顺章和周恩来在多方搜集军火，建立工人武装。李立三、汪寿华、瞿秋白，赵世炎、罗亦农、侯绍裘等领导上海总工会，掌握了上海80万工人，自2月份以来，接二连三的罢工、暴动，工厂拉上铁门，商店自动打烊，几乎使上海华界成为了死市。

尽管英、法两租界照旧歌舞升平，繁华不减，但却也笼罩着巨大的恐怖阴影，一旦打起来，子弹不长眼睛，租界和华区唇齿相依，地界犬牙相错，谁能保证不受战火的波及？

大罢工后，中共上海市委和中共中央发表告民众书，积极筹组"上海市民政府"，准备建立苏维埃式政权。

在上海势将成为外国军队、军阀武力，乃至革命大军陷于混战的战场，且不分华界、租界将同归于尽的时刻，上海滩的地方士绅和社会领袖都忧心忡忡，四处活动，不惜运用一切外交手腕，采取多种途径，其殊途同归的目的都是一个，为了保护自己，免得战火燃起，玉石俱焚。

上海的红道黑道不约而同做着同一件事。

要妓女"救城"

在多方面的活动中，黄金荣、杜月笙和张啸林则倾向于革命党，依靠当初与张宗昌的关系一直从事软化毕庶澄、瓦解直鲁军军心斗志的工作。

毕庶澄是直鲁军第八军军长、渤海舰队总司令。因为只要他们能够绊住这位直鲁军大将，不但有助于革命军的顺利推进，同时也可消减上海滩剑拔弩张、刀光闪闪的紧张气氛,并且可以免除许多一触即发的冲突。倘使他们能劝诱毕庶澄早日归顺革命阵营,一举解决这两万余人的直奉军主力,那么,剩下孙传芳的第九师李宝章部,那2800人也就成了癣疥之疾,革命军尽可传檄而定,战火也将远离上海而去。

3月10日,由杜月笙、张啸林出面备了一份请帖,请毕庶澄赴洗尘宴。宴席照例设在英租界富春楼上海名妓、"花国大总统"老六王海鸽的香闺。

张啸林有些犹豫:"他会来么?"

杜月笙说:"你就放心吧,毕庶澄不会不来的。"

为什么杜月笙如此有把握?因为一则杜、张都是他的顶头上司张宗昌的要好朋友,摆这一桌酒,无非是给他毕军长一个面子。二来只要毕庶澄想在上海立脚,就不能得罪威镇上海滩、一呼万诺的三大亨。

另外,一年多之前,他还是一名小小的补充旅长,几曾哪里沾到过三大亨的边?三大亨肉林酒池,穷奢极侈招待张宗昌的盛举,山东、河北与关外,无人不交口赞羡,传为美谈。现在轮到他统率兵马,拥兵沪上,"人生几何,对酒当歌",这一番十里洋场繁华梦,现在不享受一番,更待何时?

果然,在这乱局之时,毕庶澄考虑再三,还是欣然应命了。

杜月笙和张啸林在王海鸽的香闺为毕军长设宴洗尘的时候,上海花事正当荼蘼盛放,还有张素云、云兰芳、和芳卿三位娇娃,与绝代佳人富春楼老六旗鼓相当,艳名大噪的四人合称"四小金刚"。她们个个都有沉鱼落雁、闭月羞花之貌。在邀请毕庶澄之前,杜月笙曾亲访王海鸽,和她关门密谈。杜月笙一走,随即便有各色人等纷至沓来,把王海鸽那幢一楼一底的房子,布置得美轮美奂,焕然一新。

1927年3月19日,毕庶澄一袭袍褂,轻车简从,悄悄地从上海北站现身,一出站,就坐上在此等候的汽车,一溜烟功夫就到了富春楼老六香闺门口。

杜月笙和张啸林亲自相迎。

这是他们初次见面。但是杜、张不禁大吃一惊,毕庶澄身穿湖色夹衫,一领墨绿马褂,这位直鲁第八军军长、渤海舰队总司令长得唇红齿白,风流俊俏,分明是个掷果盈车的翩翩浊世佳公子,谁也看不出他竟是直鲁军阀中的一员大将。杜月笙暗暗称奇,心里在说:"难怪他自夸周公瑾再世。"

热烈握手，寒暄已毕，毕庶澄被杜、张二人迎到楼上。

一进房内，窗明几净，四壁布置着名人字画，古董珍玩琳琅满目，美不胜收，隐约中似有阵阵幽香袭入鼻子。毕庶澄已如醉如痴，以为这座海上琼楼的女主人已在客厅恭候着，多么急于一睹盛名在外的富春楼老六的艳容殊色，但是他失望了，客厅里只有4名穿着大红大绿的双丫侍儿，在那儿穿梭来往地接待佳宾。富春楼老六王海鸽并没有出现。

毕庶澄心仪艳名远播的富春楼老六已久，偏偏接下来的安排是酒宴，在火车厢里熬了几天的他，由于眼前的盛宴，才开始有了置身十里洋场、金粉世界的感觉。酒过三巡，女主人还不见踪影。杜月笙这一别出心裁的设计，使毕庶澄心痒难搔，等得心焦得不得了……就这样，接连喝了好几杯，在微微醉意中，毕庶澄突觉眼前一亮，一阵浓郁芬馥的芳香扑鼻而来，令人心旌神摇，不饮自醉，定睛看时，原来是"花国大总统"富春楼老六王海鸽登场了。

王海鸽长身玉立，顾盼多姿，一袭绣花绸旗袍，衬出迷人的曲线，玲珑剔透的胸部，呼之欲出。她淡抹素妆，脑后绾一个横S髻，一身翠绿，映得雪白的皮肤灿若羊脂。在她的身后，有4位一色艳红的少女，都比她矮了一截，众星拱月般构成一幅举世无双的仕女图。王海鸽秋波一转，电光石火般和毕庶澄四目相接，她大大方方地嫣然一笑，毕庶澄只觉得风情万种，艳光照人，仿佛泥塑木雕，完全呆住了。

张啸林和杜月笙互瞥一眼，会意地笑了笑。

她娉娉婷婷，走向他身旁一坐，还没开口，先是一阵香风，她向毕总司令道歉："方才是在更衣，因而迟了些入席。"她对待毕庶澄好像是多年的好友、热恋中的情人，不是乍逢初见，而是昨天刚刚分别，比一见钟情的男女更胜几分；一口吴侬软语，听在毕庶澄的耳朵里，都成了莺声呖呖，简直像在唱歌。

在席间，受了王海鸽的鼓励，毕庶澄不拘形迹，放浪形骸，在两位大亨面前，千杯不醉，意兴遄飞，一次次的讲笑话，找人猜拳行令，时而又跟王海鸽耳鬓厮磨，窃窃私语，那种纵欢作乐，旁若无人的风流英雄本色，比张宗昌的狂嫖滥赌还略胜一筹。

杜月笙十分欣赏他的本色，禁不住对张啸林说："醉卧美人膝，醒掌天下权。"

"什么美人膝,什么天下权呀?"大老粗张啸林也有些醉意了,听不懂这文绉绉的话语,仰脖子一杯酒下肚了。

这一晚,王海鸽低吟浅唱,与毕庶澄打情骂俏,把浑身解数全都施展出来,毕庶澄终于当了她的裙下"俘虏"。

毕庶澄初到上海,鼙鼓雷鸣,军情紧急,他本来有心发奋振作,在上海力挽狂澜,为直鲁军建立不世的功勋,但是,黄、杜、张定下了锦囊妙计,而王海鸽也甘愿绸缪,加以羁縻,而使他一斛斗跌进桃花阱里,心猿意马,易放难收,日夜在销金窟里花天酒地。

毕庶澄沉湎于烟花苑中,挥金如土,花大钱的手不在他顶头上司张宗昌之下。他送给王海鸽的头一笔缠头资,就达两万大洋,后来开心,玩得昏天黑地,便叫副官、卫士把成捆的钞票搬来打发。王海鸽的香闺不设账房间,同时又没有保险箱,副官或卫士只好用钞票垫在臀下做凳子,随时等着总司令下令付账。

毕庶澄在富贵楼尽情挥霍,一掷万金,一下子渤海舰队总司令失踪了,第八军官兵见不到军长的面。大战在即,北京政府海军总司令杨树庄拒绝渤海舰队南下,而由他的舰队担任淞沪水路防卫。部下找到富贵楼来报告,毕庶澄连声好好,结果六日之后,杨树庄宣布就任国民革命军海军总司令,这一来第八军不但腹背受敌,而且被国民革命军断了归路。

杜先生竟然是"革命党"

北伐东路军下衢州,定杭垣,克宜兴,箭头直指向上海,一路势同破竹。张宗昌转战徐州,孙传芳南京苦守,3月17日,张宗昌为毕庶澄一支孤军陷在上海心急万分,接连拍发急电,严令全军前去支援南京。谁知毕庶澄正玩得忘形,用钞票攻势连续掼倒上海花界"四小金刚",燕瘦环肥,左拥右抱,哪有功夫过问军事?索性来了个将在外帅命有所不受,将一封封紧急电令束诸高阁,置之不理。

自从毕庶澄搬进富春楼香闺长住,杜月笙便机智地不再露面,王海鸽自有方法跟他联络。张宗昌惟恐毕庶澄发生什么变故,3月21日请安国军总司令张作霖发表他为海军副总司令，毕庶澄便把指挥部设在汕头路长三堂子里。王海鸽一日日跟随着他，直鲁军每天的动向了如指掌，于是，重要情报源源不绝地传到了杜月笙那儿。

毕庶澄抗命以后，前线军事节节失利，终于焦灼彷徨起来。杜月笙看看时机成熟了，又叫王海鸽进一条苦肉计。于是，她在毕庶澄面前有意无意地提起说："我有一次偶然听杜先生说，他曾经怂恿蒋尊簋劝孙传芳向北伐军投降。"

"是吗？真有这事？"

"孙传芳当时已经同意了，去年10月26日蒋尊簋还到过南昌，晋谒蒋总司令，代表孙传芳接洽投诚条件。孙传芳提出要求：他只想保持苏、浙、皖、赣、闽五省总司令的名义。蒋总司令明知孙传芳心存诡诈，他的答复是：'如果孙传芳能够先行订定撤退江西、湖北各路军队的日期，准许公开设立国民党党部，开放人民组织集会之自由，筹备国民会议，其余的事都好商量。'"

"蒋总司令"就是北伐军总司令蒋介石。

毕庶澄听了将信将疑，急急地问：

"杜月笙怎么会认得蒋尊簋的？"

王海鸽回答得极为巧妙，笑吟吟地说：

"连你们大帅都是他的好朋友呢？他为什么不能认识蒋尊簋呢？"

于是，毕庶澄告诉她：蒋尊簋，字伯器，他是中国有数的兵类专家之一，他在军界资格很老，曾经参加辛亥革命杭州之役，并且在民国元年，就继汤寿潜之后，出任第二任浙江都督。

王海鸽格格地笑，也细细地讲给他听：

"蒋伯器先生在法租界住了很多年，他不但跟杜先生是好朋友，而且还时常到杜公馆走动。孙传芳尊敬他是老前辈，不好意思请他出山帮忙。不过，他对蒋伯器先生的话很听得进，所以才有代为接洽投降的这桩事体。"

听床头人解释得这么清楚，毕庶澄深信不疑。王海鸽趁此机会，劝他不如也学孙传芳说：

"现在上海已经很危险了，人家五省联帅孙传芳都投过降，为什么你还要硬挺？我看你不如趁早接洽。北伐军答应了，你照样带兵做官，留在上海不走，我们不是可以做天长日久的夫妻了吗？"

　　毕庶澄正在进退维谷,束手无策。王海鸽的并头私语乘着软玉温香,吐气若兰,阵阵吹送到心坎上,他渐渐下了投降的决心。第二天,杜月笙恰好飘然出现,顺便来访,和他密谈一番,然后穿针引线,联络上了国民党驻沪特派员钮永建。毕庶澄提出条件:"只要北伐军不攻打淞沪地区,我决定演一出'让徐州',率领部队由江阴退往江北。"

　　为了留下毕庶澄这一支海上孤军而加以彻底消灭,免得这直鲁军的精锐逃回北方,重新整顿后再和北伐军为敌。北伐东路军总指挥何应钦兵不厌诈,虚与委蛇,给毕庶澄一个喜出望外的答复:

　　"假使毕先生留沪不走,在东路军进抵上海时,缴械投诚,东路军总部可以呈报蒋总司令,派任国民革命军第48军军长,兼华北海防总司令。"

　　毕庶澄喜从天降,手舞足蹈。当天,他就把直鲁军最机密的全盘作战计划交出表示他的诚意,然后又乐滋滋他回到了王海鸽这儿,把她亲亲热热地一抱,高兴地说:"化险为夷,转危为安,哈哈,我是堂堂国民革命军的高级将领了,来来,一起亲热一下!"于是又一心一意,抱着娇娃高枕无忧,只等东路军早早开来。

　　东路军一面稳住毕庶澄,一面依旧挥戈北指,一步一步地向上海推进。何应钦亲率第四、五、六纵队,攻宜兴、溧阳,取丹阳常州。东路军前敌总指挥白崇禧率一、二、三纵队,进兵嘉兴,直指淞沪。3月15日,何总指挥到达溧阳,次日,白总指挥分兵两路,会攻上海。

　　18日,孙传芳因为情势紧迫,援军无望,悄悄潜离南京,逃往了扬州。19日,周荫人、白宝山等4个师分别渡江撤走,退守江北。20日,东路军前敌总指挥白崇禧挥师进攻松江第31号铁桥,毕庶澄的一个部下仓皇应战,一击马上溃散,随即京沪、沪杭两铁路被截断,整个江南地区,北方各路军阀除了毕庶澄这支孤军外,只剩下些散兵游勇,到处流窜。

　　这时候,毕庶澄正被富春楼老六迷得欲仙欲死,所率领的第八军群龙无首,连主帅在哪里都找不到,而北伐大军如入无人之境,顺利进驻新龙华,与法租界只隔一座枫林桥。协同毕庶澄扼守上海的李宝章带着他的一师人马早就全部撤退,只留下空荡荡的一座"淞沪护军使衙门"。山东开来的直鲁军军心涣散,斗志荡然,于是共产党利用这千载难逢的机会,宣称:"毕庶澄正在和北伐军接洽投降,第八军即将成为俘虏,押解到南边去整编训练。"

山东老乡听到这个消息,更加心慌意乱,就怕老死回不了家乡,见不到爹娘,当夜便有一批批士兵弃械逃亡,军官们弹压不住,只好反转过来哀求自己的部下和士兵:"请你们不要跑散!"可是,士兵们并不理睬自己的上司,照旧堂而皇之地开小差。

这样,上海城便垂手可得了。

关键时刻救了急

从3月21日起,共产党领导上海80万工人,开始暴动,将上海华区分为南市、虹口、浦东、吴淞、沪东、沪西与闸北七个区,组织群众,攻击第八军和虹口区警察厅。

那些警察平时只是欺软怕硬的东西,现在一受到攻击,毫无准备,马上就被解除武装,"扫地出门"。警察们被赶到街上,惊魂甫定,仔细一想,才感觉这场混乱实在不简单,于是有人打电话向邻区警署和上级机关求援。然而,电话摇不通。

原来,上级机关和邻近警署也都遭到了袭击。

虹口地区的流氓头子叫孙介福,和杜月笙关系密切,绰号"铁胳膊",天生膂力无穷,性格毛焦火躁,他在青帮属"悟"字辈,是杜月笙的同参兄弟,时常路见不平,拔刀相助,在地痞流氓中颇有威信。虹口警署里便有不少他的徒子徒孙,因此"铁胳膊"和虹口警署一向声应气求,虹口警署突遭袭击,全部易手,就有一些人十万火急地找到"铁胳膊",纷纷要求他仗义勇为,救救警署的这次大灾大难。

"铁胳膊"一听工人们起来造反,还冲击警署,勃然大怒,立即奋袂而起,在家中一声令下,已有一二百人荷枪执械,大声鼓噪,紧紧跟在他的身后,扬言要替警察报仇,打垮暴动者。"铁胳膊"一面在大街上拔足飞奔,一面恨恨地破口大骂。因为最使他恼怒的,不是警署被打垮了,而是暴动者事先没和他打招呼:"这些混蛋!也不想想,虹口是啥人的地界?"

在他的心目之中,管他什么革命,造反、暴动、罢工,甚至于两军对仗,统统都不重要,但只要事情在虹口发生,就必需事先得到他的同意。共产党在虹口闹出这么大的乱子,居然连他"铁胳膊"都一无所闻,这一点,就是天王老子也拦不住他去跟共产党拼命。

一二百人的队伍走上北四川路,大呼小叫,手儿连招,于是黄包车夫放下车杠,棍堂茶房丢开毛巾,扦脚匠、剃头司务、汽车司机、搬运苦力、赌场的保镖、妓院的乌龟,三教九流,万众一心,一个个暂时放下自己的营生,加入"铁胳膊"率领的队伍,一二百人很快化为成千上万的大队伍。虹口居民看看苗头不对,纷纷关门打烊,准备避乱躲祸。

于是,有人打电话到华格臬路杜公馆,将虹口大战迫在眉睫的消息,紧急报告杜月笙。

接到报警电话,连杜月笙本人也是大吃一惊,犹如丈二金刚摸不着头脑,这批暴动者究竟是什么来路?虹口暴乱没通知"铁胳膊",全上海七处暴乱,杜月笙同样也是事先毫无所闻。不过他的联想力比"铁胳膊"丰富,遇事尤能沉得住气,立即打电话请教钮永建,钮永建不在,机关部的职员答话的时候含含糊糊,不得要领。然而,杜月笙从他的语气中听出国民党与这场暴乱可能有关联,"铁胳膊"怎么能去扰乱"革命大业"呢?

杜月笙心中着急,又深切了解老把弟"铁胳膊"的脾气,当机立断,带了贴身保镖,迈步便向门外走,一上汽车,他便急急下令:

"快点!虹口警署!"

几分钟之后,杜月笙的汽车飞驰到了离警署不及百丈之遥的地方。杜月笙性急地摇落玻璃窗,探首车外,外面已是人声鼎沸,"打呀!冲呀!"的吼声此起彼落,不绝于耳。两虎相斗,必有一伤,双方都是国民党的同路人,也就是他自家的好兄弟,一旦火拼械斗,场面与结局就不可设想。想到这,他心中更急,坐在后座,顿足催促:

"开快点!快一点!"

这时,虹口警署前面完全是一片混乱紊杂的场景。在这时,突然连珠响的枪声"砰砰砰"地传来。

"糟了!"杜月笙失口惊呼,重重的一跺脚。

从虹口警署的各个门窗,枪弹横飞,直指向警署大门外的青帮子弟,早已有人身受枪伤,躺在血泊之中呻吟哀号。

青帮子弟兵也不是好惹的,一上阵便吃了亏,"铁胳膊"气冲牛斗,尽管他暴跳如雷,但是枪子儿是不认人的,他无可奈何,只好喝令:"全队后退。"再命令带枪的人各自找好掩体,拔出枪来,频频地向警署回击。

双方正在相持,枪弹"咻当"的飞。杜月笙在三名保镖的簇拥之下,来到了最危险的地带,找到了面色铁青、两眼布满红丝的"铁胳膊"。

"你这是在做啥?"他先发制人,劈头便是一声质问,然后大声地说,"大水冲了龙王庙,自家人不识自家人了,你知道吗?占警署的朋友,正是响应北伐军的朋友呀!"

众目睽睽下,"铁胳膊"虽然吃了杜月笙的排头,但是,兄弟已经倒了几十人,他还是恼羞地大嚷大喊:

"管他是哪一路的朋友!管他有多紧急的军国大事?既然耍在我的地界发动,为啥狗眼看人低?事先连招呼都不打一个。"

看到"铁胳膊"的情绪反应,杜月笙知道他已因激怒而丧失理智,于是回头一笑,伸手揽住"铁胳膊"的肩膀,十分亲热地说:

"你总是这么直心肚肠,你也不想一想,人家既然是在办军国大事,当然就要保守机密。"

杜月笙说完,也不等待他回答,自作主张地开始代替他的同参弟兄大声发出命令:"全体解散,各自回家。至于那些受伤的人,赶紧送往附近医院。"

直到这时,"铁胳膊"才服服帖帖,乖乖地遵从了杜月笙的指挥,然后和杜月笙一字并肩,低声地告诉说:

"我方才还拨了一路人马,叫他们去攻打湖州会馆里面的总工会。"

"打不得!"杜月笙惊喊起来。鉴于情况紧急,事态严重,他马上拖上"铁胳膊"上了汽车,风驰电掣,又赶到湖州会馆。

果然,这边的情形和虹口警署差不多,双方正在进行激烈的枪战,远远的有大批流氓地痞呐喊助威。杜月笙和"铁胳膊"手拉着手,跑到最前面,高声喝令:"停火!"然后,指挥子弟兵平安撤退。

青帮子弟兵浪涛滚动地急向后涌,刹时间,湖州会馆面前便静悄悄地不见人影。

英雄末路

张宗昌、毕庶澄一手编练的直鲁军精锐之师第八军,加上举国闻名、剽悍善战的白俄部队,包括他们的大铁甲车,在一日之间竟被一群手无寸铁的工人打得落花流水,风流云散。在骚动不已、情况危迫时,毕庶澄还在富春楼王海鸽的香闺中寻欢作乐,等候东路军的委令。然后,副官、马弁接踵而来,报告:"大事不好!"

毕庶澄起先还不相信,等到听到了枪声,才匆匆忙忙,穿好衣裳。他望一眼千娇百媚的王海鸽,英雄末路,喟然一声长叹,然后黯然神伤,离别了销魂毁骨的金粉世界,驱车飞驰,赶赴车站。

这时北火车站还掌握在直鲁军手里。他登车升火待发。这时有一位记者,在千军万马中找到了他,上车求见。毕总司令还算客气,对那位记者先生殷勤接待,略谈数语。当记者问起"外面风传毕总司令已经和北伐军议和了……"时,毕庶澄不等他说完,便抢着回答:

"上有青天,下有黄泉,外面的谣言,日后自会有事实证明。"

然而,事实上,毕庶澄撤向江北,趑趄不前,这就证明其中的问题。

火车离开上海后,毕庶澄一直不敢回山东去。因为他违抗军令,贻误战机,4月5日,张宗昌命人把他诱到济南,然后逮捕,立即执行枪决。这是后话。

1927年3月22日,上海重新光复,国民革命军正式进入市区。

4. 江湖离不开政治

深夜急召是何事?

3月26日深夜,北伐军总司令蒋介石乘船车抵达上海,设行辕于枫林桥淞沪交涉使署。他的随从人员中,较重要者有机要处长陈立夫,特务处长杨虎。

次日,蒋总司令抵达上海的消息传遍沪地时,上海全体市民欢迎蒋总司令及北伐军大会已经隆重召开了。

一大清早，全市飘扬着青天白日满地红国旗，家家户户，打开关闭多日的大门，大街上车水马龙，又恢复了太平盛世的热闹风光。

黄金荣、杜月笙和张啸林三大亨早就做好了准备，准备率领大队人马前往会场参加欢迎盛会。但是，正当他们开始分头出发时，巡捕房忽然打来电话，说："外面又有谣言：工人武装纠察队，今天要攻打租界，英、法两界已采取行动，宣布全面戒严。"

杜月笙派人一查，外国兵和巡捕已经把守了每一条通往华界的通路，任何人都不得随意出入了。三人非常失望，参加盛会的计划因而不得不取消。

晚上，杜月笙和张啸林都在牌桌子上，赌得兴高采烈。管家万墨林急急跑来，低声报告说："钧培里黄公馆来电话，请杜、张二位立刻过去一趟，有紧急大事相商。"

杜月笙向与诸赌友说了声："抱歉抱歉。"然后起身，叫江肇铭来接替他，然后一把拉起张啸林，两个人往大门外走。

高人难知底细

春寒料峭，夜凉如水。

万墨林早已吩咐司机备好了汽车。张啸林从热闹的赌局被拖到冷清清的街上，深更半夜出门，一屁股坐上小汽车，就忍不住破口大骂，大发牢骚。

车抵钧培里，黄公馆的门房开了大门，顾掌生、马祥生跑到门口来迎接。四个人齐步穿过天井，杜月笙一眼看到客厅里人影绰绰，金廷荪、徐复生也在座。他望一眼马祥生说："今天像是在唱群英会呢。"

"差不多。"马祥生笑笑，又接上一句："现在大家都忙，聚一聚，真不容易。"

杜月笙和张啸林相视一笑，意思仿佛说哪有深更半夜，无缘无故，约齐了老朋友，光只为了"聚一聚"的道理？这时，黄金荣笑呵呵地喊道："月笙，啸林，你们来啦！"

两个人连忙上前问了老板的好，再跟弟兄们亲热寒暄，乱了一阵。然后，大家在一组红丝绒沙发上分别落座。杜月笙的座位紧靠着正当中的黄金荣。黄金荣看上去很高兴,像是换了一个人似的。

"月笙,"他笑呵呵地说,"今朝我要叫你会一位老朋友。"

杜月笙环顾四周,故作惊讶地说:

"老朋友不是都在这里了吗?"

"哎——,"黄老板把脸一甩,"这班老朋友是经常见面的呀。我现在要叫你见的,是一位分别了多年的老朋友。"

于是杜月笙又问:

"究竟是哪一位呀?"

黄金荣笑而不答,转脸向后,高声地一喊:

"喂,你出来了好吧?"

话音未落,屏风后面扬起一阵声震屋宇的爽朗笑声。杜月笙一怔,一位虎腰熊臂、浓眉纲目的大汉闪了出来。他堆满一脸欢欣的笑容,一对闪闪生光的眼睛,迅速在杜月笙身上一转,然后衷心赞赏地说:

"月笙,你现在灵了!"

杜月笙终于看清楚了他的脸,惊喜交集,高声叫了出来:

"哎呀,你是啸天哥!"

"多亏你还记得我。"杨啸天又笑,亲昵地一拍杜月笙肩膀:"来,月笙,我替你介绍。"说完,侧开身子,让自己身后一位中等身材、小眉小眼、举止端庄、一脸精明相的中年绅士走到杜月笙面前来:

"这位是陈群、陈先生,大号'人鹤',我在广东最要好的朋友。陈先生行八,平时我就喊他陈老八。"

"久仰,久仰。"

杜月笙上前一步,和陈群热烈地握手。他说"久仰",确实是从心中发出来的。这时他已知道跟前这两位贵客的分量。民国初年时跟他奔走策划过的老朋友杨虎,曾追随孙中山先生率领海军舰队南下,官拜大元帅府参军。陈群曾是孙中山帐下的秘书。现在北伐军敉平东南,东路军光复上海城,两位贵客来自何方,有多崇高的身价,多重大的任务,自然不问就可知。

"大家坐,大家坐!"

黄金荣岔进来请大家就坐。两位贵客和他一字并肩,黄门几员大将以杜月笙为首，张啸林、金廷荪、顾掌生、马祥生等人，分两排坐定。老板家的俏娘姨重新沏了茶，黄金荣使了个眼色，客厅里的佣人悄悄退下去。

"月笙。"杨虎带着笑说，"有一位朋友，在南边的时候经常都在提起老板和你。"

"是哪一位呀？"

"王柏龄。"

"啊。"杜月笙觉得十分荣耀，不禁沾沾自喜地说，"他还记得我呀？"

杨虎开着玩笑说：

"像你这样的人，要想忘记，也是不大容易的啊！"

这得体的恭维引起了满座哄堂呵呵笑。杜月笙心里很感激，马上回应说："杨虎兄成了气候，出语毕竟不凡。"

杨虎提起的老友王柏龄，是日本士官学校第10期毕业生，修养很深，黄埔军校成立时，担任少将教授部主任，军校成立教导团时，他兼充第二团团长。北伐进军后，他荣膺第一军副军长兼第一师师长，事业正在如日中天。然而，不幸的是，南昌攻城之役，他以总预备队指挥官率部应战，孤军深入，受挫失踪，一直到现在都还没有消息。

但是，此时杜月笙最想知道的是杨虎、陈群是什么官衔？可是，两位很巧妙地避而不谈，杜月笙也就不便探问。不过，他心中有数，他们今晚冒险越过租界戒严的重重障碍，化装进入法租界，一定有极机密重大的任务。一度隐居起来逢事不太露面的黄金荣对待杨陈欢迎情绪之热烈，言谈举止之诚挚，也显示出他们身份的不凡。但是，这一夜见面，杨虎和陈群只是叙契阔，不谈公事，最后分别时，再三嘱咐说："请对我们的行迹务保秘密，切勿轻易泄露。"

杜月笙笑了笑说："啸天哥，这种事情还要你关照吗？"

大家哈哈一笑，气氛融洽无比。

深夜才微露一点端倪

第二天晚上，大家又在黄公馆相聚。

寒暄之后，陈群就说："这一次蒋总司令由九江到上海，3月19号那天，总司令座舰到了安庆。"

然而,才说两句话,他巧妙地把话题一转,转而谈起共产党怎样利用国民党作掩护,随着革命军旌旗北指,阴谋企图窃夺政权。他们所到之处,利用工农暴动为手段,闹得地方上鸡犬不宁,秩序紊乱,等等。

陈群一点题,黄金荣、杜月笙这帮朋友马上恍然大悟,如梦方醒,于是跟着七嘴八舌,议论纷纭,都道:"原来是这么一回事啊!怪不得这些时候罢工暴动冤枉牺牲了不少人命,我们起先也以为是国民党,不好意思说什么,谁晓得这里面还有大大的内幕呢。"

这时,黄金荣提高了声音,把众人的嘈杂声浪压下去,问陈群道:

"蒋总司令怎么会让共产党混进来的呢?"

"这些年来,蒋先生都在整军经武,东征西讨,党政方面,他只负一部分责任,"陈群对他们详加解释说,"同时,'联共'本是孙先生的主张,而蒋总司令,他也曾说过:'我并不是偏袒共产党,是要扶助中国弱小的革命团体,来和本党共同革命,增加国民革命的力量。'但是,共产党今日的包藏祸心,进行叛乱,又是当初哪里料得到的呢?"

杜月笙附和着说:

"前几天的工人暴乱,拿人命做儿戏,把上海搅得昏天黑地,乱七八糟。国民党来了,总归这样下去,恐怕不是办法。"

"岂止上海,各地都是一样。"趁此机会,陈群把武汉、长沙、广州、九江、南昌、安庆、南京,各地"赤祸"泛滥的情形,约略地谈了谈。然后,他点入正题说:

"譬如19日蒋先生到安庆,当时在安庆的共产党头目、总政治部副主任郭沫若,和临时省党部执行委员光升,居然定在21日召集全省代表大会,下令解散鲁班阁反共工人的总工会。派工会代表向蒋先生请愿。蒋先生答应了他们,立即调查处理,但是代表们一离开总司令部,共产分子马上就制造冲突,跟反共工人打了起来。这分明是故意表示不尊敬蒋总司令,向他们示威。"

这时黄金荣愤懑不平地说:"真正岂有此理!"

"他们一切都是有计划的。"杨虎插话说。

"打了人,还要恶人先告状。那个共产党郭沫若,也不想想蒋先生是革命的领袖,他自己的最高长官,气势汹汹地闯进蒋先生的办公室,大呼大叫,硬讲反共工人打了他们,光升受了伤。他那种目无长官,撒蛮粗暴的态度,当时我真想跑上去一拳把他打倒。"陈群愤愤地说。

黄老板很关心地问:

"蒋先生一定发脾气了?"

"当然有点生气,"杨虎抢着回答,"蒋先生叫他马上秉公调查,而且警告他说:'你以后对于民众团体的态度,总要不偏不倚才好!'"

"23日上午,安庆五大团体举行市民大会,欢迎蒋总司令,"陈群接下去讲,"会里面有人要求撤换光升,驱逐共产党。于是散会的时候,共产党又派大批暴徒来打架,当着蒋总司令面前,实在是欺人太甚,不成体统。"

"这一次,"陈群望着杨虎微微而笑,"啸天哥忍不住了,他登高一呼,领着鲁班阁的工友,拳打脚踢,一路打过去,竟然把那批暴徒打得落花流水,抱头鼠窜!"

这时,杨虎沾沾自喜地补充说:"安庆是我的家乡,鲁班阁里有不少朋友,都是跟过我的小兄弟。他们当然听我的招呼。"

"打得好,打得好!"张啸林拍手大笑,"这叫做以牙还牙,以暴易暴。对付不讲道理的人,只有用拳打脚踢!"

"这一架打得痛快呢,"杨虎站起身,指手画脚地说,"打手们给我们打跑了不是?我心想反正动了手,索性一路打到底,也好替鲁班阁的朋友出口气,所以我们一连串的又打了共产党盘踞的省党部、市党部、几个左派工会,还有郭沫若的江右军政治部。我们打伤了他们六个,嗨!十多年来这还是我第一次痛痛快快地动手打架呢!"

说得大家都笑了起来,陈群在笑声中说:"啸天哥这一仗打出了大功劳来。首先是郭沫若28号逃到南昌去了,安徽全省的共产党势力元气为之大伤。反共分子从此抬头,这样才给安徽留下了一片净土。"

"后来他们又向武汉中央告状,指名告我杨虎,"杨虎反手一指鼻头,"说光升是我打伤的。其实呢,那天我恰巧不曾撞见郭沫若和光升,如果撞上了,哼哼,岂止打伤?打得我兴起了,我不把他们打死才怪!"

一场大笑,张啸林摩拳擦掌地说:"哪一天,把上海那帮共产党也打他一次!"

杨虎望着他,语意深长地说:"你放心,有你打的!"

杜月笙是个聪明人,听陈群说了一大段国民党首次"清党"经过的叙述,再添上杨虎最后意味隽永的一句话,马上有所悟,这两位朋友今夜远道来访,肯定有重要的事情,于是很诚恳地说:

"只要陈先生和啸天哥有所吩咐,即使是赴汤蹈火,我们也乐于从命!"

"月笙,你真是了不得的——不得了,"杨虎一拍大腿,十分高兴地说:"就像《三国志》上面说的,士别三日,刮目相看。我想不到你现在居然出口成章啦!"

他话音一落,由黄老板领头又是一阵欢声大笑。

这时,时钟敲到了一点钟,黄金荣板惊觉为时已晚,迟疑不定地望望杨虎问:"今天夜里——?"

"我们不回去了,"杨虎逗趣地反问一句,"老板,你可否替我们订两个房间?"

"何必订什么房间呢,"黄金荣笑着回答,"只要两位不嫌弃,我这里好歹也有几间客房"。

"谢谢,"杨虎向他双手一拱,侧过脸又去问杜月笙,"你明天什么时候有空?"

"随便什么时候,"杜月笙答,"啸天哥只管陪陈先生过来好了。"

"好的,"杨虎点点头说,"为时不早,我们今天就这么散了。明天下午两点钟,我陪老八到华格臬路来。"

同为华格臬路的住户,杜月笙和张啸林异口同声地说:

"欢迎,欢迎。"

图穷匕首见

第二日下午两点整,杜、张二人在华格臬路杜宅接待贵宾而设的古董间里,接待杨虎、陈群。

宾主略一寒暄,各自落座。杨虎说完了开场白,陈群便滔滔不绝,条分缕析,向杜月笙和张啸林细说共产党在上海"挂羊头,卖狗肉"的种种经过。

"这些事情我们昨天就已经有点懂了,"杜月笙深沉地笑着说,然后接着陈群的叙述往下说，"就是不晓得问题会有这么严重。现在我们只希望国民党有用得着我们的地方，我们一定尽心尽力！"

"好极了！"杨虎兴奋地大叫，"月笙，我们就只要听到你这一句话就行。"

"我想，"杜月笙望一眼"张大帅"说，"啸林哥的意思，一定和我一样。"

"那当然了。"张啸林赶紧慨然地允诺。

陈群微微而笑，补充一句说：

"我们的任务十分重大，除了杜先生、张先生自告奋勇，拔刀相助，还要联合上海各方面的朋友。"

杨虎嫌陈群说这句话有点不知轻重，怕杜月笙听了不乐意，正要向陈群使眼色，没想到杜月笙却丝毫不以为忤，一拍胸脯说：

"当然，各方面的朋友，我们都会尽量的为两位联络。"

杨虎听了，衷心钦佩，向杜月笙一伸大拇指说：

"月笙，我们十年不见。这十年里，你的长进真了不起，上海滩上杜月笙这个响当当的字号，果然名不虚传。"

这一下午，几人整整商议了两个钟头，双方就如何迎接国民革命军，配合国民党中央全面"清共"，初步确定了几项步骤。

这些步骤和做法是：

一、杜月笙他们既已了解共产党的"阴谋"，从此不但要拒绝上海总工会委员长汪寿华的种种支援要求，而且，要施展铁腕以组织对付组织，以群众对付群众，把汪寿华所掌握的工会和工人尽量争取过来，叫他们反过来打击共产党。

二、杜月笙尽速建立一支民间武力。这支民间武力，负有双重的任务：一方面协助北伐军，维持秩序，确保上海的安宁，一方面监视共产党掌握的武装工人，在适当时机，一举加以解决。

至于步骤，他们决定先从争取上海滩一切有力量的人士着手。

付之于行动很出力

于是，就在当天晚上，杜月笙又去和黄金荣密谈。

在黄金荣面前，他代表杨虎，陈群提出一个要求："杨、陈二位想拜张镜湖张老太爷的门。"

"只怕我还没有这个资格引见他们吧？"黄金荣颇为踌躇地说。

"金荣哥，"杜月笙笑笑说，"大概你还不晓得，青帮里有这么两句切口：'引见无大小，传教分高低。'"

"这件事体——"黄金荣终于坦然地说，"月笙，你是晓得的，他们一定要我引见，我的确很尴尬。"

这是因为黄老板身价高，他是从来不会当面要求过别人什么事情的。

杜月笙对黄金荣说："杨虎、陈群以这么高的地位和身价，在上海做工作，他们为了工作的推展，不惜在此时此地入帮拜门，说来说去，无非为国为民，这种精神是极其可敬的。我希望金荣哥能够看在他们一片诚心的分上，勉为其难一番。"

为国为民！黄金荣被他说得满腔热血，激情澎湃，马上抛下烟枪，"霍"然而起说：

"好！大家都说我老了！我倒偏偏要在临老之前，为国家做点事情给大家看！"

"金荣哥，"杜月笙十分欢喜地说："我们这一帮人，成龙修凤，得道升天，就在这件事上。莫说金荣哥并不曾老，即使你老脱了牙齿，你也要领着我们办好了这桩大事。"

"对！"黄金荣眉飞色舞地说，"我们说办就办。"

杜月笙先去拜访吴昆山，备述杨虎、陈群拜门的诚意。吴昆山一听，点头微微而笑，试探地说了一句：

"杜先生，这件事情没有这么简单吧。"

吴昆山是上海革命元老，曾帮着孙中山的弟子陈其美攻打制造局，光复大上海。杜月笙在他面前不隐瞒，把自己和杨、陈的商议，一五一十地全部讲给吴昆山听。

"很好。"吴昆山深表赞许。但是，他又说："张老太爷最近少问外务，不大肯开香堂收徒弟，然而事关国家大计，又有黄老板的推荐，我想也许老太爷会为之破一次例。万一老太爷执意不收，你放心，杜先生，即使我人微言轻，我也一定会尽力促成。"

三天后，杜月笙代杨虎、陈群把门生帖和赞敬先送进了张老太爷的海格路范园，又过了两天，吴昆山派人来说，请黄老板陪同杨虎、陈群见张老太爷。

当日，三个人在钧培里黄家聚齐，一起换了新制的长袍马褂。然后，一起来到张公馆，盘桓了半日才回来。

原来，张老太爷为了客气，兼且保密，开的是小香堂，仪式简单而隆重，杨虎、陈群都磕了头，成为了青帮的"通"字辈弟子。

付之于行动很果决

在帮会中取得了晋身之阶，走遍上海，到处都是自家人。由于黄、杜、张的全力支持，"反共清党"的各项工作得以迅速而顺利的展开。

在杨虎、陈群的策划之下，杜月笙还着手组织愿为蒋介石效死的流氓地痞和青帮分子为纠察队，一面组织，一面训练。为此，他还决定不惜毁家购买一批枪支弹药，对手下人下了一道命令："自即日起，不惜一切代价，要以最快的速度，大量收购长短枪支，炸弹弹药，以及轻重各型的机关枪。"

"至于价款……"有人问。

杜月笙马上回答说："不必担心，有货色我就照付铜钿。"

黄金荣听说杜月笙在大量收购军火，又有点担心，打电话把杜月笙请到钧培里。

杜月笙向他说明了收购军火、准备武装冲突，已是箭在弦上，不得不发的事情，而且战火迫在眉睫，争取时间，此事第一要紧。然后，他说："只怕军火买得不多，收得不快，到时反而误了大事。"

"购买军火，要花一笔大钱啊！"黄金荣知情地说，"至于那一笔数目巨大的价款……"

杜月笙慨然地说：

"既然我们晓得顶要紧的是军火，那么，除了我投下全部家当，哪怕叫我去借、去偷、去抢，我也愿意。"

杜月笙慷慨激昂，义形于色，使黄金荣深受感动，于是乎不但不再劝阻，反而支持说：

"货物买来以后，存放的地方虽要紧，外国头脑是顶怕私藏军火的。你们那边要是地方不够放，不妨叫他们送到钧培里来。我想，捕房里的朋友，总不好意思跑来抄我的家吧。"

杜月笙十分感激，向"金荣哥"连连地点头。

告辞以后，杜月笙刚刚走到房门口，黄金荣又在他身边喊：

"喂，月笙，你铜钿不够，随时到我这边来拿。"

5. 参与"国家大事"：以自家为陷阱

手下有高手

杜公馆一时之间成为忙碌紧张、发号施令的指挥部了。每天，从早到晚，都是那几张熟面孔在华格臬路进进出出，"小八股党"的头脑，是杜月笙的八员大将，这一次杜月笙借重他们的地方很多，顾嘉棠、芮庆荣、高鑫宝、叶焯山……虽然人人腰缠万金，或多或少办了些事业，如今已有大老板的身价，但全都日以继夜，守在杜公馆里听候差遣。

叶焯山奉杜月笙之召，到华格臬路杜公馆来时，杜月笙第一次介绍杨虎、陈群和他见面，简略说了一些当前形势和他们所将从事的任务，然后告诉他说：

"焯山，我们买的第一批军火已经到了，我想交一批人给你，教他们打枪。"

叶焯山绰号"火老鸦"、"阿虎郎"，又称"小阿云"，性如烈火，有《水浒传》上的"霹雳火秦明"之风，最喜欢冲锋陷阵，亲冒镝石。他和芮庆荣两个，一搭一档，一向是杜月笙的左右先锋。

"火老鸦"身怀绝招，枪法独步沪上，一生不曾遇见敌手。某年，广东军阀陈炯明部下的军长林虎，在叛乱失败后逃到上海，拥有"岭南神枪手"的尊号。杜月笙带着一帮朋友在一枝香西茶社设宴招待。席间，叶焯山向他请教，他那一手"名声遐迩"的枪法是怎么样练出来的，林军长哈哈大笑说：

"无非常玩而已嘛。我们当兵的,队伍里子弹多的是,闲来无事,我便打靶。老弟,不瞒你说,我这大半辈子,少算点,最少也打了两万发子弹。"

叶焯山吓得吐了吐舌头。杜月笙一时好奇,说道:"请林军长即席表演。"

林军长说:"大菜馆里不方便吧!"

于是乎,立刻便有人去跟老板打过招呼。林军长笑吟吟地从怀中掏出手枪,平放在桌上,命人拿一只磁盘,抛向半空,磁盘自半空中正急速落下时,他不慌不忙,抄起枪来"砰"的一响,一只磁盘立刻被击为两半,举座正在欢呼,第二次枪声又响,飞坠的两片磁盘之一,又中了一弹,齐齐的又断成两片。

原来,正当林虎面露骄矜之色,将手枪仍旧放回桌上,就在这时不容发的之际,站在他身后的叶焯山弯下腰来,轻轻说一声:"得罪。"迅如鹰隼,一把抄起林军长的手枪,于是听见砰然一响。举座佳宾为之目瞪口呆。

原来在另一半磁盘即将坠地的那一刹那,叶焯山又一枪命中,一只磁盘被两枪击为三块,跌落在紫红色的地毯上,一大两小,如刀切豆腐般整齐。

林军长连忙离座起立,肃容相向,和叶焯山亲热地握手。杜月笙等一帮主人个个喜形于色,不约而同地干了一杯酒。

此刻,"月笙哥"发出了将令,叶焯山连声应"是",陈群在一旁叮咛说:

"叶先生,这件事是很机密的,练习的时间和地点,恐怕都要加以特别安排。"

叶焯山轻声地回答:

"我晓得,陈先生,我保险不露声气。"

杨虎放声大笑,笑陈群的外行:

"老八,上海滩不是营房里,他们平常练枪,向来都是极机密的。"

于是大家笑了一阵。叶焯山粗中有细,晓得共产党势力很大,总工会的工人纠察队也有气吞三山五岳的好汉、飞檐走壁的能人,于是头一个想起杜公馆的安全问题,提醒杜月笙说:

"月笙哥,你这里的枪枝,也该拿出来分发一下了。"

杜月笙漫不经心地回答:

"不要紧,保镖他们都是枪不离身的。"

"那还不够,"叶焯山瞟一眼杨虎、陈群,"家里还有两位贵客哩。月笙哥,你不妨将你那些枪都拿出来，上下各人，大家分配使用，这是预防万一的意思。

"你说得对，"杜月笙霍然惊悟地说，"这是最要紧的。"

下决心要来努力学习

杜月笙跟杨虎、陈群天天在一起，杨虎粗鲁无文，英雄本色，他还没觉有什么；但是，另一人——陈群，风流儒雅，出口成章，下笔草缴，文采斐然，杜月笙心里十分羡慕。

他想到自己已经参与国家大事了，被国民党寄予重望，感恩之余更加想百尺竿头，更进一步，多求点学问，多了解些国内外形势。鉴于这样的心态，在这紧张的不眠不休的时候，他反倒精神大抖，下决心要来努力学习。

从这时开始，他每天要"听"报。他不能自己阅报，因为报上的生字、生词、新事物太多，他还不尽认得，识得，懂得，必须请人读报给他听。他请的读报先生是尚慕姜，法租界受人尊敬的中国绅士。尚先生学养俱深，只要杜月笙提得出问题，他就能讲解得出道理。杜月笙则把这位读报的先生敬之如师。

可万一尚慕姜有事，杜月笙报纸却不可一日不听，于是又寻访了一位替代尚先生的金立人，帮着他把一日间的国内外大事了然于心胸。

除了听报，杜月笙还要听书。从前他听起来，不是列国志，便是三国、水浒，喊说书先生到公馆里来连弹带唱，作为消遣。这会儿，他一下子对什么三民主义、五权宪法、政治经济军事与社会等等，兴趣奇大，每天请专家来专为他讲解，似乎想把治国平天下的大学问，一股脑儿咽下肚皮去。

在百忙之中，杜月笙每天还要练字，将《三字经》与《百家姓》作摹本，一日一张，一笔一画地统统勾勒出来。于是，革命、北伐、"清共"、听书、听报、写字、忙得杜月笙气都透不过来。

一日，妓院老鸨盛五娘偶然遇到杜月笙的大弟子江肇铭，喊住了他问道：

"杜先生这一晌到哪里去了？"

"还不是在上海。"江肇铭苦笑回答。

"他在忙些什么？怎么连人都见不到呢？"

听他这样一说，伶俐剔透的江肇铭忽然有所感，他一耸肩膀笑着说：

"我们老头子除了赌,还有什么可忙的事情?"

盛五娘吃惊了,一迭声地问:"这么说,杜先生这一晌仍旧在赌铜钿?"

"赌得大啊!"江肇铭平白无故地叹口气,"他在乾坤一掷呢!"

盛五娘听不大懂,正想再问,江肇铭匆匆道声"再会",飘然而去了。盛五娘不能不信他的话,于是四处添油加醋地说着杜月笙豪赌的场面。

上海工界另有传奇人物

4月9日下午,万墨林被喊进大烟间。他发现大烟间里的气氛,跟往日大不一样,眼睛向两边一望,杨虎、陈群、张啸林、张伯岐居左,顾嘉棠、芮庆荣、叶焯山、高金宝居右,杜月笙坐在正当中,人人胸挺腰直,板起面孔,尤其是杜月笙双眉紧锁,一脸愁容。他大为惊异:是出了什么事了?否则的话,为什么一个个神情这么严肃?

"墨林你来!"杜月笙招招手,把他喊到跟前,目不转瞬地盯住他问:"限定要在今日,你找得着汪寿华吗?"

"找得着。"

"那么,你亲自跑一趟,送份帖子给他。"

"帖子在这里,墨林。"张啸林一伸手,递了一份请帖给他,"你要关照那个赤佬,妈特个×!有机密大事相商,叫他一定要来!"

"好的。"

"呸!"万墨林嘴上答应得好好的,一出门一边走,一边在心中暗骂,"汪寿华是什么东西!杜先生请他吃饭,还要备份请帖,喊我亲自送去。"

在从前,汪寿华和杜月笙并不曾见过几次面,照万墨林的说法,他不够资格到杜公馆来做客,和杜先生平起平坐。

汪寿华是上海工人总工会的委员长。传说他从小就大胆机智,不怕死,十三四岁的时候,曾手执双枪闯进杜公馆,要索一大笔钱。杜月笙的保镖正待要"解决"他,杜月笙却欣赏他人小鬼大,一身是胆,反送了他一笔钞票,笑着让保镖放他走人。从此以后,汪寿华便名满沪上,成了敢捋虎须的少年英雄。

但是几年之后,一日,杜月笙忽然接到一封匿名信,信中向他"告借"两万大洋,缴款的方式,请他在某日下午三至四时,把钱放在杜公馆在邻墙角落的那个大垃圾箱里,"借"钱的人将会亲自来取。这一封信使"小八股党"、杜门中人和亲友家人都为之震动,就是普通人家,强盗土匪也不会如此大胆,公然索取,指定时间白天取钱。于是,大家撺掇着杜月笙就放两万大洋到垃圾箱去,且看那贼怎样来拿?

杜月笙也要看看那贼到时到底如何把钱取走,届时真把两万大洋放到了垃圾箱里,然后华格桌路八方巡哨,十面埋伏,杜门中人惟怕钱拿走了坍台,躲在垃圾箱周围,守得如同金汤铁池一般,谁知百把个人一丝不苟地足足守了一个钟头,莫说强盗贼骨头,便连一个闲人也不曾撞进过来。4点过5分,大家一道去检视垃圾箱,盖子一掀,惊得目瞪口呆,那两万块钱一大包,神不知鬼不觉的不见了。

杜门中人恼羞成怒,于是侦骑四出,明察暗访,一定要将这狡贼抓来惩罚。但是,杜月笙爱惜这个人的"贼才",可天大的谜团无法揭开,只好传知水陆各路兄弟请这位高手挺身出来:"杜先生不但不追责见怪,而且诚心诚意要跟他做个朋友。"

于是,有一天,这人飘然而来,登门拜访,真人面前不说假话,他自家通名报姓。杜月笙一看又是汪寿华!立即殷勤接待,飨以酒食。席间,杜月笙虚心求教,问他:"那日是怎样把两万块钱取去的?"

汪寿华笑了笑说:

"容易得很,杜公馆左隔壁的房子上个月不是空出来了吗?那天杜公馆的人只顾了墙外的垃圾箱口,而忽略了墙内的里箱门,而我便躲在空屋院中,顺顺当当,把钱拿了就走。"

顾嘉棠等人听他说得如此轻松简单,反而蔑视他们这一帮子无能无用,捺不住心头怒火,就又要取汪寿华的性命。杜月笙急忙喝住,汪寿华却不慌不忙地笑着说:

"对不起,不劳各位费神,兄弟来时身上缚好两只炸弹,无论我怎样掼下去,炸弹都会爆炸。"

结果,这一帮人眼睁睁地坐着,看着他起身离座,扬长而去。

尽管如此,以后汪寿华也上过杜公馆有事相求。但是,他走的是万墨林的门路，他曾冒充浦东人，跟杜月笙、万墨林攀老乡情谊，因此，一向讨好万墨林。因此，这时杜月笙要请汪寿华吃饭，派万墨林亲去送请帖，万墨林嘴里说不出，心里却是上下怎么也不舒服。

这次在上海工人大罢工中，汪寿华发动工人，夺取直鲁溃军枪械，成立了武装工人纠察队，获得中共领导人李立三、陈独秀的另眼相看，成为上海总工会委员长，在湖州会馆办公。万墨林来到湖州会馆时，只见门口高高悬起"上海总工会"的招牌，纠察队荷枪实弹，往返巡逻。

听说老朋友万墨林来了，汪寿华派一名职员代表欢迎。万墨林跟他进入高大宽敞、陈设豪华的委员长室。

"墨林哥！"汪寿华亲热地大叫，"很久不见！"

"汪委员长，"万墨林觉得在这里处处令人拘束，不想多逗留，走过去开门见山地说，"我是专程送请帖来的。"

"啊？"汪寿华眉毛一掀，接过帖子也不拆开来看，先问一声："哪一个请客？"

"当然是杜先生了。"

"不敢当不敢当，"他抽出请柬一面细看，一面问，"还有些什么人？"

"不晓得，"万墨林含含混混地说，"好像只请你一位吧，杜先生说有机密大事和你商议。"然后又补充一句：

"杜先生请客，你一定要到啊！"

"一定，一定。"汪寿华说，"墨林哥，你请坐，办公室里没有好招待，等一会儿，我陪你各处参观参观。"

"不必，"万墨林向他双手一拱，"我要赶紧回去，恐怕杜先生还有事情交代。"

汪寿华绕过大办公桌，亲自把他送到门口。

革命者惨遭暗算

3月11日晚7点钟，杜公馆气氛严肃紧张，首脑人物都在客厅里。

7点45分，顾嘉棠亲自到外面巡视一周，回到客厅报告杜月笙："一切按照预定计划布置,妥善周密,保险万无一失。如今诸事齐备,只等汪寿华的人头送来。"

杜月笙还不放心,再问一声:

"外面有没有什么动静了?有没有形迹可疑的人?"

"没有,"顾嘉棠摇摇头,"马路上空荡荡的,只有黑角塔里埋伏好的自家人。"

万墨林注意到杜月笙始终面有忧色,神情不宁,脸色苍白,说话的声音也很低。于是,他轻声地在他耳边建议:

"爷叔,没有你的事情了,你还是早点上楼休息吧。"

"这个——"杜月笙迟疑了一下,没有再往下说。

万墨林的耳语被张啸林听到,关切地望望杜月笙,也附和说:

"对的,你在这里,行事不方便。你还是上楼休息的好。"

"那么,"杜月笙环望各人一眼,"我先上去,你们各位要小心啊。"

"放心好了,月笙哥。"有好几个人不约而同地回应他。

杜月笙步上楼梯,一眼发现从小住在他家的外甥徐忠霖,正躲在楼梯口向下面张望,便快步走过去,拉住他的小手柔声地说:

"快回你的房间去,不管外面有什么事情,不许出来。晓得吗?"

这徐忠霖还不到10岁,畏缩缩地看着他,点点头,一溜烟儿跑回自己的房间。

其余如各楼的太太、少爷、小姐早已奉到严厉的命令,今夜7点进房间,关好门,从此不许出来一步。

杜月笙走到楼前鸦片烟间,歪倒下来,抽几筒鸦片烟来振作一下。后脚跟进来的万墨林寸步不离,陪侍在侧。偌大的房间静悄悄的,榻后,墙壁上悬一幅"鹰瞵"巨画,苍鹰屹立,气象雄杰。榻上,杜月笙苍白面容,在烟雾迷漫中,若隐若现。万墨林闲得无聊,望着那幅"鹰瞵"出神。在杜月笙的收藏中,这幅画要算是历史最久的,本来是属于黄金荣的。杜月笙雄姿英发,叱咤万人,有一天黄金荣得了这幅画,杜月笙说他喜欢,黄老板立即说:"送给你吧。"

这时,远远蓦地传来了汽车马达声响,杜月笙神情紧张,放下了烟枪,欠身坐起,侧耳倾听。万墨林望望墙上的自鸣钟,8点差两分钟,果然是汪寿华如约来到。

汪寿华坐来的车子,刚刚在杜公馆门口停下,预先等好在华格臬路和李梅路转角的那部小包车开始徐徐滑动。汪寿华人到门口,门灯一亮,铁门扉移开,杜公馆司阍笑容可掬地喊道:"汪先生!"

汪寿华进入铁门。铁门在他身后随即被关上了。徐徐滑行的神秘车辆恰好驶进汪寿华座车的左边,两部车齐头并进。因为汪寿华的司机又在起步,想驶往前面一处停车的地方。突然,神秘车辆右侧的两扇门同时打开,跳下了两条彪形大汉。

汪寿华汽车的前座只有司机,后座是保镖。两条大汉身手矫捷,力大无穷,正好一人服侍一个,硬梆梆、冷冰冰的枪口抵住他们太阳穴,低声喝令:

"喊一声,动一动,你们就此没命!"

司机踩定煞车,车停了,两条大汉开车门挤上来,挟持保镖,下令说:"赶快把车子开走。"司机又一次发动马达。这回是驾车疾驶,抛开了并排停着的那部空车。

汪寿华的车子和司机、保镖,从此杳如黄鹤不知下落。

与车子加速飞驶的同时,汪寿华正穿过杜公馆宽敞辽阔的庭院,一步步迈向灯火辉煌的大厅。

客厅檐前,一盏顶灯散发着熠熠强光,恰巧罩在张啸林的头顶上,他穿套东洋和服,双手抱胸,昂然直立,豹眼怒睁,薄唇紧抿,脸孔上显得杀气腾腾。在他的身后,一左一右,站定的是上海滩上两颗煞星,汪寿华久闻他们的大名,一个是马祥生,一个是谢葆生。

汪寿华看着苗头不对,大吃一惊,马上一个急转身,抽身便往回走。

当他一脚跨过门槛时,躲身在左门后的叶焯山,便以蛮牛挑虎之势,斜抗右肩臂,用尽全身之力,猛的用刀向汪寿华左胸一撞。这一撞由暗里来,汪寿华冷不提防,但觉痛到心肺,一阵摇晃,险些倒在地上,发出一声哀呼!

"哎唷呀!"

这时,顾嘉棠应声闪出,一把捉牢汪寿华的胳臂,在前的芮庆荣又猛伸出手,捂住他的口与鼻。汪寿华"嗯嗯啊"无法求救。这时杜月笙在前楼听到那一声"哎唷呀"的惨叫,他额头沁汗,脸色大变,从鸦片烟榻上一跃而起,抢出门外，"噔噔噔"地跑到扶梯口。万墨林则急起直追，一步一步地紧紧跟在他身后。杜月笙一直跑到楼梯口，高声一喊：

"不要'做'在我家里噢！"

"晓得了，月笙，"张啸林回过头来宽慰说，"他妈的！他们就要把他架出去啦。"

杜月笙右手撑着扶梯栏杆，左手松弛地垂着。万墨林抢过去扶好他，轻轻地喊：

"爷叔，爷叔！"

杜月笙仿佛不曾听见，一面转身回房，一面喃喃自语：

"不能'做'在我家里。否则，以后就没有客人敢上门了。"

说完，他躺回烟榻，又休息了二三十分钟，还是坐立不安，焦灼烦躁。万墨林不敢问他缘故，只是不时暗暗地望他一眼。不久，楼下有人来通报："黄老板来了。"

杜月笙正待欠身离榻，准备迎接。紧接着，下面报告杨先生、陈先生到，又说王先生汽车停在前门了。杜月笙只好振作精神，下楼接待陆续而来的客人。

惊心动魄的时刻

那一部载着汪寿华的黑色飞车，由高鑫宝亲自开着，连车灯都不开，出华格臬路，飞奔疾驶。车中坐着"四大金刚"，任务早已经分配好了，高鑫宝担任驾驶；顾嘉棠坐在前座，负责眺望把风；后座里，芮庆荣和叶焯山四条铁臂把浑身动弹不得的汪寿华紧紧箍住，尤其芮庆荣那只蒲扇大的右手，五指叉开，仿佛五根铜条，始终紧捂着汪寿华的口鼻，使他既透不过气，又喊不出声，只有竭力扭动全身的肌肉，做无效的挣扎。

当能够看到分法华两界的枫林桥时，顾喜棠头也不回，低声提醒后座的人：

"快到枫林桥咧！"

芮庆荣望一望掌握中的汪寿华，恨意顿生，从鼻孔里迸出声音，咬牙切齿地说："姓汪的，你造的孽也够了。北火车站前面，被你送到死城里的人，血迹未干！今朝是我跟你讨还这笔血债！你好生记住，枫林桥是你归阴的地方！"说时，他怒从心中起，恶向胆边生，运足全身气力，集中在他的右手五指，那五根铜条，自汪寿华的口鼻移向咽喉。动作快得不容对方发一声喊……

车子驶到沪西，前面有一道稀疏的树林，四周罕见人迹，汽车停在马路边，再往下走二三十步，就是他们预定的汪寿埋骨之所。高鑫宝把车子停好，打开后座车门，芮庆荣反躬着身子下车，与叶焯山一前一后，抬着汪寿华的尸体。

顾嘉棠很快掀开后座椅垫，取出麻袋与工具，四个人七手八脚，把汪寿华塞进了大麻袋里。然后，顾嘉棠、高鑫宝分执钦、铲、铁锹，仍由芮、叶两人搬运麻袋，一阵小跑，进了树林。

看了一下地势，顾嘉棠伸手一指说：

"好，就是这里吧。"

芮庆荣和叶焯山听他这么说，四只手同时一松，把麻袋抛下，然后两人也来参加掘坑掩埋的工作，"四大金刚"各站一方，用最快的速度，在树林里挥土如雨地挖了起来。

坑挖好了一半，顾嘉棠伸手揩汗，突然听到有沉闷的呻吟，心里一阵毛骨悚然，手里的铁锹"当啷"一声跌在地上。

"这个赤佬还没有死？"

"嗯——"麻袋里的汪寿华果然又出了声。这一回大家都听见了。月色下，芮庆荣瞪大了眼睛，牙齿咬得格格响，右手抄起铁锹，大踏步往麻袋那边走。

"你要做啥？"顾嘉棠高声地一问。

"嘘——"叶焯山立刻叫他噤声。

汪寿华果然不曾被掐死，芮庆荣老羞成怒，火冒三千丈，冲过去，将铁铲高高举起，正想一连几铲剁碎了汪寿华。顾嘉棠一个箭步，蹿到他跟前，一伸手接住了他那条铁臂，低声地叱喝：

"不可以！"

"为什么？"芮庆荣气息咻咻地反问，"难道你想放他的生？"。

"用不着你多费这个气力，"顾嘉棠语气缓和了些，"管他死呢活呢，快点把坑挖好，埋掉算了。"

芮庆荣还不肯依，于是高鑫宝、叶焯山一齐跑过来，说好说歹硬把盛怒中的芮庆荣拖开。"四大金刚"加快速度，转眼之间掘成了一个高可半人的大坑，高鑫宝、叶焯山合力把麻袋抬来，"蓬"地一声抛入坑底。顾嘉棠口口声声地催"快呀快呀"，四个人挖起泥土把坑填上。

"好了，可以回去复命了。"顾嘉轻声地说。

于是，高鑫宝、叶焯山回头就跑，顾嘉棠跟在他们身后。惟有芮庆荣性烈人胆大，毫不在乎，又把那一坏浮土重重的蹬了几脚，方才离开。

秘密杀害了汪寿华，"四大金刚"火速撤离，小包车飞快的驶回法租界。怕引人注意，他们特地绕了几圈，才转回到华格桌路，进了杜公馆。

汪寿华，是蒋介石发动四一二反革命政变中牺牲的第一位共产党人，对上海工运是个重大损失，也是杜月笙等人欠下的一笔血债。

四人进门以后，远远望见公馆大厅里灯火灿灿，人来人往，顾嘉棠用肘部轻撞芮庆荣，告诉他说：

"今天真是热闹，刚才沪西解决了汪寿华，此地大本营又要歃血为盟了。"

芮庆荣不解地问：

"歃血为盟？"

"老板、月笙哥、张大师、杨虎、陈群和王柏龄，今夜金兰结义誓共生死。"顾嘉棠详加说明，"因为共进会弟兄天不亮就要出动，冲锋陷阵，危险得很。所以，大家事先约好歃血为盟，吃血酒，表示从今以后有福共享，有难共当。这是给大家打打气的意思。"

芮庆荣一面走，一面凝神倾听，眉头又皱起来了，声音闷闷地问：

"吃血酒不是洪帮的规矩吗？怎么我们青帮也来作兴这一套呢？"

顾嘉棠笑笑，说：

"管他哪一帮的规矩哩，只要大家表示诚心就好。"

边走边谈，到了大厅，四个人齐步进去，四面一看，场面大得很咧。除了黄、杜、张、杨、陈、王六位主角，黄、杜、张三大亨手下的大将，共进会的弟兄，还有许多朋友，密密层层，或坐或立，把跳舞厅般大小的一座客厅，挤得全场爆满。

大厅正当中，高高悬起一幅"刘关张桃园结义"的绣图，一对巨烛粗如手臂，三支线香轻烟缭绕。八仙桌上摆好猪头三牲，香花鲜果，使一片喜气洋溢中更添了几分庄严肃穆的意味。

六位结义弟兄,今天一例换了黑马褂、蓝绸衫、黑贡缎鞋。他们正忙着和到贺的客人寒暄、谈天。杜月笙,杨虎和陈群站在一处,杨、杜两位个子高,出人头地,一眼瞥见四小兄弟从外面进来,脸上的笑容一收,四只眼睛十分焦急而紧张地想从他们面部的神情,寻求答案——汪寿华是否顺顺当当的解决了?

顾嘉棠,叶焯山会意,向他们深深的一点头,莞尔一笑。于是,杜月笙和杨虎,立刻恢复满面欢容,继续跟宾客周旋⋯⋯

6. 四一二政变的急先锋

狂徒们充当政变打手

1927年3月,在北伐战争凯歌行进的大背景下,由中共上海区委领导的第三次武装起义发动并取得胜利。起义的主力军就是工人纠察队。到了四一二政变期间,蒋介石反动政权利用青帮流氓,对工人纠察队最先下手。

4月11日深夜,黄、张、杜、王、杨、陈六人,在亲友弟子群臣毕集的庆贺声中,祭告天地,喝了血酒,发下毒誓:"愿共患难,同生死,结为异姓弟兄,如有异心,天诛地灭!"观礼者鼓掌欢呼,情绪极为热烈。

黄金荣满脸堆笑,站在大厅中间,向大家频频地拱手,一面高声地说:

"谢谢,谢谢!只是今夜朋友到的多,招待容有不周,还请各位原谅!"

他这是在以大阿哥的身份,代表六兄弟称谢。但是大家一见黄老板开了口,以为一定会发表长篇大论,哪晓得他只不过寥寥数语,客套几句。因此人丛里有人不依,大声地喊:

"我们马上就要出动了,请老板跟我们讲讲话,打打气!"

"好哇好哇!"众人起而附和,还有人清脆响亮地拍起了手。

黄金荣窘了,他虽说是法租界的华捕头子,但是平时在大场合下讲话却很少,此刻涨红着那张紫膛脸说:"各位晓得我一向不会讲话,要打气——"他一眼在人群里发现了张啸林,如逢大赦,连连地向他招手:"啸林,哦,不,大帅,你来来来!你替我说几句!"

张啸林微微笑着。有人立即把他推向客厅中央,他就站在黄老板的旁边,未曾开言,先学谭鑫培咳两嗽,吐一口痰,于是整个大厅鸦雀无声。

"各位朋友,今天我们六位弟兄结拜,承蒙各位光临捧场,道谢的话,老板方才已经说过了。打气的话呢,我看各位劲头足得很,哪里还要我来说呢!"

引得大家全笑了,"张大帅"却又伸手一指墙上的自鸣钟说:

"现在已经一点钟了,夜里来不及办酒席,而且只怕各位也没有这么好的胃口。我跟月笙备了一些粗点心,请各位赏光,算是宵夜。如果哪位有兴趣喝几杯老酒,挡挡寒气,那更是欢迎之至,尽请自便。"

他这几句话一说完,大厅四面八方的门一开,立即闪出来一批批杜公馆的男听差、俏娘姨,手上捧只托盘,大肉面、蟹壳黄……各色各样的中西美点一应俱全。爱喝酒的,尽可从香槟酒到洋河高粱酒中任意挑选,主人备的下酒菜有卤菜和花生核桃之类的干果。

于是大厅里着实乱了一阵。众家弟兄端酒的端酒,呼朋叫伴,找一块地方,成一个小组,吃喝起来。一则杜公馆这里首创的自助餐方式,使大家觉得新鲜,二来夜已深沉,这份丰盛的酒食来得恰到好处,令人陡然精神一振。

黄老板和"张大帅"并肩而立,不时齐同一致地徐徐转身,注视男女佣人有否招待不周,等到大家专心吃喝完,嗡嗡的人语笑声渐渐又起了,"张大帅"这才提高嗓门,大声喊开了:

"两点半钟,等我们迈出杜公馆的大门一步,我们就要应了'生死有命'那句老话!碰碰看到底是谁的浪头骨高?赤佬纠察队搞得上海滩上天下大乱,鸡犬不宁。如果让他们霸占了上海,我敢保险没有一个好人活得下去!我们喝春申江的水,吃上海滩的饭,上海老百姓怎样看待我们,我们不管。但是老话说得好,'瞎子吃汤团,肚皮里有数',我们平时讨人嫌、遭人怨,挨人骂,无非都是我们的不好,上无片瓦,下无尺土,偏偏要着缎着绸,喝酒吃肉,今朝!"

说到这,他猛地一声吼:

"上海人大难临头,赤佬把他们逼得无路可走,我们倒要讲讲江湖的道义,使使侠士的威风,哪怕拼了这条性命,我们也要出了这口气,解决解决问题,把那般赤佬打他一个落花流水!这就是我们今朝华格臬路英雄聚义的目的!"

"张大帅"这一番话,虽然是胡言乱语,但是说得慷慨激昂,荡气回肠,使在场的每一个人全都怒发冲冠,血脉贲张。顾嘉棠把一碗大肉面重重地往桌上一放,兴奋地一拍大腿,伸手把叶焯山手里的一杯白兰地夺来,一仰脖子,一饮而尽;然后猛力一甩酒杯,乒零乓啷,打得粉碎,就地跳了起来,大喊大叫:

"'张大帅'说得痛快!出动的时间快到,就请各位满饮一杯,我们分头出动,拼了这条性命,消灭那班赤佬祸害!"

大厅里群情激愤,情绪到达最高潮,"走哇走哇!""杀光赤佬!"的喊声此起彼落,有人干杯,有人放下面碗,一屋子乱哄哄的,个个都在争先恐后地抢在头里出发。一片紊乱中,杜月笙突如其来地叫了一声:

"请众家兄弟听我杜某人的一句话!"

斯言一出,宛如上演魔术,一厅的紊乱迅速秩序井然,人人站在原位,肃静无哗。这时,杜月笙才声清气朗地往下说道:"今天的事,不管成功失败,我们惟有尽心尽力。尽心尽力以后,失败了不怕难为情,成功了我们也大可不必居功!我只奉请各位一句,千做万做,小吊码子不做!"

陈群笑容满面,深深点头,仿佛是在向杨虎表示:杜月笙四两拨千斤,一语中的,他的心胸和见识要比"张大帅"略胜一筹。

众家弟兄恭敬地应了声"是",自鸣钟当地一声,两点半钟,人潮一齐向外涌去。

上万的共进会兄弟自法租界出发,一路静悄悄的,穿过大英租界,分批沿北四北路、北江西路和北河南路齐头并进,直扑宾山路上的攻击目标。法租界领事费信早就被杜月笙买通了,每一条通往华界的道路豁然敞开,各路全无阻碍。

静悄悄的,完全按照预定的部署。

很快,上万人马分成三层,把宝山路上两幢高大的建筑——图书馆与印刷所团团围住。打前锋的人各就各位,各自寻好开枪攻击的地点,同时找到必要的掩护。

人称"梁山好汉"的张伯岐,在辛亥光复杭州时,任敢死队队长,会合新军,一举攻克浙江抚署,立下首功,被任命为浙江先锋团团长。这次他担任行动总指挥。此人一身都是胆,不怕死,此刻站在第一层包围圈的第一线,手执勃郎宁手枪,巍然指向天空,顾嘉棠、叶焯山、芮庆荣、高鑫宝站成四方形,在他的前后左右。在他们后面,预先挑选的120名敢死队分列三排,随时准备冲锋。

张伯岐慢慢地抬起右手,就着月光,两只眼睛定定地看着表,一万多人鸦雀无声,心跳怦怦,连大气都不敢透,静候他的命令。这一万多人个个都是破题儿第一遭亲身经历这种大阵仗,既新鲜又刺激,全都憋着一肚子劲。

这时,一个年纪轻轻的小伙子,他是芮庆荣新近收的学生,憋不住了,悄声向他旁边的人耳语:"我便急,要去撒泡尿。"

他刚走到一处墙角,拉开裤头小解。正在这时,张总指挥眼看时间到了5点20分,高高举起的右手,"砰"地开了一枪,与此同时,严声一喝:"散开!"

其实,他的"散开"是冲锋的暗号,末后一个开字还在余音袅袅,紧接着,一万多人齐齐地挤命吼叫:

"缴枪!缴枪!"

这吼叫声如晴天霹雳,似澎湃怒潮,在寂静如死的深夜中炸响,顿时天地变色,地动屋摇,四条猛汉拥着张伯岐一马当先,120名敢死队手枪齐轰,鼓噪猛冲,在他们后面一万多条嗓子齐吼:"缴枪!缴枪!"枪声、吼声、步声,像平地起了阵阵焦雷!

敢死队一路顺利无阻,就要冲到铁门口时,门里闪出一个人,裤腰上插一支盒子炮。他歪戴鸭舌帽,身着工人装,跑过来质问:

"喂,喂,喂,你们在这里吵点啥?"

"火老鸦"芮庆荣跟他劈面相逢,也不答话,左手把他怀里的枪一抄,右手的勃郎宁抵住他的眉心,"砰"地一响,来人一个跟头往后栽倒。

芮庆荣一枪打死了工人纠察队副队长杨凤山。

趁着铁门开了缝,敢死队一鼓作气往里冲。铁门里的警卫发现他们的副队长被打死,急忙卧倒,用轻机关枪和盒子弹连连向外面轰击。尽管他们闭起眼睛放枪,漫无目标,但是枪弹四飞,密如连珠,在黑夜里织起辐射式的火网与弹道,几乎把整个门框都封住了。

张伯岐一看情形不对,当机立断,下令撤退,并且高声地喊:

"分开来往两边跑,千万记住,一定要紧挨墙角!"

敢死队马上照办。墙角是大楼上射击的死角,纠察队不管怎样从窗口往下开枪,也无法伤及下面的人。

沿着两面高墙,敢死队兵分两路,绕到了大楼后头,在嘉庆里附近,由于这一面墙四层楼的窗口还不曾开枪,张伯岐喊道:"快!"120名敢死队没有一个人带伤,安然无恙地统统退到包围圈的第一线。

喘息定了,张伯岐再下命令,猛一回头,向后面的人说道:

"往楼上打!"

"往楼上打!"一声接一声地传下去:

"往楼上打!"

"乒乒乒乒",手枪、步枪,"咯咯咯咯",手提机关枪,"哒哒哒哒",马克欣机关枪,一起响起来了,偶尔还传来一声更响亮惊人的"嘭——轰",那是炸弹甩在石墙上爆炸发出来的。

一直攻打到9点多钟,局面转趋沉闷。这时候,国民革命军26军第2师第5团开到,由一位精明能干的邢团长率领副官、卫士拿着一份公文跑过来,说是调停,限令在上午11点钟以前,以军号为记,双方停火。张总指挥很客气地接待邢团长。邢团长名叫震南,保定军校二期毕业,说:"我很尊敬张先生是位革命元勋。"

张伯岐一面和邢震南寒暄,一面使眼色命顾嘉棠去打电话,向坐镇总部的杜月笙请示。

电话里,杜月笙毅然决然地说:

"现在我们只有往前冲,尽快把东方图书馆攻下!"

张伯岐立即遵命,一连三次冲锋,机枪、步枪、手枪这一类轻武器射不穿钢筋水泥的墙垣,三次冲锋三次退却,毫无进展,不起作用。

杜月笙在电话里发了急,高声地嚷叫:

"告诉前面的弟兄,我马上来!"

放下听筒,杜月笙振臂一呼,黄老板、张啸林、金廷荪……老一辈的大佬级人物全部出动,赶赴而来进行增援。

洋人也买江湖的账

因为费信已经如约封锁了所有的通路,杜月笙等人先坐汽车,然后跨越田塍,从北火车站左首沿着铁道跑过来。三大亨到了战场,引起一万多徒子、徒孙欢呼雀跃,人人争传佳音——

"杜先生来啦!"

"黄老板也来了!"

"还有'张大帅',——哇!金牙齿阿三!"

随即,共进会总部和前敌总指挥在战地举行紧急会议,会场背景是一万多徒子、徒孙在摩拳擦掌,准备在三大亨面前奋力抢先,有所表现。

"血气之勇不能成事,"张啸林细心观察战场形势,断然地下了结论:"要想攻下这幢大楼,必须拉几门大炮来轰。"

"哪里有大炮?"黄老板急急地问。

"要么——"张伯岐睃一眼杜月笙,"我听说大英地界小钢炮多得很。"

可是,费信肯借吗?黄老板心里的话还不曾说出口,杜月笙却已一拉高鑫宝,不假思索地说:

"走,我们去找费信。"

杜月笙带了他的高级翻译高鑫宝,一会儿就进了费信的办公室。他开门见山,命令高鑫宝:"照我的话直翻,我要商借英租界里所有的大炮。"

看杜月笙额头沁汗,神情严肃而紧张,费信哈哈大笑地说:

"杜先生,你要那么些炮做什么呢?你在宝山路打仗的情形我都知道了,让我借20门小钢炮给你,好吗?"

"好的,谢谢。"

马上,20门小钢炮运到了最前线。

张总指挥如获至宝,眉开眼笑。20门小钢炮充了前兵,在商务印书馆前面的空地上一字排开,然后张伯岐向身后众家弟兄高声地一问:

"有没有会开火炮的?"

问话像回声似的往后传,一会儿便集合了一百多人。他们搬炮弹的搬炮弹,上膛的上膛,拉导线的拉导线,根本无须指点,动作还蛮熟练。张伯岐估量好了距离,要亲自下达命令。正当他要喝令"开炮!"时,杜月笙挤过来,一拉他的肘部。

"什么事?"张伯岐转脸颇不耐烦地问。

"里面好人、坏人都有,可否先开几炮,吓吓他们。只要他们肯缴枪投降,也就罢了。"

"我正是这个意思嘛!"张伯岐一皱眉说,头也不回地大喝一声:"开炮!"

正当中的5门炮应声而放,一下子宛如山崩地裂,震耳欲聋,5颗炮弹流星般射过去,又是连声巨响,"乒零砰唧!"转眼间,硝烟散处,图书馆门框轰去半截,两扇铁门支离破碎,无法再复原形了。这时,只要张总指挥喊一声:"冲锋!"大队人马即刻一拥而入。

但是,惊天动地喊出来的却是一万多名弟兄的欢呼与喝采。他们眼见图书馆的大门被轰掉了,兴高采烈,欢声喧天。有人甚至于跳将起来,振臂雀跃,那情景就像在跑马厅里得了头彩。

谁知杜月笙和张伯岐都把纠察队估价过低。虽然他们看见运来了大炮,轰开了铁门,但仍然不投降。这边一开炮,他们便回敬几排枪,将炮兵阵地前面的黄泥巴打得翻了一个转。

这时,有一名临时炮兵害怕了,气急败坏地跑到后面说:

"张先生,张先生,我们的位置太突出了。"

"我晓得。"张伯岐脸孔一沉,不再理他,扬着脸对杜月笙说:"要打仗,心肠软是不行的。"

杜月笙同意地点点头。于是,张指挥又发号施令,指派顾嘉棠、叶焯山、高鑫宝:"每一个人领5门炮,拨二三十个人,分为东南西北,四个方位,开始轰射图书馆的每一面墙。"接着,他又悄声地叮嘱他们说:

"你们先轰四楼,再轰三楼,然后是二楼和楼下,总之,轰平了上一层,再轰下一层。"

芮庆荣正在焦躁,气冲斗牛地问:

"为什么不由下往上轰,轰坍了二楼,叫三楼四楼那批王八蛋,统统摔下来跌死!"

"你不曾听到杜先生说吗?"张伯岐瞟了一眼杜月笙,"我们要先开几炮,吓吓他们。你要先从底下轰起,那几千条性命只有完结。"

杜月笙脸一红,打仗他是外行,不再插嘴晓舌了,随即和张啸林离开了张伯岐,带着一大群跟班和保镖,一路路的去慰问众家兄弟,并为他们打气了。

花了半个多钟头，"四大金刚"才把四面炮兵阵地布好。张总指挥传令下去："谁的炮位先定好，谁便先展开攻击。"于是，"轰隆轰隆"到处都是炮声。而纠察队只有步枪、手枪，枪打不到炮，而一炮便可以打坏十几条枪十几个人，纠察队终于顶不住了。张伯岐眼看胜券在握，脸上出现得意的笑容，一声叱喝，指挥成千上万的弟兄潮水般地向图书馆里涌去。炮声止歇，枪声也只剩下零零星星的，胜利者大呼小叫，这时四层楼的房子里一片大乱，双方在楼内混战起来。

这样混战下去不是回事，顾、叶、芮、高四条大汉前呼后拥，为杜月笙挤开一条路，让杜月笙站在楼梯转角。杜月笙高声地喊：

"大家不要打了！先捉纠察队的头脑！"

他的吩咐，从一楼传到四楼，秩序立刻安定。各队队长四处搜寻。这里虽然是纠察队的总指挥处，可是总指挥顾顺章却不在，一问他到哪儿去了，有人回答：

"清早4点多钟的时候，湖州会馆总工会传来枪声。总指挥当时便带了四五个人，到那边探视去了。"

这个说法令人难以置信。顾嘉棠闷声不响，看见办公室的电话还没损坏，拉起电话拨到吕班路共进会总部，一方面报告顺利攻占图书馆的捷报，另一方面请总部查询湖州会馆总工会那边，是否捉到过纠察队的总指挥顾顺章？

顾顺章在湖州会馆，对共进会总部来说，顾嘉棠这一问倒是一项值得注意的情报，那边答应即刻去查，随时通知。顾嘉棠搁下电话说：

"我们先把这头理清楚。"

没等多久，电话铃声急响，高鑫宝抢着去接，他每听一句，便高声的报告一下，电话一打完，大家全都晓得总部回报来的佳音。

原来，清晨4时，600多位共进会弟兄对湖州会馆内总工会会所发起攻击，当场获枪械无数，还抓到了十几名首要分子，然后把他们押解到第26军第2师师部。顾嘉棠打电话回总部，要求查询纠察队总指挥是不是在湖州会馆后，总部留守人员想起那十几名俘虏，再用电话询问第二师。师部军法官根据这条线索，把共进会的俘虏带出来盘问清查。这一查便查出了结果，俘虏中有纠察队总指挥顾顺章，和他的两名卫士、一位军医和两员书记。

原来，顾顺章是在商务印书馆总指挥处听到湖州会馆附近有枪声，他很不放心,带这一批人来巡视,当时他们不觉得有什么异样,可是等他们步入总工会略作休息,耽搁了20分钟不到,外面又是枪声大作,共进会弟兄发动全面攻击,起先他们也曾进行顽强抵抗,后来在强大的压力之下就被擒住了。

同谋者浮出了水面

然而,4月12日中午,淞沪警备总司令白崇禧却贴出了布告:

> 为布告事:
>
> 本早闸北武装工友大肆械斗,值此戒严时期,并前方用兵之际,武装工友任意冲突,殊属妨碍地方安宁秩序。本总指挥职责所在,不得不严行制止, 以保公安。除派部队将双方肇事工友武装一律解除外,并派员与上海总工会妥商善后办法,以免再启斗争,而维地方秩序。所有本埠各厂工友,务各照常工作,毋得轻信谣传,自贻伊戚。
>
> 为此布告,仰各界人等一律知悉。
>
> 此布。

看到这一布告,人们在马路上交头接耳,议论纷纭,搞不清楚这究竟是怎么一回事。共进会的弟兄们还没看到这张布告。因为他们绝大多数仍在闸北跟工人纠察队拼命,枪炮齐施,杀得难分难解。

可是,到了下午5点多钟,上海戒严司令部司令兼第26军军长周凤岐堂堂皇皇,不假辞色,也发出了一通布告,大幅石印,遍布上海华界通行要道和大街小巷。

> 照得本日拂晓,本埠各处忽闻枪声四起,即经派人调查,据报系有工人及莠民暨类似军人持械互斗,势正危急等语。当以本埠地处要冲,偶有不靖,势将影响大局。况当戒严之际,尤不容有此等越轨行动,危及安宁。本部职责所在,不得不力予维持,妥为消弭。当即分饬所部,赶赴各地弹压,不论何方面有不遵约束者,即依照戒严条例,勒

令解散缴械，以靖地方。去后，兹据报称：所有各地持械之工人莠民等，势甚嚣张，无法制止，业经遵令一律解散，并将所持枪械，暂为收缴。似此突如其来之事变，业已平定，深恐地方人民未明真相，转滋误会，合亟布告，仰尔军民人等一体知悉，务宜各安生业，勿得惊扰，致碍治安，倘有不逞之徒，仍敢造谣生事，一经察觉，定当严办不贷，切切！

此布！

看到"莠民"、"类似军人"、"越轨行动"、"影响大局"等词语，共进会不少人愤愤不平，为之哗然。他们立即向杜月笙提出抗议："明明是我们共进会弟兄赤胆忠心，自发行动为国家流血汗，为革命作前驱，拼了性命去打纠察队，然而东路军总指挥和戒严司令出告示，却将仗义勇为的共进会弟兄和武装叛乱的纠察队并列，同时声讨，说他们'大肆械斗'，'任意冲突'，在'戒严时期妨碍秩序，搅乱安宁'，这种说法怎能令人心服气平、接受得了呢？"

于是，黄老板和杜月笙，加上共进会方面参与机密的首脑人物，苦口婆心，舌敝唇焦，竭力地向这些出过气力、建了功劳的朋友解释。杜月笙大声疾呼地说：

"我们只问自家做得对不对？用不着管人家说我们好不好。何况各位应该可以了解，官方不比私人，他们办事总体有顾忌，我们绝不要中了共产党的奸计，挑拨我们和军队的感情，闹得互不相安，正好让他们渔翁得利，东山再起！"

但是，杜月笙这么说，却又开始执行布告的要求。为表示坚决支持与拥护两份布告，他下令，由他私人千方百计买来的那一批枪械和所有的弹药武器统统送到26军，请周凤岐转呈中央，表示共进会也缴了械。

4月13日下午，以蒋介石北伐军总司令部参议董福开为主席的善后委员会，正式接收湖州会馆的上海总工会，宣告将原有的总工会取消，另行组织上海工联总会，负责各工会组织、工人领导以及各项纠纷的处理。

第二天，行动大队在陈群、芮庆荣的指挥之下，由驻军和警察协助，全面搜查共产党所在的上海特别市临时政府、上海特别市党部、上海学生联合会、平民日报社和中国济难会，按图索骥，前后逮捕共产党员1000多人，全部解交龙华总指挥部讯办。

与此同时，上海"清党"委员会正式成立，由陈群、陈德徵、冷欣、黄惠平、冷西、陈超、桂崇基、高方、潘宜之、周致远、俞国珍等担任"清党"委员。

原来，白崇禧和周凤岐的布告主要是为了平息上海工人内讧，目的是安定上海秩序。其实，他们与杜月笙等人是一伙的，都是对共产党和上海总工会进行屠杀的同谋者。

这就是"四一二政变，杜月笙等人唱主角，帮助蒋介石屠杀共产党人，使得蒋介石等人排除共产党占据了中国最大的城市——上海。这次政变成为杜月笙和黄金荣、张啸林等黑帮投靠蒋介石的政治资本。

7. 情海余波

新地位与新秀新政的矛盾

黄金荣自露兰春事件以后，已决定归隐退休，不再过问外面的事务。

因为在三大亨中，黄金荣是有资格享享晚福的。在上海滩上，他拥有规模庞大的娱乐事业，好几十幢街堂房子，光是收收房租，一个月也有万把块的收入。在漕河泾乡间，他又造了一幢占地60余亩、斥资200万元的颐养之地黄家花园。这座私人别墅是上海的名园胜迹之一。园中水木清华，崇园奢丽，正厅名为"四教"，镌有蒋介石颁题"文行忠信"四个大字，假山石笋，都是花了大价钱远自北平和西湖运来。

这时，他又有一项鲜为人知的秘密，即又跟一个女人同居了。由于子孙长大了，以前的床头人别人都知道，因此他只好瞒住家里人，在新城隍庙附近租了一个小房子住。

60岁的黄金荣近亲只剩下一位长辈姑老太太。林桂生与他离婚，露兰春也跑了，姑老太太时常劝他再讨一个。他给逼急了，只好笑嘻嘻地承认："已经有啦！有啦！"

秘密泄露，小辈们寻了去，才知她原来是上海丈量局局长曾绍棠曾伯伯的下堂妾,跟林桂生也是要好朋友。她抽鸦片烟,喜欢白相,离了曾局长后便和黄金荣同居。黄家小辈因为她住在漕西,喊她"西海好婆",杜月笙称她"西海太太"。

黄金荣很想把这位新欢也带进黄家花园,就此关上大门,宴宴然做他的富家翁。

然而,4月12日的"清共"这一仗,把黄金荣已消沉的壮志又复激发。他心知这次功劳建得不小,而国民党的要员之中有不少是他的旧交,因此事后蒋介石论功行赏,特别授他以三等勋章。于是,他把蒋介石发的勋章和法国领事发给他的少校奖状,一齐挂在客厅里面。同时,杜、张、杨、陈四位老把弟,不时"金荣哥"长,"金荣哥"短的奉承几句,使得黄金荣更是觉得当前的这个大环境真是交好运的时候,只要他动动脑筋,拨拨嘴唇皮,大可以重振往昔的声威,再建自己的势力。

于是,四一二"清党"政变之后,蒋介石的军队进驻上海之初,黄金荣振作精神,多方联系,一心一意准备东山再起。随后,杜月笙的心腹大将芮庆荣当了行动大队长,黄金荣的左右手徐福生立刻跟进,出任淞沪警备司令部的谍报处长。黄、杜二门,各有其人,掌握了拥有上海滩上生杀予夺大权的两项重要职位。

虽然黄金荣老谋深算,机智深沉,有了东山再起的想法,但他并没有付之于马上行动,而是凭他丰富的阅历、犀利的目光,冷眼观察国民党派到上海来的各级干部,以及国民政府经常往返京沪的中枢人物。他不久便看出,他最接近的杨虎、陈群,不但不能作为"新派人物"的代表,而且他们终将泥菩萨过江,自身难保,因为在绝大多数国民党人中已经涌起对他们深表不满的暗潮。随后,他又发现像陈果夫、陈立夫兄弟的官职比杨虎、陈群高,地位比他们更重要的国民党大员,人人工作紧张,生活刻苦。不久,他又听说某要人为太太买了一双丝袜,竟然在国府纪念周上挨了蒋介石的骂,更有某红人买进一幢洋房,始终不敢搬进去住,种种传闻,甚嚣尘上。这足以证明蒋介石不同于旧官场。这不是黄金荣希望的官场生活。于是,他见微知著,方才激起的雄心壮志立即冰消瓦解,烟腾云散,表面上声色不动,暗地里却准备打退堂鼓了。

周旋在黄、张之间

接着下来，又发生了两件事，促成了他从大上海的新战场上提前退却。

首先是他和一位年轻有为、干劲十足的国民党官员交过一次手，其次是露兰春的新任夫君薛二突然被捉。

一天，黄金荣听说上海市政府要检查各戏院演出的戏剧，这使他大为光火。他振振有词，断然地加以拒绝：

"租界上的事，市政府管不着！"

市政府派一位叫耿嘉基的秘书来向他说明。耿是市政府与租界大亨间的桥梁，专负双方联系协调之责。照说黄老板应该对他客气一点，但是，黄金荣晓得耿嘉基每个月要吃杜月笙1000元的俸禄，三言两语便把他打发出去。

过了几天，耿嘉基写了信来，介绍一位主管戏剧检查的年青朋友，专诚拜访黄金荣。黄金荣没想到市政府的"小朋友"也这么难弄，接见了，很费了些唇舌，解释清楚自己的难处，然后端茶送客。

他所持的理由是租界上无法奉行市政府的命令。谁知隔不多久，法国驻沪总领事、兼法租界公董局总董范尔谛忽然把"黄少校"请了去，婉转地劝他："中国人开设的戏院，何妨接受中国官员的检查？"

一听之下，黄金荣瞠目结舌，无词以对，只好答应照办。

第二件事出得更妙，原来露兰春和薛二双宿双飞，恩恩爱爱，小孩子一个个的生下来，露兰春洗去花心，深居简出，一心一意相夫教子，薛二家里有钱，大少爷常年游手好闲，除了在家吃吃鸦片烟，闲极无聊，有时候也难免跑跑赌场，输赢不计，只是消遣消遣，也并无大碍。

那一天在江湾跑马厅，薛二正杂在人堆里看赛马，突然有两条大汉挤过来，一左一右，伸手把他一挟，硬梆梆的枪口抵住了肋条骨，接着是低声地叱喝：

"不要喊！跟我们走！"

于是，薛二被捕。

薛二是个锦衣玉食、享惯了福的大少爷，被两条大汉从人丛里抓出来，塞进了汽车，一路驱车直疾驶，还没有驶到枫林桥"清党"委员会，他又惊又怕，鸦片烟瘾发作,已经眼泪鼻涕直流,呵欠打得闭不拢口,两名行动员见他一身软得像泥,两脚下不了地,只好把他连拖带拉,半抬半掖,不经过盘问就先关进监狱。

露兰春等了一天,晚上不见薛二归来,提心吊胆,捱到天亮。她在上海原也交游广阔,认识不少有钱有势的朋友,但是自从嫁给了薛二,两年闭门不出,一般老朋友早就不相往来。这日因为薛二彻夜不回,她知道一定出了事,急切无奈,只好在外抛头露面,到处打听老公的下落。

谁知,打听的结果却使她大吃一惊。原来是黄老板那边的人算起了两年前的旧账,薛二身陷囹圄,他被囚的地方正是专门盘问处决政治犯的枫林桥!这一下她吓得遍体冷汗,魂灵出窍。

但是,她不敢直接去求黄老板、杜先生,或者"张大帅",只好拿出大笔钞票,找人托人为她千方百计想办法,请求刀下留人,救救薛二的命。

当天,就有用洋钱银子买得来的消息——薛二是以共产党嫌疑分子的罪名,羁押在枫林桥交涉使署。这就是说,薛二随时随地都有绑赴刑场、一枪毙命的可能。问题的严重性还不止此,消息来源还告诉她,再不火速设法,只怕薛二等不到审判就会枪毙,就要白送性命一条。

原因是他的鸦片烟瘾奇大,叫他三天不吃饭无所谓,如今关在大牢,黑粮断绝,他片刻难熬,饱受折磨。

露兰春和几位热心朋友商量,认为所要请托的对象不但得跟三大亨够交情,而且还要在杨虎、陈群的面前也能说得上话。想来想去,她只好由热心朋友周培义专诚拜访原国会议员陆冲鹏。

陆冲鹏就是曾经为北京政府财政部聘任杜月笙、张啸林为财政部参议时携带委任状的人。

周培义把薛二处境之险恶、薛家上下的焦灼,一五一十告诉陆冲鹏,然后,请陆冲鹏挺身而出,设法"刀切豆腐两面光",将这桩事情摆平。

陆冲鹏眉头一皱,摇头苦笑地说:

"这桩事情,现在只可釜底抽薪,还不到开门见山谈条件的时候。薛二在监牢里,我先设法使他稳住。黄老板、杜先生那边,讲穿了惟恐尴尬,我只能去探探动静。"

　　说完,他立刻拿起电话,打到枫林桥,电话是打给行动大队长芮庆荣的。芮庆荣亲自接听。陆冲鹏一听他的声音,就直打直地说:

　　"我晓得薛二在你们那边,'死罪容易过,活罪最难熬',你帮帮忙放一码。让我派人送几只鸦片烟泡给他,先保住他一条性命,你说好吗?"

　　芮庆荣在电话里笑了起来,说:

　　"陆先生,你的消息真快!"

　　"真人面前不说假话,"陆冲鹏坦率地说,"来托我的朋友,此刻便站在我的身边。"

　　"好好好,你把东西带过来吧,"芮庆荣的脾气一向爽快,做事讲义气,绝不拖泥带水,"我负责给你送到。"

　　"还有一桩,"陆冲鹏顺水推舟,再做个人情,"薛二身体不好,务必优待优待。"

　　"晓得啦。"芮庆荣应允,接着又压低声音,叮咛一句:"不过,这些事情你最好不要让'大帅'知道。"

　　这一句话露出了破绽。放下电话,陆冲鹏疑云顿生,想了好久,明明是黄老板的干系,而杜月笙、张啸林跟黄老板向来三位一体,一鼻孔出气,假使捉薛二是为了"惩治"他诱拐露兰春,芮庆荣接受自己的请托,"优待"薛二,为什么单怕张啸林一个人晓得?

　　陆冲鹏一面通知周培义,转告露兰春把鸦片烟泡、食物、寝具和给监牢里上上下下打点的钱送去;一面打定主意上华格臬路杜公馆走走,探探杜月笙的口风。

　　来到杜公馆后,陆冲鹏又转弯抹角,旁敲侧击,趁两个人一榻横陈,抽着大烟时,他提起了薛二被捉的事。

　　杜月笙放下烟枪,一声长叹,连连摇头地说:

　　"事情老早过去了,何必今天又来翻一次粪缸!"

　　陆冲鹏大喜过望。因为杜月笙这么一说,他的态度昭然若揭,公报私仇捉薛二,他是绝对不赞成的。而杜月笙有这个表示,薛二的事情也就有了转机。

　　"为这桩事体,啸林哥刚才跟我发过一顿脾气哩。"望着陆冲鹏苦笑,杜月笙感而慨之,"其实,我不过是因为金荣哥打电话来,跑过去问他一声。"

"啊？"陆冲鹏抓住机会问，"'大帅'为什么发脾气？"

"他说我们'狗咬吕洞宾，不识好人心'。"杜月笙肩膀一耸，"他想尽方法把薛二罩上个共产党的帽子，喊芮庆荣捉他进去，无非是替金荣哥报当年的一箭之仇，趁此机会出口恶气。他怪金荣哥和我不领他的情。"

陆冲鹏连忙点头，然后，坦然地说："自己今天专程拜访，正是为了薛二的事，因为不相信外面的传说，薛二的被捕和黄、杜、张三大亨有关。"然后，他直言不讳地说道：

"以你们三位今天的身份和地位，何止于去做这种惹人批评、令人不平的事情？凭良心说，当我听到了这个消息，当时就很着急。薛二固然是不够朋友，老板、杜先生和张先生要是果真有心与他这样计较，那才更加叫我担心。"

"你这个话说得不错。"杜月笙欣然同意，继续说道，"上海滩上已经人心惶惶，草木皆兵了。枫林桥那边也不知道枉送了多少条性命。我们站得这么近，无风都要起三尺浪哩！还能做出这种事来落个话柄？！"

"杜先生这样说，我就放心了。"陆冲鹏吁了一口气，又问，"不过，杜先生的意思，这件事情应该怎么了呢？"

"你今天来得正好。"杜月笙欠身坐起来说，"因为办这桩事情，我需要用你！"

"用我？"

"啸林哥这一着正好应了一句俗话：'关老爷卖马，周仓不肯画押！'"

譬喻得妙，杜月笙和陆冲鹏一齐笑了起来。两人笑了一阵儿，杜月笙咳嗽一声，又正色地说："金荣哥打电话给我，气得跳脚，他说啸林哪里是在帮我的忙？他简直是在给我添麻烦！黄金荣破人家庭的事是绝不做的。但是话虽如此，啸林哥那边刚才也是光过了火，说了不少难听的话。因此之故，我现在夹在当中很为难，无论我出面说什么，总归要有一面心里不好过。所以，啸林哥和陈老八那边，最好还是你推说薛家的请托，由你出面去说一说。"

"好的好的。"陆冲鹏很高兴，满口应允，随即一跃而起："我这就去枫林桥，先看陈老八。"

但是，他非常佩服杜月笙的高明，站住又多和杜月笙说了几句心腹之言。而陆冲鹏一出面，黄金荣和杜月笙又正好借陆冲鹏为传声筒，把自己的态度委婉地播传给了人们。而杜月笙在洗刷嫌疑,解脱干系之余,又把请释薛二的差使轻轻地往陆冲鹏身上一放。黄、杜的目的达到,张啸林那边又没失了兄弟的和气。

陆冲鹏和杨虎、陈群交情很深。现在他把黄、杜二位的心意和态度一一照说不误。杨虎心知张啸林自作主张,表错了情,此刻有陆冲鹏出面,马上将露兰春的心上人薛二宣告无罪释放。

8. 碰上了恋爱的苦杯

不能与心上人说上一句话

杜月笙一生之中,女人无数,可以说是享尽了艳福,但是,他真正为爱情所苦,女人使他辗转反侧,坐卧不宁的,是在1929年,他42岁,声誉日隆,事业突飞猛进的那一段时期。

一天,黄老板开设的黄金大戏院请到了三位红极一对的名坤伶。这三位名坤伶是三母女,老太太小兰英唱老旦,大小姐姚玉兰唱须生,二小姐姚玉英唱武生,三母女合挂一块牌,给戏迷们看来确实新鲜。尤其是三母女是梨园世家,唱做俱佳,玩艺儿不在任何名伶之下,于是轰动了上海滩。黄金大戏院场场客满,夜夜财源滚滚。

杜月笙很爱皮簧,自己学会几出戏,唱的是须生和武生。黄金大戏院来了两位年轻貌美、色艺双全的生角,他当然要去欣赏欣赏。他头一天看了姚玉兰的戏,便深深地被她吸引,百忙之中一到姚玉兰的戏快上场,就什么都不顾了,驱车疾驶,赶往黄金大舞台。

每天赶着捧场不算,他还拉了要好朋友去看。有一次王柏龄到上海来玩,他便请王柏龄看姚玉兰。王柏龄对姚玉兰也很夸赞。两人谈着谈着,杜月笙突然一本正经地说:"我想娶这一位小姐,你看如何?"

"好哇,"王柏龄极表赞成,还说:"你要是娶到了她,闺房里面对唱起来,那才是人生一乐。"

"就怕——很难。"

王柏龄很诧异了：

"就凭你杜月笙，这个条件还不够？"

"唉，你有所不知，"杜月笙深沉地叹口气，"她们是讲究老法规矩的梨园世家，那位老太太好厉害，三母女形影不离，捧她捧到了今天，我还不曾跟她说过一句话哩。"

原来，在杜月笙向王柏龄透露心事以前，早已展开了追求攻势，亲自到后台拜访，说些仰慕艺事的话。便装的姚玉兰，端庄秀丽，但是，在后台，两姐妹从不答理别人。别人问她话，只是嫣然一笑，一切交际应对，都由老太太出面代理。

杜月笙跟沈月英的结合，是两情欢好，相互看中了意，后来又经过黄金荣担任大媒，讨了陈氏夫人和孙氏夫人，杜月笙半辈子不曾碰过恋爱的苦杯，没有尝过相思的滋味，惟独如今，他每晚都在台下，沉迷于投手举足、一曲绕梁的姚玉兰，情丝"剪不断，理还乱"，真是尝尽了"求之不得，辗转反侧"的魂牵梦萦之苦。

两代人做两次媒都成了

实在难以忍耐了，有一天，杜月笙终于想出了一条门路。

黄金荣声明退休以后，几爿戏馆大都由他精明干练的大媳妇李志清掌管。李志清身为老板，又是女流，跟小兰英三母女，由于业务上的接触，结成闺中的密友。——这些，是杜月笙老早已经打听清楚了的。因此，他决定去求计于"妹妹"。

妹妹，是杜月笙对李志清这个小辈的昵称。

杜月笙抽一点空闲，驱车钧培里，见过金荣哥聊了些时闲天，找到了李志清，向她招招手说：

"妹妹，你来，我有事情问你。"

"啥事体？"

"我问你，小兰英是跟你蛮要好？"

"当然要好呀。"

顿了顿,杜月笙自己先笑。然后,还是把心里的话说出来了:他喜欢姚玉兰,想托李志清代为试探一下,假如他想娶姚玉兰为妻,是否有此可能?

李志清咯咯地笑,最后还是答应了。

她受人之托,忠人之事,将杜月笙的心事一说,小兰英三母女都有点出乎意外。

以杜月笙的声望、财势以及他对姚玉兰的一片诚心,小兰英未尝不愿有这么一位金龟婿?她私底下问过姚玉兰,姚玉兰其实也晓得杜月笙对待自己完全是发乎真诚。但是,双方年龄的悬殊先不说,头一桩杜月笙现在就有三房妻室,姚玉兰时正锦绣年华,花容月貌,虽说小姑居处犹无郎,可是拜倒于她石榴裙下的少年子弟也确实不少,可以选择的少年郎也是随便挑。嫁给杜月笙诚然一生有靠,但她又很不甘于做小。

李志清一心促成,两头传话,把姚玉兰的心意毫无保留地告诉杜月笙。杜月笙想了一想,再跟李志清坚决地说:

"你可以代我向她们说明:第一,我一定要跟姚玉兰白首偕老;第二,我绝不会把她当做偏房。"

杜月笙越急,越能表示他的爱意,李志清往返折冲,几经交涉,姚玉兰和她的母亲终于开出了"最低限度"的条件:

一、必须公开宴客成亲。

二、必须和华格臬路杜公馆里的那三位夫人分开来住。

李志清把话传过去,杜月笙喜出望外,毫无难色,一一应允。

杜、姚之间的婚事,至此,总算是谈出了一个结果。

李志清也很高兴,跟杜家叔叔开了个玩笑说:

"杜家叔叔,有时候想想,我自己也觉得好笑。世界上真会有这种事情,你找我和婆婆,两代人为你做了两次媒,居然都做成了。"

杜月笙听了,哈哈大笑。他晓得李志清指的婆婆,也就是他的桂生姐,在14年前,一力促成了他和沈月英的婚姻,而这一次又是他的侄媳帮他撮合了一次理想姻缘。

心中高兴,杜月笙许了心愿说:

"妹妹,你这次为我的事体,辛苦了,我一定要好好地谢你。"

"杜家叔叔,你要谢我什么?"

当天,杜月笙便派人去买了一支金手表,送给李志清,作为谢礼。

新太太,新欢喜

杜月笙和姚玉兰结婚以后,姚玉兰自幼是随同父母闯过码头,见过世面的,又是走红多年的名伶,一口京片子,清脆嘹亮,杜月笙的交游范围越来越广,越来越往高处攀,像姚玉兰这么一位风光体面、应付裕如的杜太太,一下子弥补了杜月笙多年来的一大遗憾。

新居设在辣斐穗路辣斐坊16号,杜月笙租了一层豪华考究的西式楼房。行年四十有二,杜月笙四度作新郎,所以对外尽量避免张扬。可是,好朋友知道的依然不少,所以这场婚事仍旧办得相当风光热闹。

老公又娶亲,沈月英更加显得萎靡、消沉。

她惟一的儿子杜维藩大了,每天要出去读书,而家里娘姨、丫头、保镖、当差一大堆,服侍这位大少爷,无微不至,处处周到。她这个当娘的,反倒觉得插不下手。她平素身体虚弱,多灾多病,于是一天到晚躺在床上吃鸦片烟。

吸烟成瘾,并且越来越大,她成天入不离灯,手不离斗。沈月英的母亲、娘家的老账房焦文炳,合住在杜公馆对面的一条弄堂里,她只要出房门,下楼梯,走不到三两百步路,就可以去跟老母亲相聚个一天半天。但是她连这几步路也懒得走,于是母女三月两头见不了面。有一次,杜月笙突然之间看见了她,颇为她的形销骨立、弱不禁风而骇然惊怵。但是,他也想不出法子让她戒绝鸦片,恢复生气。

由于金廷荪的太太跟她蛮要好,因此杜月笙出个主意,让她到金家去住一段时期。

金家相当守旧,金廷荪的老太太规矩极多。她晓得杜月笙和金廷荪有手足之情,便将沈月英也跟自己儿媳妇似的看待。但是,儿媳得向她晨昏请安,搓麻将的时候要陪着,外面不论送什么东西进来得先送到老太太房中看过。沈月英在金家住了一段时期,消愁遣闷,振作精神谈不上,相反却受不了老太太的规矩,住得苦不堪言。隔不多久,她又如逢大赦地搬了回来。

自此以后,鸦片烟毒更严重地剥夺了她的健康。

三楼太太孙佩豪比较豁达。她善于自己排遣,将全部时间精力贯注于她的一对爱儿——维屏和维新。当这两个孩子念到初中时,她便请杜月笙把他们送到英国伦敦去求学,自己也去了。维屏、维新都学习很好,孙佩豪便伴着儿子在海外过着优游的岁月。

和姚玉兰结婚以后,杜月笙生活上的情趣倍增,夫妻俩有相同的嗜好,闺中高歌一曲,兴味无穷。姚玉兰结了婚便洗去铅华,一心一意做杜夫人,自此告别了红氍毹的生涯。海上顾曲戏迷们倍感惘怅,但是姚之歌也并非如广陵绝响,如遇有义赈救灾,或者亲朋戚友一时兴起来而上一次彩排,她也兴致盎然地粉墨登场。

结婚一年后,她给杜月笙生了个女儿。这更使得杜月笙欢喜得好像天上掉下了奇珍异宝。这是杜月笙的第一个女儿,杜月笙给她取个名字叫美如。他对她的钟爱还不止于"掌上明珠",杜美如满月的那天,蒲石路杜公馆不仅大宴亲朋,并且演出堂会,由当时风靡沪上的梅兰芳、马连良联合演出,张学良夫人于凤至亲临道贺。后来,她一直对人说:"就那回在上海看到了骨子好戏。"

第八章　江湖不缺钱

1. 插手金融业

经过四一二政变后,杜月笙仿佛跳过了一座"龙门",蒋介石继聘他为司令部参议之后,又聘他担任"国府谘议",他成了上海滩上惟一一个势力遍及法、英、华三界的大亨人物。党国要人陈群、杨虎、王柏龄、陈希增等是他的结拜兄弟,一些党部委员、黄色工会首脑们纷纷拜他做"先生"。

杜月笙在社会上的巨大能量,使上海滩上素来自视出身高贵,从不与"下三界"(流氓、赌棍、烟贩子)打交道的金融实业界上层人物,也开始对他刮目相看,接连抬他出来担任一些要职,如"法租界商界总联合会"主席和"纳税华人会"委员兼首席顾问。

不久,法租界华董空缺,中外阔佬又捧他登上了五人华董首席的宝座。

但是,杜月笙却有一块心病,他总感到自己的出身底蕴不香,总摆脱不了"下三流"的心理影响。要使自己正式列入"上等人"的行列,必须要有实业作为"涨身价"的后盾。

正当杜月笙朝思暮想如何踏进实业界的时候,机会恰恰就来了。

1928年春节,大年初一,杜公馆来了一位新客人,此人是任北四行储蓄会经理的钱新之。

钱新之,名永铭,浙江湖州人,留学过法国,在清末状元张謇出任交通银行总裁时,他就担任了交通银行的总经理。前些日子出任国民政府财政部次长,如今是"四行储蓄会"的经理,堪称上海金融界的巨子。

北洋军阀时代,私立的银行很多。1927年5月国民政府在南京成立后,蒋介石把自己的中央银行抬为银行之首,在金融上控制其他公私银行及钱庄。原来的两家公立银行——中国银行和交通银行,依然保持原样,由"四大家族"的另外两家孔(祥熙)、宋(子文)加以控制。

私立银行中,主要有北四行和南四行。北四行是由原来在北京、天津设立总行的金城、盐业、中南、大陆四家银行组成。国民党政府在南京成立后,北四行的重心也逐渐南移,并组织了四行准备库,发行中南银行名义的钞票,成立四行储蓄会,大量吸收存款。后来,还造了当时远东最高的大楼——国际饭店。

钱新之到上海后,住在租界的公寓里,有两只箱子失窃,内中有几件"传家之宝"。他向租界当局报案,巡捕房一连查访几天,杳无音讯,毫无办法。

大前天,他转几道弯子托了个朋友,请杜先生帮忙。

杜月笙满口答应:"我一定要想办法。把东西找回来!"

第二天,也就是大年夜11点光景,两口箱子由司机阿发送到了钱新之的住处,物归原主,里面的东西一桩不少。内中有两样已被当掉,是杜月笙派人赎回来的。钱新之要还赎款,司机不肯收,说是杜先生关照,交个朋友。

钱新之感激不尽,大年初一,特地来杜公馆拜谢。

杜月笙一听银行界大名鼎鼎的钱经理来访,一迭声地吩咐:"快请,快请!"他自己忙着迎上去。

寒暄之后,杜、钱二人一见如故,在小客厅里谈得十分投机。不到半小时,脑子活络的钱新之便以老友的口吻,向杜月笙进言:

"杜先生,依小弟的愚见,以您的手腕、名望,今后应大办工商实业。名列工商业界后,您的名望会更大更重,地位更加巩固,在上海滩更令人瞩目。"

"噢——"杜月笙其实早就有这想法,此时却装起了糊涂,久久没有表态做声。

"这个长远打算不知杜先生想过没有?"钱新之坦诚地说。

"钱先生,听君一席话,胜读十年书。我是要搞实业,也想干实业,只是那么多行当,干什么呢?我杜某还有所不知,请钱先生赐教一二。"

"要搞实业吗?首先应有个银行,先挤入财界。在上流社会站住脚跟,且不说争身份,它也是发财的好门路,银行一面吸收客户的银根一边放债,做生意,借本生息何乐而不为呢?"

"开玩笑吧?钱先生,开银行,说说容易,做起来就难了。我到哪去搞那么多资本?不敢想啊。"

"杜先生经营着五爿赌台,进账一定不少吧,据我钱某所知,先生仅为法国领事那那齐亚每月准备的红包就有18万之多,这还不包括总巡长费才尔、总探目乔万士的18万。还有杜先生在闸北、南市经营的福寿宫、凌烟阁的烟馆,也给市党部的陈群5万红包,这数也不错的吧!具体做法,容我代杜先生筹划。过两天,我们再细谈。这两天,杜先生可以先找找人,拉些股东。"

钱新之当场表态愿意出力。

杜月笙一听,知道这事有望了,当即表示同意。钱新之一席话把杜月笙的心说活了。

送走贵客后,杜月笙上车去钧培里。这一次给黄金荣拜年,除了礼节性的意义之外,又加上了一层实质性的东西——请兄长一道开银行。

"月笙,这玩意能赚钱吗?"黄金荣有些拿不准,"你能不能拿得准?钱赔进去可捧不上来。"

黄金荣对于赚钱的行当,一向以为是贩鸦片、开赌场、戏馆为最,吃"黑"食吃惯了,大模大样地办银行、开工厂,他觉得既出力又不保险。

杜月笙可不一样,他已经认识到了现在弟兄们的社会地位都普遍提高了,不像模像样地办些实业,难以在上流社会立足。虽然黑道也不能丢,但那毕竟是上不了台面的,久了终会使人怀疑。

"大哥,我们现在的情况和以前不一样了,光靠鸦片、赌场,上不了台面,这银行是最体面的,外国的许多大老板都是银行家。你入一股,挂个常务董事的名,不过问事务,到时分红利,怎么样?"

黄金荣觉得这样行。因为他知道,事情由杜月笙去做不会差的,杜月笙不可能做亏本的买卖。他不插手事务,只享受财香,何乐不为?

"我就听你的,入一股。"

趁着拜年的机会,杜月笙又跑了几家,拉了些股份。

到年初三,钱新之果然送来了一套筹款方案。他向杜月笙建议说:

"先生可以从三方面筹集资金:凑、堆、挖。"

"何所谓凑、堆、挖呢?"杜月笙问道。

钱新之却笑而不答。但是,精明的杜月笙很快就悟出了他的真意。而钱新之却不明其里,接着又解释说:

"所谓凑,就是从鸦片行、赌场里拼凑。租界里的十家大土行,每家的流动资金少的十几万,多的几十万,而且盈利极高,为了给杜先生捧场,凑出几十万是没什么问题的。"

杜月笙自己所控制的上海最有名的五大赌场:富生、荣生、义生、利生及源利,每天进出的金额,动辄几万、几十万,提出一部分资金,还不是小菜一碟?于是他又问道:"什么是'堆'呢?"

"这是银行同业中的老规矩,凡有新银行开张,各同业都需在开幕那一天向新行存进一笔巨款,名为'堆花',表示道贺。上海滩有十几家银行,这个数目也是很大的。以杜月笙的名望和势力,谁敢不来'堆'一'堆'这锦上之'花'呢?"

杜月笙点了点头,至于"挖"呢,杜月笙更是心明如水,钱新之也不多说了。

不久,杜月笙就付诸实施"挖"了。

恰巧,这时一个姓吴的小子是上海第一个大财神,名叫吴耀庭。大概是得意忘形,或者色胆包天吧,父亲刚去世,他便与父亲的七姨太干上了。

有一日,他和七姨太赤裸裸地在床上大战三百回合,被家里的其他姨太太当场捉住了。

"谁叫你天天理她不理我们?"众人指着姓王的小子说。

"你想独吞那1000多万遗产吗?"众人指着七姨太说。

一下子,家里闹得开锅一样,几个遗产的共同继承人趁这个机会,准备侵吞那1000万,便告他个忤逆,要剥夺他的继承权。

但是,吴耀庭也不是个吃软的人,死活不答应自己少要一分父亲的遗产,一家子正闹得不可开交时,其他姨太太们一下子把他告到了上海县衙打官司。

杜月笙听到这事,一拍大腿,对一个门徒说:"永铭,你去对姓王的说,这件事我来摆平,1000万遗产他稳拿到手,只是他要向银行投资50万,我给他个董事名头。"

"好,杜先生能帮忙,我想姓吴的正是求之不得的。"

果然双方一拍即合,杜月笙连哄带吓,唬得几个姨太太乖乖地缩了头,50万大洋捞进了杜月笙手里。

后来又有一个姓朱的,也是靠杜月笙摆平的,得了一宗遗产,把其三分之一入了股,成为银行的大股东。不出一年,杜月笙如此巧妙地集资竟达200万之巨。这种资源来得很奇特,在金融界也是绝无仅有的。

经过这么一番筹划,银行当年就开张了,这就是有名的"中汇银行"——中国由大亨开办的第一家银行。杜月笙自任董事长,黄金荣、张啸林为常务董事,金廷荪做了监事。

但是,杜月笙烟赌有道,实业无方,手下的弟兄不是昔日的流氓白相人,就是一些跑街结账的小角色,对经济可以说一窍不通,结果开张干了两年,只获利十几万元,勉强维持银行职员的工资和业务交际费用。

尽管如此,杜月笙利用其明敲暗诈、月黑风高的惯技,在金融界还是迅速地打开了局面。

中汇银行的北面是上海华商纱布交易所,杜月笙办公室的窗子斜对着它。每日里,杜月笙都能看见交易所门庭若市,生意兴隆。

"让我也来凑凑热闹吧。"

一天,杜月笙望着那车水马龙般的人自语道。

不久,交易所内一群流氓起哄、怪叫、吹口哨,交易所被迫停业。交易所明知是杜月笙在捣鬼,却也无可奈何,只好叩开中汇的大铜门,请杜董事长出面镇压小流氓。

杜月笙彬彬有礼地答应了。

当然,中汇是从来不做赔本买卖的。不久,华商交易所的理事名单中,忽然冒出了杜月笙的大名。而中汇的金库中,一下又增加了50万的储金。

在"豪夺"的同时,杜月笙也常常"巧取"。

外国人发明汽车以后,人们发现汽车比马车方便,既快又省力,而且乘坐舒适。因此,到了20世纪30年代初,汽车不断更新换代,轮胎需求量大增,一时使制造轮胎用的橡胶供不应求,市场上的橡胶价格也不断猛涨。橡胶生意空前看好,外国几家橡胶园和从事橡胶生意的商人获得了巨额利润。

做橡胶股票生意很赚钱!上海的外国人嗅觉十分灵敏,有个叫麦边的英国流氓立刻找到杜月笙,说:

"杜先生,现在橡胶在国际上十分走俏,我想与你合作做这方面的生意。"

"怎么做?"

"我们可以发行股票,你不是有个中汇银行吗?我们可以联合起来炒股票。"

"这些花纸头,炒到最后能赚钱吗?"杜月笙不懂这玩意儿。

"这一点杜先生放心,有你这样的人做后盾,我们是一定能赚大钱的。"

于是,麦边与杜月笙联合在上海开了一家从事橡胶生意的"蓝格志拓殖公司",兜售橡胶股票。

麦边诡计多端,搞这样的事很有一套。

一开始,他请人写了一篇文章,刊登在几家中外文报纸上,大肆吹嘘橡胶怎么好,用途怎么广,以耸人听闻的言辞大做橡胶广告。

然后,在杜月笙的帮助下,他又拉了一些不三不四的人冒充董事,每个礼拜召集他们开一次董事会,借此机会,大造声势,宣扬他在国外的橡胶园大获丰收的消息。他所做的这一切使人们相信,买麦边的橡胶股票有靠山。

与此同时,这个洋瘪三暗中向外国银行借钱,摆噱头,每隔三个月,用借来的钱发给一些持有橡胶股票的股东们一部分中间利息,给那些想发财的人尝尝甜头,并以此标榜自己守信誉。

在杜月笙的帮助下,麦边雇用了大量人员冒充股票的认购者,虚张声势,一大早就涌到中汇银行门口,排队抢购橡胶股票,致使很多不明真相的人也纷纷涌到中汇银行,争着抢购橡胶股票。

结果,中汇银行因人多拥挤,秩序大乱,不得不停止营业。消息传出,哄动全市。麦边和杜月笙就这样变着戏法,乘机把橡胶股票一涨再涨。

他们看到股票价格一日比一日上涨,快涨到极限时,中汇银行突然宣布,某月某日,所有的橡胶股票停止押款。

布告贴出,犹如晴天霹雳,急得那些股东们想去跳楼。因为银行拒绝股票押款,说明橡胶股票已分文不值,完全成了一张"空头支票"。人们做梦也不曾想到,这些花花绿绿的橡胶股票一夜之间就成了一堆废纸。而麦边则带着分得的近千万元,拍拍屁股、卷起铺盖逃之夭夭了。

其余的一半钱,则被杜月笙悄悄地吞了下来。

这次橡胶股票风潮致使上海滩几十家商号、工厂、钱庄等纷纷倒闭。其中正元钱庄的老板陈逸卿、北康钱庄的老板戴家宝和谦余钱庄的老板陆达生,挪用各自钱庄客户存入的远期支票,向其他钱庄调换巨额资金,套购了大量的橡胶股票,最后钱庄倒闭,三人手挽手在涨潮时在吴淞口外跳了海。

除了利用洋人施骗弄钱,杜月笙纵横金融界,还有绝招。

1931年七八月间,长江、黄河、珠江流域共有16省暴雨成灾,受灾人口5000余万,有近15万人因洪水死亡。8月12日,杜月笙、王晓籁等人发起、组织了"上海筹募各省水灾急赈会",大张旗鼓地举行募捐,这倒也不失为一件善举。

就在这期间,杜月笙听说称为"南三行"之一的上海商业储蓄银行投资的一宗食盐生意在长江里翻了船,损失将近200万。杜月笙得信后,马上指使手下人到该行去存款,等到商业储蓄银行把这些钱放出去后,便让人四处传播谣言,说"商储"亏空了几千万元,银根特紧,董事们正在挖肉补疮云云。

这一谣言一出,市民们惊慌不已,惟恐自己的存款"泡汤",纷纷连夜到商储门口排起长队,争先恐后地挤兑现金,杜的手下也趁时起哄,前去提款。

最初,商业储蓄银行的董事们仗着实力雄厚,不以为然。可三天下来,提取存款竟达总库存的一半。这下董事长陈光甫急得满头大汗,再过几天,存款定然会全部取光!因为这时挤兑的势头仍有增无减。

陈光甫感到背后有人在"拆台脚",但他无法追查根原,要紧的是先刹住这股挤兑风,于是急忙向中国、交通两行呼救,要求紧急借贷预付提款。多亏两家总经理的支持,陈光甫紧急借来两卡车银洋,但挤兑之势已如决堤洪水,他怎么弄也无法遏制这股狂潮。

到第四天下午,陈光甫已无路可走,急电南京财政部次长钱新之设法解决。

钱新之将商业银行的危机问个明白后,不假思索地说道:"你去华格臬路找杜月笙,就说我请他出面帮个忙。"

当天晚上,陈光甫依照钱新之的指示来到杜月笙府上,好话说到大半夜。

杜月笙自然领钱新之的情。他对陈光甫只说了一句:"明早在开门之前,在商储见。"

次日上午,商储门口突然来了一队小汽车,为首的一辆牌号是"7777"。这是上海市民人人皆知的杜月笙之车。杜月笙等跨出车门,申报存款300万元。

见此状况,如潮挤兑的客户顷刻作鸟兽散。

杜月笙只需亮个相,一场偌大的难关便闯了过来,这令金融巨子陈光甫惊叹不已。

无独有偶,四明银行也是一个典型的例子。

四明银行创立于清朝末年,名义上是银行,但实际上是一家钱庄,该行由宁波人创办,开始银行行址在宁波路、江西路转角,和广帮的联保保险公司为邻。后来,四明银行从宁波路,迁到北京路、江西路转角的原上海华美书馆的部分基地上。

四明银行的经理叫孙衡甫,他原来是一家钱庄的伙计,但是,工于心计,很会盘算,因而在业务上发展很快,银行最高存款额曾经达到4000万元,成为上海较大的商业银行之一。

然而,四明银行以及孙衡甫本人却倒也很有趣。该行经营作风完全沿袭钱庄那一套。孙衡甫性格怪僻,平时深居简出,不大同人交往。孙自以为很有钱,凡事不求人,讨了大小老婆七八个,个个如花似玉,妻妾们整天陪着他,家中人个个嗜好鸦片,烟枪林立。一到时候,老子、儿子、老婆、姨太太人人吞云吐雾。孙衡甫偶尔外出,必要坐上装有防弹玻璃的汽车,外加四五名保镖,前拥后簇,好不威风。

除了四明银行之外,孙衡甫还办了一个四明储蓄所,花头也很多,如开办学费储蓄,婚嫁储蓄等,千方百计吸引客户储蓄。他对房地产经营也很感兴趣,用大量资本投入房地产的购买。据说,单就里弄房屋,最多时就曾达1200幢左右。此外,孙衡甫还利用北洋军阀政府金融管理的混乱,发行钞票,作为其主要的资金来源。四明银行发行的钞票,纸张和印刷很一般。纸张为棉料,浸水即可分为二层。然而,这时上海其他银行发行的钞票都不印2元卷,惟独四明银行印有2元券,故显得十分别致。

但是，四明银行也有触霉头的日子。

1931年年底，四明银行也发生了挤兑风潮。

由于孙衡甫将银行资金大量收买房地产，一旦碰到这种急煞人的事情，银行就难以招架了。然而，孙衡甫比陈光甫熟悉上海滩的市面行情。危情一出现，他马上只身一人来到杜公馆，把一张50万元的支票交给了杜月笙，要求存入中汇银行，条件是请杜月笙能调剂出一些现大洋，帮助平息挤兑风潮。

杜月笙便说："这好办，明天早上我就送银元去，保证让那些兑钱的人放心。"

第二天，杜月笙亲自押了100多只箱子送到四明银行门口。

这时，四明银行门口人很多，秩序很乱。杜月笙让人从汽车上搬下一只箱子，打开，说："各位客户，请不要拥挤，四明有的是钱，请放心！都能兑到大洋。"

说完，他挥了一下手，有一个手下人把箱子打开，人们一看，果然是一叠叠光亮的银元。接着，银行的职员和押送人员一起上阵，把那100多只箱子全搬进了仓库。

挤兑的人一看，四明的实力这么雄厚，怕什么，钱放在这里最保险。于是，人们纷纷离去了。还有些已兑过钱的人听说了这事，马上又回来，把钱重新存了进来。

其实，那100多箱只有前面几箱是银元，后面的箱子里全是石头。

杜月笙的声誉在银行界顿时鹊起，许多银行纷纷来请这尊保护神，杜月笙一下子成了浦东、国信、亚东等银行的董事长，中国银行、交通银行的常务董事和其他一些银行的兼职。

陈光甫为答谢杜月笙的援助，把50万元无息贷款存进了经营不善的中汇银行，还将"商储"的一部分业务转送给他。

杜月笙得此援助，立即扩大"中汇"在实业界的经营范围。

不久，杜月笙被上海滩上的金融巨子们选为上海银行分会的理事。

自此，他白相人的长袍外面又罩上了一件"金融家"的绅士长衫。

随着中汇银行的兴旺发达，杜月笙的事业与名望跃上了新的高峰。到抗战前夕，上海滩上请他列名为董事、监事的银行、钱庄、信托公司多达70余家。有一些公司还请他出面任董事长。

2. 禁止日货,于松乔撞墙

正当杜月笙在上海滩飞黄腾达、节节高升之时,九一八事变发生了。

1931年9月18日晚,日本关东军按照预谋,派工兵炸毁了南满铁路沈阳北部柳条沟的一段路轨,反诬是中国军队所为,以此为借口,向北大营和沈阳城发动突然袭击,挑起了九一八事变。

对此,蒋介石却命令国民党东北当局,"日军此举不过寻衅性质。为避免事件扩大,绝对不抵抗。"这种不抵抗政策,束缚了东北军队的手脚,东北锦绣河山很快陷入日军铁蹄之下。日本帝国主义的野蛮侵略,在中国激起汹涌澎湃的抗日怒潮,上海人民奋勇投入这个爱国运动。9月24日,上海3.5万名码头工人举行抗日罢工,10万学生举行抗日罢课。9月26日,上海各界人民举行抗日救国大会,通过要求对日宣战、武装民众和惩办失职失地的官吏等决议案,会后举行了抗日示威游行。10月初,上海各业80多万工人组织了抗日救国联合会。

民族矛盾的上升,不仅使工人、农民、城市小资产阶级一致要求抗日,民族资产阶级也开始表示了抗日要求。反映民族资产阶级意志的上海《申报》便多次发表评论,抨击国民党政府的不抵抗政策,要求停止内战,一致对外。

这股洪流将杜月笙也卷入其内。经国民党上海市党部首肯,以杜月笙、虞洽卿、王晓籁、王延松、陈霆光等人为常务委员,组成了"上海市反日救国会",后由陶百川改名为"上海市抗日救国会",由国民党上海市党部委员陶百川任秘书长。

杜月笙鉴于五卅运动的时候,对于英国人采取经济抵制的策略极有成效,现在他再次建议抗日救国会从"禁止日货入手",发动对日本人的反抗。抗日救国会迅速地在各重要地点成立了检查所和保管所,吁请上海市民,全面拒买、拒卖洋货,检查所人员并采取直接行动,到处搜查日本货物,一旦有所发现,立即加以没收,交给"保管所"去加以储存。

"检查所"和"保管所"需大批的执行人员,抗日救国会除了招募爱国人士和学生义务担任外，主要的人力来源还得靠杜月笙发动自己青帮弟子们，并且，在爱国工人中遴选出大批的干部。——陆京士在上海从事劳工运动多年，他是杜月笙和上海劳工之间的一座桥梁，他负责杜月笙和劳工大众的联系，也是杜月笙处理劳工问题的最高顾问，私人代表。

对日经济绝交，抵制日货运动在上海滩上风行。一天，天后宫桥检查所由邮务工会出身，杜月笙的门人于松乔负责。各地检查所、保管所纷纷成立。他和一位名叫刘心权的热血青年，以"射人射马、擒贼擒王"之势，一上来便到"合昌祥"绸布庄抄出两大箱日本棉布。于松乔吩咐跟去的检查员将这两箱东洋货充公，按照抗日救国会的规定，载送到"保管所"去暂行封存。

与此同时，于松乔和刘心权也回到了天后宫桥"保管所"，坐候好戏开锣。因为这两箱东洋布大有来头，它的物主，便是上海市纱布同业公会理事长、合昌祥的大老板、在上海商场影响力极大的陈松源。

过不了多久，果不其然，一部轿车开到天后宫桥，陈松源昂首走进抗日救国会天后宫桥分所，在他的身后还有两名身壮体强的保镖。

"这里是什么人负责！"陈松源大咧咧地问道。

"是我，"于松乔挺身而出，自家通名报姓："我叫于松乔！"

"久仰，久仰，"陈松源鼻孔里哼哼地冷笑，"方才贵所有人到小号合昌祥，取走了两箱布匹，我恐怕这里面一定是有所误会了。"

"没有误会，"于松乔斩钉截铁地回答，"合昌祥的两箱东洋布，就是我亲自去查出来充公。"

陈松源呆住了，他从来没碰过这么大的钉子，他摸不透于松乔是哪一路的朋友，居然有眼不识泰山，连他陈松源都不认得？态度如此强硬，说话更是一副公事面孔，半点情面也不讲。

两名保镖"食人之禄，忠人之事"，挤过来向于松乔发了话：

"喂，朋友，你不要有眼无珠啊，你晓不晓得这位先生是谁？"

"管他是谁！"于松乔挺一挺胸，"我只晓得公事公办，在这种国难当头的时候，还要贩卖东洋货，让东洋人赚钱，造了枪炮子弹打中国，那是奸商，是汉奸，汉奸、奸商贩卖的东洋货就得没收！"

"什么奸商不奸商？"保镖发了火，"你胆敢当众辱骂我们陈理事长？"

"什么陈理事长不陈理事长?!"于松乔大义凛然,反唇相讥,"理事长要贩卖东洋货,一样的是奸商!"

至此,陈松源赫然震怒,两名保镖破口大骂。于松乔屹然不为所动,他直指陈松源的鼻尖说:

"我警告你,我们这里是办公事的地方,你要在这里无理取闹,我就……"

"你敢怎么样?"陈松源厉声一喝,打断了于松乔的话,接下去又是狺狺的骂,而且,他竟指挥保镖干脆点硬上:"你们进去给我搜,把我们的货色搜出来,抬回店里去!"

两名保镖听了老板的吩咐,恶狠狠地抢前一步,正待推开于松乔,直往保管所里闯。于松乔早有防备,动作好快,他伸出手去一把捉牢陈松源的领口,使劲地拖他往里头走,一面走时一面叱喝:

"你敢带人来抢我们保管所?好哇!我现在就把你们关起来!"

保镖的一看老板被捉,又气又急,两个人不约而同地拔出手枪,对准了于松乔,大声喝道:

"赶快放手!迟一步便请你吃卫生丸!"

"你们敢?"于松乔身子跟陈松源一贴,紧拉住他倒退三步,他决心把这位布大亨关进一间小房间里。

两名保镖大跳大叫:

"再不放手,真开枪啦!"

于松乔已经把陈松源拖到小房门口子,他侧过脸来高声答道:

"有种,你开!"

"砰!"地一声枪响,而于松乔刚好把陈松源推进那间临时拘留所。枪声警动了检查所里的工作人员,大家一涌而出,跑过来就要夺下保镖手里的枪,两名保镖一看大势不好,掉转身去便往外逃。

陈松源被关在小房间里,顿足咆哮,猛力捶门。于松乔只当没有听见,他往房门口的地板上一坐,大声地说:

"我今天是看牢你了!"

陈松源的保镖回陈家去报告,陈家立刻央人四出营救,纱布大亨陈松源被抗日救国会的人捉牢关起,消息随即传遍了上海滩,人人吃惊,个个失色。纱布向为上海十大业之一,陈松源是纱布业公会的理事长,这件事几乎掀起了轰动沪上的轩然大波。

于是乎,天后宫桥抗日救国会的门前车水马龙,开始热闹了。

抗日救国会常务理事兼秘书长陶百川和上海市党部委员吴开先闻讯赶到了天后宫桥,他们两位对于松乔的不假情面、认真负责的态度颇为嘉许,但是,陶百川婉转地向他说明:

"抗日救国会不过是一个民众团体,我们可以从事爱国运动,但却不是权力机关,我们有什么权力,用什么罪名把人家捉来关起呢?所以于先生你扣押陈松源的事,在法律上是说不过去的,请你马上把陈松源放出来,我们再商议解决这桩事体的办法!"

于松乔依然坐在地上,挡住了羁押陈松源的那扇房门,他声色不动,心平气和地说:

"陶先生,你地位高,口才好,学问一等。我于松乔无论讲地位、讲口才、讲学问,统统服帖你。不过今天的这件事情,不管我错我对,我已经下定了决心,天王老子的话我也不听。陈松源带了保镖,带手枪来抢所里的东西,我非关他不可,假使有人想来拖开我,"他伸手指一指左侧的钢筋水泥墙壁:"我立刻就撞墙头自杀!"

陶百川和吴开先一再的善言譬解,讲道理给于松乔听,于松乔偏偏不听,陶、吴两人拿他毫无办法,颓然地走了,另行设法。

门外汽车不停地从远处开来,上海有身价,说得起话的大亨全来了,虞洽卿、王晓籁⋯⋯有人疾言厉色,有人娓娓动听,什么好话歹话都说尽,要于松乔释放陈松源,他的回答只有一句话:

"啥人敢来拖我,我立刻撞墙自杀!"

这边事体闹僵,外面却风波越来越大,上海市商会为了抗议"抗日救国会非法拘留纱布公会陈理事长",并图加以营救,已在召开紧急会议。一天后宫桥抗日救国会里,冠盖云集,亨字号人物着急焦躁,一大群人面对着于松乔束手无策,上海商界的压力却在不断的传来,再不释放陈松源,商界即将如何如何,最后,又下最后通牒:陈松源如果今晚仍不获释,从明天早晨起,上海各行各业,决定无限期的罢市,以示抗议。

于松乔还是坐在地板上,纹风不动。

乱哄哄的,挤了一屋子人。抗日救国会原为抗日御侮的民众团体,如今闹得将与上海商界全体为敌,兄弟阋墙,徒使亲者痛而仇者快,这将如何是好?人多,口杂,推推挤挤,吵吵嚷嚷,于是有人趁乱想把于松乔抱住拖起来,破了他这一铁卫,开门释出陈松源。

当他们冒险地一动手,于松乔说话算话,剑及履及,他突如其来地奋身猛冲,向左首墙壁狠狠地撞去,砉然一响,众人惊呼一声:"哎呀!"再看于松乔时,他已撞破了头,皮绽血流而下,但是他撞壁成伤以后,又飞快地退回小房门口,照样端坐不动,只在气呼呼地连声说道:

"我就在这里等死好了,我就在这里等死好了!"

这么一来,更加没有人敢近他的身子。

真正到了无法可想的地步,陆京士,这位于松乔的同门弟兄,方才得到消息,匆匆地赶来,他挨近血流满面的于松乔,不胜忧急地问:

"松乔,你自己身体要紧,你可否告诉我,你要哪一位先生出来说一句话,你才肯听?"

于松乔已很虚弱,他揩揩脸上流着的血说:

"惟有杜先生。"

大家都听到了,如释重负,长长地吁了一口气,陆京士赶紧打电话到华格臬路杜公馆,杜月笙刚好在家,他听到陆京士的报告,顿时便说:

"你去跟松乔讲,他犯不着为这件事牺牲性命。我立刻派车子来,接他到枫林桥骨科医院治伤。"

陆京士又跑向于松乔的身边,把杜月笙交代的话,一一说明。

于松乔仰起脸来问:

"杜先生的意思是叫我离开这里?"

"当然是的。"

"不管陈松源了?"

"你快去治伤要紧。"

"好吧,"于松乔这才站起身来,目不斜视,跟陆京士挤出人丛,往外面走。

上海全体市民明天不必担心会罢市了,于松乔去进了医院,上海纱布同业公会理事长陈松源也就"刑"期届满,宣告开释。

在抗日救国的大前提下,陈松源自知理屈,于松乔的行动虽然超越范围,但是他满腔忠义、慷慨壮烈的精神,却赢得上海各界人等的一致赞佩,于松乔扣留陈松源的故事传诵遐迩,他成为了抗日救国的英雄硬汉。

这一个轩然大波由于陈松源的"不予追究"而风平浪静了,但是,却为抗日救国工作做了很好的宣传,一日之间,上海滩市面上的东洋货一扫而空,并非检查所的人员将它们全部没收,而是经售的商家,思忖自家的"牌头"不会比陈松源更硬,抗日救国会的人既然如此铁面无私,执行认真,商家避免货色充公,亏损血本,多一半将之退回日本厂方或批销机构,一小部分用货款买的现货,则只好把它暗中藏到仓库里去。

3. 听了吴铁城的话软了下来

东三省的日本关东军节节推进,一路势同破竹,由于蒋介石的不抵抗主义,东三省外加上相继被侵的热河省将被日军全部占领。此一事实使所有旅华日人气焰高掇,趾高气扬;他们深信整个中国大陆俱将沦为日本的属土,因此,当上海高揭抗日大纛,全面抵制日货时,大小商店争先恐后地退回货物,旅沪日人便觉得这是不可容忍的,骄狂的气焰使他们丧失理智,他们也迅速的组织起来,设法对抗,凶残横暴地发动攻击。

10月12日,杜月笙在家里得到消息,下午1点钟,日本人将在北四川路日本小学,举行"居留民大会"。于是,他做了一连串的部署,使上海的日本人接连遭到一系列戏剧性的打击。

1点钟,日人"居留民大会"准时集会,出席的日侨人数超过4000人之多,会场情绪是冲动、激愤、骄狂与跋扈嚣张,他们决议上电日本内阁总理、外相、陆相、海相和关东军总司令,请求速用断然、强硬而有效的手段,根本制止"不法而暴戾"的对日经济绝交,并且彻底解决中日间诸悬案!会场日人群情汹涌地宣称:"为达成上项目的,我居留民有忍受任何牺牲的觉悟!"

3点多钟散会,他们又举行示威游行。

大队日侨沿北四川路迤逦向南,他们在行经美租界地段时,中国人默无一言,并无反应,但当他们游行到了华界闸北白保罗路及虹江路一带时,游行队伍中的少数青年再度跑出行列撕毁路旁抗日的标语,于是,愤怒的中国青年立即高声喝打,飞快地冲上去抱以老拳,而且在转眼之间从两侧店铺里冲出来更多的愤怒群众,"打东洋人"的喊声响彻云霄。耀武扬威的日本人畏缩了,他们掉首逃回租界,被截留住的人则勉力招架,中国人已经得手,公安局的警察方始一涌而出,就地劝散。与此同时又有公共租界的巡捕赶来。这"事出偶然"的中日民众第一仗,使日本游行大队遭到迎头痛击,四下溃逃作鸟兽散,而中国民众则打了人又出了气,最妙的是,英捕房巡捕以"保护"为名,捉去了三名日本青年。

东洋人逃回家中气喘吁吁,大不服气,于是又频繁接触,计划出动反击,然而,他们没想到第二天一早他们又挨了当头一棒!

全上海所有的米店和煤炭店,一律拒绝跟日本人做生意。买不到米和煤,使东洋人马上面临断炊的危险,于是他们大起恐慌,而且气愤难忍,但是他们却又不敢动蛮,只好动文的,与米店、煤店老板进行理论。因为他们已经看到,每家米煤店的附近都有怒眉横目的壮汉逡巡,如果他们不是劳工群中的英雄,便是白相地界里的打手,他们的任务是对煤、米店加以监视,同时制止日本人的吵闹和纠缠。

殊不知,这些暗中组织者和巡逻的打手全是杜月笙的部属。

从10月中旬开始,零星的斗殴事件层出不穷,日本外交当局提出的抗议不绝如缕,闸北江湾一带对于侨民居住最多的日本人来说几乎已成为黑暗恐怖地界,倘若不是成群结队,徒手的日本人简直不敢外出。"打东洋人"成为上海市民成天挂在嘴边的兴奋口号,连三尺童子也晓得"敌忾同仇""抗日救国"。

有一天早晨9点多种,公共租界有一个骑脚踏车的日本人疾驶而过,路边有一个小孩冲上来高喊:"打倒东洋人!"这名日本人愤怒之极,下车一耳光将小孩甩倒在地,然后匆匆逸去,街心立刻麇集大批气冲牛斗的中国人,恰巧有一部汽车满载日人而来,于是汽车被中国人拦住,车上的日本人池鱼遭殃,全部被中国人打得一身是伤。

　　而打日本人的中国人多是杜月笙的弟子。10月28日，浦东申新纱厂秘密向日本新井洋行购买耐火砖瓦14600余件，日本人保证使用海军和陆战队士兵护送货物，但是"抗救会"浦东检查所迅及获得厂内工友告密，28日这批砖瓦将要分装五艘驳船，由艇护航运送。检查所为此订定了精密的计划。

　　新井洋行的砖瓦刚要装船，检查所人员突然掩至，砖瓦笨重而且体积甚大，但是他们依然迅速地加以没收充公，全部搬走。正在搬进保管所的货栈。日本海军老羞成怒。全体武装登陆；持枪冲锋，中国人见了东洋兵毫无惧色，双方随起一场激烈的械斗。中国人有7名受伤，东洋兵才夺回了一部分砖头。

　　日本人开设的工厂和商店货物堆积如山，一件也卖不出去，因为"抗救会"的封锁越来越紧。他们握有任何一处的情报线索，东洋货"一见天日"莫不马上遭到没收，中国商人没有一个胆敢贩卖日货，当他们的资敌行为被发现就会被罚金，没收财产，并且本人要穿上印有"卖国贼"字样的囚服，立在站笼里供人参观或辱骂。在"抗救会"严格执行全面经济制裁的过程中，日本工厂商店惟有宣告关门大吉，老板们躲在里面宛如置身孤岛，他们装置无线电话，和其他日人保持联络。

　　除了跟日本人进行持续不断的斗争外，杜月笙更运用他在其他方面的影响力，使上海金融工商各界，慷慨解囊，踊跃捐款捐物，为马占山的义勇军和流离失所、相继逃抵关内风餐露宿的东北难民雪中送炭。

　　当马占山将军在黑龙江英勇抗日的消息南来，杜月笙大为兴奋，他启动邀集一批朋友，说："东北义勇军孤军奋斗，喋血抗战，后方民众应该给予精神鼓舞和物质上的支援！"

　　大家听了非常赞成，经过这一批朋友出钱出力，他们第一笔钱便募到了10万大洋，汇到黑龙江去慰劳前方将士。杜月笙还有心继续劝募，并且想派人亲赴黑龙江慰劳义勇军，看看他们能帮什么忙。这个计划后来因为日本发动全面进攻，马占山的东北义勇军被迫退到海伦，后来通过俄国的西伯利亚，转进西北边陲新疆，杜月笙才怏怏作罢。

　　对于援救大批入关的东北难民，杜月笙办理长江水灾赈济举行平剧义演，他会同有关方面组织了一个"东北难民救济游艺会"，借新世界剧场邀集名伶名票，各种游艺杂耍的演员义务演出。同时更举办轰动一时的"名拨选举"，前后历时整整一月,杜月笙每天都准时到,并亲自指点一切。这为期一月的募捐公演,一共募得20万余元的赈款,杜月笙将之全部如数交给赈交济委员会,汇到北方去救济难民。

既要暗中指挥上海抗救会从事对抗日本的斗争,又得风尘仆仆地在沪杭道上主持义演募捐,杜月笙在这一段时期,食少事繁,辛苦万分,于是一些手下人劝他多休息一些,甚至一些人问他何苦这样不顾性命的忙碌紧张,杜月笙听后,双目炯炯地瞪住他说:

"若不如此,我们便死在这里!"

到了1932年1月份,日本外交当局为抗议"抗救会"行动的官文书已经堆积如山,但是抗救会不屈不挠,继续纠葛旅沪日侨,1月18日,重大的冲突爆发,成为一二八淞沪抗战的前奏。

坐落在华界江湾马玉山路的三友实业社,1月18日下午4时,有5个日本和尚从门前经过,三友工人群起而攻之,将他们打成重伤。三天后,21日凌晨两点半,三友社突然失火,英租界巡捕出动施救,发现了三四十名日本浪人,他们阻止巡捕鸣钟告警,双方发生冲突,互有死伤。

中国工人打伤东洋和尚,日本浪人纵火焚烧三友社,于是中日双方同时提出严重抗议,外交战在1月23日掀起最高潮,日方由日本舰队司令出面,向上海市政府提出哀的美敦书,要求立刻制止抗日运动,并且解散各抗日团体,否则日本海军即将开始"自由行动"。

上海市长吴铁城于1月7日就任新职,他接获日本舰队司令的最后通牒,立即向中央执行委员会和外交部请示,同时,他因为战祸业已迫在眉睫,急需了解抗日救国会的态度。他和杜月笙公谊私交关系极铁。在此半年以前,杜祠落成,吴铁城不但送匾,捐款与建杜氏藏书楼,而且他更亲临致祭,道贺。所以,他在1月28日上午,在与日本驻沪总领事村井做最后谈判之前,在他法租界海格路望庐私宅打了一个电话给杜月笙,告诉他说:

"情势很紧张了,日本第一先遣舰队开到了黄浦江里,村井约我在12点钟最后谈判,为了避免战祸糜烂地方,日方的要求我们可能会得答应。"

杜月笙在电话中问:

"市长的意思是答应制止抗日运动,解散抗日团体?"

"是的。"

沉吟了一下，杜月笙的最后决定仍然还是顾全大局，相忍为国，他说：

"假使市长决意如此，我想，抗日救国会暂时宣告解散，便利官方办理对日本的交涉，大家多半是可以谅解的。"

吴铁城却说：

"不，问题不在这里？"

"市长是说……？"

"宣告解散抗日团体不成问题，问题在于制止抗日运动这一点。"

吴铁城说得不错，制止抗日运动才是令人为之棘手的难题，民众抗日情绪正因三友实业社被焚事件汹涌澎湃，愤慨激昂，上海的民众团体已经组成了后援会，要求政府向日方严重抗议，索取赔偿。而就在吴铁城、杜月笙通电话的时候，河北、虹口两区的民众不约而同地放弃了自己的家园挈带细软，扶老携幼，像浪潮般地涌入苏州河南的英租界，两区街甫十室九空。这些不愿做日本顺民的上海居民破釜沉舟的表现，是以此说明他们对日本人是有着不共戴天的仇恨心理。其他方面的反日行动一概不提，单说在那尽弃所有、绝不事敌的紊乱行列里，如果出现了一个日本人，谁也不敢想像将会发生什么样的后果。

如何控制上海市民的情绪，制止一切所可能发生的"抗日行动"，在抗日怒潮高涨至极的时候，莫说上海市长没有把握，即令出动全上海的军警弹压疏解，只怕也是枉然，因此，当吴铁城说明了当前困难症结之所在，连上海滩上以"闲话一句"驰誉于世的杜月笙不禁也为之踌躇迟疑，不敢承诺。他考虑了半晌，也只好委婉地答复吴铁城说：

"这一件事，在现在这种局面之下，能否绝对做到，我想随便哪一位也无法打包票。不过，我答应市长，从放下电话听筒开始，我会千方百计尽力而办。"

得到杜月笙这样的答复，吴铁城已经满意了，20年后，当他撰文哀悼杜月笙之逝时，往事如烟，而他记忆犹新，他在纪念文中写着：

> ……1932年，余长沪市之初，即遭"一·二八"之变，当时日牒之答复，后方之应付，以及停战之协定，地方与政府意见一致，合作无间，因应适宜，实出（杜月笙）先生之助。

1月28日正午,吴铁城获得杜月笙的承诺以后,胸有成竹,满怀欣喜地去和日本驻沪总领事村井仓松进行最后谈判。这一次谈判持续一个多钟头,为了取信于日方,既已取得抗日救国会实际主持人杜月笙的谅解,吴铁城当场在日本人面前下令上海公安局:

> 查本市各界抗日救国委员会有"越轨违法"行为,本市长本诸法治精神,仰该局即将该会取消,以维法纪,切切此令。

吴铁城的诚恳坦白,决断明快,使村井仓松为之愕然。村井仓松"所愿"已遂,无话可说,再提出5名受伤东洋和尚的医药、抚慰等几点鸡毛蒜皮的要求以后,双方随即达成协议。村井仓松辞出上海市政府,吴铁城用最快的速度,完成了答复日本总领事抗议书所列载协议各点。他请市府秘书长俞鸿钧亲自当面递给村井,俞鸿钧驱车疾驶,争分抢秒在下午1点45分将答复书送交村井仓松,并且得到村井满意的表示,日方只是敦促上海市政府切实执行而已。一天风云仿佛已成过去,俞鸿钧匆匆赶回市府向吴铁城复命,吴铁城当即拍发"勘未","限即刻到"的电报,将交涉经过分呈南京中央执行委员会和行政院,然后,吴铁城心头一松,拖着疲乏的身体,回家休息。

全上海的新闻记者,只有《时报》的金雄白事先探悉吴铁城"一·二八"中午要接见村井仓松做最后的谈判的消息,因此他独自在海格路望庐吴公馆坐候,两点钟敲后,吴铁城满脸疲容的回来一见到金雄白,他开口便说:

"对日交涉已经顺利取得协议,战祸可望避免。"

吴铁城的这两句话字字皆有所依,没有一句假话,他对日交涉不但取得协议,而且村井仓松已经接受了他的答复,日方惟一坚持的条件取销"抗救会",停止抗日行动,吴铁城尚且在交涉之前就跟杜月笙获致协调,杜月笙顾全大局,这时已在全力疏导之中。

但是,金雄白还有点不能置信,他率直地追问了吴铁城一句:

"真的顺利解决了吗?"

吴铁城怫然不悦,厉声地说:

"我是市长,又是办理交涉的负责人,不信我的话,就不必来问我。"

金雄白肃然而退,当天下午,上海《时报》以巨大木刻红字为标题,发布此一独家消息。并且《时报》还发出了号外:中日问题和平解决。全上海人紧紧绷着的心弦豁然松动,业已迁往上海租界的闸北、虹口两区民众,心中笃定,现出笑容,又在通往虹口闸北的通街大道组成长龙,仗不打了,大家放心大胆地回家了。

4. 一二八淞沪抗战爆发

跟吴铁城通过电话以后,杜月笙诚惶诚恐,真把化除敌意、严禁冲突的日方要求遵照吴铁城的意思当做一件大事办理。

两个多月以前,他发动劳工大众、帮会兄弟奋不顾身,从事抗日救国,也博得了好名声,而现在他又必须紧急刹车,要全体市民停止抗日运动,出尔反尔,何以自圆其说?杜月笙感到踌躇难决。当他挂上电话听筒,跑到隔壁去和张啸林一商量,说:"事急矣,不管说不说得过去,还是赶紧采取行动,以免稍一迟延,误了大局。"

张啸林一听也急了。于是杜门中人全体出动分赴上海各区,剀切陈词,并且留下来担任监视,他们传达杜月笙的吩咐,说:"务必保持冷静,尽量避免中日之间的敌对行为,至于这一紧急变化是葫芦里卖的是什么膏药?目前天机不可泄露,事后则大家不问可知。"

由于《时报》号外公布了吴铁城市长的谈话,再加上马路消息,耳语新闻尽在传播着杜先生说如何如何,上海市民动动脑筋据以判断,至少在这一两天内,大上海可保平安无事。

这是大风来临之前,上海半日之宁谧。

正值上海抗日救国会以全民力量,对抗日本军阀的侵略,在上海滩上,租界华界犬牙交错地区,从事抵制与抗衡的战斗时期,有一支中国军队,悄然地从江西"剿共"前线,被调到京沪铁路沿线各地来,他们的总部便设置于上海。

这便是在20世纪20年代,大名鼎鼎、出尽风头的19路军。

19路军的高级将领都是当年的风云人物,杜月笙的要好朋友,其中包括总指挥蒋光鼐、军长蔡廷锴、参谋长赵一肩。19路军下辖3师,第60师长沈光汉,61师师长毛维寿,78师师长区寿年。

19路军初到上海,他们一袭暗灰军装,肤色黧黑,神情倦怠,他们的武器只有步枪和手榴弹,此外最具威力的重武器也只不过是轻机关枪而已。

蔡廷锴的指挥部设在真茹,驻扎上海的19路军的营房设在闸北。闸北和虹口很近,虹口是广东人的麋集之地,是老广的势力范围,基于同乡的关系,19路军和虹口居民声应气求,相处得非常融洽。

然而,虹口也是日本侨民丛集之所,日本人和广东人在这一地区经常爆发冲突,广东人因同乡队伍19路军之进驻而得意洋洋,引为后援,而日本人则对这支其貌不扬的部队十分藐视,因此他们大言不惭地说:"日本皇军一旦发动攻势,保证在4个小时之内,占领闸北。"

1月28日午夜11时20分,纵使日本驻沪总领事村井仓松已接受了上海市政府的"答复书",《时报》号外发表了令人释然的"中日问题和平解决"的好消息,日本海军陆战队指挥官鲛岛却不顾国际间的道义以及日本外务省的立场,狂妄骄横,不计一切后果地下令海军陆战队兵分三路,向19路军阵地开始攻击。

日本海军陆战队分为3个大队,共约3000余人武器精良,配备得有轻重机枪、野炮、曲射炮和装甲军队。鲛岛以为如此优势的火力和兵力,再加上日本皇军的赫赫声威,一定可以不战而屈19路军,把19路军吓得节节后退,不敢抵抗。谁想他这个算盘打错了。扼守宝山路——宝兴路一线的19路军奋起还击,死守阵地不退,这些忠勇无比的士兵一面沉着应战,一面打电话到真茹指挥所,把已经就寝的蔡廷锴"喊"起床来。

蔡廷锴一惊而醒,他听清楚了日军业已大举进攻,不假思索地他下达了第一道令,正与前敌指挥官的意旨不谋而合,那便是动人心弦的一句话:

"誓死抵抗,寸土必争!"

1月28日午夜闸北枪声大作,炮火喧天,全上海的居民才心情轻松地准备度过一个晚上,可是枪炮之声又震醒了他们的睡梦,人人惊惶失措,相顾愕然:"怎么又会打起来了呢?"

中日大战一开始,日军丝毫占不到便宜,闸北地区街道狭窄,里弄纵横,以北四川路六三花园和日本小学为根据地的日本海军陆战队一个师，展开攻击的初期显然不甚得利，日军的重武器在巷战中无法发挥威力，当他们的装甲车如庞然巨物冲到了宝兴路时，19路军的弟兄置生死于度外，他们冒险攀登到装甲车上，揭开车盖便将冒烟的手榴弹丢进去，于是轰然一声，车毁人亡，就这样，好几辆日军装甲车接连被炸毁了。

天崩地裂的一番恶战，日军伤亡惨重，陆续增兵，他们前后使用了陆军11万、军舰10余艘、飞机数百架，而中方固守阵线的只有19路军3个师，兵力3万，以及稍后国民党中央增援的第5军及其他部队，以陋旧武器、劣势火力顽强抵御。他的总兵力始终不到8万人，居然能扼守防线，誓死不退，达一个月之久。从此"皇军无敌"，暨"四个小时占领闸北"的日军狂言，为之粉碎。

1月28日深夜，杜月笙被闸北传来的枪炮声惊醒，他披衣起床，出外探视，只见正北一片火光，烈焰腾霄，红光映亮了半爿天，这是日机轰炸所引起的闸北大火。大战果然爆发了，他痛恨日本人外交言和而又进行军事进攻的欺诈伎俩。同时，他更耽心闸北战区那些惨遭屠戮、家破人亡的同胞，他忧急交并，喃喃自语地反复说道：

"那边的人怎么办啊？怎么办啊？想想他们现在是多么的着急！"

这是杜月笙对于一二八事变的初步反应。

随即，杜月笙和吴市长、蔡廷锴军长通过了电话，了解实际情况，在电话中他向这两位在沪最高军政长官自动请缨，慨然发出壮语：

"但有用得着我杜某人的地方，万死不辞！"

第二日早晨，杜月笙便开始奔走，纠合上海的名流、士绅、各界领袖，利用"抗日救国会"的原有基础予以扩大，迅即成立了"上海市抗敌后援会"，他推举上海申报主人、著名的企业家史量才为会长，表示这一个民间团体地位超然，不属于任何派系，而是上海全体老百姓的组合。筹备会议席上，杜月笙除了坚持这一主张，他并且拒绝担任副会长的职务，他说："不论办任何事我负责跑在前面，担任副会长，则任何人都应该比我优先！"

有人问他："为什么要这样做？"

杜月笙的答复很简单：

"我只晓得我自己一定会尽心尽力的办事，担不担任名义，没有关系。而我把名义给别人,别人要想不做事情,就不行了。"

但是,会场中几乎人人都认为杜先生必须名义和实际一道来,一致推举他为副会长,他无法推卸,只好应允,却又提议增设副会长一名,由上海市商会会长王晓籁充任。

全上海市民对于19路军奋勇抵抗日军,所激发的爱国热忱达到了疯狂的程度,杜月笙对这种民众的情绪,通过其服务新闻界的门人发动上海各报、各电台,以最大的篇幅、最长的时间,全面报导19路军对抗日军疯狂攻势的新闻,报纸长篇累牍,电台日夜不休。于是,当报纸或电台提出劳军的呼吁,要求后方同胞支援前线,上海人作了空前热烈的响应,从百万富翁到人力车夫,捐钱的捐钱,捐献实物的捐献实物,大众传播工具使前方后方打成一片,由杜月笙负实际领导责任的抗敌后援会沟通前方和后方,使之结为一体,前方将士视大后方为自己的家庭,后方同胞把前方将士当做家人父子。这弄得报纸电台不得不经常代替该会发出通告:

"昨天本报(或电台)说19路军需要××,顷据抗敌后援会负责人郑重表示,以各界同胞捐赠数量太多,早已超过实际需要,该会亦无地代为保管,请大家从现在起不要再捐了!"

与杜月笙关系密切的上海市总工会,一二八战役序幕一揭开,立即联合上海工界成立战地服务团,战地服务团按照军队"团"的编制,前后成立第一、二两团各为一千余人,第一团团长出杜月笙的学生朱学范担任,第二团团长则为对杜月笙极景敬的周学湘。

19路军在前线杀敌,战地服务团则作为前方与后方的桥梁,两者的任务同样艰巨辛劳,冒险犯难,但是19路军持有武器,战地服务团赤手空拳,他们所凭恃的仅只是爱国热忱,血气之勇,经常穿越枪林弹雨之间,他们负责救、护伤兵,运送弹药、慰劳品和食物,倘若遇有战区扩大,他们更得冒着生命危险,抢救难胞,护送灾民,他们竭尽所能地为前方将士服务,并且分劳任事,以使将士们能专心一志,努力杀敌。

杜月笙忙碌紧张,风尘仆仆地领头干,抗敌后援会和战地服务团对于一二八之战的贡献越来越多,越来越大,并且,他们的表现更激发了全国同胞的爱国情绪。

5. 介入国际交涉

一二八淞沪抗战打响之后，日本海军陆战队遭到19路军张君嵩团迎头痛击，损失惨重。于是，急于停火休战的，不是毫无抵抗准备的中方，而竟然是发动战争的日军指挥官海军中将野村。

野村是继一二八事件祸首、日本第一先遣舰队司令盐泽少将之后出任日军指挥官的。他急于停火的原因有二，一是日本海军陆战队兵弱将少，经过连日苦战，屡遭败绩，再打下去，惟恐兵力不继，因而他想用缓兵之计暂时停火，而请国内陆军迅速增援而来。第二是因为一二八夜袭原是日本恫吓性质，妄想不战而胜，获得与关东军兵不血刃、垂手而攫东北相媲"美"的战果，日本驻沪海军实际上并没有获得日本大本营在上海燃起大战的训令。而一二八之役已备受国内指责，野村一举没能得逞，便色厉内荏，心里发慌，生怕重蹈关东军总司令本庄繁的覆辙。

另外，英美两国已经公开出面调停，但是日本外交惯伎一向不赞成第三国介入，同时野村更恐当众"示弱"，有失日本海军颜面，画虎不成反类犬。所以，他宁愿采取秘密途径，穿过强有力的民间人士，试探中方的"和平意愿"。

在他的心目中，杜月笙是最佳人选，一则杜月笙是支持一二八抗战最有力量的社会领袖，其次，杜月笙和中方在上海的军政领袖吴铁城、俞鸿钧、蔡廷锴等都很熟悉；二则，他在中央处理沪局的大员如孔祥熙、宋子文、顾维钧等人的面前也有说话的资格。

还有第三层原因，日本人对于杜月笙崛起市井，显赫沪滨，早已寄予密切的注意。1927年4月12日清党之役后，日方就已千方百计企图拉拢杜月笙。在杜月笙的周围做好手脚，下过功夫，他们不惜派些北洋政府的失意政客，挟资巨万，以"投其所好"的方式，设法跟他接近。

于是，在杜月笙所参加或由他所邀约的赌局中，便常时会有鲜衣怒马、出手阔绰的北方人物出现，如名气响亮、曾为民初政坛活跃角色的李老六李立阁,以及他的本家弟弟,排行十一,爱打大麻将,一输十万八万却无吝色的李择一。在华格桌路杜公馆,在辣斐德坊姚夫人的香闺,李氏兄弟经常为座上豪客。1931年、1932年之交,姚夫人的香闺非常热闹,杜月笙每天晚上在她那边,最低限度有一桌麻将,一桌牌九,呼卢喝雉,通宵达旦。

李择一跟日本人很熟,说一口流利的日本话,他曾在1921年,担任中国出席华盛顿会议代表团最高顾问周自齐的随员,他长住上海,和杜月笙结为好友,杜月笙在上海从赌场鸦片干到金融工商,他交际广阔,头绪极多,跟东洋人打交道,机会也不在少。李择一满口日文,一副东洋腔调,跟日本驻上海的外交官、特务机关、金融工商各界的日侨都有来往和私交。因此,在"日本事务"方面,他由于和杜月笙非常接近,自然而然成为杜月笙的顾问,有时候居间介绍,代为联络,传传话,递递信件,为杜月笙效劳。野村急于邀约杜月笙作投石问路式的私人接触,其所谈的问题必然与中日两国未来前途有关,日本军方要试探停火谈和的可能性,因此,野村一找便找到了杜月笙的朋友李择一,他命李择一去跟杜月笙接洽。

李择一受命之后,马上见到了杜月笙,寒暄已过,他便开口说:

"日本军方认为中日间的问题,应该面对面的自行解决,他们不赞成有第三国参与其间,这样反而多生枝节。假使杜先生能以抗敌后援会的身份,祈求避免上海人民生命财产的损失,而想从中促成的话,兄弟可以想个法子,约一位野村中将的高级幕僚来谈一谈。从他的谈吐之中,也许摸得出他们的停火方案。"

玩味李择一的这一番话,杜月笙心中很清楚,李择一说的并非他自己的意见,最低限度他是得到日本军方同意而来的,他心里虽然十分欢喜,但是仍在表面上装做声色不动地回答:

"这件事情,就算对我个人来讲,也是极严重的,你可否让我考虑一下。"

李择一懂得这事重大,知道杜月笙的意思是这事必须事先征得中国官方的同意,才可应允跟日本军见面,因此,他连声应允,说道:

"当然可以,杜先生什么时候考虑好了,务请赐我一个电话。"

"一定,一定。"

送过了客,杜月笙自己先沉思默想,李择一的话是真是假?有否不良的用心？日本人真想停火吗？还有，为什么要找上他？他将这几点全想过了，有了几分把握，认为这件事情值得一试，于是邀集他的那几位好朋友、学生子，亦即他的高级智囊团，前来商议。通常，遇有任何重大政治、外交问题，他都要跟他们详细研讨过后，才自己下判断，做决定。

杜月笙向在座诸人叙述李择一来访的经过，其人的略历及其背景，然后，他说出自己深思长虑，所作的初步结论："至少对于我个人，这里面不至于有什么圈套，我认为这件事值得向官方一提，因为闸北、虹口几成一片瓦砾，中国百姓正遭日军的残暴屠杀，十九路军未必能够尽歼日军，达成全面胜利。仗在中国地界打，多拖一天，就不知道要遭到多大的损失，最要紧的，中央可能不愿在此时此地，和日本付诸决战。"

一介平民杜月笙，居然能够侧身国际交涉，成为居间交流、打破僵局的重要角色。这个消息使座中各人大为兴奋。于是，大家踊跃发言，贡献意见，大多数人赞成杜月笙的主张，有人说："先生应该尽量促成中日停火的实现。这样做不但对国家社会有重大的贡献，而且足以解民倒悬，对于先生个人声望与地位的增长与提高，这更是千载难逢的良机。"

不过也有人持相反的论调，反驳说："日军最不容易打交道，一二八那天日本军方和外交当局分道扬镳，各行其是，脸上微笑，手下动刀，便是最好的例证。野村中将想找先生居间斡旋，准定是不打好主意。"

正当持此论调的人反复陈词，侃侃而谈的时候，无意之间触发了灵感，有人猜中了日方的秘密，于是当即有人欢声大叫：

"对啦，东洋军这两天损失很大，这一定是他们要增援了，在用缓兵之计？"

"这，"杜月笙微微地笑，"我起先也曾料到，只不过后来我又在想，东洋人想缓兵，我们自己是不是也需要缓兵呢？还有一层，即使东洋人想缓兵待援，而我们却用不着缓它，那么，野村通过李择一跑来送秋波，这个消息，我们也需要通知吴市长和蔡军长，要请东洋人吃败仗，这不正是好机会吗？"

一番分析，说得头头是道，入情入理，智囊团诸人深感满意，而且一致赞成，打消异议，同意杜月笙提出过结论："应该先把初步接触经过通知官方，请官方指示究将如何处理。"

官方接到杜月笙以私人身份所作的报告和说明，他们没有理由不相信话是从杜月笙嘴里说出来的，自属千真万确，一丝不假，不过这件事情来得突然，而且蹊跷，他们需要经过长时期的研判和讨论，最后官方对此保持极为审慎的态度，绝不介入杜月笙和日方私人间的接触，以免又中日方的诡计。吴铁城的答复是朋友式的忠告："必须谨慎小心，步步为营，自己先立定脚根；需不需要和日本军方人员会晤，这个问题应该由杜月笙自己决定。"

心领神会，杜月笙懂了，他不再请示官方，私下部署会晤日本军方的事。

但是，杜月笙没有贸然行动，他先到法国总领事馆，跟驻沪总领事甘格林接席密谈，甘格林慨然答应："一定充分合作。"

得了甘格林的承诺，杜月笙不打电话，他派人去把李择一请来，当面告诉他说：

"你上次所谈的事情，我考虑过了，你的话说得很对，我想不妨一试。只不过有一点，会面的地点可否就在法国总领事馆，并且由我去邀约甘格林总领事到场参加？"

"这个，"李择一顿了顿，然后赔着笑脸问："杜先生可不可以告诉敝人，你为什么要做这样的安排呢？"

杜月笙笑吟吟地反问：

"是你要问，还是东洋人必须晓得？"

"是我在请问，"李择一忙说："杜先生你不要忘记，我李某也是中国人啊。"

打了个哈哈，杜月笙答道：

"这个道理很简单，我有我的立场，我的名誉地位必须有所保障。甘格林和我公谊私交都够得上。他答应过我：万一将来事情弄僵，对于我有不好的影响，甘格林可以挺身而出，代我洗雪。"

"但是，"李择一困惑不解地问："甘格林是法国人呀，他怎么能够……"

"大概是你忘记了吧，"杜月笙莞尔一笑："甘格林兼任法租界公董局总董。我呢，从1927年起，承蒙法界各位朋友的错爱，直到今天，我担任公董局华董，和华人纳税会会长，已经有5年了。"

李择一这才恍然，杜月笙实在不愧黄金荣交口赞誉他的"聪明绝顶"：野村中将想利用他"上海抗敌后援会"负责人的地位，但是杜月笙却具有多种不同的身份，他和日本军方代表在法国领事馆见面，请甘格林以法租界总董身份参加，那么，必要的时候，他可以请甘格林出面证明，杜月笙在某月某日某时，确系以法租界华董，华人纳税会长的立场，与日本军官某人晤谈，某日本军官意图试探向华方谋取暂时停火的可能。日方并不是向"上海抗敌后援会"常委分子的杜月笙威胁恫吓，面致哀的美敦书，而是在吁求第三国的外交官员（甘格林又是总领事），代为向中国传达意愿。

换言之，照杜月笙的安排，野村中将的代表，届时便算是在请求第三国出面，向华方提出停火要求。

李择一毕竟还是个中国人，他深信日本人情报工作做得再好，也搞不清楚杜月笙的多重身份可以巧妙运用，"拔一根毫毛又变出一个孙悟空来"，他毫不犹豫地去还报野村，同时更下了点"功夫"，说服野村派遣代表赴法国总领事馆，会晤杜月笙与甘格林，为暂时停火的可能性初步交换意见。

到了约定时间，杜月笙一袭狐裘，两部包车，满载保镖、秘书和自备日文翻译，准时驶抵法国总领事馆，进入甘格林的大办公室，两人略一寒暄。不久，李择一便陪着几位身着便服、西装大衣的日本军官来到，由李择一负责逐一介绍。

谈话开始，日军代表趾高气扬，板成面孔，一开口便用中国话训杜月笙：

"一二八战争的爆发，完全是你们的19路军不遵守撤退命令，因而引起。由此可见，你们是一个没有组织、没有纪律的国家！"

杜月笙并不是一个心浮气盛，睚眦必报的人，相反的，他一生最大的长处之一，便是"忍人之所不能忍"，从而才能"相忍为安，任重道远"，但是，当着甘格林的面，这位日军代表声势汹汹，摆出"严词厉责"的姿态，却使杜月笙火冒三千丈，他气涌如山，勃然大怒，抗声而答：

"19路军该不该撤退，我是老百姓，我不清楚！不过你们的关东军司令本庄繁，不得你们政府的准许，就下命令炮轰北大营，占领中国的沈阳和东三省，倒是各国报纸上都登得有的，日本有这么乱七八糟的关东军，难道也算是有组织、有纪律的国家？"

这一席话不但说得慷慨激昂，义正词严，而且，针对日本海军方面的心理弱点，用关东军的备受指责，直捣日军心脏，折冲尊俎，攻心为上，也许这便是杜月笙无师自通的外交天才。总而言之，斯语一出，使日军代表为之语塞气阻。李择一连忙出来打圆场，他赔着笑脸向杜月笙说：

"杜先生，今天谈的事情很多，让我们坐下来，从长计议，好吗？"

杜月笙却仍然不假辞色，避而不答，他注视日军代表的反应，直等那几名便衣军官全都面现尴尬，无可奈何地先坐下去，他才傍着法国总领事甘格林，和日军代表隔一张长会议桌面对面坐着。

日本军官的脸色好像岛国多变的气候，他们疾言厉色唬不倒杜月笙，反被杜月笙抹下脸来训斥一顿，随即变为谦逊恭顺，杜月笙不是初次与东洋人交手，他懂得他们的心理，李择一是土肥原系下的角色，他比杜月笙更为了然。于是，他不吝越俎代庖，借助为筹，站在中间人的立场，说了一大堆话，用意在弥补一碰即僵的局面，重新挑成话题。

双方以缄默表示同意。

"杜先生是以上海市民生命财产为重，勉为其难，当仁不让，到法国领事馆来会晤日军代表，听一听日方停战的意向，然后以私人友谊，代为转知上海军政当局，'试探'一下可否借此重开恢复谈判之门。"

李择一长篇大论，侃侃然说完了这一大段话，顿一顿，见日军代表并无不怿的反应和驳斥的表示。杜月笙方面他不必考虑，因为这一席话正是为了杜月笙所说的。于是，李择一先请杜月笙发表意见。

"我今天只带了耳朵来，"杜月笙语惊四座，不疾不徐地说，"我既跟李先生说的一样，我是来听听日方有没有诚心停火的。"

李择一抢着回答："当然有，当然有，否则的话，他们这几位代表就不会来了。"

日军首席代表又赶紧补充一句：

"不过，日方停火是有条件的。"

杜月笙机警地一语不发，他仿佛没有听见。

甘格林眼看场面又要闹僵，他命翻译为他传言：

"杜先生方才说过，他今天来此，就是为了听取日方的意见，贵方如有条件，请提出来，让杜先生衡量一下，可否代为向华方转达。"

于是日军代表又施展他们惯用的伎俩，极尽威胁利诱之能事，一连串的提出许多停火方案。首先，日军代表要求华方"遵照"日本海军司令部，在1月28日深夜11时20分，向市政府和公安局所致送的最后通牒，请19路军撤出上海，以免肇致两国军事冲突。杜月笙听了，哈哈大笑，他说：

"冲突老早造成了，结果是日本军队伤亡不小，飞机被打下来，铁甲车也被19路军活捉，现在要避免冲突，照说应该是日本海军撤出上海吧。"

日军代表老羞成怒，怫然色变，悍然地说：

"日本海军陆战队的行动完全合法，我们在事先曾经获得上海各国防军的谅解，进驻闸北，保护经常受到攻击的日本侨民！"

杜月笙别转脸去问甘格林：

"这倒是新鲜事了，闸北是中国地界，各国防军有权准许日本军队进驻？"

甘格林笑着摇了摇头。

于是，杜月笙冷冷地说：

"这就是了，依我说，还是日本军队开回公共租界去算了。"

"华方也要撤兵，"日军代表强词夺理，"否则，那就不公平。"

"华方撤兵，"杜月笙高声地问："闸北地方秩序，由啥人来维持？"

日军代表抗声答复：

"可以商请中立国家，如法国、英国、美国派军警暂时驻防。"

杜月笙再进一步地问：

"包括哪些地区呀？"

"包括日本皇军现已占领的华界地区，和19路军驻守的防线。"

"这便是日方的条件吗？"

"最低限度的条件。"

日军代表回答得斩钉截铁，这使杜月笙很生气，他站起来以手作势地说：

"日本人强占了中国的地方，立刻撤退是应该的，中国军队在自己的地方上驻防，为什么也要撤退呢？再说，日本军队在打仗之前已经进驻越界筑路区域，再加上战后占的华界，拿这一大块地方请法、英、美军队暂时维护秩序，把中国和日本的军队分开，难道还嫌不够呀？为啥还要把19路军的防线也让出来？"

李择一不等日军代表开口，插嘴进来说：

"杜先生，今天会见日军代表，主要是为了传达日方的愿望，方才日军代表已经把这一点说得很清楚了。"他委婉地提醒杜月笙："杜先生是否可以跟有关方面商量过后，再由官方采取外交途径解决？"

与此同时，甘格林也附和地说：

"李先生说得不错，正式的交涉，原应由官方办理。"

至此，杜月笙无话可说，只得应允。日军代表辞去，他匆匆回到家里，耿嘉基和王长春已在客厅里等候，他很详尽地把交涉经过告诉了他们，耿、王二人回枫林桥市政府向吴铁城复命。

当天，吴铁城采取两项行动，其一，下午在英国领事馆召开调停战事的会议，他改变初衷派员出席。市政府代表当着各国领事的面，质问日本领事：

"日军进攻闸北，是否获得上海租界各国防军委员会的谅解？而且是根据这一个委员会的防务会议拟订计划而为的？"

日本领事不防有此一问，众目睽睽，无法抵赖也不能撒谎，他只能坦白承认：

"日军进入华界，并非防务会议的原议，而是日方为了保护闸北地区的侨民安全所采取的自由行动。"

上海市政府代表根据日本领事的答复，立即质问：

"对于日本军队的此一自由行动，日本政府是否愿负完全责任？"

这时日本领事三浦板下脸来，大喝一声：

"当然负责！"

由于这一段对答，日方蓄意侵略，昭然若揭，在道理上先已站不住脚，这是外交战上的一大胜利，中方代表回市政府，将经过一一陈明。吴铁城非常高兴，他立刻打限30分钟到的急电给南京外交部，请外交部电知中国驻国际联盟代表颜惠庆向国联提出陈述。

当日的会议席上，市府代表曾经根据杜月笙所提供的情报，正式提请日军退入租界范围，至于他们所让出的越界筑路及其附近地带则交由英、法、美军暂时维持。日本领事这时对于军方试探停火已有所闻，只是不晓得内容，再加上法，英、美领事一片附议之声，他不便擅作主张，答应请示村井仓松总领事以后再作定夺。

杜月笙事后听到消息，欢声大叫：

"好哇！捉牢他们一条小辫子了！"

吴铁城以情理猜测，认为日方确有谋和诚意，至少谈判之门已经敞开，所以便采取第二项行动，通知杜月笙，转请法国驻沪总领事甘格林，劝促英、美总领事迅即召开第二次会议。吴铁城并且透露：他将邀同19路军的高级将领出席，因此极可能借这一次谈判停止战火。

各国总领事最怕的便是战火蔓延，波及租界，同时也深远地影响各国在华利益。由于本身的利害关系，列强中没有一个愿意见到日本并吞中国。所以，甘格林的意见马上得到支持。2月1日傍晚，英国领事馆又有盛会，吴铁城、19路军78师师长区寿年、日本总领事村井仓松、海军第一先遣舰队司令官盐泽少将一体出席，英、美、法防军司令、公共租界工部局和法租界公董局总董列席参加，在这个中日代表面对面谈的会议席上，最初拟议日军退回租界线内，中方撤到维持日军占领地区的两千码后，日本人先表示反对，接着又扬言电呈日本政府请示。但是，会议终于决定，自2月2日起，双方互不攻击，停火三天。

这三天之内，双方只有小规模的接触，吴淞炮台和日本军舰炮战两小时，有12架日机轰炸南北炮台。闸北、虹口风平浪静，也就在这休战的三天，战区百姓得以搬迁一空，他们有的逃进租界，有的流浪异乡。但是无论如何，有这三天从容撤退的机会，却救了不少生灵。

停战届满的前几个钟头，日本皇军又罔顾信用提前开火，下午3点钟向闸北开炮，飞机更在青云路、宝兴路、新疆路、宝通路等处投掷炸弹。双方协议，于是又被日军片面撕毁，即将赴援的一师陆军已奉日本内阁批准正在登轮驶沪途中。中日大战，至此面临新的高潮。淞沪浩劫又是难免。

不过，也就在这停火的三天之内，国军精锐第87师王敬久部和第88师孙元良也已顺利开抵战场。另外，国民政府更调集了兵精械足的税警总团和中央教导队担任江湾、庙行、大场一线的防务，奠定了往后苦战30余天，誓死不退，大举歼灭日军的胜利基础。日本人的援军第9团团，混成第27旅团则到2月7日才开始投入战场，自2月4日至24日，是为一二八之役第二阶段，日方的司令官也换了陆军第9师团长植田谦吉中将。

2月24日以后，围军屡挫敌锋，日方迫不得已，再换白川义则大将出任司令官，又增派第11和第14两个师团，这上海淞沪之战的第三阶段，一直打到3月3日双方进入半休战状态，然后延展到5月5日。

就在中日淞沪之战第二阶级，杜月笙以其强大的群众力量为后盾，又得着机会，使他在外交场合作狮子吼，碰台拍桌，霹雳一声，大大地出了一次风头。

日本军队攻击中方阵地，自始至终都以公共租界为基地，公共租界也有日本人的一份，租界当局似乎无话可说。但是中国外交当局却仍一再的向英美公使提出措辞强硬的抗议。2月22、23两日。国军对于日军以租界为庇护所，深感忍无可忍，于是发炮攻击逃入租界的日军，当英、美、德等领事馆向中方提抗议的照会，外交当局立即不假辞色，堂堂正正地回答他们：

"请即采取必要步骤，防止日军在公共租界登陆，并利用该租界为军事行为之根据地点，使此一状态不再存在。因为，公共租界附近流血之争斗，正由于该项状态而使然！"

然则，2月24日以后，日军新任司令官白川义则亲自指挥，以江湾跑马厅为炮兵阵地，集中兵力，包围19路军第61师的江湾阵地，展开最猛烈的攻击。自江湾阵地一线到庙行小镇，接连打了九天，中国军誓死不退，寸土必争，19路军名将，一位旅长翁照垣喊出了口号："没有枪，用刀；没有刀，用牙齿咬！"

在部署这一次大规模的攻击以前，日本皇军的计划，原想假道法租界，由真如和彭浦，侧击大场，直抵江湾、庙行一线19路军的后路。这个计划果若成功，中方就要吃大亏。

这时，杜月笙及时侦悉在2月24、25、26日那三天，前后共有好几千名日军，乘黑夜登岸，潜往法租界的辣斐德路、祁齐路一带。他们分散开来，住进日本侨民开设的商店及其所有的住宅。杜月笙并且得到消息，这数千日军企图由法租界冲入沪西，抄袭江湾、庙行，进犯中国军队的右翼。

他马上通知吴铁城和蔡廷锴，19路军紧急加强江湾、庙行后侧的防务，吴铁城则十万火急呈报外交部。2月27日，外交部便照会法国公使，请他转告驻沪总领事和法租界当局"严重注意"，"迅将潜伏界内的日军立予驱逐"，"嗣后务须严密防范，勿使潜入，以免肇成祸端"。

杜月笙不等外交部的照会抵达，他先跑去跟甘格林办交涉，当面质问："有没有这个事情？"

甘格林明晓得杜月笙已有所闻，说不定还掌握着证据，否则他便不会无的放矢，跑来大兴问罪之师。所以他坦然承认确有其事，不过接下来他又婉转解释："日本军人素称横蛮，尤其近来气焰高涨，不可一世，潜入法租界的日军有数千人之多，而且武器装备一应俱全，倘若租界当局采取强硬行动，因激生变，那么，日本皇军固然驱逐不了，说不定法租界这弹丸之地，可能为之糜烂。"

杜月笙听了，气愤填膺，他正色地告诉甘格林说：

"中日之战，国际联盟已经在谴责日本。法国政府的立场，即使跟国际联盟不一样，最低限度也要守中立！如今你听任日本军队混入法租界，而且我听说他们还要利用法租界做攻击中国军队的根据地。中国军队为了自卫，假使跟前几天公共租界发生的炮轰事件，照样的'上'你一当，试问总领事，你对法租界居民的生命财产又哪能够保障？"

甘格林被他质问得无词以应，只好支吾其词地回答：

"我想，中国军队不至于这样冒昧地从事炮轰法租界，同时，日本军队在租界上也不会耽搁得太久！"

杜月笙一挺胸说：

"我是法租界公董局的华董，又是华人纳税会会长，保护居民生命财产的安全，我也有一份儿。日军混入法界，要出大事体了，不能再拖，我请你明天一早，邀请各国领事和中日双方的高级代表，开一次会，大家商量商量，并且彻底解决这一大问题。"

甘格林发急了，大声地问：

"你一定要把这件事情全部公开？"

"公开了好得多。"杜月笙再进忠告，"否则一定会出大事体啊！"

甘格林这时意识到，纸包不住火，杜月笙已经侦知日军潜入法界，他必定已经通知了中国军政当局，迫于无奈，点了点头，答应召集会议。

第二日，法国总领事馆冠盖云集，各国驻沪总领事全体到齐，中国方面因为情势紧急，问题严重，特由上海市府秘书长俞鸿钧亲自出席，杜月笙是法租界华界的首脑，他准时赶来参加。

时间一到，甘格林宣告开会。以主人身份，他首先说明召集这次会议的目的，日方认为他们有权在租界驻军，中国政府则指控日军利用租界庇护，向华军发动攻击，因此租界当局变成了助纣为虐。接着他坦白地指出："这一个问题必须澄清，租界可否任由日军驻扎或通过，领事团应该有所决断，免得徒滋纠纷。"

甘格林将领事团讳疾忌医的一大问题予以直接揭发，公开提付讨论，并且促使领事团表明态度。对于中国来说，他是帮了大忙，然而，日本总领事村井仓松却不胜愤怒，他抢先起立，大放厥词，威胁恫吓的语句从他"愤怒"的声调中像湍流急瀑般喷溅出来，他那种凶横野蛮的态度使在座各国领事为之愕然。

但是，这是很严重的一个问题，没有人敢于保证村井的恫吓威胁不会成为事实，会议席上的情势对于中方相当不利，甘格林提议将之公开化的重大问题，倘若即刻加以表决，可能会达成相反的结果，使日军利用租界为军事根据地变为公开、合法。

村井在厉声咆哮，各国领事噤若寒蝉，大家暗暗地在担心。

谁也没有料到这时杜月笙光了大火，他猛地一拍桌子。20年来杜月笙历经磨炼，炉火纯青，几乎就不会有人看见他当众发过脾气，惟独这一次，他在各国领事之前，攘臂挥拳，高声喝道：

"好，东洋兵可以进租界，住租界，利用租界打中国人，你们尽管通过这个议案，不过，我杜月笙要说一句话：只要议案通过，我请日本军队尽量的开来，外国朋友一个也不要走，我杜月笙要在两个钟头以内，将租界全部毁灭！我们大家一道死在这里！"

晴天霹雳，震得与会各国领事目瞪口呆！日本外交官可以讨价还价，杜月笙却以"闲话一句"为其金字招牌。租界面积不大，人口密度至少冠于亚细亚。杜月笙在上海能掌握多少群众，在座的人没有一个心里不明白，只要他一声令下，自有为他拼命效死的人毁灭租界，从杜月笙的嘴里说出来那就不是炎炎狂言，空口白话。

正在这时，杜月笙便在全场震惊，一时无从反应的那一瞬间，一个转身，大踏步离开会场。

杜月笙动了真火，吓得高高在上，趾高气扬的各国领事，一个个就像泥塑木雕的菩萨，开不了口也动弹不得。杜月笙带来等在外面的一帮弟兄，连同保镖司机，和司机助手，此刻仍在台湾开车的钟锡良也在内，得意洋洋，欢天喜地，簇拥着杜月笙回家了。

听说了租界开会这事，芮庆荣毛焦火躁，听风便是雨，他一路大谈其如何邀集各路人马，甩炸弹纵火放手枪，要把寸土寸金的租界搞成断坦残瓦，尸山血海。高鑫宝在笑他憨，顾嘉棠心直口快，啐了芮庆荣一口说：

"呸！月笙哥摆得下千斤重担，你怕外国赤佬真的敢挑？说说罢了，你们放心，外国亦佬绝对不会再提东洋兵利用租界的事啦。"

这一点倒是给他料中了，当天领事团开会的结果虽然是不了了之，可是日本军队从此以后就不会借道租界，同时白川义则两路夹攻庙行、江湾国军的计划宣告胎死腹中。当夜，潜伏在法租界的数千日军，"怎么来，怎么去"，他们趁夜摸黑，悄然撤离。

3月6日，中日双方开始休战，5月5日，经过国际联盟的调处，中日双方正式签订停战，淞沪之战于是宣告结束了。

第九章　江湖上的多面手

1. 跑江湖的成了"银行家"

有钱人也有心病

杜月笙少年时的奋斗梦想就是进入上流社会，而上流社会纸醉金迷，奢华靡烂，都离不开一个钱字。钱，同样是江湖诸人中最具魅力的一个魔物。

徐新六是浙江兴业银行总经理，曾留学英、美，专攻经济，获得过博士学位。由于他精明能干，善于经营，浙江兴业银行在他的手中得到很大发展。1935年，国民党政府推行所谓"法币政策"，乘机以官股打入并控制各重要银行，浙江兴业银行却挺住了，没让官股取得控制地位，成为寥寥无几的以商股为主的银行之一。金融界人士因此对徐新六更加另眼相看。

为了扩大在金融界的影响，杜月笙处心积虑地接近徐新六。经过一段时间的了解，他掌握了徐新六私生活的秘密，决定以此诱他就范。

原来，徐新六博士出身，颇重名誉，平时挺讲究"绅士风度"，极力给人一种洁身自好、彬彬有礼的印象，在上海滩素以私生活严谨而著名，金融界因此称他为"圣人"。孰知"圣人"仅在外表，他骨子里同样风流。徐新六早已秘密有了偏房，且生有两男一女。这件事，他掩藏得很严实，无论家中太太还是周围的亲朋友好,一无所知。

尽管他专门为偏房在外修造了房子,可是看着偏房所生的孩子一天天长大,徐新六的烦恼也与日俱增。他担心自己一旦去世,偏房和在秘密状态下生的孩子得不到社会承认,便无法分享他的财产。因此想找一位有势力的人物,在他死后,能出面为他的偏房及孩子作证,从而使他们也能够继承他的一部分财产。

杜月笙是无孔不入的,徐新六的心思当然瞒不过他。

夏天,徐新六上莫干山避暑,杜月笙也寻踪而去。

当晨风习习之时,或晚霞烂漫之际,杜月笙总陪着徐新六散步。幽幽空谷、飒飒林涛,更唤起徐新六百般柔肠,千种情思,终于他忍不住对杜月笙吐露了掩藏得严严实实的秘密和心中的烦恼。杜月笙花这么多时间去陪伴徐新六,想掏出的正是这事儿,先是沉思了一下,然后说:

"这有何难?你立下遗嘱,请人作证不就得了?"

"唉,哪有这么容易?"徐新六除了女人之外,其实没几个知己,可是女人又怎能作证人?长叹一声说:"没有可以能够托付的人呐!"

"你不嫌弃的话,看我行不?"

杜月笙讲义气、够朋友的名声早就在外远扬。徐新六眼睛一亮:"那就高攀了啊!"

杜月笙随即对他慷慨承诺:"你我是肝胆相照之人,我杜月笙答应的事情一定做到!"

"走啊!"

"去哪?"

"马上就回房去写文字啊!"徐新六急不可耐了。

随后,两人回房,徐新六此财产之事写下一封亲笔函件,交杜月笙保存。杜月笙当下信誓旦旦地表示:"你健在,我为你保密;你一遇上不测,我一定出面作证。"

徐新六一方面感恩不尽,同时也明白他的把柄已落入了杜月笙之手。以后,杜月笙在金融界有所要求,徐新六无不尽力相助。于是,杜月笙以此为突破口,开始插手金融业了。

见缝插针

20世纪30年代,以蒋介石连襟、国民政府实业部部长孔祥熙为后台的七星公司在上海大做投机生意。因其情报准确、资金雄厚,在上海市场翻手为云,覆手为雨,赚了很多钱。对这种利用特权获取暴利的做法,民族资本极为反感,市面上一时沸沸扬扬,颇多非难。为了保护自身利益,上海部分商人达成默契,共同对付七星公司。

一次,七星公司自恃财力雄厚,企图在黄金交易所造成黄金价格看跌的趋势,逼上海黄金持有者大量抛出黄金,然后由他们吃进。为此,他们在黄金交易所不停地抛空,黄金价格每日看跌。但上海经营黄金生意的商人早已经看穿了其中的名堂,串通一气,看着黄金价格惨跌就是不抛售手中黄金,遇上适宜的机会,还吃进一些七星公司抛出的黄金。七星公司没想到他们操纵市场行情的法宝,竟不能奏效,但空头已做太多,老本大蚀,结果欠下不少的债。

可是,轮到上海商人向他们讨债时,他们居然想赖账。孔祥熙是七星公司的后台,眼看投机生意失败了,可由他出面公开赖账却不方便,于是授意去找杜月笙进行干预。

杜月笙见是孔祥熙打招呼,马上应承下来。然后,他亲自出面,举办了一个聚会,将这次黄金交易中成为债主的商人们找了过去。

在聚会上,他不无威胁地说:"这次生意,朋友走油跑马,举了债。我不会看冷铺,账不管有多少,你们统统送过来,我准备倾家荡产代赔。"

这些商人久在上海滩浮沉,当然懂得这番话包含的真实意思,只得强作笑颜,有人只好说道:

"笑话,别人掉了枪花,倒要叫杜先生倾家荡产赔出来,世界上没有这种道理!照杜先生牌头,账就一笔勾销。"

到手的钱被硬挖了去,商人们未免心疼。更令这些他们心有余悸的是,这次黄金交易所的抛空风潮,虽然他们险胜而平安度过,但七星公司如卷土重来,做更大的投机买卖,他们将很难抵御。出于这种顾虑,他们开始思谋拯救自己的办法,想来想去,想了一个妙计,即推举杜月笙担任金业交易所理事长,即借他的面子抵抗孔氏家族,使之有所收敛。

这种想法正合杜月笙心意。

杜月笙插手这次风潮,就是为了向当事者双方显示他的实力,一方面抬高自己在四大家族心目中的地位,另一方面,炫耀与四大家族的特殊关系,以吓唬上海滩的商人。此举果然奏效,从此在"杜月笙"三个字前面,增加了"金业交易所理事长"的头衔。

掌控了民营银行

金业交易所之外,杜月笙对银行一直虎视眈眈,渴望跻身其中。

中国通商银行由盛宣怀创办于1897年11月,它所登的广告中必定有这样一句话:"我国首创第一家银行",牌子老、影响大。盛宣怀死后,该行由傅筱庵接管,是受四大家族控制的中央、中国、交通、农民四行之外的另一家重要银行。宋子文、孔祥熙早想染指该行,但一直没找到机会。

1935年,国民党政府推行"法币"。"法币政策"规定:"以中央、中国、交通三银行发行的钞票为法定货币",1936年又增加中国农民银行,而其他银行发行的、正流通市面的纸币,逐渐被这四行发行的钞票换回,停止使用。

为了防止各银行滥印钞票调换"法币",在"法币政策"公布前,国民政府调查了享有钞票发行权的12家银行发行的钞票数量。其中,中国通商银行的钞票发行额为3430万元。掌握这个数字后,中央、中国、交通几家银行秘密集中了中国通商银行的大量钞票,突然前去兑现。因事出意外,加上傅筱庵见上海地价暴涨,正在河南路耗资1000万元建造"中国通商大厦",头寸吃紧,银钱立即捉襟见肘,无法满足兑现要求。国民政府立即斥该行"准备不符规定",以维持金融为名,提出加入官股,并指派董事或董事长,以全面控制通商银行。

傅筱庵不甘认输,极力作梗。国民政府抓住他与北洋军阀有过来往的辫子,加他一项"阴谋祸国"的帽子,下令通缉查办。傅筱庵在惶恐之下,只得只身逃到了日本帝国主义控制的大连躲藏。

傅筱庵一走,通商银行陷于一片混乱之中。若它破产倒闭,势必造成上海金融市场的波动。宋子文、孔祥熙意在控制该行,并不想让它倒闭。但傅筱庵被官方整怕了，并且国民政府已公开发出了通缉令，因此不便请傅筱庵回沪，于是，孔祥熙便将此事交给杜月笙来办了。

杜月笙对金融完全不懂行，只好乐得作好人，当即托人带信给傅筱庵：

"请先生回沪把通商银行的账目算清，天塌下来，有杜某人顶着。"

傅筱庵仓惶出逃，本是权宜之计，见杜月笙出面作保，决定顺水推舟，返回上海。他对带信人回复说："杜先生铁肩担道义，真非常人也。我决定回上海，刀山鼎镬，在所不辞。"

这话一箭双雕，一方面表示自己是为顾全杜月笙的面子才回沪的，另一方面借着吹捧杜月笙，强调杜须对他的身家性命负责。词美意深，他可谓也是老奸巨猾之人。

傅筱庵回沪后，七拼八凑，又将投资千万、尚未竣工的中国通商大厦作价300多万元拍卖，勉强还清债务。但是，遭此打击，通商银行气息奄奄，欲振乏力。

孔祥熙说："火候已到。"授意杜月笙出面代通商银行要求中央银行支持。

之后，中央银行便以"救济"为名，把大量官股塞入通商银行，并将中央银行业务局长顾诒谷调去任总经理。杜月笙则担任了通商银行董事长。

这样，杜月笙挤入了金融界。

之后，凭借与官僚资本的特殊关系，杜月笙还相继担任了中国、交通银行董事，浦东、国信等银行的董事长，以及上海市银行公会理事。虽然银行公会理事长的头衔未归于他，但他在金融界终于也成为一个能兴风作浪的人物了。

2. 四两拨千斤跨身工商界

不出一分钱的收购

如果说杜月笙插手金融业，是以掌控银行为开端，那么，盘得华丰面粉厂，则是他跻身工商界的标志。

华丰面粉厂设在小沙渡路上，老板为卢少棠。20世纪30年代时，卢少棠因在赌场上惨败,背上数十万元的债务,无奈之下,产生了卖掉华丰面粉厂的念头。

开设面粉厂在这时是很赚钱的。杜月笙得知卢少棠的想法后,立刻叫上他的重要经济顾问杨管北设法将华丰面粉厂搞到手。杨管北找到华丰面粉厂一位与他熟悉的陈经理。

陈经理证实说:"卢少棠确有卖厂之意,但是已有人抢先一步在接洽买厂事宜。"

杨管北闻讯,心急如火,对这位陈经理说:"你要设法将这桩生意让给杜先生。"

经他软硬兼施的努力,卢少棠被迫答应以109万元的低价,将华丰面粉厂卖给杜月笙。

价格谈妥后,杨管北按杜月笙授意去找傅筱庵。

这时,傅筱庵刚从大连避难回来,为处理通商银行的债务及与孔祥熙等人的矛盾,正有求于杜月笙。杨管北见到傅筱庵后,告诉他:

"卢少棠准备卖出华丰面粉厂,因债务所迫,价格定得相当低,只需109万大洋。"

然后,他虚情假意地劝傅筱庵说:

"傅先生你可以考虑去买下。"

这时卢少棠要卖出、杜月笙想盘进华丰面粉厂的消息已不是新闻,以傅筱庵的地位和关系不可能不知此事。他见杨管北突出此语,当然能听出其弦外之音,连忙摇动双手说:

"不,不,我从没想过要买面粉厂,我不买,应帮杜先生买下来才对。"

杨管北闻言,心中暗自高兴,知道傅筱庵会猜透他的意思,但嘴巴上却仍然甜丝丝地说:

"还是傅先生买下来妥当。"

傅筱庵干脆进一步点明说:"不,不,还是由杜先生买下来,交给你来管理。这才是最好不过了。"

"不过……"杨管北欲言又止。

傅筱庵不得不接过话头,连忙说:"钱没有问题,通商银行可以借给低息贷款。"

杨管北东拉西扯，绕了一个圈子，终于得到了他想得到的这句话。就这样，杜月笙不用拔一根汗毛，华丰面粉厂便稳稳当当落入他的手中。

不出一分钱的当选

华丰面粉厂到手不久，杜月笙那干瘪但却包藏着无穷欲望的肚腹又开始了新的算计。他的双眼盯上了上海面粉交易所理事长的位置。

因为取得这个位置，可以左右上海，乃至江南、江北数省的面粉生意。

这时执上海面粉业牛耳的是担任上海面粉交易所常务理事的著名实业家荣宗敬及其弟荣德生。荣家兄弟是无锡人，早年在上海当学徒，靠父亲在广东当差赚取第一桶金后，开设了广生钱庄。还在光绪年间时，荣家兄弟便敏锐地投资面粉业，在上海开设茂新面粉厂，创出了深受欢迎的"兵船牌"面粉。以后，他们又接连开设了茂新二厂、三厂，直至十厂。"茂新"之外，又设"福新"厂号，也是一厂、二厂，直至十厂。杜月笙若以区区一厂之力，通过正常的市场竞争，当然不可能胜过荣家兄弟。但他有国民党权贵撑腰，有黑社会捧场，有玩弄阴谋权术的超人本领，凭借这些，刚刚打入面粉业的他，便急不可耐地要与荣家兄弟一决雌雄。

杜月笙首先打出的一张牌，就是挖墙脚，出高价将荣氏兄弟的合伙人王禹卿及"兵船牌"商标从荣家兄弟手中挖来。王禹卿绰号"面粉二王"，多年主管荣家以"福新"为厂号的十家面粉厂，在面粉行业中，素以精明干练，经营有方著称。此外，杜还聘来了大同面粉厂总经理卞筱卿，让这两人与杨管北同任华丰面粉厂常务董事，负责全厂业务，以加强华丰面粉厂的竞争能力。

同时，杜月笙想方设法拉拢面粉行业中与荣家兄弟有矛盾的商人，以孤立荣家，扩大自己的力量。在上海面粉交易所活动的生意人，分属于两个面粉业公会：上海面粉业公会和苏浙皖三省面粉业公会。荣家兄弟的影响主要在上海面粉业公会，而杨管北因祖上在扬州、高邮等处开有面粉厂，与苏浙皖三省面粉业公会关系密切。这两个公会所代表的势力，围绕价格及市场分配等问题，长期以来明争暗斗，角逐激烈。

1931年，国民党实行"裁厘加税"政策后，双方的矛盾进一步尖锐。厘即厘金,是旧中国政府在交通要道设关卡,对运销商品征收的一种捐税。1853年清政府在镇压太平天国起义时,由帮办扬州军务雷以诚首次推行。"裁厘加税"政策,就是取消厘金,改为统一缴税。这个政策虽然是国外通行的税收政策,但对苏浙皖地区的面粉业商人是一个沉重打击。因为,他们用于加工面粉的小麦基本上是在当地采购,不需长途贩运,很少厘金负担,只有把面粉运到上海的途中才需交纳厘金。所以,"裁厘"未使他们减轻多少负担,"加税"却使他们增加很大支出。而上海的面粉业商人要到外地采购小麦,途长路遥,支付的厘金数额大大超过苏浙皖三省面粉商人,因此,"裁厘"使他们得益不少。苏浙皖等地的面粉商人,本来就因运费等问题,在竞争上处于劣势,"裁厘加税"政策实行后,他们的境况更糟糕了。

杜月笙看准这是笼络人心的好机会,亲自跑到苏浙皖三省面粉同业公会去活动,敦促三省面粉业商人,一同写了一个呈文,一方面表示拥护"裁厘加税",要求政府考虑三省面粉业商人的损失,所征税收应比上海面粉业商人少百分之五十。这一呈文经杜月笙之手辗转,国民党政府江苏省财政厅送到了行政院财政部和实业部。另一方面,杜月笙又四处活动经宋子文、孔祥熙批准,江南面粉商人上缴之税减少百分之四十,江北面粉商人上交之税减少百分之五十。

杜月笙因此获得苏浙皖三省面粉业商人的好感。

经杜月笙授意,这部分商人又和与杜关系密切的一些上海面粉商人暗中收购上海面粉交易所股票。

在取得拥有发言权的股票数额后,他们立刻要求召开上海面粉交易所股东大会。此时,担任上海面粉交易所常务理事的是荣宗敬,理事长是与他关系密切的王一亭。但是,他们对杜月笙秘密进行的拉票活动一无所知。结果,在股东大会上受到猛烈抨击,被迫同意改选理事。

选举的结果一出来,杜月笙名列榜首,志得意满地取王一亭而代之,坐上了上海面粉交易所理事长的交椅,杨管北则也成为常务理事,为杜月笙重要支持者。

经过这么一弄,只有一个小厂的杜月笙在面粉业取得了举足轻重的地位。

3. 航运业的新巨头

大达公司的风水走了

杜月笙挥拳打入面粉业后,他仍不满足,踌躇满志,又盯上了上海的航运业。

不过,杜月笙进入航运业,多少有些被动,说白了,其实是大达轮船公司主动向他抛出的橄榄枝。

大达轮船公司是张謇创办的一家著名民营轮船公司。

张謇,江苏南通人,光绪二十年甲午恩科状元,赐进士及第,授翰林院修撰。这年夏天,慈禧太后从颐和园回宫,文武百官照例应该跑在路旁接驾。一天恰好雷雨交加,地面泥水几寸厚,张状元被淋成了落汤鸡,又在积水里跪了多时,回到会馆,夜不能寐,于是他自言自语地喟然长叹:

"我读书当官,身列朝堂,难道只是为了做磕头虫而来的吗?我饱读圣贤书,志气何在?"

于是,他辞官回乡。

这位42岁的状元公,自4岁开始念千字文,经过38年的寒窗苦读,结果是只做了120天的小京官又回家了。但是,他的雄心犹在。

辞官后,他决定从商。经过几番努力,从光绪二十一年到民国十五年,他先建立了大生纱厂,以后又连建了8个厂,设置了电厂、油厂、面粉厂、机械厂、轮船公司等无数企业,从天下第一的状元郎成功转型为实业家。

1904年6月,张謇在上海高桥租下南市十六铺一带大量沿岸土地,建设仓库、码头,成立大达外江轮步公司。8月,又在南通天生港设置码头和仓库,成立天生港轮步公司。之后,又从国外买进两艘客货两用轮船,合大达外江轮步公司及天生港轮步公司为大达轮船公司。该公司的轮船班次,被称为沪扬班,专跑上海经南通天生港至扬州霍家桥一线,独占此航线24年。

1926年8月24日,张謇病逝。不久,大达轮船公司经理鲍心斋也辞世而去。创始人的相继故去,给该公司经营上带来一定混乱。不巧的是,以后又连逢两场灾难，一是大达轮船公司存有巨款的德记钱庄破产，大达轮船公司因此损失好几十万。二是大达轮船公司所属"大生"、"大吉"号轮船先后失火烧毁，船上旅客死伤众多，货物损失严重，都要大达轮船公司负责赔偿。这两场灾难使大达轮船公司负债累累。这时，原由大达轮船公司独占的航线，也出现竞争对手——大通轮船公司。该公司以上海滩的洪门大哥杨在田为董事长，法租界公董局华董费伯鸿为总经理，靠山不弱，实力也强大。大达轮船公司早已处于风雨飘摇之中，受到这一劲敌的竞争，更是步履维艰。

一度兴旺的大达公司风水走了，到了濒临倒闭的边缘。

斜刺里杀出个"程咬金"

大达公司的主要债权人是镇江帮金融巨子陈光甫开设的上海商业银行。陈光甫眼见大达风雨飘摇，朝不保夕，心里相当着急。与此同时，通州帮的实业巨子也在为此问题焦头烂额，不知所措。于是，镇江帮金融界和通州帮实业界人士频繁接触，最后，一致认为如果能找一位通天教主、大力人士做后台，再聘一名富于魄力、精明强干的经理，也许可以死马当做活马医，解除大达的危机，让它站定脚跟，起死回生。

他们找来找去，认定这对搭档的最佳人选，惟有杜月笙和杨管北。持这一主张最坚决的，是大达公司常务董事兼上海商业银行业务部经理越汉生。

很不凑巧，这时杨管北刚好盲肠炎开刀，在闸北仁济医院里休息。于是，双方在医院里便开始了接洽。

结果，已经有了点眉目，忽然又横生枝节。掌握南通事业大权的吴寄尘，坚决反对杨管北去管大达公司的事，他所持的理由是——杨管北年纪太轻，惟恐他少不更事，负不起这么大的责任。

杜月笙得到消息，淡然地一笑。他对于人与人的关系摸得最透，一听吴寄尘公开反对杨管北，立刻说："是南通地产质询案结的怨。"

他说的确实没错儿。

原来早几年，大生纱厂周转失灵，南通实业界元老张謇的得力助手、张謇所倚重的吴寄尘为了解救危机，竟将上海南通地产公司的产业——坐落在上海九江路22号的整幢洋房进行出售，然后把售得的款项移作大生纱厂救亡图存之用。

这一来，上海南通地产公司的股东为之大哗。南通地产是独立的企业，跟大生纱厂无关，以它毫无理由被牺牲去救大生。吴寄尘虽然是迫不得已而出此主意，但是大生的危机解除了，上海南通地产的股权问题却变得无法收拾了。上海南通地产的股东们要求召开股东大会，要求吴寄尘赔偿全体股票所受的损失。

股东大会举行前夕，愤懑不平的股东们想起了一个难以解决的问题，到时候谁来提出质询？因为南通事业的股东多半是张謇的亲友和旧部，他们站得住道理却是碍不过人情，谁好意思去跟张謇的代表人吴寄尘细算账目，要求赔偿？于是，有人提出镇江杨家的小开杨管北。

杨家及其亲戚投资南通实业的人为数不少，小开杨管北本人就是大生纱厂的董事、三厂的常董，又在大达轮船公司和南通地产都有股份。他年纪轻，冲劲足，学的又是经济与法律。老一辈的有人找到他一怂恿，杨管北果然答应担任开路前锋。

第一次开会，杨管北提出质询，理直气壮，义正词严，口口声声要讲法律，要赔偿。吃亏的股东有了开路先锋，群起而攻之。这弄得吴寄尘极不是滋味，更是对杨管北这个初生牛犊感到不悦。可是，问题拖了又一年，赔偿仍然不见兑现。

再召开股东大会时，吴寄尘请了曾任江苏财政厅长李荇卿担任主席。各股东因为血本无归，心情焦躁，于是纷纷发言，措辞激烈，竟使李荇卿气得中途退席。从此，吴寄尘将所有令他难堪的账都记在杨管北身上，认为这一个后生辈虽然年轻有才，却不通人情，形同叛逆。

以后，吴寄尘对杨管北始终耿耿于怀。

以前杨管北当了吴寄尘的程咬金，现在吴寄尘借口杨管北太年轻，不进行合作，当杨管北的程咬金。可这件事总得要化解化解。杜月笙想了想，说："有一位适当的调解人，杨志雄。"

杜月笙选择的杨志雄确实是个合适之人。一则，杨志雄风度翩翩，舌辩滔滔，是他智囊团中外交人才的首选；其次，杨志雄是吴淞商船学校的学生，吴淞商船是张謇一手创办的,杨志雄毕业于该校,后来又曾出任该校校长,因此,他和南通张家颇有渊源。

杨志雄随即被请到杜公馆。

杜月笙把事情的原委一说,杨志雄就回答说:

"这件事我倒有两条路子,四先生的少爷张孝若,在汉口当扬子江水道委员会委员长,我也在汉口当船主,我们经常在一起,相当的熟。"

杜月笙知道"四先生"就是大家对张謇的称呼,问道:"还有一条呢?"

"吴寄老有位侄子在金城银行当经理,叫吴蕴齐,我们也是要好的朋友。"

"那么,"杜月笙建议说,"你是否先去跟吴蕴齐谈谈,请他劝劝吴寄老,要我跟小开去,无非是挽救大达。我充其量只能挂个名,搞轮船我不会,真要救大达,还得靠小开。"

杨志雄赞同地点了点头,回去了。他这时在德商西门子洋行当总顾问,吴蕴齐常到他办公室来,因此,第二天他便见到了吴蕴齐。他还怕他传话传不清楚,特意转弯抹角说:"我久仰令叔,吴寄老是通州实业界的老前辈,只是自己无缘见面。"

言下之意想请吴蕴齐引见引见。

吴蕴齐很高兴地说:

"这有什么问题,我今回去就跟家叔说一声。"

第二天,却是吴寄尘由他的侄儿陪同,亲赴西门子洋行,专诚拜会杨志雄。

吴寄尘的来到,使杨志雄深感不安,颇有点窘。不过吴寄尘兴致很高,和杨志雄一见如故,促膝恳谈。在长谈中,杨志雄很技巧地提出杜月笙的见解——一切应以挽救大达为前提,然后说:"杜先生深知杨管北有彻底整顿大达的能力,使这一历史悠久、具有光荣传统的事业机构,发扬光大。"

吴寄尘见杜月笙出面了,马上说:"杜先生热心诚恳,使我非常感动。"然后,在杨志雄的面前,马上表示出欢迎杜杨的决心与诚意。

当杨管北开刀的伤口愈合,出了仁济医院。这时,他只晓得又有一项新职在等着他,还不知道其中有过一段曲折。

听说杨管北要接大达公司的事,杨管北的亲戚长辈纷纷把股权移转给他,以使他持有够多的股份强化在公司的地位。杨管北建议杜月笙说:"你不必去当空头董事长。"

杜月笙深以为然,说:"此时不收购,更待何时?"于是也大量收购其股票。

结果,在大达轮船公司的股东大会里,杜月笙和杨管北以足够的股权,当选董事,再经过董事会推请,杜月笙为董事长;张孝若为常务董各兼总经理,以杨管北副之。此外还有杨志雄和胡筠庵两人,也当选常董,两人同为杜系人物。

高老太爷"衣锦还乡"

这时,苏北一带遍地盗匪,声势滔大。由于盗匪多如牛毛,横行霸道,苏北各地交通几已断绝,商旅通过除非预缴"保护费",否则随时都会被劫。这样使得在一省之内,从上海汇钱到苏北,100块钱的汇费高达20元。盗匪使得苏北货不能畅运,大达轮船公司的货物也经常被抢。

杨管北上任后,立即雄心壮志,准备在这个交通阻塞上打开大达公司的局面。他请杜月笙约请青帮大字辈前人,在运河苏北各码头坐第一把交椅的高士奎帮忙。

高士奎在青帮比杜月笙高两辈,但是由于时局倒转,情势不同了,高老太爷不但对杜月笙很客气,而且还口口声声地"杜先生杜先生"地叫。

高士奎一约便到,杜月笙告诉他说:

"有点小事情,想请高老太爷走一趟洪泽湖。"

洪泽湖,位置在苏皖边境,早先是安徽蚌埠通往清江浦的要道,后来因为烟波百里,成了强盗土匪的渊薮。

高士奎听说杜月笙要请他走一趟洪泽湖,蓦地兴起怀乡之念,欣欣然地说:"30年没有回过家了,既然杜先生要我去,我就走这一遭吧。"

杜月笙大喜,当下请问:"什么时候动身呢?"

"随便,"高士奎答道,"反正我是闲人,明天后天都可以。"

送走了高老太爷,杜月笙又叫杨管北来,吩咐他送高老3000块钱的"路费"。

杨管北不在青帮,但是跟青帮人物很熟,就在他的手下,大达公司大裕轮的买办,众人称为孙大哥的便是一位大字辈,因此,他选大裕轮作为高老太爷此行的专轮。

高老太爷抵乡的消息马上传遍清江浦。专轮抵达时,码头上黑压压的一片,数不清有多少人来迎接——其实,还有不少青帮人物一路远迎,肃候老太爷。高士奎在船上吃过了晚饭,轮船驶向淮安,到达清江浦时,他接受了盛大热烈的欢迎。

被清江浦的朋友苦苦挽留了六天,天天欢宴,不曾一刻得闲。6日后,高老太爷才乘车前往杨庄老家。

在杨庄,高老太爷一住又是十天。他的老亲老眷,街坊乡邻,一拨儿一拨儿地跑来磕头。高老太爷也忙着一家家地拜访、叙旧,他家中存有300石米,加上自己带来的3000块钱路费,一笔笔的,送光为止。

到达杨庄的次日他派人传个话,叫高良涧和临推头之间,亦即洪泽湖相隔最远的两岸,管事的大寨主吴老幺来见。话传过去,在第四天早上,这位苏北最有势力的大土匪头子挥桨如飞地赶到了杨庄。

一进高老太爷的家门,吴老幺向高士奎三跪九叩首,执礼之恭出人意外。高士奎跟他叙一叙,这吴老幺居然是"悟"字辈,算是老太爷的孙子。

高老太爷望一眼垂手肃立的吴老幺说:

"你晓得吧?我这次是特为找你来的!"

吴老幺作了个揖,不胜惶恐地说:

"老太爷,我怎敢当?"

"上海有个杜月笙,"高士奎问,"你听说过没有?"

"久闻杜先生的大名,"吴老幺答道,"就是至今不曾瞻仰过。"

"这位朱信科先生,"高士奎伸手一指,"就是杜先生的要好朋友,杨管北请来当代表和你联络的。杜先生和杨先生在办大达轮船公司,大达的船要开辟苏北航线。我找你就为这件事——看到大达公司的船来,你要好生照顾啊!"

"请老太爷放心,"吴老幺慨然承诺,"大达公司的船只管来,他们船上要是少了一颗麦,统统由我赔偿。"

就这样,三言两语,高士奎就打开了苏北航线,甚至远远伸展到蚌埠、清江浦之间。

高士奎回到上海后,杨管北立即开始筹备薛鸿记帆轮联运公司,并另行筹组达通小火轮公司,航行皖北、苏北各线,只载货,不搭客。他设立各地分支机构尽量起用青帮人物,譬如蚌埠办事处请"大"字辈的夏金贯主持,清江浦有"大"字辈冯守义坐镇,扬州、镇江则以"通"字辈向春廷总管一切。凡此青帮人物一概以经理名义月支薪水大洋200元。但是实际业务,杨管北则仍另选派有经验的人负责办理。

然而,第一次航行还是出现了惊险镜头。

达通小火轮公司的一艘船驶到了柏树湾,这一带因为地形关系,河道曲曲折折,成"之"字形,一向是盗匪出没抢劫船只之地。行驶于这一地区的船只俨然一条长龙,形成船队。第一艘是扬子公司的轮船,第二艘是戴生昌的船只,达通公司的火轮殿后,还一连拖了十几条木船。

船队驶抵柏树湾,大概是夜晚九十点钟光景,周围一片漆黑,伸手不见五指,突然之间,岸上响起清脆嘹亮的枪声,紧接着便有粗犷的声音大喊:

"把灯熄掉!人回舱里去,谁敢探出脑袋,枪就不认脑袋!"

月黑风高,碰到强盗,恐怖紧张的气氛马上达到了极点。达通拖轮和木船上的员工水手,一个个吓得面无人色,浑身发抖。可是他们受惊吓了许久,只听到前面停泊的船只上哭喊之声不绝于耳,自己的船上竟然毫无动静。于是有胆子大些的探首外望,两岸静悄悄,不见人影火光,于是卸下石头说:"土匪得手以后就撤退了。"

当夜,他们疑惑不定地各自去睡了。

第二天清晨一问,果不其然,扬子和戴生昌的两条船、货物和行李全部被劫走了,惟有达通公司的船在匪徒们眼中好像没看见似的,秋毫不犯。

随后,达通公司等于是保了险的、托达通运货土匪不会来抢的,消息迅速传开,托运货物的主顾纷至沓来。达通苏北航线的建立和开通,使大达公司的业务突飞猛进,盈余直线上升。

江湖多是大吃小

杜月笙接任大达轮船公司董事长,派杨管北接管业务后,任何人都以为他们上台一鞠躬,要做的第一件事,便是和大通公司成立协议,遏止跌价竞争,以免愈赔愈深，两败俱伤。因为凭杜月笙和通达公司杨在田、陆费伯的交情和作风，闲话一句，什么事情就可以摆得平的。然而说也奇怪，当杨在田、陆费伯蚀了不少钱后，眼见杜杨上任，笃笃定定等杜月笙过来拜码头，谁知他闷声不响，声色不动，丝毫没有展开谈判、讲讲斤头的任何迹象。

起先，杨在田、陆费伯很纳闷，后来才恍然大悟，惊讶："杜月笙他们手条子够狠的！"

原来，大达公司自从杜杨登场，情势陡然一变。杜月笙跟银行界交情够深，拨只电话就可以调来大批大洋，此其一。大达公司打开了苏北航线，开设大兴公司，一掼下去就有3000万大洋的活动能力。大达、大兴、薛鸿记连成了一条线，代办货物，平安运达，立即押汇，三大业务做得热闹风光，一笔生意三层赚头，洋钿银子滚滚而来，拿这里面的赢余来跟大通公司在一条航线上拼，可以说轻而易举，不费气力。

搓麻将掉了人又另扳了庄。大通公司着着居于下风了。

杨在田、陆费伯硬挺了一年，反倒是大通公司要叫救命了——再赔下去，就要被掼倒。于是，两人反客为主，迫不得已向大达提出要求，希望双方相忍为安，顶好是想个什么法子，盘算盘算成本，打开这个恶性竞争的局面，彼此获得合理的利润。

但是，老朋友面前，杜月笙却不开口，反而振振有词地推托：

"大达的事情，统统都是小开管。老兄的意思很好，但是要去跟小开商量。"

大通公司只好再去找杨管北谈。杨管北的答复使大通公司方面颇感意外——他抓住大通方面来人的慷慨陈词、顺水推舟地这么说：

"既然竞争对于双方不利，那么，我奉送各位一个意见——何不联营？"

"联营？怎么个联营法呢？"

"那还不简单，"杨管北双手一摊："大达、大通成立联营处，共同经营上海到扬州这条航线。"

"双方所占的比数，怎么样算？"

"有一个最合理的计算方法，我们联合去请一位最有名的会计师，请他细查大达、大通过去三年的账，以两家公司的总营业额为准，订定双方所占的比数。"

大通情势危急,只有照办。于是,双方请来了上海滩有名的奚玉书会计师,查过了账,记录显示,在以往三年两家公司的总营业额中,大达公司占63%,大通公司占37%。

照这样的比例,在即将成立的联营处里,不论船只吨位、新旧、设备、速率,以及包括水上、陆上所有的资产,也不管孰者为多,孰者为少,而大达公司所应分得的盈余,要比大通超过将近一倍。于是,大通说:"这样不能干。"

大达回答:"不干就算了。"

几经折冲,几经谈判,最后由大达公司让步,将双方所占比例,调整为大达公司55%,大通公司45%。合约刚刚签好,交通部召开全国第一次航业会议,杨管北即席提出大达、大通两轮船公司联营十年的报告,请交通部准予备案,同时,由联营处提供保证:"不分客运货运,今后绝不涨价。"

制服了大通轮船公司后,大达轮船公司的赢利更逐日递增。不久,当虞洽卿因连任二届上海船联会理事长而必须改选时,杜月笙便以大达轮船公司董事长的身份,如愿以偿地获得了这一工商界的重要头衔。

4. 在纱布交易中坐交椅

交易所就是玩猫和老鼠的游戏

上海的棉纱交易市场,也是杜月笙想加以控制的暴利行业。

早在1928年,杜月笙就已开始在纱布交易所做棉纱生意。随着他在工商金融界势力的膨胀,这笔生意越做越大。但他并不满足,希望能坐上纱布交易所理事长的交椅,这样他可以更加得心应手地大作投机买卖。

他等待着,终于找到了机会。

张啸林眼看棉纱交易的钱好赚,也往里面扎。一天,他一上来就抛空,而且抛出的数额来得很大。杜月笙说:"此刻抛空恐怕不利啊!"

"张大帅"眼珠子一弹,开口便骂:

"他妈的!老子抛空就不许不利!月笙,你也来,胳臂不能往外弯,总不能说我抛空,你反倒做多吧?"

杜月笙被他说得笑了起来,点点头说:

"好,我奉陪,不过,我少做点。"

"不行,要做就大做!"张啸林自有道理,"必须我们两个都做大,才可以把价钱捆下去!"

哪晓得"张大帅"这一宝没有押准,闯出了穷祸。他大做其空,纱布交易所便天天利多,拍一板就涨一截,而且天天涨停板,一连一个多星期,纱布交易所出现了空前未有的怪现象。

每天从早到晚,"张大帅"把"他妈的"一路骂到底,结果他做空做到了无法收拾的地步,跟杜月笙隔一盏鸦片烟灯,扳着指头算,他妈的真正不得了哇,现在每拍一板,就要蚀本十多万。

上海棉纱帮以通海人士居多,亦即南通与海门人。陆冲鹏是海门的大地主、国会议员、棉纱帮的几位亨字号人物之一。跟他有交情的其中有一位叫顾永园的,跟他是很知己的朋友。顾永园当时也在做空,蚀得来性命攸关。一日他忽然来访陆冲鹏,劈头便是一句:"不得了,张先生都要倾家荡产了!"

陆冲鹏惊了惊,忙问:"究竟是怎么一回事?"

顾永园把张啸林纱布做多,陷身泥潭,进退维谷的窘况,细细一说。接下来他又义形于色,气愤填膺地道:"纱布交易所,从来就没有这种猛涨不停的事体!我们人人都晓得,这完全是里面有几个理事在作弊,就是苦于找不到证据。"

陆冲鹏刚要插嘴问,顾永园忙不迭地又向他细诉,把棉纱交易所的种种黑幕,解说得十分详尽。

陆冲鹏明白了顾永园的来意,于是单刀直入地问:"要怎么样才可以对付他们?"

事急矣,顾永园自告奋勇地说:"要跟鲁智深醉打山门一般,闹个卷堂大散。我愿意当先锋,上台质问,叫他们明天一上来就停拍,否则的话,十多万十多万地赔上去,到了明天这个时候,张先生和我无法交割。"

陆冲鹏懂得了,再问:"你当先锋,是要杜先生、张先生做主帅。"

"杀鸡焉用牛刀,"顾永园一声苦笑,"我只要他们做帮我摇旗呐喊的小兵。"

"好的,事不宜迟,"陆冲鹏准备起身,"我这就到华格臬路去。"

他先到隔壁头,张家,"大帅"直立檐下,对着空空如也的院子出神。

"啸林哥,"陆冲鹏喊醒了他,"有话要跟你说。"

"唉!"张啸林极其罕见地叹了口气,立刻就又骂出脏话来:"他妈的!半辈子不曾这么烦过。走,我们里面去谈。"

一坐一躺,陆冲鹏开口便问:"烦什么?啸林哥,是不是做纱布做出了纰漏?"

"他妈的!"张啸林"啪"地把鸦片烟枪一掼,倏然欠身坐了起来,"老子方才正想着呢,发三五十杆手枪出去,叫他们把那个鬼交易所打成稀烂。"

"打烂它不是办法,啸林哥,"陆冲鹏莞尔一笑地说,"我是来约你一道去隔壁的,去跟月笙商量商量看。"

"好哇!他妈的,"张啸林站下了地,"我们这就去呀。"

杜月笙在隔壁也是烦不过,什么客人都不见,正在一榻横陈香两口消愁解闷呢。

张啸林和陆冲鹏撞进去的时候是中午11点钟,于是乎,三人唧唧哝哝,从原则谈到细节,计划精密,步骤分明。最后,陆冲鹏面带笑容地驱车离去,又找顾永园,向他"面授机宜"。

救兵好难搬

第二日上午,坐落在爱多亚路北的纱布交易所,准时开市。然而,稍有警觉的人,就会发现气氛有点异样,交易所里外多了几十位穿短打的朋友,鸭舌帽拉低到眉毛,怒眉横目,腰际还有鼓了起来的"家伙"。

交易所的伙计正要高声宣布开拍,顾永园铁青着脸,一马当先,在人丛之中指手画脚,慷慨陈词,指控若干理事勾串舞弊,制造一发不可休止的涨风。他要求马上宣告暂时停拍,由各经纪人成立调查小组,彻底清查弊端,然后依法处理。

被指控的理事纠集场务人员,冲向前,要把"扰乱秩序"的顾永园拖出去,扬言送巡捕房究办。但是这一些赤手空拳的场务人员左冲右突,却受阻于在厅内那些板紧着脸的"陌生客",谁也没法挨近顾永园的身边。有一名伙计不经意地发现,陌生客腰硬邦邦的那家伙是手枪,吓得脸色发白,簌簌地抖,神鬼皆惊的一声骇呼:

"他们带了手枪的!"

这一喊,交易所里的理事职员哄然一声,四下散开。

情况十分紧急,其中,一个理事冲进办公室去拨电话,向巡捕房求救。

这时,杜月笙拖出来的老英雄、"大八股党"的老前辈——戴步祥、戴老二已牢牢地守在捕房紧急电话旁边。

电话铃声响,戴老二伸手一接纱布交易所十万火急的请求,声色不动地听对方把话说完,当对方迫切地在等待回音时,戴步祥轻轻地把电话挂断。

一次、二次、三次……

纱布交易所第四次打电话来,根据沈杏山转述的"锦囊妙计",戴步祥终于开了金口:

"好,我会派巡捕来——看看苗头。"

又过了半天,四名巡捕懒洋洋地来了。经纪人一见如逢救星,正要迎上去诉苦。顾永园又在场子中央大声疾呼:"要求巡捕查封经纪人的账簿,以揭露黑幕,然后按照法律程序进行诉讼。"

交易所的人眼见顾永园根本就不怕巡捕,甚至还想指挥巡捕代他"执行任务",于是更加着慌。他们立即打电话给纱号业巨子"海上三老"之一的闻兰亭、商会副会长袁履登。闻、袁两人一听交易所出现了带枪的人,顿时惊得脸色大变,立即叫交易所的人沉着镇静,切忌慌张,同时安慰说:

"不管来人是谁,都没有关系,我现在就去见杜先生。"

袁履登和闻兰亭驱车到了杜家,正待迈步入内,早有杜家的听差虚拦了拦,赔笑地说:

"对不起,杜先生还没有起来。"

闻兰亭好言相商地说:

"本来是不敢惊动的,实在是因为事情紧急,没奈何,只好烦你们进去通报一声。"

"真对不起,"听差两手一摊,"杜先生说他要多睡些时,我们底下人,哪个敢去喊哩。"

闻兰亭和袁履登一想,这话说得也不错,总要找一位有资格,够交情的朋友,才可以把杜月笙从被窝里拖出来。两人一商量,自知资格不够,于是又驱车疾驶去求傅筱庵。

他们急急赶到傅公馆,不想傅筱庵也是高卧隆中未起。两位大亨逼得没有办法,只好去寻阿德哥——年高德劭、望重上海滩的虞洽卿。

虞洽卿不但跟杜月笙够交情,还可以在他面前倚老卖老。他一听袁履登和闻兰亭的报告,当下就知道这件事情不得了。洽老为人向来热心,立即穿起衣裳,上了汽车,便去杜公馆。

杜公馆的听差看见洽老驾到,不敢再拦,让他带着袁、闻两人,直登二楼。洽老一面走一面在喊"月笙!月笙!"进门一看,杜月笙真睡着了,但是他不管三七二十一,硬把杜月笙摇醒,而且逼着他穿衣着裳,刷牙洗脸,然后三部汽车四个人,首尾相衔,风驰电掣地开到了纱布交易所。

怎么来的怎么去

交易所的经纪人,伸长颈子在门口等,远远看见杜月笙的汽车疾驰而来,犹如天降救星,一个个雀跃三尺,回过头去便声声高喊:

"好啦,好啦,杜先生来啦!"

这时候,顾永园还站在台上慷慨激昂,义正词严,正在口若悬河地质问,一听"杜先生来啦",也不觉呆了一呆,跷起脚来望时,一眼瞥见虞洽卿、袁履登、闻兰亭陪着杜月笙驾到。他一看就明白了,毫无问题,他已经把风潮闹得很大,上海商界领袖全到,是他们把杜月笙硬拖来解决问题的。

方才顾永园大呼小叫,厉声质问,风浪之猛仿佛把爱多亚路这幢大楼都要掀倒,如今杜月笙、虞洽卿和袁、闻两人在大厅门口一站,好像摇摇欲坠的大楼即刻恢复了重心。经纪人、交易所员工和心中有病的理事一起吁了口气,晃悠悠的一颗心,也稳稳妥妥落回肚子里了。

杜月笙面带微笑,一步步地往大厅里走,虞洽老等人反倒跟在他的身后,拥挤的人潮眼见杜月笙在进来,人潮速速地让开一条大道。

一直走到台下,杜月笙仰脸望着顾永园,笑容可掬地问道:

"这位先生,可认识在下?"

顾永园连忙双手一拱地说:

"久闻杜先生的大名,就恨缘浅,始终没有机会拜见!"

"笑话,笑话!"杜月笙抱了抱拳,又问道:"先生既然晓得我杜某人,我杜某人有一句话,不知道先生愿不愿意听?"

"杜先生的一句闲话嘛,"顾永园坦爽地说,"兄弟当然只有惟命是从。"

"多谢,多谢,"杜月笙笑了笑,"那么,就请先生赏光,到舍下去一趟。当然了,交易所这边的朋友也要请他们到一到,不管有什么事体,让我们从长计议。"

"好的。"顾永园很快地走了下来,"杜先生叫我去,我就去。"

大队人马一走,时间已近中午,纱布交易所虽然风平浪静,安静如常,可是,一上午的功夫就这么耽搁了,只好改在下午再开拍。

到了华格臬路杜公馆,双方坐下来面对面谈,杜月笙和虞洽卿是仲裁人,"张大帅"没有露面,但是他在隔壁头很紧张地等消息。

顾永园理直气壮,毫无怯意,当着几位大亨的面,还是一口咬定,这一次棉纱一路暴涨必定有内情、有毛病,极力坚持查封经纪人的账,否则,他不惜身家性命,要告到法院。

真人面前不说假话。董事们好说歹说,摊出底牌,终于承认了促使棉纱暴涨确实是为了打击空头,因而难免做了点手脚,最后有些沮丧地说:"但是,事已至此,骑虎难下,怎么个了法呢?"

始终都在注意倾听两方言词的杜月笙,这个时候开口说了话:

"依我看是容易得很,套一句戏词:怎么来的便怎么去吧。"

有好几个人不约而同地问:

"杜先生,请你指示一个办法,好不好?"

"官司呢,不要打了。今天下午,纱布交易所还是要照样拍。否则的话,事体越闹越大,风言风语传出去难听。各位以为如何?"

除了顾永园以外,在座的人一致如逢大赦,喜上眉梢,异口同声地说:

"杜先生讲的,极有道理。"

"不过，开拍以后，"杜月笙慢条斯理地又说，"要是行情再涨，做空的朋友，不是更加要上吊了吗？所以我的意思是，今天下午一开拍，行情就要跌，让它跌停板。然后，后天再跌，天天都跌，一连跌它几个星期，跌回两不吃亏的原价，也好让做空的朋友补进来，天下太平，皆大欢喜。"

做多的人很伤脑筋了，个个搔耳挠腮，迟疑不决地说：

"这个……"

"不必这个那个了！"杜月笙接口很快，"就照我刚才所说的，怎么来的怎么去，非法获利，物归原主。各位既然会做利多的手脚，这利空的布置，想必更加容易。"

做多的人为之哑然，于是，双方正式达成了"成交"协议。隔壁的张啸林闻讯，急忙走了进来，边进门边大声说："你们早就该这样做了，不然，事体还了得下去啊！"

杜月笙的这一着，不知救了多少做空出毛病、急得要跳黄浦江的投机家，赢得了这一帮人的衷心感激，另一方面，他公开露了这一次脸，使"杜先生"的威信普遍建立于商界人士的心中。于是乎，以后但凡哪里出了严重问题，他们都要借重他的片言解决。基于这种心理，纱布交易所决定一致推他担任理事长。杜月笙不干，让给穆藕初。后来，穆氏出掌行政院农本局负责，他才兼领了这重要的一席职务。

经过激烈角逐，杜月笙在金融工商界的势力得到长足发展，终于取得了在金融工商界具有重要地位的上海市商会的领导权。

第十章　江湖也要讲骨气

1. 是条汉子

江湖之人敢斗日本人

事业扩充，因水涨而船高，杜月笙声誉日盛，交游的范围也越来越广，朋友和学生越来越多。但是，正在这时中国的时局急转直下，进入了另一个时期。

时间进入1936年底，中日关系空前紧张，华北华中，两军严阵以待，大战一触即发，但是主持全国大局的领袖蒋介石却大肆叫嚣："和平未到完全绝望时期，绝不放弃和平；牺牲未到最后关头，绝不轻言牺牲！"因此，政府的国策是"力谋以外交方式调整中日两国邦交，冀弭战祸"。

然而，日本方面却不管这些。1936年，日本外相广田弘毅提出了举世闻名的广田三原则，作为日本侵略中国所应采取的路线图。所谓的"广田三原则"，简言之为：

一、中国政府彻底拒绝反日。

二、中、日、"满"合作，华北特殊化。

三、中、日、"满"共同反共。

广田三原则实际上是虚伪的。广田给中国人下的毒药还有一个"经济提携"诱饵,即利用"经济提携"的方式,实质上来推进它的侵略性的"大陆政策",完成"日满支集团"的迷梦。抗战爆发前一两年里,多数国人都被这美丽的糖衣所迷惑,以为中日大战在短暂时期可以避免,借外交途径即可以解决中日问题。

1936年10月,日方派遣其外务省东亚局局长桑岛来华,协助川越大使进行中日谈判。

1937年初,日本"经济提携"运动又形成高潮。日本新外相佐藤在众议院发表演说,声明日本对华政策是仍然坚守广田三原则,不放弃既得利益。两天后,日本又派出了一个大规模的"经济考察团",以日本国家银行总裁儿玉谦次为团长,重要团员中有大日本制糖株式会社礼长、政坛要角、战后曾任外相的藤山爱一郎。

这一个"经济考察团"来华,在战云弥漫、低气压笼罩下的远东,可谓举世瞩目,很多人都对此寄予厚望,因为,它的成功,至少可以暂保东方的和平,它若失败,战火恐怕就要接踵而爆发。

中日双方对此一和战关键的"考察团",事先有周密妥善的安排。南京政府有关方面同意,以日本经济考察团为骨干,配合中国的金融工商界有力人士合组一个"中日贸易协会"负责推进"日支经济提携事项"。

拟议中的"中日贸易协会",分设筹备主任两人,华方主任委员为华北金融巨子周作民,日方则系日本银行总裁儿玉谦次。可是,日方说周作民不能代表南方的金融工商界,通过外交途径,表示希望上海的杜月笙能参加。于是,蒋介石又指定杜月笙为该协会的常务委员。同时,中日双方都要求他负起"经济考察团"抵达上海时的一系列联络、招待工作。

这一项重要的任务确使杜月笙的声望为之增进,地位也又提高了许多,然而,却也给他带来了难以启齿的极大痛苦。因为一方面,在基本立场上,他是不折不扣的爱国反日主义者,为此曾有一鸣惊人的表现;另一方面,他更是上海金融工商业者的义务保镖,大家寄望于他利用地方势力抵拒外来入侵力量,明眼人都知道日本"经济考察团"分明是挂着侵略者的招牌而来,南京政府方面也在战备不够充分,有意委曲求全之意。在这种情形之下,全国金融工商业者以至各地民众都得准备牺牲,"以空间换取胜利","以最后牺牲之决心为和平最大努力",任何人都不能违反蒋介石的这个既定国策。但是,杜月笙有多大的权限能够代表全体商民,在蚕食鲸吞贪得无厌的日本"经济考察团"对面作迫不得已的让步?这就是杜月笙莫大的为难之处。

3月14日,日本"经济考察团"抵沪,儿玉谦次一行抵达上海时,周作民、杜月笙等人还是强颜欢笑"热烈"地欢迎了他们。

杜月笙正满腹愁闷时,接到蒋介石从南京发来的请柬,于是,次日便和周作民等人,陪同他们晋京,参加蒋委员长的招待茶会。

在茶会上,蒋介石说了一通欢迎词后,强调说:

"己所不欲,勿施于人!"

杜月笙听到蒋介石正告"日本经济考察团",义正词严的这句话时冷眼旁观"日本经济考察团"众人,儿玉、藤山等人顿时脸色大变,仿佛有不胜感慨,敢怒而不敢言。杜月笙则感到非常之痛快,从此内心暗暗有了决定:应设法抵制日本人的经济侵略。

当"日本经济考察团"回到了上海,杜月笙便开始采取不合作态度,在各项谈判中当仁不让,据理力争。除此以外,他还请上海大佬、前任总商会长虞洽卿,趁"日本经济考察团"在沪时期,出席日本商工会议所的一次集会,即席发表演说。虞洽老深明其之意,在演说中满口都是"经济提携"必须立于"平行互惠"的立场和论调,日方大失所望。因为中国人立场坚定,不容动摇,一致表示"政治问题不获解决,谈不上经济提携",日本人经此碰壁,所能采取的只有诉诸武力,于是图穷匕见,7月7日,发动了震惊世界的卢沟桥事变。

支持抗日

抗战一揭开序幕,29军219团团长吉星文率部坚守宛平的消息传来上海,杜月笙同仇敌忾,奋袂而起。这时,他是中国红十字会副总会长、上海市地方协会会长,又兼上海市临时参议会议会长,然而他却非国民党党员,于是上海地方协会秘书长黄炎培找到杜月笙,建议说:

"上海地方协会的前身,便是抗日后援会。现在全面抗战已起,前方将士需要上海人民协助很多,后援会应该立刻恢复。"

史量才事件之后，黄炎培表现得越来越"左"倾，杜月笙对他早有戒心，如今听他这么一说，当下进一步加以试探。于是他问道：

"怎么样的恢复法呢？"

黄炎培头头是道地说：

"求速效，利用原有班底，只消把机关名称改过来。求扩大影响，发挥力量，一定要容纳各党各派，各方面人士参加。抗战是全民的战争，不是任何党派所能单独应付得了的，譬如杜先生，还有我黄某人，就不属于任何党派呀。"

杜月笙莞尔一笑，淡淡然地答道：

"卢沟桥刚刚开火，还不晓得等会又要讲和，这件事非同小可，歇两日看看风色再谈吧。"

他支开了黄炎培。

隔不多久，第二位客人到了。这是上海市党部常务委员兼组织部长吴开先。杜月笙一见名片，连声请进。两人分宾主坐定，吴开先约略分析了一下当前形势，认为七七卢沟桥的枪声已为全面抗战揭开序幕，中日问题惟有付之一战，因此，他向杜月笙请教："杜先生，请问应该如何发动民众组织，支援前线将士？"

杜月笙静静地听他把话说完，马上流露出兴奋的神色说：

"我认为这件事应该由上海市党部出面领导，发动全上海民众团体，组织上海市抗敌后援会。"

顿一顿，他又果决地说："全上海只许有这一个抗敌后援会，市党部只管积极领导进行，我一定尽全力协助。"

和吴开先商定原则后，杜月笙还是一再强调绝不允许任何人另起炉灶，分散力量。他的话语不但让吴开先有了警觉，而且认为杜月笙能够摒弃黄炎培这个几十年的同乡、老友，凡事以国民党的利害为前提，此一情谊于他个人以至国民党都是极可珍贵，令人感动的。

为了争取时间，杜、吴两人立即行动。两人就在华格臬路杜公馆客厅里，拟出了一纸名单，并且登时命人写请帖，分头投送。这份请柬由杜、吴两人具名，邀集上海市声望最高、潜力最厚的大佬们，并且决定次日上午在爱多亚路中汇银行开会，商讨有关问题。

第二天，黄炎培还在筹思如何说服杜月笙，而中汇银行的会议室早已冠盖云集，高谈阔论。杜月笙等人顺利无阻地成立了上海市抗敌后援会筹备会，当场推定杜月笙、潘公展、钱新之、虞洽卿、徐寄颐、黄涵之为主席团，尚且议决在三天以后召开大会。

等到黄炎培那边得到消息，木已成舟。而左派人物在抗敌后援会中一概榜上无名，被拒之门外了。

三天后，上海市抗敌后援会如期举行成立大会，各界代表到了好几百人，当场选出了121位委员，再由委员复选常务委员35名。说来也是凑巧，一二八事变时的抗战后援会者秘书长陶百川刚好学成归国，如今又正好当选，秘书长之职于是原璧归"陶"。

大会决定设立筹募、供应、救护、宣传等各委员会。大家七嘴八舌，闹哄哄地在推举负责人选，杜月笙不耐烦，站起身来高声说：

"抗敌后援的事体要自告奋勇，让我杜某人先来自告奋勇，各个委员会里头，最难做的大概是筹募委员会了，这一个就由我来！"

等一会儿，不曾看见有第二位自告奋勇者，于是杜月笙又喊：

"第二难的就要算供应委员会了吧，新之兄，你来做这个，好吗？"

钱新之只好笑着点头，表示接受。

大会各委员会组成人员推定了，杜月笙说：

"支援前方，等于救火，不能耽搁一刻，我们要立刻开始办公。但是，问题来了，办公所需要的经费呢，市党部没有这笔预算，即使有，数目太大也难以负担。要铜钿不容易，成立初期的一切开支，由我杜某人一个人负责垫出。"

随即，上海各界一致热烈支持抗战，掀起比——二八抗战时更为盛大壮阔的捐献浪潮，捐款之势如风起云涌。秘书长陶百川查查账目，发现杜月笙私人垫付的经费数值不在少数，因此遵照前议，从捐款中提出一部分拨还。杜月笙一看那张支票，登时退还，并且说：

"市民捐款是为了抗敌劳军的，我杜某人哪能可以在这里面扣账？"

大家都笑了，告诉他说：

"那杜先生也不能白垫这些钱呀？杜先生既不肯收，账上也不便处理，要不然，就移作杜先生的捐款吧！"

杜月笙这才点点头，说：

"做捐款可以，不过，不必写我的名字。"

"不写杜先生捐的，写谁呢？"

想了想，杜月笙决断地答道：

"就写常务委员会捐助！"

打仗、要钱，而且要花大钱。正当杜月笙在为抗敌后援会的事，忙碌紧张，席不暇暖时，一日，华格臬路到了贵客。南京政府财政部长宋子文来找杜月笙商量，政府决定发行救国公债，财政部已经组成一个劝募委员会，办公地点，必须设在上海。

"宋部长，"杜月笙脱口而出，"要办公地点，不晓得我杜美路那幢新房子够不够用？"

"足够了。"

"那么，我立刻腾出来，捐给劝募委员会用。不管用多久，杜某人分文租金不收。"

接着，宋子文和杜月笙商谈一个更重要的问题，问道："上海一地公债应该如何劝募？"

杜月笙深思熟虑，然后建议：

"募公债，当然是越多越好，这一次，最好方面广点，工商界的朋友，希望他们尽量认购，上海市民也要普遍的买。"

宋子文对他的建议表示赞许。

宋子文一走，杜月笙便一口气成立了两个劝募队，上海市民劝募总队长由他自己担任，上海商界劝募总队长则推上海总商会长王晓籁。后来王晓籁说他一个人"扛不住"，向杜月笙请救兵，杜月笙便一脚跨过去，兼了商界劝募队的副总队长。

七七事变以前，中国驻日大使杜月笙的老朋友许世英回国述职，不久他生了病，正在就医时期，大战爆发，中、日交涉剑拔弩张，7月13日他奉命带病返任。杜月笙闻讯，马上赶到北站迎接，然后一直送他到驶赴日本的海轮上。这时，江上风清，微波不兴，悬太阳旗的军舰就在附近停泊，许世英绝口不提他赴日交涉有否成立和议的可能，只是意味深长地说：

"恐怕你又要大忙特忙一阵了。"

杜月笙明白许世英的暗示,他不禁慷慨动容,眉飞色舞地答道:

"我今年刚50岁,年富力壮,身体对付得过去,只要国家有用得着我的地方,我杜某人必定万死不辞!"

战火中的上海

四天后,1937年7月17日,蒋介石在庐山发表声朋,指出卢沟桥事变后,日本军阀的狰狞面目亦已全部暴露,他们增派大军发动猛攻,向华北各地狂轰滥炸,宣布中国对日宣战。

7月底,北平陷落。

8月初,上海形势紧张,驻沪日军先闹了一次水兵失踪又被寻获的挑衅丑剧。

8月9日,当全国各地军政要员,纷纷赴京共赴国难,举行军事会议声中,风云险恶的上海终于响起了枪声。日本海军陆战队的一官一兵,驾驶摩托车,准备强行冲入上海虹桥机场,被机场卫兵制止。双方发生枪战,两名日本官兵当场被击毙,国军阵亡一人。

8月11日,日本借口虹桥机场事件,派遣27艘军舰开进吴淞口,摆好备战姿态,威胁中国撤退驻防上海的保安队。从这一天起,上海人开始知道战祸已不仅不可避免,而且迫在眉睫了。闸北成千上万的居民携带箱笼细软,像潮水般地涌向租界,人潮淹没了街道,遍地都是弃置的家具行李,汽车被迫停在街心,涌进租界的难民越来越多,租界无法全部接纳,于是绝大部分人只有风餐露宿,抱着不曾打开的铺盖,睡在水泥地上。杜月笙督饬租界的慈善团体,竭尽一切力量,进行救济。

8月13日,淞沪大战爆发。国军劲旅中,87师王敬久部扼守江湾新市区,88师孙元良部则进驻上海北站,端着明晃晃的刺刀和隔阵的日本兵针锋相对。

驻上海的日本海军陆战队多达6000人。他们从天通奄钢筋水泥、金汤铁池般的兵营出动,9时15分,分兵两路,向江湾及闸北两地的国军挑战,一开始便使用立体战术,飞机滥炸,大炮猛轰,继之以列队冲锋。第一天,我军奋身反扑,越战越勇,用手榴弹和刺刀压迫敌人节节后退。

14日掀起了沪战的高潮,使上海人一时拍手欢呼,一时悲泣哀号。

早上,沪上报纸出了号外,日本空军从台湾松山机场起飞,轰炸中国空军基地杭州笕桥,经我飞机起飞迎击,一举击落敌机9架,造成0比9空前绝后的辉煌胜利。捷报传来,上海市民雀跃三尺,兴奋若狂,奔走相告。

当天下午,我战机飞临上海上空,轰炸敌军根据地公大纱厂、虹口一带以及停泊黄浦江中的日本旗舰"出云号"时,上海人全然忘了自身的危险,争先恐后,万人空巷地跑到江边观战。中、日战斗机、轰炸机在租界以外的空中鏖战,上下翻飞,落弹如雨,一会儿虹口被炸,腾起了千百丈高的烈焰浓烟,一会儿浦东的美孚油库中弹,团团烟雾弥漫江面,触鼻的浓烟被江风吹到了浦西,没有人躲得过它的侵袭,好几百万人全在呛呛咳咳。

在虹口、闸北,87师和88师大发神威,多次发起冲刺,使东洋水兵只有招架之功,全无还手之力,包围圈渐次缩小。

这时华格臬路的杜公馆电话机也一直响个不停,好消息一个接一个传来:国军第36师宋希濂部和第98师夏楚部即将开到;4个师的主力部队一起努力,有望将6000敌军全部包围而加以歼灭。

杜公馆上下正在欢天喜地,额手称庆时,突然之间传来天崩地坼的巨响,公馆房屋摇摇晃晃,玻璃窗"哗唧唧",吓得杜月笙以及众人脸色发白,目瞪口呆。

万墨林刚一清醒,立刻去接电话问出了啥个事情。哪晓得他的问话还不曾说完,接着又是"轰隆"一声轰炸,天摇地动,令人失魂落魄。他手中的电话听筒差点儿被震落到地上。万墨林一迭声地问讯,等到对方答复过后,来不及挂上电话便高声大叫:

"爷叔,不好了,大世界门口落了一颗炸弹,炸死了不晓得多少人!"

杜月笙勉定心神,疑惑不已地问:

"是一颗炸弹?还是两颗?"

于是,万墨林再拨电话,又去打听。这一次,消息得来详细得多了,他报告说:"爷叔,是一架中国的飞机,受了伤,飞过租界,一共落下来两颗炸弹,头一颗落在大世界,炸死了1000多人,第二颗落在大马路外滩,也炸死了好几百个!

他们说那两处地方正是血流成河,尸积如山,惨极了！"

这便是淞沪之战第二天的一大悲剧。正因为中国军队打了胜仗,租界马路上人山人海,居民们都出来看热闹,欢欢喜喜地像是过年,不料受伤的战机失去控制,所携炸弹自动坠落,造成了两千余人的重大伤亡,使上海人乐极生悲,啼笑皆非。

但是,这并没有影响上海同胞的爱国热情。他们抹去眼泪,态度更加坚强,他们没有埋怨,相反都称颂那位不知名的空军英雄。因为他冒着机毁人亡的危险,强使那架受创的飞机飞越人烟稠密的租界和市区,如果他跳伞逃生,任让飞机坠降,那更不知要带给上海人多大的灾害。

救国敢于挑重担

8月15日,是沪战的第三天。日本军机全面出动,猛炸京沪沿线,闸北虹口战况空前激烈。正在这一天的晚上,华格臬路杜公馆到了一位神秘而又极不寻常的贵宾。杜月笙闻讯,霍然而起,一迭声地喊:"戴先生,请进,请进！"

这位贵宾笑容可掬地进了客厅。他中等身材,一举一动充满活力,两道剑眉,一对炯炯有神的眼睛,显得诚挚而热情,他一副马脸,鼻大嘴阔,天庭特别饱满。他便是戴笠,字雨农,国民党特务情报组织——军统的负责人。

从这一刻他和杜月笙紧紧地握手以后,就成为杜月笙最亲密的战友,如手足般的至交。戴杜的结合,并肩作战,使两人对抗战贡献出了莫大的力量。

抗战前夕,戴笠所领导的军统规模已很庞大,军统的活动范围从都市大城市直到边陲村镇,乃至海外各地。日本军方特意给他们起个名字,叫"蓝衣社"。

杜月笙和戴笠结识甚早。早年杜月笙在上海滩闯荡时,两人便有过交往。现在,他们分宾主坐定,数语寒暄,戴笠就直截了当地说明来意。

然而,这却使杜月笙大为犹豫。

因为戴笠指手画脚,侃侃而谈,他所提出的请求和计划使做了大半辈子太平绅士、社会领袖的杜月笙听来,太疯狂、太大胆了,几乎是疯人所为的事情。

原来,就在不到半月之前,戴笠在天津凭几则电令,无中生有,组成了一支2000余人的军队,拥有长短枪700多支。抗战爆发后,他电令军统天津站长王新衡设法组织便衣队,在敌军占领地区袭击敌军。爱国青年同仇敌忾,纷纷自动投效,不数日间便成立了两千多人的劲旅,这一成就激发了戴笠的雄心壮志,于是亲赴上海拜访杜月笙,想用别动队的名义,在上海扩大范围,建立一支人数更多、力量更强的新军。

戴笠极其兴奋,滔滔不绝地谈论着他的惊人计划,希望这支新军有足够的兵力,分布于沪西、浦东和苏州河一带,正式协助国军作战。杜月笙是知道上海滩多么繁复和辽阔,忍不住打断了话,试探地问道:

"戴先生所讲的足够兵力,大致需要多少人呢?"

戴笠回答简洁而干脆,断然地说:

"最低限度,要1万人。"

杜月笙听了,不禁倒抽一口冷气,一下子要组成一万大军,谈何容易?如果是打归打,呐喊助威、聚众滋事,凭自己在上海工、商两界的庞大势力,白相人地界的无上权威,莫说万儿八千,便要十万、八万的人马,也是可办,然而戴笠却是要编组军队,在强敌的大炮机枪飞机炸弹之下,叫上海滩上吃油着绸、纸醉金迷的少年儿郎脱下便服,穿上军装,长期离开家庭,别妻离子,不经训练就上火线去打仗。杜月笙就是自己能豪情气概不改,脱得下这件长衫,再去当一名中将少将,可是拖得动上万儿郎不惜抛头颅洒热血为国牺牲吗?

戴笠看他沉吟不语,迟疑了一下,又更加重语气说:

"这是一件很重要的事情。抗战前途,与此人有关联,所以,我离开南京以前,已经跟蒋委员长请示过了。委员长认为势在必行,他并且答应,所有的番号、军械、弹药,粮饷,都可以由中央颁发。"

一听中央,一听蒋委员长,杜月笙眼前一亮,与此同时心中也做了决定。既然戴笠极力主张,蒋委员长也认为势在必行。那么,不管成功与否,结局如何,就惟有尽量朝这个目标去做才行。

但是,他还不敢肯定地答复,先说道:

"既然这是一件大事,那我们就得多找几位朋友,分头设法去让大家帮忙。"

"杜先生这个话说得很对。"戴笠剑及履及,行动敏捷,答话时便已掏出了纸笔,"我们彼此商量,开一个筹备者的名单出来。"

两个人凑在一起,有商有量,不多一会儿,便开出了一张洋洋大观的名单,政界的要人有上海市长俞鸿钧、新任广东省主席吴铁城、金融工商界的贝祖贻、钱新之,军警两界的则有吉章简、蔡劲军,杜月笙、戴笠都是当然委员,此外再拉上了一位杜月笙的老朋友,精通战略、擅长指挥大军作战的当年直鲁联军第三路军总司令兼第13军刘军长——刘志陆。

名单拟好了,戴笠很高兴地搓搓手说:

"准备的地点,暂时就设在三极无线电学校。"

三极无线电学校就在法租界辣斐德路,距离杜月笙、姚夫人的住处不远,这个安排对杜月笙来说当然是很方便的了。

谈到行动队的编制和人员的募集,戴笠条分缕析,轻松地说:

"杜先生,募集1万人马,其实并不太难。 我说的5个支队和1个特务大队,把在京沪一带负责情报和行动工作的人员集中起来,编一支队一特务大队,绰绰有余。 还有正在受训的高中以上学生,要他们投笔从戎,自动参加,我想得个两三千人,应该没有问题。照这样算起来,杜先生你这边只要号召个六七千人,编成3个支队,就尽够了。"

这说得杜月笙也兴奋起来,马上答道:

"刚才我也想到了的,上海各区的保卫团,有人,也有枪,而且多少受过一点训练。他们的团长,多半是我的学生,譬如说闸北保卫团团长洪雁宾,吴淞保卫团团长唐承宗……叫他们去问问保卫团的弟兄,愿不愿意参加?我想,找个千把人或许不是问题。"

"对呀!"戴笠欢喜得一拍掌,又提醒说,"杜先生,你莫忘了,你还有两员大将。"

"哪两个?"

"陆京士和朱学范。"

"啊!"杜月笙恍然大悟,当下便说,"戴先生的意思是到工人中间去征集?"

"当然了!"戴笠说得很有把握,"上海工人有100多万,他们大都是爱国不肯后人的,请陆京士他们站出来一号召,集合几千人,那还不是言话一句!"

8月15日,杜月笙、戴笠的一席长谈,便这么奠立了苏浙行动总队、忠义救国军的成立基础,同时也缔结了杜戴两人生死不渝的真交情,使戴笠成为杜月笙一生之中最亲密挚切的好朋友。更为重要的是,由于这一次会,竟使行年半百的杜月笙,在他往后的14年生命中,命运与前程,全部为之陡然改变。

经过杜月笙、戴笠的一致努力,他们在短暂的一两个月中,完成了中国历史上破天荒的奇迹,一支出生入死、百炼雄师在指顾之间会卒成军,人数1万还超过了800人。随后,这一新编劲旅分别由蒋介石颁给"苏浙行动委员会"和"苏浙行动委员会别动队"的番号。行动委员会设3位常务委员:杜月笙、戴笠、刘志陆,15位委员,杜、戴、刘和负责筹备诸人之外,又加上财政部长宋子文,军方的俞作柏、张治中。此外,还有杜月笙硬拖进去的"啸林哥"——张啸林。

由于张啸林在抗战初起时便不断发出颓废悲观论调,使杜月笙对他更为关切。防患未然,杜月笙事先没和他商量,就把他的名字列入委员名单,免得他果真落水当了汉奸。

这时,闸北、江湾,中日大战打得如火如荼,天崩地裂,整个上海滩一天到晚都听到"隆隆"的炮声和"咯咯"的枪响,抬头一望,便是烈焰腾霄,浓烟蔽天。凄厉恐怖的战争景象使上海滩500万人触目惊心,同样也让他们热血沸腾,义愤填膺。杜月笙自八一三战幕揭开,便步入一生中最繁忙紧张的一段时期,每天从早到晚,由晚入夜,他有数不清急于晤面的访客,也有无数的事情在等待他决定和处理。别动队的成立和编训急如星火,救国公债的募集也势同燃眉,抗敌后援会里百事如麻,从脑满肠肥、日进斗金的大老板,到三餐不继,形容枯槁的黄包车夫,人人踊跃输将,个个争先捐献,黄金美钞,法币铜板,医药用品,毛巾肥皂,把所有的后援会办公地点堆成了五花八门、无所不有的百货公司。这许多慰劳物品和金钱,都必须逐日统计公布,并且送上前线。而事无巨细,杜月笙都要去管。

2. 杜先生也是敌方挖墙脚的对象

海军"慧眼"看上了他

正当杜月笙把支援前线、推销公债、编组新军的工作干得有声有色、劲头十足时,日本军政要员、特务头脑、亲日人士和准备刀口舐血、混水摸鱼的汉奸也想尽一切方法,百般纠缠,对他进行拉拢、利诱,从而利用杜月笙在上海滩深厚的力量,帮助日军早日占领上海,并有效统治遍地黄金的上海滩。

要拉拢正在一心抗日的杜月笙,乍听起来,这简直是痴人说梦,与虎谋皮,像个不近情理的笑话奇谈。但若认真分析起来,大风起于萍末,每一件事情的发生必定有其背景与起因。

这些年来,日本侵略中国,有如水银泻地而无孔不入,上海滩上有个路路皆通、无往不利的杜月笙,日本人早就千方百计笼络,希望拉他过去加以利用。上海的日本总领事馆,日本陆军部、海军部的特务机关,甚至每月都列出经费预算专做杜月笙的工作,派人窥伺刺探、跟踪调查,将他的交往情形、生活状况列成专案,进行分析研判,向上级提出报告,作为争取杜月笙的参考资料。

此时日本对外侵略的主张分为三大派系,文人政客认为对中国应从经济侵略入手,进而掌握一切人力、物力资源以及庞大市场;海军则觉得中国已是日本的囊中之物,不必浪掷兵力,挑起战火,主张向南洋和美国进军,且日本陆军应该专为对付苏联而用;陆军以少壮军人和关东军系为中心,坚决主张先解决中国问题,取得广大的人力、物力资源,充作侵略全球的基础。因此,日本海军对于挑起中日之战并不热衷。就在抗战前夕,日本海军军令部长永野修身,从日内瓦回日本途经上海时,曾由翻译官和日本驻沪总领事陪同,到法租界华格臬路,登门拜访杜月笙。

当时,杜月笙非常惊讶,因为这位日本海军大将竟是专程前来跟他谈生意。永野修身推崇杜月笙在金融工商业方面的"长才","推心置腹"地说:"以杜先生的声望和才能,应该放开手来做大买卖。"

杜月笙谦逊地说:"一来自己眼高手低,不是经营大事业的材料,二来做大买卖需要大本钱,我没有这个能力。"

于是,永野修身便立刻提出一个实际方案。这个方案是足以令人疑信参半、惊喜交集的。他说:"日方准备投资日币3000万元,和杜先生开一家'中日建设银行公司',我们所以这么做的目的,就是要把宋子文所办的'中国建设银行公司'的生意抢过来。"

永野修身的提议大胆至极,但也非常切合实际。接着,他为杜月笙描绘了一番美好的远景：上海有日本海军的机关，驻军也是海军陆战队，倘使说得更明白一点，日本陆军的势力在东北与华北，华中、华南则属于海军的，以日本海军舰只与陆战队，加上受他们操纵指挥的侨商和浪人，配合杜月笙在上海的广泛人缘，深厚潜力，莫说"中国建设银行"不足为惧，甚至他们能够掌握整个华中和华南的资源和贸易。倘若以发财而论，这一个机会确实是空前难有的。

尽管永野修身说得舌翻莲花，天花乱坠，杜月笙也晓得他有诚意，而且所说的话也都是真的，但始终保持礼貌的态度，微微而笑，凝神倾听。等到永野修身把所有的话说完，杜月笙非答复不可了。他却是眉头微皱，连声苦笑地摇着头说：

"我是中国老百姓，无钱无势，永野部长先生未免太抬举我了。"

永野修身赶紧声明："我所说的都是由衷之言，希望杜先生不要祷词推托，说两句客气话敷衍了事。这样，岂不是辜负我一片诚心了吗？"

他逼着要摊牌，杜月笙只好这么说了：

"一个中国老百姓，去跟外国的政府机关合资开办公司，这恐怕有点不合体制吧。"

这个说法也不能使永野修身知难而退，他还备有十分迁就杜月笙的第二套方案，那便是由杜月笙出面组建一家规模宏大的银行公司，其所需资金，则全部由日方供给，银行公司经营方法和日本海军方面的暗中助力，仍然全部按照刚才所说的办。

杜月笙简直无词推诿，只好虚晃一枪，暂且避过这事说：

"这是一件大事，请永野部长给我一段时间，容我详加考虑。"

几日之后，他派人去拜见日本海军验沪武官，请他转告永野修身：

"前此谈，极感盛意，惟碍于国家民族主义，未敢从命，歉仄之处，伏祈鉴谅。"

软硬都不吃

八一三沪战既起，日本特务人员千方百计地游说劝促杜月笙，甚至对他纠缠不休，利诱不行，又进行恫吓威胁。然而，那些小角色施尽解数，杜月笙毫不为动,他们无计可施,只好派出一等一的高级军政要人出面。他们仿佛下定决心让杜月笙在上海帮助其统治这即将陷落的中国第一大都市。

但是,他们低估了杜月笙的爱国热诚,并且对杜月笙对他安身立命所在的上海滩之恋估计太高,认为杜月笙绝不会离开他的根据地——上海滩,舍不得放弃他在上海拥有的庞大事业。

更重要的是,日本人掌握的情报资料显示:杜月笙经济拮据,债台高筑,1937年8月间,他积欠各银行和私人的款项,业已高达300余万元。

于是,日本人对杜月笙"绝对走不了"的判断深信不疑,同时多方面下功夫,游说杜月笙投日。

由于许多二等角色游说失败,曾经当过张作霖的顾问的日本关东军重要角色坂西利八郎,居然高轩莅止,光临杜寓。

坂西一连拜访杜月笙好几次,利用他在日本军部的崇高地位和显赫声势,当面对杜月笙等许诺:一旦皇军完成占领上海,他将给予杜月笙许多重大的政治、经济利益。

杜月笙起先和坂西利八郎虚与委蛇,凡事避免正面答复,渐渐的,他的太极拳越打越不着边际,结果惹得坂西一怒而去。

利诱失败,再继之以威迫。紧接坂西之后,不断登门拜访的,是换穿便装、相貌堂堂的土肥原贤二。

这个日本侵华的急先锋,心黑手辣,杀人如麻。他是日本特务的开山祖师,原绰号"亚洲的劳伦斯",当过日本驻东北特务机关长、第5师团旅团长,从东北而热河,而冀察——天津,丰台、冀东和香河,凡是他所到的地方,要不了多久必有重大灾祸。在华北一带,土肥原这个名字,大有止小儿夜啼之威。1937年7月中日之战爆发后,他升为日本大本营特务部长,军阶是中将。不久前,他随着沪战南下到了上海。

鉴于坂西利八郎的软功失败,他一进门,就在杜月笙面前唱起大花脸角色来。他一开口,便指出:"杜先生没有离开上海的可能。"接着,声势汹汹地说:"即有可能,我也断然不会允许,将竭尽一切努力,截断杜先生离开上海的出路,打消你远行的企图。"

然后,他指出:"杜先生你既已失去离开上海的一切希望,你就应该彻底而充分地和皇军合作。"

除此以外，他又气势汹汹地严词指责："杜先生不该出钱出力，奔走呼号，并且如此热心诚恳、废寝忘食的支援国民政府，鼓励国军与皇军为敌，造成日军的重大伤亡。"为此，他威胁说：

"如果杜先生不肯为皇军效力，我们要列举你对皇军的敌意行为，然后施以膺惩。"

面对着如此强横霸道、不理可喻的土肥原，杜月笙怒火中烧却又无可奈何。

土肥原是日本大本营的特务部长，诡谲狡狯，神鬼莫测，杜月笙明明知道他必然有所准备，断乎不容他命人将他抓下杀了。另外，杜月笙住在法租界，土肥原有权在租界扬长来去，旁若无人。土肥原对杜月笙进行威胁之后，一阵风似的回去了。

惹不起，躲得起

为了抗日人士联络方便，杜月笙只好在辣斐德路辣斐坊16号姚玉兰夫人的香闺里见客。

土肥原拜访杜月笙大放厥词的第二天下午，杜月笙正跟弟子徐懋棠在辣斐坊16号促膝密谈。突然，轧轧的飞机声，一阵阵地吵扰了他们的谈话。

正感到烦躁，姚玉兰一脚踏进客厅来，清脆悦耳的京片子却说道：

"今儿个可怪啦，这架飞机怎么直在咱们的头顶上转呀！"

一句话，蓦地兜起杜月笙的一桩心事。他眉头一皱，侧耳细听——越听越不对了，忽地跳了起来，夺门而出，到了天井里面，然后他以手遮阳，仰起了脸，朝天空眺望，可不是有一架东洋军机涂漆着红色膏药在辣斐坊杜公馆的附近，绕过来又兜过去，仅在顶空低飞盘回。他骤然脸色都变，莫不是土肥原的大言炎炎，真要兑现？

大事不好，杜月笙满面惊慌，忧心忡忡地折转身又匆匆地跑回客厅，往沙发上沉沉一坐，然后两眼发直，谁也不理，定定地坐在椅上出神。

徐懋棠刚听说杜月笙被土肥原口出狂言，出言威胁之事，此刻便明白杜月

笙为什么会突然之间跑到天井里去看飞机,而且看过后立即神色大变。他跟进来低声地喊:

"先生,先生!"

"嗯?"杜月笙像是猛地被惊醒,眼睛望着他,茫然地问:"啥事体?"

"先生,土肥原无非是逞逞威风,"徐懋棠忙说,"表示他调动得了飞机,飞到这里来兜几个圈子,用意是吓吓我们。"

姚玉兰插嘴说:

"说不定他们真的来侦察什么的,自从闸北江湾开了仗,咱们这儿,大门口天天车水马龙,达官要人,出出进进,引人注目的啊。"

杜月笙依然不置一词,只是望了姚玉兰一下,做了一个无言的苦笑。

客厅里静了些时,飞机还在盘旋不去。三个人都在深思长考,默不做声。终于,徐懋棠灵机一动,双手一拍,欢声地喊了起来:

"先生,我有个对付他们的好办法!"

杜月笙望着他说道:

"你且说来听听看。"

"先生,最近我在浦石路买了一幢公寓,18层楼的洋房。地点适中,房子也很讲究。先生跟太太何不搬到那边去住,一来避人耳目,二来18层楼公寓房子,先生住在中间,日本飞机即使再来,也是什么情形都看不出来的呀。"

杜月笙一想,这个主意确实不错,问姚玉兰:"你看如何?"

她说:"我毫无意见。"

一声决定,于是说搬就搬,姚玉兰就从辣斐德路搬到浦石路,住进了18层楼的公寓大厦,时间一久,上海人便改口称她为"18层楼太太"。

3. 江湖兄弟分道扬镳

张啸林在浙江避暑胜地莫干山,置有一座别墅,修竹万竿,一色青碧,号称"林海"。八一三抗战一起,他却闲情逸致,百事不问,哪管上海滩上打得天翻地覆,尸山血海,一个人悄悄地上山歇夏,享他的清福了。但沪战一打就是三个月,日军精锐齐出,立体作战,国军寸土必争,渐渐支不住了,眼见即将转移阵地,日本人便更加积极加紧进行投水策反的准备。

对于杜月笙,他们争取得更急,定下千万条计,一面严密监视他的行动,一面稳住上海三大亨之二,劝黄金荣一动不如一静,保证他的生命和财产,再派人潜往莫干山,跟张啸林密谈。

张啸林开门山中坐,日本人一邀,当下不禁大喜,匆匆准备,立即急急返回了上海。

一到上海,杜月笙便得到了消息。他很欢喜,兴冲冲地穿过中分杜、张两家的那扇月洞门,一进张啸林的客厅,便亲亲热热地喊了声:

"啸林哥,回来啦!"

张啸林把鸦片烟枪一放,身子抬也不抬,侧过脸来,望杜月笙一瞥,十分冷淡地回一句:

"月笙,这一晌你大忙啊。"

一听这话,杜月笙便知"大帅"有点不对劲,马上赔小心,装出一脸地笑,走过去,就在张啸林的对面一靠,于是两个兄弟并排躺着。隔盏烟灯,杜月笙搭讪地说:

"倒是越忙精神越好。"

张啸林不答也不理他,引枪就火猛抽。他故意将那极品云土光喷出不吸,一口口的烟喷过去,把杜月笙那张脸紧裹在云雾之中。

老弟兄别后重逢,怎可以不搭腔的呢?杜月笙忍不住了,便又开了口道:

"啸林哥,最近前方的消息不太好。"

直等到那一筒烟抽完了,张啸林才一声冷笑地答道:

"干我屁事!"

"啸林哥,"杜月笙喊一声,又顿一顿,语调明显表示他的关切是出于内心的,"难道说,东洋人打来了,你还留在上海?"

把烟枪重重地放下,张啸林豹眼一睁,咄咄逼人地说:

"那能怎么样?东洋人要打进法租界呀?"

杜月笙勉强保持笑容说:

"进租界，我看一时还不至于，不过……"

一语未尽，张啸林便已抢着打断了他的话：

"东洋人既然不会进租界，你喊我跑个啥？"

"不过，"杜月笙着急地说，"东洋人占了上海，这租界就成了孤岛，我们总不能困在这里，十年、八年出不了这几条大街吧？"

张啸林一个欠身，忽地坐了起来，目光闪闪，直盯着杜月笙，于是杜月笙也坐直了，两兄弟面面相对，一问一答，却是越问越快也就越答越快。

"到时候你出了租界又怎么样？"

"只怕东洋人不肯放过我。"

"东洋人为啥不会放过你？"

"因为我是中国人。"

"东洋人到中国来了就不要中国人了呀？"

"这个——我杜某人绝不做亡国奴，岂肯干受东洋人的欺侮？"

"东洋人什么时候欺侮过你了？"

"啸林哥，你听到外面轰隆轰隆地炮声没有？你晓不晓得东洋人每发一炮，我们要死多少同胞？"

"对不起，我没有算过，我只要炮弹不在我的头顶心上开花就好。"

"啸林哥……"

张啸林阴阳怪气地又不答话了，身子一歪，闲闲地挑出烟膏自己烧烟泡。

又过了一会儿，杜月笙下定决心，毅然地说：

"啸林哥，无论如何，我们要一道走，老弟兄了，不分生死我们都要在一起。"

张啸林故意打个岔，反问一句：

"走到哪里？"

"香港。"

"你在香港有田？有地？开得有银行？办得有工厂？"

"我什么都没有，"杜月笙诚恳地说，"但是中央政府……"

"中央政府给你几个钱一月？"

"啸林哥，你晓得我一生一世不会做官的。"

"那么,你要我跟你到香港去跳海?"

"不,啸林哥,少年子弟江湖佬,有道是:'在家靠父母,出门靠朋友。'"

"你忘记了,月笙,你跟我一样,这一生一世就没有靠过父母,我们的吃喝用的都是自己赚得来的,我们的花花世界是自己打出来的!"

"就是说嘛,啸林哥,我们到香港一样可以办事业、开工厂呀!"

"你省省吧,月笙!"张啸林手里的烟签"啪"地一声丢在烟盘里,开始冷嘲热讽,先来一句,然后连喝几口茶,抹抹嘴,哇哩哇啦地一阵吼叫,"自从前些年,为了那烟土的事我兄弟闹过一架,本来我打定主意,从此你走你的阳关道,我过我的独木桥,我们何妨不来个'萝卜青菜,各人各爱',月笙你爱开银行、办工厂,当那首席绅士、当议长、会长、十七八个董事长,那你尽管去当。我呢,我爱洋钿,我要发财,我还是做我的土,做我的赌,等到国民政府当家,新生活运动一来,土跟赌都做不成了,我就在租界上住下来,赚到了钱,小乐意,赚不到钱,我回家啃老本。月笙,你说这样不是很好吗?"

前尘往事,齐集心头,面对老友,杜月笙觉得非常难过,只喃喃地喊了声:

"啸林哥!"

"虽说我有心桥归桥来路归路,各走各的,但是月笙,"张啸林声音一低,就仿佛有不尽唏嘘,"今朝事体不同,我眼看你就要一脚往大海里去,见得到想得到的,我如果怕你懊恼而不说,那就是我对不起兄弟。"

"啸林哥,你请说。"

"我刚才说过,你所爱的那些调调儿,什么声望呀、名气呀、地位呀,现在你大约都有了。这个,你有你的本事,做老哥的不能不说一声佩服你。但是,你可曾想到,除了一个名,这些年来你究竟得了些个什么!社会公职担任了几十处,一只角子不拿,还要倒贴开销。银行开了好几家,各有各的后台老板,董事长、理事长挂了十七八个,说句不好听的,月笙你数给我看看,有哪一家真正是你杜月笙的财产? 民国16年我陪你玩枪,打共产党,那一年里你欠了300万大洋的账,替你还清债务的是烟土。这一次到了民国二十六年,十年以来,你哪一年不是挖东墙补西墙,我替你算算你身上背的债,最低限度也有个三五百万。你人在上海,还可以通融商量,你踏出上海一步,声望地位扳个庄,就不晓得有多少只手向你伸过来!到那时候,你拿什么钱去还?"

提起这个恼人的大问题,张啸林以为杜月笙必将黯然无语,垂头丧气,不料,他却哈哈大笑,一开口便这样说道:

"啸林哥,承你指教。不过呢,对于钱财,我有我的看法,我不说什么'生不来,死不带去'、'钱财是身外之物'一类的话。我只是抱定一个主张,钱财用得完,交情吃不光!所以别人存钱,我存交情,存钱再多不过金山银海,交情用起来好比天地难量!"

张啸林是个大老粗说不过杜月笙,怔了半天,才缓和语气,换个题目来谈:

"月笙,你倒给我说说看,东洋人有哪点不好?"

"啸林哥,你不必考我,"杜月笙深沉地笑笑说,"你要我说东洋人的坏处,只有一桩,那就是自古以来,我们中国人从不曾跑到东洋去杀人放火,到处开枪!"

"我再问你一句,月笙,东洋人对于我们,会不会有什么好处?"

杜月笙答得斩钉截铁:"就算有好处,那也是毒药!"

"即使是毒药,终归是好处!"张啸林却把话倒转来说,又振振有词地道,"月笙,你可曾想到,东洋人来了,可能把全中国都变成从前的法兰西租界,到了那个时候,你、我、金荣哥还有无数的老弟兄,也许可以再开一个比大公司大十倍、百倍、千倍的大公司。"

杜月笙闭上眼睛,严肃地说:

"这些种种诱话,都是噩梦!"

"我看你要坐禅入定了哩!"张啸林非常遗憾地说,"好了,月笙,我们不必再往下谈,人各有志,无法相强。归根结底,我只问你一句:你以为我把心中的话,都跟你说过了吗?"

"说了。"

"那么,我也告诉你,"张啸林一脸苦笑地说,"我要对你说的,就只剩几句俗话了。你'两眼不观井中水,一心只想跳龙门',谨防'物离乡贵,人离乡贱','剃头担子一头热',我只巴望你不要有朝一日懊悔起来,'热面孔贴了冷屁股!'"

"啸林哥,不会的。"

"但愿如此。"张啸林叹口气,又扮出笑容来说,"月笙你几时启程,让我为你饯个行吧？"

杜月笙笑笑道：

"八字没有一撇呢，还早。"

"你我的话都说尽了。"张啸林不惜重复一遍，"从今以后，不论你我的遭遇如何，我们就算是问心无愧，彼此都很对得起了。"

"啸林哥！"

"你去忙吧，月笙，"张啸林忽又和蔼可亲地说，"我没有事，还想香两口。"

杜月笙又捱了一会儿，黯然辞出，回到家里，像有了心事，悒悒不乐，久久不语。11月9日，国民党淞沪守军在腹背受敌的情况下被迫撤出上海，日军占领上海。日军进攻上海，历时3个月，动用兵力30万人，伤亡6万多人，遭受了沉重打击。虽然国军没有阻止他们占领上海，但是，日本企图3个月灭亡中国的狂妄计划由于上海抗战而破产。

4. 在天罗地网中脱身

上海沦陷后，杜月笙决定离开上海。

11月初一晚上，人家用过了晚餐。杜公馆的古董间里，只剩下杜月笙、陆京士、朱学范和徐采丞4个人。

房内气氛肃穆，大家神情凝重，四人要密商一件大事。杜月笙先开口说道：

"究竟走不走？如何走？"

陆京士抢先发言：

"先生所说的问题，我认为其实只有一个，那就是怎么走？"

"当然，"朱学范立刻起而附和，"先生提了如何走，实际上也就不会考虑走不走。"

朱学范是上海市总工会主席，也是杜月笙的弟子，曾帮杜月笙发起成立恒社帮会组织，又在杜月笙的帮助下成立毅社。杜月笙在戴笠帮助下成立别动队时，陆京士为第二支队队长，朱学范任第三支队队长，并被授予上校军衔。

"谈到怎么走,我有三点意见。"陆京士紧接着说:"第一,非走不可;第二,大家先把皮包准备好,放在手边,准备随时走;第三,要等到最稳妥有利的时机,才可以动身。"

杜月笙告诉几位心腹,日本人千方百计要留他在上海,国军撤退的第二天,日方便派一位他的朋友正式告诉他:"今天日本军方请我转告杜先生两件事情,第一,东洋人占领高桥以后,头一件事,便是派一队宪兵去保护杜家祠,禁止闲杂人等前去骚扰。"

杜月笙报以一声冷笑,说道:"依我看,这是他们的诱擒之计。他们以为我杜月笙要离开上海时,一定会去拜祠堂,祭告祖宗,趁此机会,正好把我捉牢。"

来人付之一笑,又说道:"第二件事,据日本人说:沿江一带日本兵已布置重兵,严密防止杜先生等出境,十六铺和杨树浦两边都有大队日兵把守。我看他的意思说,如果杜先生从租界码头上船,必要的时候,他们会不惜闯入租界,也要阻拦你。"

杜月笙眉头一皱说:"这么说起来,东洋人是决心要把我杜某人困在上海滩了。"

来人还是望着他笑,深深地点头,一会儿又说:"东洋人已经开好一张名单。要在下月份成立'上海市民协会',内定杜先生担任会长,委员则有王晓籁、陆伯鸿、荣宗敬、姚慕莲、顾馨一、尤菊荪等人……"

"好歹叫东洋人死了这颗心,"杜月笙轻轻地一拍桌沿说,"最低限度,王晓籁早就上了船,此刻只怕已经到达香港了。"

说客知难而退,走了。

几个人听杜月笙详细说完这一幕,陆京士插嘴问道:"先生大概都问过了吧,到底还有哪些人,准备撤出上海滩?"

于是,杜月笙将他多日以来,一一劝驾或试探的结果屈指数来:

"金荣哥说他年岁大了,吃不来风霜雨露的颠簸之苦。隔壁头走火入魔,即使我们动身也还得瞒住他。廷荪哥有点迟疑不决,决意留下来看看风声。"

朱学范便问:"顾先生他们几位呢?"

提起顾嘉棠,杜月笙便得意洋洋地说:"顾嘉棠、叶焯山他们倒是很难得,宁愿放弃在上海的事业和财产,决定跟我到天涯海角。"

陆、朱、徐三人赞叹了一番。杜月笙向接替黄炎培上海地方协会秘书长的职的徐采丞意味深长地说道："依你看，东洋人影佐派重兵扼守杨树浦和十六铺，监视租界码头，他们的目的恐怕并非在我杜某人一个人身上吧？"

徐采丞也笑了，坦率地答道："自然了，租界里还有不少大佬不曾走，比如说宋子文、俞鸿钧、钱新之、胡笔江、徐新六等等，假使能够生擒活捉，影佐的功劳也不小啊。"

杜月笙哈哈大笑，然后扫了一眼跟前的几名心腹，宽慰他们说："因此，你们便不必为我操心了，还有这么多要人在上海，逃离虎口，戴先生他们一定有稳当妥善的万全之策。"

说到这里，杜月笙顿一顿，眼睛望望陆、朱两人问道，"现在的问题，就在你们两个了，京士、学范，你们打算怎么个走法？"

陆京士答说："我早已决定了，先到宁波，再从浙赣铁路去长沙，转汉口。学范决定直接到香港。"

"很好。"杜月笙点点头说，"时候不早，你们还是各自回去准备。中央政府迁川，我往后必定会到重庆去的。今日就此分别，后会之期，相信不会太远。"

最稳妥有利的时机，一直等到11月25日。晚上，宋子文一个电话打到杜公馆，简单明了，他只是通知杜月笙说："船票买好，法国的'阿拉密司'号，停在法界码头，明天晚上上船。"

杜公馆家人亲信议论纷纷，有的说恐怕日本人派兵或是暗中派便衣劫持拦阻，于是有人建议杜月笙化装了再溜上船去；有的人主张多派弟兄沿途布置，还有的主张出现紧急状况拼死保护，突围登轮，甚至有人建议宴借重捕房和英法军队的力量，请他们在杜月笙登轮前后派兵守卫，宣布戒严。

"算了吧。"杜月笙一挥右手，不耐烦地说，"我杜某人一不化装，二不要保护，到了时候，我一个人走。至于戒严，最好请你们戒戒隔壁头的严，现在只要'张大帅'听见你们哇哩哇啦地喊，那我才真的走不成咧。"

杜月笙的这话吓得众人不敢言语了。他先和妻子儿女道过了别，又对他们陆续赴港做了安排。临到最后，杜月笙才说出自己的苦衷："明天我走，上船前后难免要冒三分险，所以我谁也不带。"

第二天行前，他又召见了万墨林、黄国栋。他先问黄国栋："你算清楚了没有？我的负债额一共是多少？"

"老早算好了，只是爷叔很忙，不曾问起。"黄国栋报了一笔数目，人欠、欠人两抵，杜月笙的亏空数超过200万元。

万墨林暗地里一吐舌头，却不料被杜月笙一眼瞥见，带笑地说："这笔数目很大啊？"

万墨林声音宏亮地答道："当然了，爷叔，200多万咧！"

但是，杜月笙却出人意外地扬声大笑，站起来，一拍万墨林的肩，朗声地说："墨林，你不必担心。你看好了，这趟我出门，到抗战胜利了回来，最多换掉一只金痰盂，就可以把这两百多万的债还清。"

杜门中人将杜月笙的这几句话反复咀嚼，私下频频讨论，大家都弄不懂他这是什么意思，以为杜月笙其他地方还有金窖。他们哪里知道，杜月笙终其一生既乏经济眼光，也无数值观念。可是他这一次作个预言，8年之后果真兑现，抗战8年，胜利还沪，币值一贬再贬，胜利后伪币兑法币是两千对一，旋不久改金圆券，杜月笙还清8年前200余万巨额债务，拿金圆券折算，真是轻而易举。

这时，他再问万墨林一句："墨林，这些天来，我陆陆续续关照你的事情，你都记牢了没有？"

"记牢了，爷叔。"

"那么我就不必再说一遍了。"杜月笙又说道，"还有许多我一时想不起来、不曾关照你的事件，我也不必多提，总而言之，我在上海的时候，一切事体应该怎么办，我不说你也晓得，我离开了上海，不妨照旧办理便是。"

"晓得啦，爷叔。"

晚上，夜幕降临了，杜月笙轻装简从，微服成行。他只带一名随身仆役，一部汽车开到法界码头，一路顺利无阻。"阿拉密司"号法国客轮灯光烁烁，倒映在黄浦江里，像有无数银蛇乱闪乱窜。

杜月笙平安无事上了法国豪华客轮船，洋茶房鞠躬如也，导引杜月笙到大餐间，里面灯光莹莹，暗香浮动，正当中有一张大圆桌，围坐一群高冠峨服、雍容华贵的大佬要人。有人偶一回头，看见杜月笙翩然驾到，于是欣喜万分地发出一声欢呼：

"好啊，杜先生来了！"

杜月笙一眼扫去，宋子文、钱新之、胡笔江、徐新六……都是极熟极要好的朋友，于是一一握手寒暄，谦让入座。一群老友虽然还不曾逃出虎口，却都是兴致很高，不停地发出欢声笑语。

一会儿，又由杜月笙领头发出一阵欢呼，大餐间里更热闹了。因为上海市长俞鸿钧虽姗姗来迟，但仍及时赶到。

在法国客轮大餐间里，大佬要人们分别归房就寝。而这时成千上万的日本"皇军"正在风餐露宿，披星戴月，荷枪实弹地在十六铺、杨树浦，沿黄浦江两岸紧密布岗，虎视眈眈，准备随时截拦劫持留在租界的这几位大佬。谁知他们徒劳无功，非常失望。

第二天早晨"阿拉密司"号启碇，万千"皇军"眼睁睁地望着法国客轮徐徐通过黄浦江，辞离吴淞口，驶入万顷烟波，驶在浩瀚无际的中国东海，直航香港。

5. 在香港仍是中心

门庭若市，搞起了会食制

杜月笙在上海红透半边天，跑到香港来总归是个"逃难的"，论交结官府，香港是英国人的天下，他自上至总督下至当差、警察，一点关系也拉不上。谈帮会弟兄，倒有一个，即青帮中人，后被称为"香港杜月笙"、"夜总会皇帝"的李裁法。

李裁法28岁，到香港三四年，正在往上蹿。但是他自幼敬仰杜月笙，凡事都想向杜月笙看齐，在上海时曾拜在"通"字辈王妙纪门下，新光大戏院担任售票，后来由新光戏院老板夏连良介绍，认识了杜月笙的结拜弟兄、"小八股党"之一的芮庆荣。他对芮庆荣这位大名鼎鼎的人物很尊敬。

杜月笙抵港不久，芮庆荣不久跟着而来。李裁法与芮庆荣异地重逢，同为一气，间接也成为杜月笙在香港的一支力量。杜月笙等人一到香港，青帮在港声势为之一壮。

日本人在上海布下了天罗地网,结果还是被杜月笙从容不迫,"绝不化装"而逃出,新憾加上了旧恨,便对杜门中人狠狠报复,使得杜月笙在香港干着急,心急如焚,于是,他尽量设法让要紧的人多逃出几个。

家人中是姚玉兰先来,和他在九龙半岛饭店闭室而居。长子杜维藩继而赶到香港,不久又回上海。沈月英离不了鸦片烟榻没来。三楼孙夫人早就远远地去了英国。二楼陈夫人则只在他旅港时期来探过一次夫。视同掌珠的大小姐杜美如,跟她母亲姚玉兰往返港沪之间好几回。杜公馆里最能干的大媳妇多一半时间留在华格臬路照料一切。

要好朋友中来的,有张骥先,有跟北洋中人交情很深的吴家元,"小八股党"头脑顾嘉棠、芮庆荣和叶焯山,杜公馆秘书翁左青,后来加上徐采丞介绍的胡叙五。杜月笙分配工作,派翁左青管文电和账房、胡叙五则专任记室,弟子里面则召来了沈楚宝、林啸谷、朱学范、郭兰馨,还有一个要紧人物张子廉,杜月笙要叫他从速建立洪门关系。

人马一拨拨来,场面渐渐打开,开旅馆长住房间,终究不是长久之计,于是杜月笙派人找房子,作小住香港的打算。在姚玉兰到港以后,香港杜公馆便设立于九龙柯土甸道113号到115号,双开间门面,三层楼,恰好与上海华格臬路杜公馆差不多。屋主是澳门烟赌大亨、素有"澳门杜月笙"之称的高可宁。"澳门杜月笙"高可宁有的是钞票,前些年一口气娶了两位"名儿媳",一个是葛兰,一个是尤敏。

张骥先、吴家元、顾、芮、叶等人一道住在杜公馆。

1938年1月20日,许世英自驻日大使任内下旗归国,来到了香港。没寻到房子以前,他便住在香港杜公馆的三楼,居室和张骥先遥遥相对。闲来无事,他临了八大幅王右军的圣教序送给杜月笙。杜月笙很高兴,悬在客厅的两壁。往后江南名士,和于右任一齐办过《民吁报》的前监察使杨千里,也被杜月笙接到香港。杜月笙如果有什么重要文稿、题词题字,常常借重他的大手笔。杨千里曾集杜句,为杜月笙题了一副对联,杜月笙喜滋滋地挂在客厅中间,联曰:

三顾频烦天下计,

一生好做名山游。

杨志雄和杨管北两位智囊,由于上海方面事务很多,总是在沪港之间来回的跑,杨志雄去了上海,杨管北便留在香港,杨管北要走,杨志雄便来。在杜月笙的带领下,秦待时、江倬云、庞京周、毛和源等老朋友也都先后接受了他的忠告,相继避难香港。这帮人也是杜公馆的常客。

这时杜月笙担任两项职务,是每天他都要做的事情,一个是中国红十字会总会副会长,会长王正廷这时在菲律宾,一切业务全交给杜月笙。杜月笙又交给他的得意门生、红十字会秘书郭兰馨代拆代行。郭兰馨便在杜公馆三楼右首要一个房间,作为办公室,长驻办公。另一个业务是赈济委员会常务委员,主管第9区的救济工作。这里的日常行政事项,杜月笙派他另一得意门生林啸谷负责主持。林啸谷在楼下也要了一间房,每天过来办事。因此,柯士道113到115号杜公馆,里面又设了中国红十字会总会和赈济委员会两大机关。

赈济委员会的对面,住的是芮庆荣和吴家元。后来叶焯山到了,芮庆荣的家眷不久也赶来,芮庆荣就搬到德承街去自立门户,他的那间房便移交给叶焯山,叶焯山仍是在打光棍。这位百发百中的神枪将,在香港一直替杜月笙把头一道关。顾嘉棠跟芮庆荣两个,住是住在外头,每天中午以前一定会照往先早年的老规矩,准时准刻,到杜公馆来向杜月笙报到。机密大事,他们还是要杜月笙商议参详。

杜月笙自己一家,不论来了多少人,都住在二楼。

无意间,杜公馆仿效起了大清时湘军头目曾国藩的会食制度,每天中午,开一桌饭,人多再加,家人父子、亲戚朋友、老弟兄、师爷、秘书还有学徒子、徒孙们,谈谈说说,聚而食之。菜色不多,却是极精。因为港沪之间多的是轮船、飞机往来,香港市场买不到的江南菜肴都川流不息送到杜公馆,因而使这一帮流浪客减了思乡之情,餐餐吃得朵颐大快。他们交换消息、商议事体,常常在一餐饭间,轻松愉快地进行。

"拉角"拉得台柱尽折

杜月笙虽然身居香港,但还时常有重庆方面派来的新任务去执行。

1938年初,杜月笙经政府明令发表为赈济委员会第九区特派员。同时,由已升任军事委员会调查统计局副局长、而实际主持局务的戴笠拨给他一笔经费,请他多方设法,派人去把日本瞩目的"汉奸"对象,自1926年段祺瑞垮台时分布于平津京沪一带做了寓公的皖系人物,亦即所谓安福派人,一一接到香港地区。

中日大战进行了5个多月,南京陷落两天后,东京《朝日新闻》发表消息:"中国若愿议和,日可停止战争。"但是,中国上下已决心抗战到底。并且,中外人士都认为战事虽然延长,但是日本必败!

南京失陷,日本急想结束战争。他们授意德国驻华大使陶德曼向中国提出议和条件,与此同时,进攻芜湖的日军第6师团已经奉令"凯旋",日本兵欢声雷动,纷纷将行装搬回码头,但是日本人议和条件被蒋介石断然拒绝,于是日方恼羞成怒,1938年1月16日由内阁总理近卫文麿发表声明:

> 日本政府今后不以国民政府为谈判对手,期望真能与日本提携之"新政府"成立且发展,而拟与此"新政府"调整两国国交。

日本要制造汉奸傀儡政权,贯彻其"以华灭华、以华制华、以战养战"的政治阴谋。这是军事进攻以外的另一毒辣险恶新攻势。

戴笠要求杜月笙把初年掌权过的皖系人物,即主要是那些老安福派分子,接到香港,就是因为他们历史上是亲日的,怕他们被日本人拉拢,弄起一个傀儡政权,让国人抗战信心受打击。

这一使命其实并不简单。因为安福也罢,皖系也好,段祺瑞手底下的人物多半亲日,且与日本要人多有私交。日方操纵汉奸组阁的一纸名单,其榜上有名的,除了私交,还曾经与日本政府有公谊,甚至有过"救命"之恩。

1920年7月14日爆发的直皖之战,直系吴佩孚在短短4天之内把段祺瑞的皖系大军打得土崩瓦碎,风流云散,那些安福要人困在北京,无路可逃,纷纷躲往东交民巷和六国饭店。但是,英、美、法等各国领事开会决定拒绝庇护和容纳他们。这时只有日本使馆同意收容他们。这样安福要人们才得以潜逃而脱险。如今,这一股人投置闲散了将近12年,官瘾又相当大,虽然杜月笙有意营救他们南下香港,但他们自己心中愿不愿意,谁也无法臆测。

于是,杜月笙派吴家元和李择一,还有朋友朱秀峰与陈兰,穿梭不停地往来于港沪、港津道上,分别拜访他们,再三致意,拍胸保证,他们愿意走时,立即秘密安排,结果,他们居然在敌伪特务严密监视、检查之下,从虎口中抢救出大部分列名汉奸榜上准备出任伪傀儡政权的新贵们。

杜月笙的这一招,使日方费尽心血、威逼利诱摆出来的伪政府"堂堂阵容","拉角"拉得台柱尽折,惨不忍睹,只剩下小猫三两只。

经杜月笙之手接出来的日方目标,大名鼎鼎的就有段祺瑞的司法总长章士钊、交通总长曾毓隽、财政总长贺德霖、外交总长颜惠庆、陆军总长吴光新、临时参政院副议长汤漪。这些显赫一时的北洋皖系大佬,抵达香港之初,多数就住在杜月笙的家里,诗酒留连,日夕盘桓,再加上半个东道主、曾当过段祺瑞任临时执政的北京政府第28任国务总理许世英,内阁十大阁员到了六七个,香港杜公馆开出一桌饭,俨然是段祺瑞内阁复活了。然而,他们个个说:"当年的皖系垮了,但凡是中国人,都是爱国的,谢谢杜先生!"

6. 原配去世,一夜感慨不已

正在这时,突然之间,杜公馆收到了从英国伦敦发出的航空信。

原来,孙夫人带维屏和维新两个儿子负笈英伦,但孙夫人关切国内大局和杜月笙的行止,当获悉杜月笙业已逃出虎口到了香港,她便命维屏、维新去美国求学,自己准备到香港探视丈夫。

1938年底,孙夫人漂洋过海,抵达香港。

杜月笙对于孙夫人万里来共患难,非常高兴。随后孙夫人便滞留在香港,有三年多的时间随侍杜月笙之侧。

这时,滞留在上海的沈月英突然病倒了。

沈月英身体一向虚弱,鸦片烟瘾又越来越大,和杜月笙分居后,干脆一日从早到晚,一榻横陈,喷云吐雾,鸦片剥削了她的健康,毒素在加速她的死亡。1938年年底,她旧疾复发,衰弱不堪。杜维藩两夫妻一天24小时衣不解带地侍疾。她一度情势危急时,孝心可嘉的杜维藩还割了股。

但是,他的股肉也没能救得了母亲,熬到1939年夏,沈月英还是离开了人世。

杜维藩对母亲之死非常伤心,也对父亲这些年娶姨太太而伤了娘心的做法不满。而他在上海的安危又牵动远在香港的杜月笙的心。

早在1937年底,杜月笙逃出重围、只身抵达香港时,便有不少亲友向他忠告,日本人既已对他的门徒、学生采取报复手段,杜维藩和杜美如这一对长子、长女住在上海就有危险。

因为谁都知道:他最喜欢大少爷和大小姐,当初杜维藩之结婚和杜美如之满月,宴席铺张之盛,场面之大,可与杜月笙开祠堂、陈夫人过生日相提并论。杜月笙曾经解释为什么对这两个孩子特别钟爱时说:"维藩和美如出世,脚步走得最正。"

这话怎么说呢?

原来,"脚步走得最正"说的是他自己的事业。杜维藩出生于1916年,从那一年起,黄金荣、张啸林和杜月笙三大亨义结金兰,打出了十里洋场的大好江山。杜美如出世,是为1930年,从这一年起脱颖而出,杜月笙连升三级,和财金工商、乃至党务政治都结了不解之缘。因此,他认为这两个儿女是他的福星。

杜月笙听到亲友们的警告,身在客地,因此十分担心在敌巢中的子女们的安危。这种担心愁得他眼眉不展,魂梦为萦,便向上海连拍电报,叫杜维藩和杜美如快到香港来。1938年春,杜维藩匆匆到香港,不久便因母亲的病,夫妻双双又回了上海。杜月笙不能留下儿子不许他去娘面前尽孝,只好任其去,但是内心一直很不放心。直到1939年9月,杜维藩在上海办完母亲丧事,才戴着重孝,十分沮丧地重来香港。

一到杜公馆,杜维藩见着杜月笙就放声大哭,扑跪在他的面前。

沈月英的去世和儿子的举动让杜月笙心情郁闷。

当晚,他辞却一切应酬约会,跟杜维藩谈话。他告诉儿子说:

"当初娶你娘进门,两夫妻一家一当还是朋友们帮的忙,我没有正当职业,用钱又松,家里经常青黄不接,我们一家也只有你娘跟我吃过几年苦头。开不出伙食的时候我常在想,只要两夫妻同心协力,有朝一日混出一个平安是福,窄门浅户,粗茶淡饭,我跟你娘就此满足。哪里想到往后场面越来越大,事体越来越多,一直到现在为止,我们都没有过过那种衣食无忧、绵密深稳的小家庭生活!如今回想起来,越加叫我心里难过。"

这是杜月笙为何对沈月英一直感情不变的根结。听到这话,杜维藩才明白父亲的内心。从沈月英说起,杜月笙又感触自己的一生,谈起了许多不堪回首的往事:

"小时候我从浦东到浦西,水果店里学生意,每天清早忙到夜晚,老板给饭钱,只够到摊头上吃两客蛋炒饭,人家食量小,叫一客蛋炒饭还可以喊一碗黄豆肉骨汤,我刚从乡下来,身体结实,食量大得吓坏人,一顿两客蛋炒饭还不够饱,因此一日到夜肚皮里闹饥荒。天一亮西瓜船到岸,船老大把西瓜一只只往下抛,我们这些小伙计在码头上一只只接,做过不久,只要西瓜碰到手,我就晓得瓜好瓜坏,挑一只好西瓜装做一时失手,西瓜落地,碎成几瓣。老板看见了,跑过来骂两句,等歇收了工,把地上的碎片拣起,吃蛋炒饭以后,嘴里面渴,正好拿烂西瓜当汤汁茶水。"

杜月笙的过去也让儿子懂得父亲的不易。

以后,杜月笙也一改常例,经常和儿子、媳妇一道坐坐,说说话儿。

7. 拆了汪精卫的台,却得了后来致命的病

政客比婊子还没骨气

1938年12月29日,国民党副总裁、行政院院长汪精卫从重庆出走,经昆明、潜抵河内,发表通敌求和的艳电,主张停止抗战,对日谋和。

1939年元旦,国民党中常会举行临时会议,决议:汪精卫危害党国,永远开除党籍,并撤除其一切职务。 5月3日,汪精卫在日本人的严密保护之下,由河内直赴上海。 他起先住在虹口日本军区,而此时的上海有一句口号,那便是:"不过四川路桥!"因为一过四川路桥便就离开了租界,到了日本人占领的区

域,亦即上海人鄙夷的"歹土"。

汪精卫在四川路桥那边住了几天,随后就搬过桥,住进了千极斯斐尔路76号。

这是一幢宽大幽深的花园住宅,原来是政府要员陈调元的产业,日本人将它侵占,拨给汪精卫充作举行伪"国民党全国代表大会"的会场,后来便改作汪伪政府的特务机关大本营。

汪精卫所召集的"代表大会",决议了所谓"和平大计","改选总裁及中央委员案",然后,甘冒天下之大不韪,沐猴而冠,拿日本人"发还"的关税余金每月4000万元作为经费,收买党羽,招兵买马,准备成立为虎作伥的傀儡汉奸政权。

由于汪精卫在国民党内地位甚高,许多忠于国民党的上海市党部人员和工商金融界人士受到蛊惑,不明真相,贸然附从。这使得敌伪势力因小变大,而国民党在上海的组织几乎为之动摇。

于是,在国民政府军事委员会第六部任职的前上海市党部主任委员吴开先奉命赶赴上海。他身边携有蒋介石致沪上耆彦虞洽卿等5人的问候函、行政院长孔祥熙写给上海银行界领袖李馥荪、秦润卿等人的私函十余封。他去上海之前,悄然由重庆经昆明、河内而香港,先来探访杜月笙,然后单枪匹马,空手赤拳去了上海。

爱国没有江湖内外之别

这时,徐采丞已成为杜月笙在上海方面的大将。为了许多机密任务,他经常往来于上海、香港间。1939年10月,徐采丞从香港回到上海。他走后第三天,杜月笙照例下午过海,来到告罗士打会客办公。当他正和翁左青、胡叙五商议事情,猛一抬头,看见徐采丞神色匆匆地推门进来,愕一愕,便问:

"你不是刚刚回去的吗?怎么又……"

"有一件紧急大事,"徐采丞坐定下来回答说,"不得不原船赶来香港。"

"什么紧急大事?"杜月笙急急地问。

徐采丞先不答,从怀中掏出一张字条递给杜月笙。杜月笙接过来看时,见字条上只有八个字:

"高决反正速向渝洽。"

"高——是否高宗武？"

"是的。"

"这张字条是谁写的？"

"是黄溯初先生请徐寄廎写的。"

"黄溯初是哪一位？"

"他是进步党梁启超财政经济方面的智囊，又是老日本留学生，跟东洋人关系很深，从前当过国会议员，抗战之前做过生意，因为经营失败，跑到日本去隐居。他是高宗武的老长辈。高宗武从读书到做官，得到黄溯初的帮助很多。"

"采丞兄，可是你认得这位黄先生吗？"

"不，黄先生是徐寄廎的同乡友好。"

杜月笙大惑不解地问：

"这件大事，怎么会落到我们头上来的？"

于是，徐采丞一五一十、原原本本地说了。原来，此次他一回上海，刚刚到家，徐寄廎便登门拜访，告诉他说：高宗武以外交部亚洲司长的身份，起先驻港从事情报工作，他一向抱着"和平救国"的大愿，又因为日本前首相犬养毅的儿子犬养健，跟他是日本帝大时代的同学。犬养健在日本情报"梅"机关非常活跃，因此这些缘故，高宗武才成了汪精卫与日方之间的穿针引线人。

"这个人我晓得，"杜月笙打断了他的话说，"前些时香港《华侨日报》登过一条消息，隐隐的指高宗武来往上海香港之间，是在秘密从事谋和。高宗武看了很不开心，扬言要告《华侨日报》。《华侨日报》的朋友托我出面解释，我叫人去跟高宗武说了，这位朋友很义气，马上答应了看我面子打消原意。"

"杜先生和高宗武之间还有这一层关系，那就更好了，"徐采丞欣然地说，又道："高宗武后来跟汪精卫到了上海，一直都是负责办交涉的重要人物，但是不久他到东京，近卫首相把'中日密约'开出来，他一谈之下，发现东洋人所谓的'和约'要比21条还狠。假使签订了这项'和约'的话，那么整个国家民族的命运都要断送，为此他觉得彷徨苦闷，于是他跑到长崎晓滨村，找到了他敬重的黄溯初，向他讨教。"

"是黄溯初教高宗武反正的？"

"高宗武自己早有这个意思，"徐采丞说，"据黄先生说：高宗武认为他所从事的是和平救国工作，绝不是卖国求荣。黄先生不过鼓励他，点醒他，答应帮他的忙，代他设法向重庆方面接洽。"

但是，黄溯初因为自己是进步党人的关系，对国民党不无偏见，但在爱国抗日上是和政府站在一边的。因此，他在长崎和高宗武相约去上海再谈。高宗武回国不久也到了上海。徐寄庼和黄溯初是同乡好友，黄溯初便去找到了徐寄庼，一席密谈，最后提起如何安排高宗武反正，使他平安逃出上海，又得保证国民政府不咎既往，许他将功折罪。徐寄庼一听之下，当即说道：

"你要找这么样的一个人，要么只有杜月笙。"

黄溯初说："杜月笙我虽然并不认得，但是这个人行侠仗义，一言九鼎，却是有口皆碑，无人不知。他能答应承揽这一件事，我便放心。"

杜月笙听徐采丞说到这里，插嘴问道：

"高宗武是负责办理日汪交涉的人，他若反正，那么，汪精卫跟日本人订的密约内容，是不是可以带得出来，公诸于世呢？"

徐采丞断然地说：

"那当然没有问题。"

于是，杜月笙霍然而起，双手一拍，眉飞色舞地高声说道：

"采丞兄，这件事情关系抗战前途，国家大局，确实值得一试。你便在香港住两天，我乘最近一班飞机到重庆，我要去见蒋委员长，当面向他报告。"

死里逃生不得闲

1939年11月5日，杜月笙自香港直飞重庆，进谒蒋介石，请示高宗武反正事宜。

杜月笙谒见蒋介石，问道："高宗武反正，应该如何处理？"

蒋介石叫来戴笠等人，然后指示方略，最后蒋介石说："你从速返港，秘密进行。"

杜月笙十分振奋，搭中国航空公司的飞机，兴冲冲地离开重庆回香港去。

然而，他所搭乘的这一架飞机飞到半路，竟碰到日本军机追逐扫射。驾驶员为了保全飞机和旅客的生命,拼命盘旋攀高,以逃脱敌机的轰击。他们逃,敌机则紧随不舍。这时民航飞机既没有空气调节,又缺乏舒适安全的各种设备,杜月笙感到天旋地转,金星四迸,身子猛烈地摇来晃去,时上时下,鹊起翻飞,这转得他头昏眼花,几乎昏厥,最后飞机爬升到8000公尺高度,机上不备氧气,而高空空气稀薄,他呼吸艰难,几度窒息,撑到后来实在受不了,便眼睛一闭,索性等死。

幸好,敌机追逐到8000公尺以上的高度时,眼看民航飞机驾驶员翻腾揉升,技术高明得很,再追下去也是徒劳无功,于是便一个转弯,飞开去了。敌机放弃了目标,这一飞机人才算捡回了性命。

然而,杜月笙却特别惨,喘息不止,坐不下去,只好躺在飞机上。

这时香港杜公馆的家人、亲友、门生、弟子正在香港启德机场,迎接杜月笙自重庆归来。大家谈谈笑笑,时间在不知不觉中过去,蓦地,有人高声地一喊:

"不对呀,辰光已经过了,怎么飞机还没有到呢?"

一句话提醒了大家,派人到航空公司去问。结果航空公司回答:"我们也不知道。"事实上,他们已得到客机遭日本军机攻击的消息,但为免得引起骚动与不安,奉命向接机者保守秘密。

时间越过越久,众人翘首北望,依然不见飞机的影踪。杜门中人更着急了,有的议论纷纭,有的窃窃私语,终于,机场中人纷纷口耳相传,说客机受到敌机的袭击,却是苍天庇佑,驾驶员的技术高明,已摆脱敌机,毫发无伤地正向启德机场飞航。于是,接机的人额手称庆,有的高喊一声:"阿弥陀佛!"谁知航空公司的职员走过来,神情严肃地找到接杜月笙的人,劈头便说:

"杜月笙先生在高空体力不支,据飞机师的通知,需要准备担架。"

众人刚刚欢喜的一颗心又齐齐往下一沉,连忙找到机场医护室,寻了两个抬担架的工友。刚安排好,飞机就到达机场,开始降落了。

飞机一到,杜公馆的人便抬着担架,抢先冲上飞机,亲友、弟子七手八脚地把急喘吁吁,无法起立的杜月笙抬下了飞机。

这便是使杜月笙烦恼痛苦12年,严重损及他的健康,最后终于使他难免一死的气喘病的由来。他在这次敌机袭击中逃出了性命,却换来一副百病丛生、经常不适的身体。

在担架上抬回家途中,医生给他打针吃药,进行紧急救治。亲友、弟子忙得团团乱转,好不容易使杜月笙喘过气来了。他脸色苍白,挥挥手说:

"你们都出去,请采丞留下来。"

在病榻上,杜月笙欠起身躯,跟徐采丞说:

"请你立即回上海,代我办到两件事体,第一,请黄溯初先生火速来香港,跟我当面接洽。第二,转告万墨林他们,只要高宗武说声走,便不惜一切代价,务必把他和他的家眷平安无事地先送到香港来。"

徐采丞是在第二天动的身。

他回上海,不上十天,黄溯初首先飘然南来。杜月笙大病方愈,亲自去迎接。为了安全保密,他又请黄溯初下榻在杜公馆。

高宗武的一笔账都在黄溯初的肚皮里。于是,黄溯初和杜月笙促膝密谈,把高宗武三度赴日的种种经过、中日密约的要点,逐条逐项向杜月笙一一细说。杜月笙见他咬文嚼字,坦率地说:"这实在太多了,一下子难以记得住。"

黄溯初哈哈大笑,于是亲笔给他写了一份报告要略。杜月笙欢欢喜喜地双手接过,眉飞色舞地说:

"我明天再搭飞机到重庆去。"

姚夫人见杜月笙连日忙碌紧张,飞重庆又飞出了气喘毛病,心中灼急,又不晓得他究竟忙的是什么事情?听说杜月笙才隔了10天又要飞重庆,她心里担心得很,便向杜月笙苦劝:

"坐飞机未免太危险了,这一回,你就走河内、昆明,走陆路去,好吗?"

"不好!"杜月笙打着戏腔告诉她说,"我此刻恨不能身插双翅,破空而去!走陆路,那又得十天半个月,怎么来得及啊!"

但是,杜月笙冒险再次飞往重庆,这次却带了医生庞北周同行,以防万一。这一趟却是安安稳稳,到了重庆,蒋介石即刻传见。杜月笙报告完毕,蒋介石便写了一封亲笔信交给杜月笙,说:"请设法转交高宗武。"

杜月笙得了蒋介石的亲笔函件,心知大事已成,说:"当前最要紧的还是迅速采取行动,免得贻误时机,一着错,满盘输。我走了。"

第二天,他飞回香港。然后把蒋介石亲笔信交给稳妥可靠的人,秘密携往上海。

让卖国行径公诸天下

接下来,杜月笙便是整日引颈翘望,苦等高宗武安然南来。

黄溯初也住在杜公馆苦苦等候。杜月笙整日陪伴嘉宾,好在黄溯初见多识广,为人又很风趣,天大的事搁在心上,也是从容自在,谈笑风生。杜月笙从他那里获益不少。杜公馆上下虽然不清楚黄先生的身份,却是人人对他尊重而又亲近。谁都喜欢听他聊天,畅谈国家前途、天下大事。

由于敌伪方面戒备森严,防范紧密,徐采丞发动杜门中留在上海的人想方设法营救高宗武安然脱险,却不是一件简单的事。

这时日、汪之间的"日支新关系调整要纲"谈判已完成,签字仪式订于1939年12月31日举行,高宗武决心等到密约签订后,再盗出原本,献诸中央,揭破汪精卫等卖国的勾当。所以,他到1月4日才成行。

行前,他又救出了正有生命危险的陶希圣。

汪精卫举行伪"国民党全国代表大会",新成立的伪中央党部,先行设置的机构只有外交、宣传和警卫三个部,"外交部长"由汪精卫自兼,"警卫主任"为周佛海,副主任李士群、丁默邨,"宣传部长"即由陶希圣充任。

"日支新关系调整要纲"开始谈判时,陶希圣一看日方提出的条件,心中一惊:日本全面控制中国的野心昭然若揭,他们把中国划分为"满洲国"、"蒙疆自治政府"、"华北"、"华中"和"华南"5个地带,把海南岛和台湾列为日本的军事基地。5大地带还不包括外蒙、新疆和西北以及西藏,那便是说,日本要瓜分中国。他意识到,像这样"白纸写上黑字",借中国人之手去签署,这是"断不可能"做的卖国汉奸事,于是拒绝在中日密约上签字,一面称病不出,一面暗中策划出走。

陶希圣的态度已使汪精卫、周佛海等铁杆汉奸们大起疑忌。1940年元旦前后,有人秘密通知陶希圣,说是李士群、丁默邨主持的汪伪特务机关极斯斐尔路76号正计划刺杀他。陶希圣夫妇当时就决定:如果不能逃出上海,只有自杀一个办法,准备死也不做汉奸了。

在这千钧一发之际,元旦之日,高宗武忽然出现在法租界环龙路陶希圣住

宅。他是来探病,并且拜年的。陶希圣告诉说:

"他们有阴谋不利于你,你怎样?"

高宗武便说:

"走了吧。"

事实上,徐采丞、万墨林已遵照杜月笙的吩咐,替高宗武预备好了船票,同时制订了严密保护他顺利成行的计划,若是临时加上陶希圣同行,当然不致发生什么困难。高宗武回去后把陶希圣想走的思想一说,徐采丞马上答应了。

1940年1月4日,上午,高宗武按照预定计划登上了美国"胡佛总统号"轮船。陶希圣则独自一人,乘车到南京路固泰饭店前门,下车后,进入大厦,马上赴后门口,换乘一辆出租汽车,直奔上海滩码头。果然他也顺利成行。

次日下午,高陶抵达香港。杜月笙、黄溯初等人心头悬着的一方巨石才轻轻落下。

顶要紧的人到了,"日汪密约"已由高宗武的内弟沈惟泰摄成底片,交给高宗武夫人秘密收藏,也携来了香港。

"日汪密约"经由沈惟泰所拍的底片一共冲洗了两份,一份送呈重庆中央,一份由高宗武夫妇共同署名,交给杜月笙,转至中央通讯社发表。但是发表之前又生了波折,中央社方面因为高宗武在"密约全文"前面加了几百字的叙言,说明当时经过,认为不妥,便指出高宗武不曾亲自盖章而不足以信,而且手续不全。高宗武夫妇解释说:"图章当然该盖,但是仓促离沪,不及随手携带。"于是为了图章的问题,双方相持不下,即将功德圆满的一件大事几乎就要闹僵。

杜月笙出面了,便悄悄关照手下说:

"我此刻到吴铁老公馆去,你等好在这里。等到11点钟,你再赶到吴家指名找我。你不妨质问我,到底是全文照发,还是一定要删去前言?你若见我尴尬,你就高声发话说你受高宗武之托,要立刻将全部文件收回。"

吴铁城这时已卸任广东省主席,小住香港,是国民党中央在港最高级负责人。当晚11点钟,杜月笙导演的这一出戏,让助手声势汹汹、装模作样,以强硬姿态演出。这一招果然使吴铁老着起急来,亲自嘱咐中央社:"序言密约,一概照发。"

于是,1月20日,《日支新关系调整要纲》及其附件之原文摄影皆发表,这一重大新闻轰动世界。

轰动一时的高、陶事件接近尾声了,高宗武想出国留美,继续深造,杜月笙经手替他办好了护照。当他知道杜月笙因为他们的事高空遇险,得了气喘重症后,非常不安,后来,在美国为杜月笙遍访名医,请教病因及治疗方法,而且经常寄回药品。

杀不了的江湖英雄

但是,因为高陶事件,汪精卫对杜月笙恨之入骨。他恨声不绝地说:

"我跟他有什么过不去?他竟这么样来对付我!"

为了惩办杜月笙,他下令伪政府特务头脑李士群专程到广州指挥,派遣凶手到香港去解决杜月笙。然而,杜月笙早就防范严密,刺客没有下手的机会。但是,汪精卫仍不甘心,再派人去香港警署,借口有人密告杜月笙是"流氓",要把他驱逐出境。

戴笠在上海的中统特务王新衡首先侦得消息,十万火急通知杜月笙。但是杜月笙不肯相信,付之以淡然一笑,反过来安慰王新衡说:

"不会有这种事情的,新衡兄,你放心好了。"

然而,没过几天,柯士甸道杜公馆和告罗士打的房间,居然有警署的人跑来,说是奉命搜查。这一下,杜月笙才知事态严重,便去找工新衡商量。

王新衡说:"为了正本清源,彻底消除汪精卫的阴谋诡计,应该把事体闹到香港总督那边去。"

这时,俞鸿钧正任中央信托局局长,住在香港。他担任上海市长时,曾招待过香港总督,和港督私交很深。王新衡又建议说:"杜先生你去找俞鸿钧局长吧。"

俞鸿钧当过上海市市长,杜月笙熟悉得很。于是,俞鸿钧便以非正式的国民政府代表身份,向港督送上一份备忘录,说明杜月笙是中国政府的高级官员、社会领袖,是国民政府正式委派的赈济委员会常务委员,又是中国红十字会副会长,此外还兼任国家行局交通银行的常务董事,以及国家资本占50%以上的中国通商银行董事长。他指出说港警搜查中国官员的住宅及其办公会客的地点,完全是非法而无礼的行动。港督接到俞鸿钧的备忘录,当即表示道歉,同时保证说:"此后不会再有类似的事情发生。"

一桩公案就此了结,汪精卫的报复也因他后来病逝东京而一直无法得逞。

在国人交相声中,汪精卫等一些汉奸,在南京成立伪政权。他邀约在上海的德、意、日三国驻沪外交官、侨领、使馆人员,由日、伪军数百人随车保护,自上海开一列专车到南京,参加他的"还都典礼"。当列车驶近浒墅关时,轰然一声,列车全毁,死伤汪伪贵宾和日伪军数百人,酿成重大惨案。

这是忠义救国军潜伏上海的地下工作者,预埋的炸弹。杜月笙在香港得到捷报,不禁额首微笑,频频说道:

"我们送的这一串鞭炮,着实不少!"

8. 铁血锄奸,兄弟朋友都杀

痛苦万分的锄奸

军统在上海设有工作站,站长是周道三,但工作站的情报工作"行动"一环是由戴笠亲自指挥。杜戴一家亲,在上海工作站成立行动小组时,戴笠便请杜月笙介绍一位负得起责的人,担起这个出生入死、冒险犯难的要紧任务。

杜月笙向戴笠推荐了陈默。

陈默,字冰思,中等身材,精神抖擞。他是杜月笙的得意门生,在军校高校班受过训,抗战之前在上海警备司令部稽察处当经济组长。他可谓是杜门中后起之秀的狠角色,辣起手来几乎不下于顾嘉棠,论头脑精细,胸中学问却在顾嘉棠之上。接受戴笠这个任务更理想的,是他有军事训练基础,条件非常适合。

陈默奉杜月笙之命,加入军统后,在上海行动小组和忠义救国军老干部严密配合下,制裁敌伪的锄奸工作自此轰轰烈烈地展开。

范罡是在上海滩上享誉十多年,专替强盗开脱的所谓"强盗律师",正活动谋当上海两特区伪法院院长职务。这一天,他走到威海卫路155弄20号家门口,"砰",迎面飞来一颗枪弹,他猝不及防,当即中弹倒地毙命。次日,各报登载这一消息,轰动一时,专业人士都称:"暗杀的手法干净利落。"

这是为陈默接事后干出的第一件锄奸工作。

紧接下来,日人的傀儡组织"上海市民协会"负责人尤菊荪、"市民协会委员"杨福源、"上海市政督办公署秘书长"任保安、"市民协会主党"顾馨一,还有日本人伪绥靖第三区特派员中本达雄,先后遇刺,饮弹毙命。

随后,附日的上海滩名流范耆生和郑月波陆续被刺。

在这些被暗杀的汉奸名册中,杜月笙的老朋友也名列其中。8月18日,在自营的中央饭店被杀的陆连奎,便是公共租界跟黄金荣地位相埒的青帮弟兄、捕房头脑。当杜月笙势力打进大英地界时,陆连奎跟杜交谊密切,合作无间。法捕房的副探长曹炳生在马路上中枪,他是杜月笙的部下。当年与杜一起同心协力开公司的知己心腹俞叶封也因参加张啸林组织的"新亚和平促进会",主持棉花资敌工作,被杜月笙的弟子大义灭亲,用机关枪扫死在更新舞台的包厢里。

上海滩上雷霆万钧,铁与血俱使得民心大快,同仇敌忾之心更加增涨。但是,这对素讲义气的杜月笙来说,却是一种煎熬,一方面他为国家民族大义所激愤,惩办各类汉奸,另一方面,这些人又都是他的故旧、至交乃至门生弟子。人非草木孰能无情? 因此,对于上海滩的锄奸行动,他的内心是充满了矛盾、挣扎,杀与不杀两种思想的激烈煎熬乃至交战也与日俱深,虽然痛苦万分,但是在大节大义上,杜月笙还是没有迷失自己,坚决地选取了民族大义这一边。

把兄弟的铁心

俞叶封被杀之后不久,杜月笙开始为张啸林担心。

这时,张啸林早已铁心去当汉奸,过他一生中独缺一门的官瘾。1939年夏,他在日本人的策划下,居然组织了一个什么"新亚和平促进会",公然为敌张目,帮东洋人办事。这时陈群当了汪精卫伪政府内政部长,张啸林便一心一意想当一任"上海市长"或浙江"省政府主席"。

但是,他为虎作伥的行动,成为了人人喊诛的汉奸。在戴笠的指示下,杜月笙弟子的枪口开始瞄准了他——张啸林。

杜月笙在香港日夜焦灼,绕室彷徨,一方面无法阻止执行戴笠的命令,另一方面不忍心把兄死在爱徒之手。在无可奈何的两难之中,他曾想尽办法,辗转请朋友去劝张啸林保住晚节,悬崖勒马。可是,劝说的人来了,"张大帅"一语不合,立刻豹眼一翻,破口大骂,"妈特个××"声声不绝。谁又敢去惹他的怒火,捋他的虎须,而自讨没趣说下去?派人劝说几乎无效。

张啸林的性格和杜月笙完全相反。他一心想做官,但又不爱做国民政府底下"奉公守法"的公务员,官瘾是要像戏台子上或那些北洋军阀那样为所欲为,抖尽威风的那一种。但自从1928年北伐成功,军阀连根割除后,在张啸林的心目中,那样为所欲为的官职很难找到了,而当"汉奸官",依仗日军的淫威,才可以想干啥就干啥,胡作非为逞威风。

杜月笙晓得他的心理,因此一直为张啸林暗地着急,惟恐他捞上了汉奸官,成为上海滩上胡作非为的一霸王,将来要受到国法和民意的制裁。然而,奇怪得很,上海沦陷三年多,一直想当汉奸的"张大帅"居然官星不动,"仕途"毫无进展。后来,杜月笙根据陆陆续续得到的消息才知道,日本人自杜月笙"月夜走脱"之后,利用上海大亨的目标便落在黄金荣身上,而并不是他张啸林。日本人不断派人上漕河泾拜望黄金荣。黄金荣虽然爱财,但爱国心却有,对付东洋人的法宝是一个"病"字,无论是谁上门,他必定是"抱病在身,不好见面"为由,然后由家人、学生连声"抱歉、抱歉"送客。日本人见拖黄金荣出山绝无可能,于是转过头来退而求其再次,瞄向张啸林。

谁知这个张啸林目高于顶,满口三字经,噱头又来得多。日本人要找他的时候,便故意往莫干山一躲。日方派一名驻杭州领事登山拜访,"张大帅"大谈起生意经。日本说客,折腾了大半天才好不容易转到正题。提到为政府出力时,他没料到张啸林居然口气大得吓坏人。他说:

"妈的个!要弄个浙江省主席给我玩玩,倒还可以商量!"

日本人一听,不禁倒抽一口冷气,当场便说:"张先生这个职位恐怕有点困难。"

张啸林倒也干脆,回答说:"既有难处,那就不必再往下谈!"

此事自然谈崩了。

后来,张啸林又回了上海,在大新公司五楼再开了一个俱乐部,内容无非是鸦片烟和赌。整天和他混在一起的,是老朋友高鑫宝、俞叶封、程效沂等人。这时,共产党的游击队控制乡村,袭击敌伪物资,使日军在上海的补给供应极为困难。于是又有日本人去找张啸林，叫他负责设法向外地采购必需物品。

张啸林认为这种独门生意有钱可赚，便组织了一个"新亚和平促进会"，召集他的弟子和手下统统参加，到乡下替东洋人办货。结果，他包办了从上海运煤到华中的"贸易"，又担当日军军粮食米的搜刮和搜购，为此他还给老弟兄俞叶封一项优差，请他专门搜购赚钱利润更大的棉花。

在日本人的迫切需要之下，张啸林的生意越做越大。他从安南购煤运到上海转销华中一带。后来风行中国各大都市20余年的三轮车，曾是安南河内特有的交通工具，张啸林瞧着好玩，命人带了一辆到上海，随后被顾四老板顾竹轩看中，借去做样子，依式仿制，于是，三轮车从上海慢慢盛行起来。

张啸林不曾当成汉奸官，却依靠日本人着着实实发了汉奸财。

这时，他跟杜月笙相隔万里，但他当年兄弟两人的习惯依然保留，每年夏天必定要上莫干山，住进他的"林海"，舒舒服服地享受一番。

1939年"秋老虎"过后，他下了莫干山。

然而，回到上海后，他便发现事体不对，杜月笙的那一批狠角色弟子奉命锄奸除害，在上海滩大开杀戒，他扳着指头一数，他的汉奸搭档已被暗杀了好几个。"访旧半为鬼，惊呼热中肠"，这些血淋淋的前例不能不使他暗自着慌。尤其是他回沪不久，他的好朋友、伪上海市财政局长周文瑞又在四马路望平街被黑枪打成重伤，两星期后伪"和平运动促进会委员长"李金标也被行刺，侥幸保全性命。旧历年近，风声却越来越紧，上海滩都说重庆地下工作者枪口已经对准了张啸林。张啸林终于也吓怕了，不再敢到公开场合露面。

但是，"张大帅"就是"张大帅"，白天不出门，但每晚必出一趟门，即到大新公司五楼的俱乐部玩一玩。

一日，沪上名伶新艳秋在更新舞台唱《玉堂春》。这时俞叶封正在力捧新艳秋，这是新艳秋临去上海的最后一场演出，张啸林拗不过俞叶封的苦请，包了楼上正当中几个包厢，说好要亲自驾临，给新艳秋捧场。

偏巧那晚他临时有事，改变计划不曾上更新舞台。俞叶封和几个朋友高居楼中，喝彩声不绝。台上唱得正热闹，突然"哒哒哒"一阵机关枪响，全场秩序大乱。事后，闻讯赶来的军警一查，只见俞叶封倒卧于血泊之中。

也就在这个时候，张啸林"搜刮物资资敌，为虎作伥，罪大恶极，应予迅即制裁"执行的命令,瞒着杜月笙,直接从重庆拍发到了上海。

经过了这一次惊险万分的刺杀事件,张啸林自此闭门不出,连俱乐部也不去赌了。与此同时,他加强警戒,一口气雇了二十几名身怀绝技、枪法奇准的保镖,他在华格臬路公馆前后门,都有日本宪兵守卫,日夜巡逻,如临大敌,就像铜墙铁壁的堡垒一般。

徒弟杀了师傅的老兄

这样,张啸林平静地过了一两年。1941年夏,他照例上了莫干山避暑。

很不凑巧,恰值忠义救国军的苏嘉沪挺进总队,以莫干山为根据地,通过吴兴,向金泽、章练塘一带频频出击,使日军受到重大损伤。日本人一怒之下,将附近丰草和数十里的参天修竹放一把火,烧了个精光,目的是要让游击队不再有茂林修竹可以躲藏。莫干山上风声鹤唳,草木皆兵,张啸林也是吓得心惊肉跳,住不下去了他匆匆返回上海的法租界,仍旧深居简出,避风头。

这时,杜门弟子已经奉命暗杀张啸林。他们当然晓得"张大帅"的心情,但忠义不可两全,公私哪得兼顾?他们第一次出动,情报掌握得相当准确:几时几分,张啸林要坐汽车出去赌铜钿,经过哪些十字口,在哪一分秒,红灯一亮,汽车非停不可。他们预定,届时一阵机关枪扫过去,十个张啸林也逃不脱。当日,铁血锄奸行动队员按照预想的计划,一步步把张啸林送到了地狱的门口。

谁知到了下手的那一瞬刻,时间分秒不差,路线完全正确,红灯亮时毫厘不爽,眼看张啸林的汽车已开到机关枪下,无须瞄准,即可将他射杀。然而,负责开枪的枪手十分不巧,偏偏早了那么秒把半秒钟,"哒哒哒……"打过来,张啸林的司机阿四是见过大阵仗的,当下将要踩刹车的右脚猛的将油门踩下,汽车一个冲锋,飞也似闯过了路口。

闯红灯不犯死罪,这样张啸林在鬼门关口过了一过。

张啸林差一点儿吃到机关枪弹,尝到了重庆分子的厉害,然而,这却没有让他幡然悔改,反而更加死心塌地去当汉奸。于是,他终于难逃一劫了。

一天,他正和他的学生、时任杭州锡箔局局长的吴静观在华格臬路三层楼上商量事情。突然,听见楼下天井有人高声争吵,他探身窗口向下俯望,发现是

那二十几名保镖在那儿互相骂。张啸林脾气一向毛焦火燥,这一来又发作了。他上半身伸到窗户外,向楼下保镖们厉声喝骂:

"妈特个×!一天到晚吃饱了饭没事干,还要在我这里吵吵闹闹,简直是毫无体统!老子多叫点东洋宪兵来,用不着你们!快些,一个个的把枪给我缴下,统统滚蛋!"

要在平时,照说张啸林一光火,哇哩哇啦一骂,挨骂的只要乖乖地走开,等一下他气平了,满天星斗必定一扫而空,像屁事也不曾发生。谁知今日却不一样,保镖头脑,这位名唤林怀部的忠义之士,一面拔出手枪,一面抬头回话:

"他妈妈的,不干就不干!张啸林,你要当汉奸,待我送你上西天!"

骂声未停,枪声已响。林怀部的枪法一似百步穿杨,一枪射中张啸林的咽喉,但见张啸林身子向前一扑,头颅向下垂着,上海三大亨中的老二,就此一命呜呼,得年65岁。

林怀部年轻力壮,身手更是矫捷。枪声响处,他还在破口大骂,与此同时,他身子已经溜进客厅,三步并做两步,一霎眼便爬上了两层楼梯。他一路如入无人之境,冲进张啸林尸身所在的房间。吴静观正在拨电话喊日本宪兵,才拨完号码,还不曾来得及通话,林怀部便扬手一枪,子弹又击中吴静观的后脑,"砰"的一声,红的是鲜血,白的是脑浆,恰似开了一朵大花。两名汉奸,一师一徒,一步路走错,终于不得善终,死于非命。"扑通",一声巨响,吴静观的身躯扑倒在桌子上。

林怀部轻而易举地打死了两名汉奸,然后面露笑容,不怯不惧,从三层楼一路欢呼跑下来,从容自在通过28名带枪的保镖,夺门而往华格臬路冲,一面奔跑一面还在大叫:

"我杀了大汉奸!我杀了大汉奸!"

没有人上去抓他。林怀部的保镖同事只是看着说:

"老林,好汉做事好汉当!"

"当然,"林怀部傲然的一拍胸说,"我绝对不逃。"然后,握枪在手,跑到华格臬路上。等安南巡捕一来,他一语不发,将枪交出,束手就缚。

由于喊声、枪声闹得天翻地覆,隔一扇月洞门的杜公馆留守的人以为发生了什么事,一会儿杜家大少奶奶由佣人陪着,过去探视张家伯伯。结果,她看到了终生难忘的骇人情景：张啸林的尸体被翻转过来，仰面朝天，遍地血污，由于林怀部的那一枪从咽喉贯穿到右眼，因而张啸林的眼珠被射了出来，只剩几根小血管或者是韧腺，将那只血淋淋的乌眼珠晃悠悠地吊住。

这天下午4点多钟，离上海853海里的香港告罗士打酒店八层楼咖啡座上，王新衡正陪着杜月笙谈天，突然看见一条幽灵似的人影，正在向他们徐徐走来。杜月笙惊了惊，一抬头看见那是翁左青。

翁左青在当警察巡官时曾救过张啸林的命，演出过一曲捉放戏，并且打那以后弃官跟张啸林走，之后，他们伙同了另外一位好友程效沂，三弟兄从杭州打天下，一路打到上海去，拼了20多年的血汗，打出了一个花花世界，后来由于黄、杜、张不分家，翁左青便从张家踱到隔壁头，替杜月笙掌管了16年的机密。这时，他脸色惨白，泪眼婆娑，身躯摇摇晃晃，脚步踉踉跄跄，好不容易走到杜月笙的跟前，伸出抖抖索索的右手，递给杜月笙一份才送到的急电。

杜月笙惊疑不定地望他一眼，伸手接过了电报，匆匆浏览一过。王新衡正自惊愕，却见杜月笙把电报递给他。正在这时，杜月笙当着茶座的众目睽睽，一时悲从中来，双手掩面，吞声饮泣，但他没能忍住，随即热泪横流，如决江河。王新衡看过电报，俯身向前，低声地劝慰：

"张先生走错了路，国人皆曰可杀，奉命执行也是无可奈何的事，总怪他不顾大义，咎由自取。杜先生，你不要再伤心了，人死不能复生，再哭也没有用处了啊！"

杜月笙呜咽啜泣地回答说：

"新衡兄，你讲的道理一点不错。但是张先生和我有二三十年的交情，我们曾经一道出生入死，有福同享，有难同当，哪里想到当年的兄弟，如今落了这样一个大不相同的结果。现在我心中非常难过，真想号啕大哭。"

王新衡百计安慰，说了许多种瓜得瓜，种豆得豆，有因必有果，任何人都没可奈何的话，杜月笙却始终流泪，再开口时依然有不尽的哀恸与感喟：

"他要当汉奸，死当然是罪有应得。不过，我心里明白，这一定是陈默他们交代林怀部干的，由我的徒弟杀了我老兄，论江湖义气，我实在站不住道理！"

"论江湖义气，"王新衡接口说，"张先生就更不该去当汉奸，做那出卖国家、欺压同胞的勾当，而且，杜先生一再劝他拦他，他都不理。"

"是呀，"杜月笙伸手揩揩泪水，"我几次三番拉他，他就几次三番大骂我，我倒不是怕挨他的骂，实在是骂过了之后，他还是不肯出来。"

这一夜，杜月笙彻夜无眠。

张啸林坚决拒绝杜月笙的劝说，铁心当汉奸，结果官没当成，反白送了性命，这给杜月笙带来过无比的憾恨。然而，与张啸林同样被制裁的，不久又有杜月笙的另一位好朋友——通商银行先前的大老板傅筱庵。

傅筱庵投日落水后，负责执行暗杀的人是杜月笙的旧日保镖。

不过，他没有自己动手。由于万墨林的首肯，他拿了杜公馆两万大洋的工作费，最后说动常到杜家走动的傅宅厨师朱老头（名叫朱升）。结果，朱老头承担了锄奸大任。

几天后，在禁卫森严、如临大敌的虹口傅市长公馆，朱老头一斧头送了傅筱庵的终。

杜门弟子显神威

为了便利港沪两地的联络和通信，杜月笙叫他的得力助手徐采丞，利用他和日本影佐特务机关的关系，在上海设立秘密电台，和杜月笙经常保持联系。

正是这个电台，使得戴笠的军统指挥上海地下铁血锄奸行动，如手使指，极其灵活。但徐采丞不便和地下锄奸人员直接联络，杜月笙便喊万墨林到香港，深居简出，受了一个星期的临时训练。

万墨林重返上海后，便担任了上海地下工作者的总联络络之责。

从1938年元月到1939年底，陈默领导的行动小组一共制裁了62名日本人、大汉奸。在军统上海工作站的指挥之下，他们从事过22次造成敌人重大损失的破坏工作。这些忠肝义胆、慷慨激烈的热血男儿，斗起东洋人来，胆子大得吓人，炸仓库，烧机房，成了家常便饭，即使是重重戒备、停泊江心的日本军舰，他们也敢摸上去破坏爆炸，杀人放火，如入无人之境。

一次，日本运输舰卢山丸在杨树浦瑞熔造船厂修理，刚刚修好，便被他们放一把火烧掉，接下来，被他们焚毁的日本运输舰，还有顺丸、沅江丸、南通丸、音户丸，至于作为水上运输工具的军用小汽艇，被他们烧毁的达20艘之多。

持续的暗杀,持续的爆炸,不断地纵火,不断的破坏,造成日军重大的损失不算,军统人员和杜门子弟的英勇,简直吓破了日本"皇军"的胆。他们在占领大上海后,时时被袭击,处处遭暗害。一名宪兵补充队长高荚三郎生病住进自己的野战医院,居然被杜门中人下了毒药,毒发身死。两个日本间谍、"上海市政府"顾问池田正治和喜多昭次,大白天里在四马路望平里熙来攘往的人丛中散步,突然之间,"砰砰"两枪,倒卧于血泊之中。

由于上海行动队的神出鬼没,种种英勇大胆的表现,使得上海敌伪风声鹤唳,草木皆兵,一天到晚,坐卧不宁。日本人终于发现,他们损失数万精兵,激战整整三个月将上海占领以后,反而寸步难移,行动不得自由,无数日本军民反而落入了阴风凄凄的死亡陷阱。

这乐得戴笠在军统年会上逢人就说:"上海滩的那些青帮分子,政府用好了,个个都是抗日好汉!"

9. 管家万墨林被抓

全国帮会总龙头

由于全民一致支持抗战,使军统局长戴笠起了一个构想,促使海内海外所有的洪门、青帮、理教纳入一个重要组织,使遍布各地、不计其数的帮会中人,都能屹立在抗战的大旗之下,团结奋斗,献出其庞大无比的潜伏力量。

他把这一个构想,说给杜月笙听,立即获得杜月笙的热烈支持。

但是,为了便于操作起见,杜月笙又建议戴笠先从洪门青帮在香港的关系入手。为此,1940年夏,戴笠挽请吴铁城出面,曾在香港请过一次客,香港洪门领袖如梅光培、客地青帮首脑杜月笙等有头有脸的人物,一致出席。宴会杯觥交错,一席尽饮。随后,戴笠便以这次漪欤盛哉的大宴会为基础,画出了"中华民国人民行动委员会"的蓝图。

为了成立"人民行动委员会",杜月笙决定再度赴渝。这一回,因为时间充裕,他没坐飞机,而是由河内经昆明到达重庆。

这时，全国各地帮会领袖都已汇齐陪都重庆，那些山主、龙头、舵把子与大爷们齐集南温泉，成立大会盛况空前。会中，洪门大爷们给杜月笙一份从所未有的殊荣，一致推举他为"一步登天"的总龙头。尽管杜月笙万般推辞，但最终还是盛情难却，坐上了第一把交椅。

这次会议很成功，各个帮会汇聚到了抗日的大旗之下。

帮会弟兄人多势壮，在全国每一角落里都有影响。"人民行动委员会"成功后，杜月笙负实际领导责任。后来，"人民行动委员会"为抗日做了不少事。譬如说协助役政人员推行兵役，发动各地人民救济难胞，以及捐献金钱，打游击以及从事种种地下工作，其中表现最突出的捐款献机，该委员会一次捐献飞机20架，当局在重庆珊瑚坝机场举行的"献机典礼"。典礼情绪热烈、场面壮观，成为8年抗战中一次动人特写镜头。

杜月笙因为真心抗战，敢于毁家纾难，成为了全国各帮会的总头领。

项庄舞剑，意在沛公

当杜月笙在重庆干得轰轰烈烈，支持抗战工作做得来有声有色时，1940年12月下旬，渝沪间的秘密电台，突然传来一个坏消息：万墨林在沧洲饭店门前，被汪精卫特工总部极斯斐尔路76号的打手，横拖竖曳地捉了去，而且立即被施以酷刑，老虎凳、辣椒水、烙铁板……打得他死去活来，体无完肤。上海的急电还说：像敌伪这么样狠地"做"他，万墨林熬不熬得过、撑不撑得住，大有疑问。

得到这个消息，杜月笙和戴笠大为震惊，极其焦灼。

因为问题不单是万墨林个人的生命安全。万墨林是国民党重庆地下工作者在上海一地的总交通，倘使他一屈服，据实招供，国民党中央在上海的各机构，大有一举摧毁之可能。杜月笙、戴笠立即急电告知吴开先等人从速逃离住处，变更联络方式。杜月笙再也坐不住了，心急如焚地匆匆返港，竭力设法营救万墨林。

于是乎，在和敌伪之间的地下工作血斗中，杜月笙又步入了一个金戈铁马、短兵相接的阶段。

万墨林是如何被抓的呢？

1940年11月19日，日本正式承认汪精卫伪政权，发表日、"满"、"华"共同宣言。汪记政府开张，群奸喜气洋洋，遍邀德、意、日轴心国的外交使节。上海的日军高级军官兴冲冲，决定乘天马号专车赶赴南京捧场，并参加签字典礼。这个消息立刻由上海秘密电台报到重庆。戴笠当即决定，把这列专车炸掉，造成重大死伤，给汪精卫一次迎头打击，使开张典礼面上无光。

爆炸火车任务，由上海忠义救国军地下工作人员配合军统局苏州站联合执行。他们派出警卫，掩护爆破队，乘夜潜伏到苏州城外京沪铁路线上的李王庙，将地雷和炸药埋在外跨塘附近的铁轨中间，引线长达300公尺，一直通到一道茂密的树林中，由詹宗象与薛尧负责按动电钮。

上午9点钟，天马号专车风驰电掣般驶来，詹薛两勇士将电钮按下，只听"轰隆"天崩地裂一声巨响，地雷爆发，威力奇大，专车在爆炸声中断腕决腹，血流盈野，一派哀呼惨叫声。这一次爆炸使全车的人不死即伤，损失惨重。天马号翻覆后，詹宗象和薛尧虽然知道目的已达到，可是他们胆子太大，又穿出树林探看残敌，结果不幸被日军发现，密集扫射，中弹成仁。

这一次爆炸，日方死了两名大佐、两名日本内阁的庆贺专员和情报员多人，还有德义使节及随车军队，死伤共一百余人之多。爆炸消息传到南京，汪精卫大坍其台，狼狈万分，暗恨重庆地下工作人员过于辣手。这一破坏行动让他尤为生气。于是，汪伪政权宣传部副部长胡兰成向汪精卫建议："特工除非将来废了，既不能废，便该直属'元首'，如今极司斐尔路76号的李士群归财政部长兼警政部长、兼特工委员会主席周佛海掌握，全世界各国都没有这样的先例。"

接着，他又进言撤销"特工委员会"，在"军事委员会"之下改设"调查统计局"。

汪精卫召见李士群后，责成他扩充机构，成立"调查统计部"。

汪精卫给李士群的第一项任务，便是取杜月笙的性命，同时打击并瓦解重庆地下工作人员在上海的活动。

李士群是一个狠角色。他豁达有胆略，跋扈而聪明，办事有条有理，奉了汪精卫的密令，精神抖擞，双管齐下，一面诱捕重庆和共产党派在上海的地下工作者，其中，忠义救国军的干部和杜门相关人物都是他下手的重点对象。很快，与汪伪政权做对的除奸勇士如何行健、杨杰、林子江、王天木、苏成德、万里浪、唐惠民、朱文龙、马啸天等相继落入他的陷阱。李士群对他们威逼利诱,无所不用其极,使其中意志薄弱者摇身一变,又成了为虎作伥76号的汉奸特工。

李士群第一步成功了,又实施第二步,决心东施效颦,也要运用青帮力量,负责特工行动工作。

上海滩上有头有脸的青帮大亨,惟杜月笙马首是瞻,李士群拉不动,只好退而求其次,拉到杜月笙好朋友季云卿的司机、门徒吴四宝,把吴拖进76号,和吴四宝结拜兄弟,派他当"警卫大队长"。

对于"汪主席"当面交代的谋刺杜月笙的任务,李士群自然不敢怠慢。他在76号加强部署完成以后,设计先抓杜月笙的管家万墨林。

1940年12月21日晚,万墨林被绑。

这时正值上海地下除奸工作的最高潮时期,国民党派有三位大员常驻上海,中央常务委员蒋伯诚是中央的代表,吴开先以中央组织部副部长、上海工作统一委员会常委的身份负责实际领导责任,三青团上海支团部干事长吴绍澍也另设单位搜集情报。万墨林奉杜月笙之命,对三位大员设法掩护,尽力协助。三位大员也把他作为左右手,在交通、联络方面非万墨林不可。

除此之外,万墨林还有一项更紧要的工作,那便是支付钞票。戴笠借杜月笙之手不时拨钱给万墨林,上海的地下工作需要特别经费,执行者则到万墨林手上领取,事先说一句:"万先生,上面的命令要'做'某人了。"万墨林问好要多少钱,点过了头便去取,任务完成后领钱不误,经费不足,他也能调匀。像这样的事例不胜枚举,朱老头刺杀傅筱庵一案,由万墨林付讫工作费两万元,就是一例。

诱绑万墨林,李士群使的是"番虎伏窝"之计。

吴绍澍手下有一名情报员朱文龙,暗中被李士群收买。李士群令朱谎称自己已暴露身份,利用万墨林的秘密通话路线,跟万连通三次电话,请他传递一项"极重要"的情报。

万墨林因为风声太紧,不得不谨慎小心,先是推托了两次,第三次没办法,只好约于21日下午4时见面,后又临时再改晚8点,会晤地点是华灯初上、行人如织的国际大饭店前门。

这是英国租界。殊不料万墨林绕行到朱文龙背后时,才拍他的肩,四名大汉一拥而上,当众反剪他的双手,把他捆了一个结实。万墨林向附近站岗的美国宪兵大叫"救命!"美国宪兵跑过来干涉,76号的人掏出英租界准予缉拿许可证,宪兵没话说了,于是满街的人眼睁睁看着万墨林被他们架上汽车,绝尘而去。

还是主人的面子大

杜月笙在重庆惊悉万墨林被抓的消息,急忙匆匆返港,一面急电吴开先等迁移住处,改变联络方式,一面分知恒社在沪同人,努力设法进行营救。他亲自电嘱徐采丞,要他从日本人方面下手,逼迫76号放人。

徐采丞原是史量才的重要干部。史量才被刺后,他才跟杜月笙、钱新之接近,曾以纺织业者参加上海地方协会,上海沦陷后,地方协会群龙无首,他于是在黄炎培下面做了秘书长,因此被人视为是杜月笙的驻沪代表。他利用日本军政两方派系林立,又都喜欢跟中国大亨们勾勾搭搭的心理,在各方之间纵横捭阖,执行杜月笙交代的任务,专讨东洋人的便宜。

万墨林被关进76号后,李士群对他辣椒水、老虎凳、雪里红诸般毒刑统统用过,但他拼命咬紧牙关不招。然而,他能熬到什么时候,谁也不敢预料。戴笠的情报员,若像他这样无所不知、无所不晓得"交通联络",牙齿缝里往往会嵌进一个小毒药瓶,一旦被捉,就立刻咬破自杀。然而,他是杜月笙差遣的情报人员,当初谁也不便请他装上这个玩意儿。戴笠处理被俘的情报员,第二个救急的办法,便是遣人入狱,秘密将他处死灭口。但这一着,杜月笙断然不会答应,即使他下了决心为多数人大义灭亲,但76号得了万墨林就如获至宝,戒备森严,很难找到下手的机会,因此,只能想其他办法去救人。

杜月笙忧急交并,一心要营救万墨林。但是,汪精卫对他恨之入骨。杜月笙又与李士群并无交情,于是暗度陈仓,和钱新之一道出面请李北涛携带一份贵重的礼物前去南京,拜访汪伪政府的财政部长兼"中央政治委员会秘书长"、"中央储备银行总裁"周佛海,要他看在旧日交情份上保全万墨林,并且予以"优待"。

李北涛原先追随通商银行的周作民,跟周佛海也有私交。他来到南京后,轻易就见到了周佛海。两人交谈中，他除婉言请托外，模拟杜月笙的口吻，软中透硬，叫他"识相"、"落槛"一点，说："杜月笙的势力这时依然弥漫大上海，甚至京沪沿线，不可小觑啊！"

临走之前，李北涛大言不惭地继续威胁说："杜月笙的这桩大事摆不平，必然会影响将来你们的见面之情。"

周佛海一生只忠于自己，利害得失一概只顾到自家为止。1927年他当共产党时，被"清党"的陈群捉住，险些送了性命，立即反水，投了国民党；日本人打来了，占据了大半个中国，他又随汪精卫投了日本人，可谓是最无行之人。他当初在南京政府做官，经常到上海吃喝玩乐，也曾身为杜门座上客。因此，杜月笙的实力，他一向很清楚。现在，杜月笙派李北涛来痛陈利害，几句话甩过去，他便打定了主意：从万墨林身上找线索，摧破重庆地下工作者这桩大功劳宁可不要，杜月笙的面子却不能不买。李北清一走，他便一张条子飞到76号：

"万墨林性命保全，并予优待。"

三天后，万墨林从阴风凄凄的76号移转到四马路总巡捕房收押。总巡捕房的督察长刘绍奎不仅与杜门关系密切，而且是归戴笠直接指挥的"自己人"。

得了"同志"刘绍奎的照顾，万墨林等于从地狱升入天堂，待遇极其优厚，而且多了脱逃的机会。李北涛顺利达成初步任务后，继续留在上海，暗中策划买通日本人把万墨林悄悄送往香港的方案。

但是，他处事机不密，密谋为周佛海获悉，丁是迅即采取行动，命76号提回万墨林，乘夜快车押到南京。接着，这个周佛海又亲自接见万墨林。见面时，他开门见山地说：

"万墨林，你所做的事情自己明白。76号的门进去容易出来难，使你释放很不简单。我此刻是买杜先生的面子，只要关节打通，我自会放你。我说话算数，你也要向我提出保证，从今以后莫再到处托人，增加我的困难，我请你安心地等好消息。"

万墨林拍胸脯答应了。

从此，万墨林便南京关一阵，上海押一押，却是从来不拷、不打、不"骂"，不给吃苦头。徐采丞千方百计找路子，1941年5月间，终于找到了一条康庄大道，东北籍的国会议员金鼎勋跟日本人渊源甚深。杜月笙得讯以后，立即电告徐采丞从速进行。徐采丞邀同毕业于日本爱知医学专门学校的医界名流顾南群与他的同学朱东山，一同前往金家恳请金鼎勋设法帮忙放人。金鼎勋十分豪爽，一口答应帮忙。

金鼎勋走日本决策机构"兴亚院"的高级路线，说服"兴亚院"的高等参谋冈田和一位巨商坂田，由坂田、冈田影响"兴亚院"，指令日本军方：

"皇军如需彻底统治上海，杜月笙有无法估计之利用价值，顷者犹在多方争取杜氏之际，汪政府特工羁押其亲戚既亲信万墨林，实为极其不智之举。"

在"兴亚院"和日本军方的重大压力之下，亦即周佛海所谓的"关节打通"，万墨林终于获得开释。至此，杜月笙长长地吁了一口气。

10. 撤离香港

"凡是我的人，暂不考虑。"

1941年12月8日，太平洋战争爆发，日军偷袭珍珠港，同时，马尼拉、香港、新加坡都遭到日军袭击，泰国宣告投降。北平、上海、天津的英美驻军全被日军攻击后解除武装。

这是世界反法西斯史上最重要的一个日子，随后，美国宣布对日开战。

这时，杜月笙正在陪都重庆。但是，对于他来说，由于香港的失陷，上海英、法两租界被日军侵入，两处地方的家人、亲友、门徒、学生一下子沦入魔掌，生死不明，让他焦急、紧张得不得了。当夜，他和戴笠一起，筹思如何利用日军尚未占领的启德机场，派遣飞机，紧急救出一些滞港人员。

人多机少，两人拟定一纸名单绞尽脑汁，煞费思量，觉得谁上谁上不上，都难以决断。正在这时，戴笠的一位好友阿伍兴冲冲地找过来，见着戴笠就说："我得有个位置回香港去！"

阿伍是香港华侨，家资百万，12月初应戴笠之邀，飞赴重庆瞻仰抗战的司令塔、复兴中华圣地。太平洋战争突起，他却身在重庆，为家里大为着急。因为他的大部分财产都存在香港银行,若赶不回去,百万家财必然会被日军劫收,全部家当付之东流。

"我的人都安排不下,你就等等吧!"戴笠说,"隔几日走。"

但是,阿伍缠住戴笠,一定要设法让他乘机回香港。他早年学过航空,驾驶技术十分高明。戴笠突然灵机一动,对他说:

"好的,我设法替你弄一架飞机,由你自己驾驶去香港。飞机落地,你便把飞机交给中国航空公司,我会请他们派驾驶员飞回重庆。不过请你注意,我是要用这架飞机接运香港方面紧要的人。"

杜月笙对这个主意赞不绝口。因为以此时香港情势的危急、秩序的混乱,航空公司未必会有人肯去。而阿伍驾驶技术之优良,又是熟悉他的人所一致公认的。这个办法两全其美,而且快刀斩乱麻地解决了选派驾驶员的难题。

飞机一去接回哪些人呢?杜公馆人太多了,杜月咬紧牙关,毅然决然地对戴笠说:

"凡是我的人,暂不考虑。"

戴笠抬起头来望杜月笙一眼,见他似已下定了决心,于是便不再多说,开始振笔直写名单。两人有商有量的决定了先行救出陶希圣、颜惠庆、许崇智、陈济棠、李福林、王新衡……等人。

名单决定,便立刻打电报,请中国航空公司分别通知名单内的各人,应于12月9日中午以前赶到机场集中,等阿伍驾驶来的飞机一到,换驾驶员马上起飞。

在戴笠的安排下,阿伍当晚就从重庆驾机返回了香港。

海上营救

从12月8日夜,到9日傍晚,杜月笙不眠不休,好不容易等到专机安然返渝的消息,却是大出意外,昨夜拟订名单中该接的人一个也没有来。

被这架飞机载运回来的,尽管也是必须抢运脱险的重要人物,但是,跟杜、戴所拟名单上的诸人面目全非。名单所列者毫无问题的全部陷敌,但是,陶希圣、李济深、颜惠庆等人一个个下落不明,音信杳然。

该接的没有接来，杜月笙绕室彷徨，夜不兴寐。

他一面想方法去打通一条通路，利用"人民行动委员会"的关系，将从重庆到香港，中间如贵阳、桂林、韶关、龙川、沙鱼涌、大埔，迢遥数千里的一条路上帮会首脑、绿林侠盗全部动员起来，安排一条通道，计划从虎口救出这批要人，以及姚夫人、杜维藩和杜门相关人员。

另一方面，他向戴笠建议，提供一个疯狂大胆，而且乍看起来断无可能的计划，透过他的驻沪私人代表徐采丞向日军上海特务机关堂而皇之地提出：陷落香港的许多朋友，都是杜月笙一再恳商拖出来的，如今因为香港起变，他们仓促之间来不及安全撤离，这帮朋友在香港面临日军搜捕、暴民劫掠，尤其断粮，三餐不继的威胁，可以说陷于绝境，去死不远。因此他宁死也不能对不起朋友，所以，日本人如果欣赏他讲这个义气的话，就帮杜月笙这个忙，他将派徐采丞包一艘轮船，从上海直驶香港，把这些朋友们接回上海，住进法租界，以使杜月笙能实践诺言，全始全终继续对这帮人有所照料。

戴笠知道日本方面有一批人对杜月笙的幻想一直没灭，而徐采丞和日本驻沪陆军部部长川本之流私交很好，若是杜月笙慷慨义烈的此一表示，经过徐采丞的穿针引线，运用日本统治当局的矛盾分歧，这个计划可能会通得过。因此，他说："我本人表示赞成。你叫采丞去办吧。"

"不过此事还得向重庆有关部门解释，我杜月笙此举实在是万不得已，一非投敌附和，二非把朋友们往火坑送，完全是为他们的性命安全着想！"杜月笙说。

戴笠哈哈大笑："此番他们一回上海，即去日本人还没染指的法租界，咋叫投敌附和呢？差之远哩。"

经过杜、戴两人分别向有关方面解释说明，1942年1月底，杜月笙便给徐采丞去了一封密电，授计与他，叫他火速进行。

经过徐采丞的巧妙运用，竭力奔走，杜月笙这个大胆的计划居然获得日本特务"梅"机关的暗中支持，逐步的付诸实现。这又是抗战史中的一个奇迹。

徐采丞包好了一艘轮船，驶往香港负责接运。

2月3日，他借到一架日本军机，由上海直飞香港，代表杜月笙安排滞港诸人启程。

这时,滞港诸人得到这个消息,奔走相告,口耳相传。在风声鹤唳、一夕数惊之中,他们原觉得滞留香港已成事实,出逃无望,只好准备束手待毙,谁知正在绝望之时杜月笙派船来接了。这个消息一出,个个顿觉绝处逢生,雀跃不已。

可是其中还有波折。在来港途中,日本军机发生故障。徐采丞被迫降落台北,3日后修理好,才续航南飞。在三天中,音信中断。在香港的诸人又是望眼欲穿,魂梦为劳,无缘无故多受了不少的罪。

2月6日,徐采丞专机抵达香港。

他随身带了不少的钱,亲自安排大家逃离香港。抵港后,他立即驱车分访诸人,给以紧急救济,并告诉说:"专轮准备于2月8日驶抵香港,请各人早日收拾行装,准备动身。"

两天后,轮船准备抵达香港,次日,诸人登船,几日后即到达上海。

经过这艘专轮救出人间地狱、海上危城香港的,计有颜惠庆、陈友仁、曾毓隽、李思浩、唐寿民、林康侯、刘放园、潘仰尧等一干耆宿名流,还有杜门亲友、苏州同乡,人数多达300人。其中,不少人平安抵达上海法租界后,继续接受杜月笙的资助。

家人走最后

很快,杜月笙由陆路营救出香港的人也平安抵达了重庆。

经他由香港、出深圳紧急抢救出来的,包括陶希圣、蒋伯诚、陈策、顾嘉棠、芮庆荣、杨克天、姚玉兰、杜维藩、胡叙五等人。

他们从香港沦陷以后便东逃西散,吃足苦头。陶希圣一家搬到了弥登道黄医生家后楼的一间房、蒋伯诚躲进了九龙饭店。一天,日本军队气势汹汹地前来搜查,把每个房间的宿客逐一喊出检查。临到蒋伯诚,日本人问他是干什么的?情急智生,蒋伯诚便指着他经常备有的大包,大声答道:

"我贩西药。"

杜维藩带着两个儿子在香港。徐采丞的专轮抵港时,他将两个儿子交由徐采丞带回了上海,自己不敢回上海。香港陷落那天,他还在交通银行办公。轮渡一断,他回不了九龙家中,先躲在花园台吕光家里,后与杨克天睡在告罗士打的走廊上。

军统要员王新衡是日军最大的目标之一。他没有顺利搭机离港,却得了阿伍的协助。阿伍有一个弟弟在香港政府管渔民,香港失陷后王新衡便化装渡海,躲避在永安保险公司做事的一位郭姓人家。他之后的行动和脱走,一直由香港渔民掩护。

杜夫人姚玉兰在最后一架飞机离开香港起飞前,得到闺中密友一个电话,告诉她说:"给你留了一个空位子,要走就快点来。"

姚玉兰一声苦笑,说:"我这边人多着呢,杜先生交代了我不少事情,譬如说陶希圣不曾脱险,我就不能走。"

日军占领了香港后,杜公馆依然是目标显著的地方,日本人随时可能下毒手,那些饥民暴徒说不定也动上杜公馆的脑筋,因此别人可以暂避,姚玉兰却不能离开。因为她一走,香港的杜门人物就无法联络。玉兰决心死守大本营。杨虎将军的夫人陈华自愿陪伴姚玉兰,慷慨地说:"我和你同生死共患难。"

姚玉兰感动得热泪沾襟,对陈华说:

"但愿你跟着我,死得不冤。"

幸亏有姚玉兰硬起头皮,死守杜公馆不走,东躲西藏的杜门中人才有了一个希望不浅的联络中心。

这时由于日军占领了香港,渝港之间消息中断。在港杜门众人只好设法自救,首先推派杜氏门徒陆增福去探去重庆的道路。陆增福拎着脑袋,历经千辛万苦,好不容易穿过危险地带,抵达广东惠阳后,安全了,立刻给在重庆的杜月笙发了一封长电。

杜月笙因忧急相并,心力交瘁,在病榻躺了多日,收到陆增福的电报,他一跃而起,欢声地说:

"路摸通了,火速叫他们准备动身。"

陆增福打过了头阵,第二批走的便是顾嘉棠与芮庆荣。

这两位杜门大将在江湖上名声响亮,而且不分文的武的都有一套。但是他们还是"摸"着走,一步一步为营,时时小心。结果,顾、芮果然顺利到达重庆。

消息传来,在香港的落难者大为振奋。他们开始集合成队,一一登程。姚玉兰决定和陈华两人同行。洪门头脑为两位夫人谋到了奇货可居的日本军民政部发给的"还乡证"。"还乡证"明文规定，三日之后不回香港，抓到了便要"军法从事"。因此，危险重重。

两位贵夫人化装为广东乡间女子，蓬头垢面，粗衣粗服，姚玉兰化名王陈氏，推说回一趟兴宁家乡，便急急离开了香港。

她们带了随从佣妇，在洪门弟兄暗中保护之下，通过关卡，很快便踏上广东省境，然后沿东江西上。一路上，两人吃了不少的苦头，也遇见形形色色的怪事，幸好平安无事，抵达桂林后，坐车西上。最后，终于在阴历大年初三那天抵达重庆。

杜月笙欢天喜地把姚玉兰迎到了自己居住的汪山。

为了纪念一生之中这次不平凡的旅程，姚玉兰穿上携来的乡间妇女衣服，再施原有的化妆，在汪山附近拣一处极与粤西途中相似的背景，拍了两张照片。

这次香港撤退，杜月笙先他人后家眷，这种大义做法让很多人称道，纷纷说："杜先生够朋友！"

第十一章　江湖多险滩

1. 胜利还乡, 弟子居然成对手

酒醉胜利夜

1945年8月5日,星期五,天气晴朗。

杜月笙正和戴笠在浙江西部的淳安。他和戴笠受蒋介石委托在东南一带运送棉纱,准备接应盟军登陆,配合国军反攻。

淳安是光复上海的指挥部。

这是他们进驻淳安的第27天,亦即离开重庆东来的第45日。将近午夜,已经就寝睡觉的人,突然被"劈劈啪啪"的鞭炮,夹着人语喧哗吵醒。睡梦中的杜月笙乍听见嘈杂声浪时,还吃了一惊,待到听到街头有人欢呼,才知道日本人投降了。

这是望眼欲穿的胜利来临。于是众人纷纷披衣起床,争相走告。杜月笙的一支人马全集中在他房间里,有人在笑,有人鼓掌,有人直说:"恭喜,恭喜!"但是也有人保持审慎态度,不敢轻易相信,他们之中有人说:

"戴先生呢? 要问过了他才可以确信啊。"

这时又有人说:

"戴先生碰巧不在淳安,依我看,还是等着明天天亮看《东南日报》吧!"

顾嘉棠声音洪亮,快人快语,他手舞足蹈,欣喜若狂,就怕有人迟迟不信,扫了他的兴,一拍大腿说:

"淳安人不是憨大,深更半夜哪会得瞎放鞭炮,欢呼胜利!就讲不是东洋萝卜头投降,至少也是前线打了大胜仗!喏,我早晓得有这一天,从重庆带来两瓶三星白兰地,我去拿出来,大家痛饮三杯!"

说罢,他起身入内取酒,酒拿来,他又郑重其事地向大家说:

"这两瓶酒是专为庆祝胜利喝的,要么就通通喝光,否则我不打开!"

大家正在兴高采烈,于是七嘴八舌地嚷喊:

"当然,当然,我们一定喝光!"

谁知顾嘉棠这一句话,其意不是众人,他一面开酒,一面眼睛望着杜月笙说:"月笙哥,侬哪能不喝点?"

这便有点强人之所难了。杜月笙不怎么会喝酒,也不喜欢,中年以后更是节制得很,而自从高、陶事件飞行高空得了气喘重症,他更是"性命要紧",滴酒不沾。如今抗日胜利,日本天皇宣告无条件投降,这是每个中国人人生欢乐的最高潮,一辈子最值得纪念的一刹那,顾嘉棠要他破一回例,开一次戒,杜月笙于是笑容可掬,兴致勃勃地说:"好,给我倒半杯!"

这一来,众人的兴致更高,欢呼雀跃,连声地喊:"干了!干了!"

喜讯、佳音、美酒、良辰,人人开怀,个个畅饮。两瓶酒喝光,又有人随时献出珍品宝藏……

杜月笙很久酒不沾唇,这胜利之夜的半杯酒竟喝得他头昏眼花很不舒服,直想睡觉,众人怕他体弱吃不消,劝他去睡,但他又勉力支持了一会儿,才由徐道生敲腿,服侍他沉沉入眠。以后他说:

"抗战胜利那天夜里,半杯白兰地,使我吃醉了,睡了很香很甜的一觉。"

近乡情怯?

当晚,戴笠和美国特工情报官员梅乐斯也急急返回淳安,随即,戴笠和杜月笙部下混合编组而成的忠义救国军已经从上海近郊纷纷向市区推进。

8月20日,戴笠和杜月笙关门密商了几个小时,最后,房间一开,杜月笙便兴冲冲地宣布:"上海方面,安全已无问题,从现在起,大家可以着手包雇船只,整理行装,以便早日登程。"

他这么一说,随行各人喜出望外,不觉拍手欢呼,雀跃起来。

23日,船雇好了,是一艘新下水的交通船,船名"健飞17号",拖船三艘,两大一小。杜月笙一行一直等到8月29日,先后获悉已经先行的弟子吴绍澍、陆京士都已分别安抵上海滩,才从淳安西庙后的河边启碇。杜月笙在淳安,一共住了46天,在胜利喜讯传来19日后。一行同行者共30人,除杜月笙一行,还有军统局人员8位和武装卫队,浩浩荡荡地向着上海出发了。

9月1日,杜月笙一行一路风光体面,热闹非凡地到达杭州。下午两点多钟过钱塘江大桥,大队船只正要过桥入杭,斜刺里钻出几个日本哨兵,叽里呱啦讲东洋话,拦住杜月笙等人的船只不许通过。

这一意外使杜月笙大为不悦。抗战胜利,刚刚踏上新光复的国土,便触霉头,撞上蛮不讲理的敌军,他脸色铁青,挥挥手,示意派人办交涉。

一会儿交涉办好了,日本军官亲自前来道歉,并且陪侍护送杜月笙一行通过警戒线,直抵南星第一码头,然后才作九十度的鞠躬而退。鬼子一走,杜月笙一行便舍舟登陆。

杜月笙原定杭州一宿,便赴上海,可是西子之滨,应酬太多,尤其是上海远道来迎的人,诸如徐采丞、朱文德等都已先行抵达,还有许多要紧事商谈。

徐采丞说:"上海人听说杜先生凯旋归来了,欣欣鼓舞,兴高采烈,许多徒子、徒孙如痴如狂,要举行盛大热烈的欢迎会。"

朱文德也告诉说:"各界友好商量筹备了好多天,上海人将万人空巷,齐集上海北站目睹一别八年的杜先生风采,并且他们还要在通衢大道,北站附近,搭起一座座的七彩牌楼,表示对杜先生的衷心爱戴和拥护。"

杜月笙一听就眉头紧皱,断然说:

"那怎么可以!我杜月笙不过区区一名老百姓,杜月笙回上海,大家要搭牌楼,那将来中央大员陆续地来,又如何欢迎去?"

为了表示自己心意坚决,他临时决定在杭州多留一天,改在9月3日动身才返回上海。大汉奸、伪浙江省主席丁默邨是杜月笙的好朋友。他先已接洽戴笠投效军统。当晚,他为杜月笙接风洗尘。杜月笙一行也不客气,全部人马投宿在西冷饭店,又吃又喝。

自从抵达淳安后,一直都是夏日艳阳大晴天,但在杭州却下了一场阵雨。9月3日,杜月笙一行人搭乘沪杭甬铁路专车,凯旋上海,偏偏又是个细雨纷纷的黄梅天。

杜月笙一上专车,就获得准确消息,吴绍澍当了上海副市长、三青团书记、连社会局局长一席都被他兼任,心中难免起阵阵阴霾。

吴绍澍自返上海,音讯全无,连极普通的问候函也不一见,他升拜要职,杜月笙事先也一无所知,上海前来迎接他的众人中也没一个和吴绍澍有关系的。其他人可能太忙疏忽了,但作为弟子,吴绍澍绝不该是这样呀!凡此种种使杜月笙在鼓轮疾进时,心惴惴然,而且越来越紧。

在车中,他显得神色不宁,心事重重。

回上海竟然没回家

不祥之感竟成为事实。

正当同车众人兴冲冲,喜洋洋,准备跟着杜先生接受上海滩盛况空前的热烈欢迎场面时,专车驶入了上海市。抵达梅陇镇时,专车忽然减速停车,随即上来两位通信报讯的人。他们不及寒暄,向杜月笙附耳密语。一听之下,杜月笙不由脸色大变。

同车随行诸人见状,顿时就犹如"分开八片头顶骨,浇下一盆冷水来",个个惊诧错愕,面面相觑。可到底发生了什么事,杜月笙却没有说。匆匆赶来报讯的人只是悄然落座,神情严肃。这更令人如丈二金刚摸不着头脑。

不久,车抵梵皇渡,便停下来了。众人随着杜月笙下车,整个迎接场面风雨凄凄,一片萧索。站台上有不少亲友迎接,但是强颜欢笑,显然掩遮不了面容沉重——这是怎么一回事?随行人员更是疑惑不解。

显然,在梵皇渡车站迎候的人很可能与梅陇上车的人一样事先晓得了什么秘密,否则的话,哪能这么凑巧?!

原定盛大热烈的欢迎场面一变而为冷冷清清。本来杜月笙不上北站就在梵皇渡下车,就令人迷惑不解了,接着更使人惊讶的是,杜月笙到了上海,竟不回家,不去华格臬路,也不上18层楼,更不到杜美路大厦,意外地说:"先到爱文义路顾嘉棠家住一晚。"

一切来得如此突然,一切又是这般诡秘。随行人员不敢多问,个个心中却是惴惴不安。杜月笙面色不好,进了顾家,便推说:"疲倦了,先到客房休息。"

他刚离开客厅,嗡嗡之声四起。众人惊问:"究竟出了什么事体?"

在上海的人于是详细一说,他们无不瞠目结舌,然而接下来便怒目切齿,破口大骂。

原来,由杜月笙及杜门中人一手提拔的吴绍澍当上上海副市长后,将八年抗战不曾回到上海的杜月笙列为第一个要打倒的对象。

杜月笙很想借在顾家清静一下,细细寻找问题的症结。但是,顾嘉棠进来说:"至亲好友,八年离别,都渴望一见杜先生。"

"站台不是没有人嘛?"

"你看,门前冠盖云集,已是人潮如涌。"

杜月笙便不得不打点精神,强扮笑脸,在顾公馆接待应酬前来拜访的人员。白天,有接收人员、各界友好登门拜访;夜晚,一些落过水的汉奸国贼自知罪无可逃,在走投无路时或者自己亲来,或派遣家眷代表,深夜求访,恳求杜先生为他们出主意,想办法。于是,顾家门前来人络绎不绝。

结果,杜月笙不仅没有思考的闲暇,反而弄得精神体力应付不来,只好叫几名得力弟子代为迎宾、送客。

杜月笙避而不见,电话一天到晚走马灯似的响个不停。他接起这个,刚放下,那个又响起。其实,此刻他最想见的,还是吴绍澍的名片,或者吴绍澍的电话。他想不出吴绍澍打击他的道理,便巴望由吴亲自来解释,略加说明。然而,自9月3日往后到4日、5日,吴绍澍始终不曾出现。

平生最最伤心悲切的一次大号啕

抗战胜利后,戴笠仆仆风尘,往返奔走于新光复的各大都市,指挥缉捕汉奸工作,紧张忙碌得不得了。

　　1946年3月初，军统局在北平设立特警部，举办特警班第7期，招收学员753人，戴笠自兼主任。北平班开训时，戴笠亲自到北平主持典礼，突然接到了军委会的命令：把军统局掌管的忠义救国军、别动军、中美训练班的教导营，以及交通巡察处所属的各交通巡察部队合并编为17个交通警察总队、一个直属大队，并且成立交通警察总局，各名上直隶交通部，实则由军统局督导，派往全国各交通路线，负责阻挠共产党军队袭击，维护交通安全。

　　这是一件繁杂艰巨的大事。戴笠当即发出指示，派吉章简为交通警察总局局长，马志超、徐志道为副局长。几支部队的人数多达6万多人，他做初步计划，即回重庆部署，3月17日便由北平起飞，先到上海，然后再转重庆。

　　戴笠坐的是航委会222号专机，随行的有军统局处长龚仙舫、专员金玉坡、翻译官马佩衡、译电员周在鸿、副官徐燊、卫士曹纪华、何启义。从上到下，都是杜公馆的常客，和杜月笙都很熟识，甚至非常要好。

　　戴笠的专机飞到青岛，降落休息。这时驾驶员接获气象报告，上海附近气候恶劣，能见度太差，无法飞往。戴笠听后眉头一皱，说是：

　　"我今天一定要到上海，我们还是先飞过去再讲。"

　　"戴老板"的话从来不曾有人驳回，他坚持起飞，青岛机场人员和驾驶员谁都不敢劝阻，只好让专机续往南航。到达上海上空时，果然无法降陆，只好折向南京，下午1点整，飞机穿云下降，不料驾驶员视界模糊，误触南京东郊板桥镇的岱山，机毁人亡。白戴笠以下，连同机员17人无一幸存。

　　戴笠的死讯传到上海，杜月笙左右的人大吃一惊，他们迅速决定："这个打击对杜先生来说，太大了，暂时瞒他一瞒。"

　　然而纸包不住火，接连三天，杜月笙发觉随从人员脸色仓皇，神情不定，便一再地追问："究竟是发生了什么事情？"

　　众人见他催问得紧，知道是瞒不过，经过一番商量后，推陆京士向杜月笙说出了戴笠坠机遇难的消息。

　　晴天一声霹雳，震得杜月笙如中雷电，呆若木鸡，他定定的坐着不动、不哭、不说话，连眼睛眨都没眨。他的神情把家中人都吓坏了，大家大声地喊他，轻轻地摇他，人多口杂，乱糟糟的一片喧哗。终于，杜月笙恍如大梦初醒，回过神来便放声大哭，直哭得热泪滂沱，咽不成声。

杜月笙时届59岁。这是他平生最最伤心悲切的一次大号啕。

哭过以后,杜月笙又剧烈地咳嗽起来。一时,他青筋直暴,泪与汗下,脸孔涨得发紫。家人和随从高声惊呼。接着,医生赶过来,进行熏烟、灌药,都不生效。不停地急喘与剧咳使得杜月笙死去活来,坐卧不得,沉重深切的悲哀,压倒了胜利以后饱受打击的杜月笙。

杜月笙生了这一场大病后,开始了日日咳、夜夜喘。

2. "操纵米价"风波

事出有因

抗战胜利后,上海物价逐步上涨,加上连年鏖战,粮食来源大大减少。1946年春季,上海米价扶摇直上,涨得500万1升,市民莫不叫苦连天。万墨林正在开米店。他的万昌米号规模之大,可称得上全上海滩第一。抗战八年,他因为有从事地上工作的功劳,又是杜门总管,牌头十足。吴开先当了上海市政府社会局长后,他还当选了上海市农会理事长兼上海市米业同业公会理事长。

为了解除上海粮荒,当局采取紧急措施,贷出一笔巨款,交给米业公会,要求上海米商设法分赴各地,大量采购食米。这一大事自然由米业公会理事长万墨林经手。

这偌大的生意,当然不能由他的万昌米号独做。万墨林便督促米商分赴四乡采购。物以稀为贵,乡下老百姓有米在手,却眼见物价飞涨,于是一起向米商们提出要求,买米不要钞票,采用物物交换制,并且指定交换物品限定"五洋",亦即棉纱、布匹、白糖、香烟和肥皂。

这样一来,米商们买不到米,只好先回上海采办"五洋"货品,然后运往乡下交换粮食。这一做法马上发生几个问题:一是耽搁时间,价格越来越涨;二是"五洋"本身在上海也是缺货,因为这些都是日常生活必需品,和食米同样是价高难求,行情一日数变。万墨林初次承担这么大的事情,因缺乏经验,处处手忙脚乱,再加上米商中不乏借机牟利,混水摸鱼者,米价、物价涨个不停。于是市民怨声沸腾,指责的声浪一起轰到了"万理事长"头上,说他作为米商,暗中纵容甚至操纵粮食涨价,从中牟利。

上海有个唱滑稽戏的筱快乐,针对米价不断上涨的现象,迎合上海市民愤懑不平的心理,每天在电台上直指其名,编了一套套的滑稽戏词,猛然抨击万墨林。这个节目由于发泄大众的苦闷,大受欢迎,风靡一时。筱快乐的谩骂还能推陈出新,大快人心,一时筱快乐之名大噪,滑稽戏盛况空前,登峰造极。骂够了之后,筱快乐干脆给万墨林取了个"米蛀虫"的绰号。

万墨林每天都要挨骂好几次。因为每日陪侍杜月笙,他晓得连"爷叔"都在韬光养晦,什么都不做声,因此也跟着忍气吞声,既不申辩也不答复。但是,万墨林在上海也有一帮好朋友,听到筱快乐如此大胆妄为,整日痛骂"墨林哥",哪里区区一名滑稽戏演员摆在心里,是可忍,孰不可忍?便使出打人、杀人如同家常便饭的脾性,先向筱快乐发出严重警告:

"侬敢再骂墨林哥,阿拉要请侬吃生活!"

筱快乐骂"米蛀虫"骂出了名,票房正在巅峰状态,加上获得广大市民的支持,于是对这般"白相人"的一些举动也就不看在眼里。"白相人"警告,就他而言,"来得正好",正好补充他骂"米蛀虫"的新材料。

筱快乐将他受到"吃生活警告"的消息在电台上一播布,马上得到广大听众的同情和支持,同时,也使他险些遭杀身之祸。万墨林的那些好友见他把警告都搬上电台,怒火攻心,当晚便有十几条大汉冲进筱快乐家里,从头门打起,一直打到后门为止,遇人便打,见物便砸。幸亏筱快乐人不在家,妻子受了伤,全部家私被捣毁得稀八烂。

筱家被捣毁,消息传得很快。杜月笙听说此事,知道这是万万不应该的。他知道万墨林绝没这个胆量派人去做筱快乐。但是,事情是因他而起,自然是惹火上身,推也推不脱。为了息事宁人,杜月笙只好命人前往筱快乐一家慰问,答应负责伤者的医药费,赔偿全部损失。

意外的结局

但是事情却没有就此了结。

淞沪警备司令兼上海警察局长宣铁吾是一位比较正派的人,关心民众疾苦。眼看米价飞涨,他便下令司令部以经营私运、垄断市场、操纵"米价高涨"的罪名发出拘票,要把万墨林捉进牢去。

这一下子就像惹翻了马蜂窝。杜门中人群情愤慨,纷纷起而打抱不平。

有的说:"杜先生自从1915年在法租界同孚路同孚里建立门户,三十多年来,不论是巡捕房、警察局、总司令部或司令部,向来只有杜公馆出面往外保人,从没听说杜公馆里有人被捉。"

也有人喊着说:"万墨林本人并未犯法,他经手的贷款都有账目可查,为啥抓他?"

还有人说:"俗话说'不看僧面看佛面','跑得了和尚跑不了庙'。万墨林真有案子,就该杜先生亲自把他送进官府。如今宣司令要捉杜公馆的人,尤其还是杜先生的近亲与总管,此例一开,岂不是坍尽先生的台?"

这时杜月笙犹在病榻,时咳时止,喉头咻咻有声。但是,他力排众议,要求万墨林自己前去淞沪警备司令部投案。他说:

"真金不怕火炼,宣司令是好官,他绝不会冤枉墨林。再说,此刻外面的空气对墨林不好,墨林要想申辩,实在太难,反不如趁此机会自动投案,是是非非,经过法律审判,正好求一个水落石出。"

万墨林一声苦笑说:"既然爷叔这么说了,我只好去了。"

他于是回家收拾随身携带各物,赴淞沪警备司令部自动投首。

杜月笙毅然责令万墨林自动投案入狱,不仅使上海滩500万市民骇然惊异,奔走相告,也使宣铁吾大出意外,开始对杜月笙刮目相看。

宣铁吾发下万墨林的逮捕令,对杜月笙是一大挑战。此时,以杜月笙在上海滩的势力,宣铁吾还无必胜的把握,然而,他没想到杜月笙会这么"落门落坎",捧他这上海治安首长的场,令万墨林自愿投案。

但是,万墨林被关后,上海米价还是继续攀高,市民对他的怨气迅速平息,筱快乐的热门广播节目自沸点急速下降。之后,不管他再如何冷嘲热讽,破口大骂"米蛀虫",也都没有用,米价还是一日比一日飞涨。

这说明米价飞涨,确实与万墨林无关。于是,万墨林被指控的罪名无实据,很快他便获得了释放。

事后,宣铁吾很感激杜月笙对自己的支持,特地送了一帧放大照片给杜月笙,亲笔题款,还盖了官章。杜月笙则把这帧照片配以镜框,放在杜公馆引人注目的地方。

杜、宣交好,使杜门弟子额手称庆,纷纷说:"杜先生又顺利结交了上海滩上的又一位实权人物,确实很意外!"

3. 当上全国纺联盟主

"三大亨"让步"最大亨"

经过一年多的养精蓄锐,休养生息,以杜月笙交游之广、声望之隆,上海滩依然还是少不了他。并且,恒社弟子多已成为有权有势的人物。杜月笙经过审慎考虑,多方试探,又有了东山再起、卷土重来的迹象。

在重庆时,杜月笙收了一名忠心耿耿、干劲十足的得意门生。他就是一向从事棉纺工业的袁国梁。抗战胜利还都后,袁国梁做面粉和棉纱,大来大往,气魄很大,面粉大王荣德生都开玩笑地对他说:

"我办工厂,就像吸海洛因,不过你也不错,可以算得上吃香烟的。"

1946年袁国梁在江苏省江阴投资福澄公司联营纺织厂,投下的股本很多,预定当年7月开工,公司成立规模很大,于是引起江阴三大亨中的两人黄善青、祝林等插足其间的雄心,袁国梁惟恐董事长一席落在他们之手,带领公司股东群起反对,结果双方闹得股东大会流产。袁国梁无可奈何,只好拖着同为福澄公司常务董事之一的王先青,到18层楼谒见杜月笙,打算请他出山担任福澄公司董事长,把事体摆平。

两人去见到杜月笙,但是他正发气喘,卧病在床。在床上,他听完了袁国梁的报告,为替学生子撑腰,没有思索一口答应,并且问袁国梁说:

"我做福澄的董事长,该入多少钱的股子呢?"

袁国梁喜不自胜,于是便答:

"先生加5000万元的股子好了,这笔钱由我替杜先生垫。"

杜月笙连忙摇摇手说：

"笑话，笑话。"

接着，他对室内的手下人吩咐说："喊徐懋棠来。"

徐懋棠的父亲原是汇丰银行的买办。上海人有句老话说："吃不穷，用不穷，汇丰买办最有钱。"因此，徐懋棠得了乃父徐荫很多钱。徐懋棠参加恒社甚早，战前就已担任杜月笙为董事长的中汇银行总经理，抗战八年他替杜月笙在中汇银行看家，胜利以后仍然担任旧职，但是添加了一项替杜月笙理财的工作。因此，杜月笙决定投资福澄公司，便命徐懋棠过来。

徐懋棠很快就赶过来了。杜月笙当场开了一张法币5000万元支票，交给袁国梁，由袁国梁写一张临时收据，手续便告完成。

袁国梁和王先青对福澄公司的事部署完毕后，又双双进拜杜月笙，请他确定一个召开股东大会的日期。杜月笙望望袁国梁，回答说：

"这个企业是你的，我们大家不过捧捧你的场，你自己要怎么做就怎么做，不能事事依靠我们啊。"

其实，杜月笙声明他投资福澄，答应担任董事长，完全是为了支持袁国梁。他挂名义当董事长，却不过问福澄的业务，就是好让袁国梁放心大胆办事。但是，袁国梁认为股东大会这样的事，还得请杜月笙决定，便继续请示。杜月笙面带微笑地向王先青说：

"先青，你来定个日期。"

王先青想了想，说道：

"下星期日如何？"

杜月笙点点头，于是说：

"好，就定下星期日，在丽都开会。"

股东大会召开时，江阴三大亨见福澄的股东们要推选杜月笙为董事长，自忖"亨"不过人家，知难而退，杜月笙于是顺利当选。

杜月笙从事纺织工业，始于抗战时期。一家颇具规模的沙市纱厂，自湖北沙市西迁重庆后，因为股东意见不合，内部发生纠纷，几乎关门。杜月笙便出资收购股权，将沙市纱厂接过来经营。后来，他又被聘请担任公营的中国纺织公司董事长。这次在担任福澄公司联营纺织厂董事长之后，杜月笙又发起创办了荣丰一厂、二厂，两厂拥有工人2026名；此外，他还是拥有777名工人的恒大纱厂以及远在西安的利秦纺织厂董事长。这样，杜月笙也算得上是纺织业巨子了。

敢与官商叫板

1946年秋，中华民国机器棉纺织工业同业公会联合会在上海举行第一次大会，从全国各地搭乘飞机出席会议的代表多达100多人。

各地代表纷纷抵达上海时，杜月笙正值缠绵病榻，轻易不出大门一步。一日，忽有7位纺织业代表连袂来访。他勉力起床待客。

7位客访之中有6区公会的秘书长奚玉书，"棉纱大王"、无锡荣家纺织业的主持人荣尔仁，还有唐星海，恒社弟子袁国梁等人。

寒暄之后，这7位纺织代表表明来意。原来他们是代表中的代表。因为国内公营纱厂厂家很多，代表票数占多数，民营纺织代表业已获得消息，公营纱厂集中选票打算把"联合会理事长"这个重要职位夺取过来，由公营纱厂代表担任。

奚玉书、荣尔仁等向杜月笙反复陈词，公营纱厂是官办的，他们平时就已得到官府给予的若干便利，假若联合会理事长一席再被官方代表所获，民营厂商越加少了一个有力的发言地位。他们代表私营厂商代表恳请杜月笙出马，角逐联合会理事长一席。但是，杜月笙没有做声。

针对杜月笙的爱国心理，袁国梁以大义相劝说：

"纺织事业非特关系国计民生，对于国家民族也有很大的影响，试看日本人在民治维新以后之能够富强，便是由于他们纺织工业的发达。"

杜月笙何尝不晓得这些大道理，对于全国纺织公会联合会理事长一席，他其实也想坐坐。但是，经过上次的挫折，他还没恢复信心，自忖并无把握，于是不管7位代表怎么说，都是婉言推辞，说："我大病未愈，身体不好，就是选上了，也难以担当重任。"

7位代表费尽唇舌，大失所望，怏怏而去。

他们走后，杜月笙绕室彷徨，深思熟虑。他心知担任这一个全国性工业团体理事长地位的重要性,忍不住又怦然心动。在极短暂的时间里,他迅速地做了决定:不妨借此一次竞争,测度一下自己卷土重来的机会,是否已经到临?

他想到就办,立刻命人打电话到袁国梁家里,请他即来18层楼。

袁国梁奉召匆匆赶到,一坐下,杜月笙劈头第一句话便问:

"刚才你们各位来讲的那件事情,究竟是不是诚心的啊?"

"是诚心的。"袁国梁肃然回答,"不但诚心,而且很急。"

"怎么会很急的呢?"

"因为我们得到消息,公营纱厂不论大小,都由公家出飞机票钱。叫所有的代表务必出席,由此可知,公营纱厂对于理事长一席势在必得。"接下来,袁国梁又向杜月笙分析个中利害,"公营纱厂代表当了理事长,一定不会为民营厂商尽心出力,所以,民营厂商对这理事长一席,自是非争取到手不可。"

沉吟半晌,杜月笙决心冒险一试,对袁国梁说:

"这个理事长,我做不做倒是无所谓,就怕万一选不上,坍不起这个台。这么样吧,你去替我各方面摸摸情况看,早些给我回音。"

袁国梁应声而退,把杜先生有点活动意思的消息,通知几位核心人士,唐星海、荣尔仁等人听后喜出望外,立刻分头展开活动。民营厂商代表清一色态度坚决:除了投杜月笙的票外,其他人的票用钱买也一概不投!甚至还有不少人士自告奋勇,志愿代杜月笙去拉公营厂家代表的票子。民营厂商一致热烈拥护杜月笙,6区工会秘书长奚玉书,慷慨动容地说:

"西北方面的票子,我拉过来!"

经过多次密议筹商,民营代表决定两项策略,头一项是袁国梁设法劝驾,大会选举的那天一定请杜月笙到场;其次,推袁国梁择一个机会当着全国代表的面在大会上致词,强调联合会理事长不应由官方代表担任。

事情有了相当的眉目后,袁国梁再去报告杜月笙,简略地说:

"我四处摸过一遍,大约有六七分苗头。"

杜月笙的答复更简洁,只说了一个"好"字。

这时,杜月笙已细细分析了自己的优势,已是成竹在胸:第一,当局已有公营纺织事业逐渐开放民营的消息,公营厂家不久后还是要变成民营厂商,代表之中多是主持业务之人,很可能要为自己的将来转入民营厂主打算,其利害关系和民营厂商实趋于一致。第二，6区工会实力雄厚，民营代表和官营代表之间颇多私人情谊，可予充分利用。第三，凭杜月笙的私人交游和个人声望，应是担任全国纺织工业公会联合会理事长的最佳人选，因此，光靠"杜月笙"三个字，也能争取部分选票。

"不过代为奔走的各位代表一致要求，"袁国梁于是乘机提出说，"进行选举的那一天，无论如何要请杜先生到一到。"

"好。"

随后，袁国梁公开提出官方代表不宜出任理事长的主张，为杜月笙出场造势，先后开了两炮。一次是在永安公司七楼，6区纺织公会开会，奚玉书说："请袁国梁先生发言。"

袁国梁站起来便大声疾呼说：

"我有一件事情，要提请大家注意，中华民国机器棉纺织工业同业公会联合会，一向是民营厂商的公会组织，我们邀请公营厂家代表参加会议，他们应该投票选举民营厂商代表，才能符合体制与实际。公营厂家平时得到政府的助力很多，他们无法了解商家的困难，所以就需要而论，联合会理事长必须民营代表出来做！"

第二次则是在投票前二日，拥有7450名工人的申新九厂，上午招待全体代表参观，中午设宴欢叙。就餐时宴开十余桌，觥筹交错。宾主尽欢中，忽然杀出一个程咬金。袁国梁站起来，高声宣布：

"后天我们就要选举联合会理事长了，我特别提请大家注意，……"

他的大炮一响，官方代表相顾失色，民营代表团则会心微笑。袁国梁开始了攻心战术，口口声声强调自己说过的观点：官方代表是被邀参加大会，万一真有官方代表当选理事长，民营代表肯定不肯善罢甘休，说不定会闹出法律纠纷。

这两大炮的造势引起大会代表们的巨大反响。

选举之日，全国纺织公会联合会的会场设在上海市商会，袁国梁先到杜公馆接杜月笙。杜月笙一下车，就立即被等候迎接的众人簇拥到会客室里坐下休息。这时不知有多少人在会场左右，欢呼雀跃，高声嚷叫：

"杜先生来了！杜先生来了！"

大病初愈的杜月笙来了,引起一股股兴奋高潮,一百余名来自全国各地的纺织业代表纷纷起身,排着队进会客室和杜月笙握手寒暄。杜月笙像老朋友一样接见他们,面露笑容,说着关切慰问的话,寥寥几句也使不少代表顿觉兴奋,觉得脸上增光。这个会前接见的安排,对选举有奇功。大会选举时,杜月笙果真以最高票数当选理事长。

这一次全国性人民团体的选举,对于杜月笙来说,确实相当的重要,全国纺织业代表对他的忠诚拥护,使他的信心得到了恢复。他又开始步步为营地向大社会进军。

4. 盛名之下无虚士

只捞一把名声

随着各项秩序的逐渐恢复,上海的民主进程也开始推进。

其实,早在1945年胜利返沪后,上海市临时参议会就应声成立了,徐寄庼担任临参会议长的宝座。杜月笙虽然也是临时参议员,但平时绝少出席这个临时参议会的会议。

徐寄庼领导的临参会虽然与上海市政府通力合作,解决了一些问题,但如遇有重大事件仍难发挥大的作用,于是,上海市长钱大钧深感上海市参议会有必要提前成立,在上海临参会成立两个月后,他就交代市政府民政处长张晓崧一项重要任务,筹划上海市实施地方自治。

1945年12月,张晓崧先将上海全市划分为31个行政区,成立31个区公所。杜月笙早有警觉,暗中做了严密部署,在上海滩举行投票选举时,杜月笙的势力便大得惊人,31个区的区长当选人揭晓,明眼人一望便知,杜系人物不但位居要津,而且在名单中占了大多数。

上海搞地方自治,杜月笙第一步便抢占了制高点,以后凡事就好办了。

上海实施地方自治的第二步是选举、成立上海市第一届参议会,首先是选举市参议员。候选人由各区域及农、工、商、教、律师、会计师、新闻记者等团体产生。杜月笙经过考虑，决定列名商界，结果以最高票数获选，杜系人物如万墨林等也榜上有名，并且人数不少。这样，杜月笙在市参议会中都有亲信心腹相随。第二步的第一着棋，他又赢了先机。

可是，上海市参议会的成立却延迟了很久。

市参议员在1946年3月就已选出，组建了筹备参议会的办事处，由上海市政府指派民政处副处长项昌权担任主任，而参议员的当选证书直到10月才由国民政府内政部颁发。这时，副市长、社会局长吴绍澍已垮台，上海市长也由钱大钧换成了吴国桢。吴国桢是有名的亲美派，崇尚西方式民主，因此一上任便要求有关方面尽快成立市参议会。

然而，成立参议会，面临的第一个问题就是确定谁去当第一任议长。这时，杜系人物已能掌握选举局势，拥有过半数票，大家认为杜月笙当选是水到渠成的事。但是，杜月笙还有所顾忌，因为吴绍澍还有相当势力，虽不至于影响选举大局，然而难免会发难。因此去触霉头，是杜月笙很忌讳的。

因为他重振声威，这时可谓如日中天，光全国性的重要团体，他已经到手了3个，如全国轮船业公司理事长；全国棉纺织业公会理事长和中国红十字会总会副会长，其余地方性团体与国家行局主持人或董监事，更是多得不可胜计。"日中则昃，盛极必衰"，杜月笙是深切懂得其中道理的。至于上海市议会议长一席，他思考再三，心中有了最后决定：先行当选，然后以年老体衰多病为词，向大会提出辞职，再挑别人。

为了市参议会议长选举，恒社子弟劝进者有之，奔走拉票者有之，联络活动者亦有之。当杜月笙暗地宣布他的决定后，他手下那些拉票和联络的更加格外起劲了，说因为杜先生既已决心当选后让贤，那么，颜面关系，最好180位市参议员的票全部都投给他，让他"光荣全票获选"。

好玩的选举

上海市参议会议长人选，经过各方面的协调，决定推举潘公展。潘公展是国民政府定都南京后第一任上海社会局长——当时叫做"农工商局"。杜月笙被推举为上海申报董事长，潘公展曾以申报社长职务负申报实际责任。副议长一席,则仍由杜月笙推荐的前任临参会议长徐寄庼担任。

1946年12月,一个漫天飞絮的大雪天,北风怒号,气候严寒,上海市参议会借杜月笙所创办的正始中学大礼堂,举行成立大会。由于民社、青年两党获选议员16人暂拒出席,当日实到参议员180人。

当杜月笙身穿狐裘,步履轻缓的走进会场时,市长吴国桢趋前迎接。人群中爆出嗡嗡议论,随即响起阵阵掌声。

先举行当选市议员宣誓就职典礼。杜月笙座位的正后方,便是万墨林。宣誓过后,吴国桢报告筹备成立市参议会经过,紧接着便是进行戏剧化的正、副议长选举。

开票了,在场各人都以为唱票员会把"杜月笙"的名字一路唱到底,不曾料到,一开头便是接连的"空白!空白!"之声,于是人人相顾惊愕,杜系人物更是焦躁万分。大家立即明白了:这一定又是吴绍澍存心捣蛋,要给杜月笙颜色看,空白即是表示无声的抗议。幸好,接下来便有"杜月笙"三字之声,随后便不绝如耳。计票结果是,发票180张,约有40余张空白票,杜月笙以高票当选议长。

吴国桢于是宣布杜月笙当选。

他话音才落,杜月笙在掌声中起立发言。他没看事先预备的讲稿,也没去放谈高论,讲得很简单,只是反复说明他健康情形欠佳,行政经验不够充分,因此要求大会准他辞职,同时另选贤能。

因为这是老早安排好了的一出有声有色连台好戏。杜月笙致辞完毕,马上叫他的表弟参议员朱文德站起来,代他取出预先拟就的辞职呈文,送给吴国桢,请吴国桢当众宣读。180位市参议员鉴于"杜先生态度谦冲自抑,辞意坚决恳协"无人反对,全场顺利通过接受杜月笙辞职的要求。

于是,选举再次开始。

有关人员再发一次票,再投,再选,潘公展、徐寄庼以上海市正、副议长当选。

官多不压身

当选中国第一任全国棉纺织业公会理事长,算是杜月笙一年不鸣,一鸣惊人的优异表现,有此一幕,上海工商界人都晓得杜月笙有意复出了,于是劝进拥戴者之流络绎于途,杜月笙乃以"绍兴师爷"骆清华为智囊,恒社一干子弟为中坚, 展开他凌厉无比的发展攻势, 对于上海官府以外的一应公私机构的任职,来者不拒,照单全收。在短短一两年间,他所拥有的煌煌头衔多到令人叹为观止的程度。

杜月笙最盛时期的显赫职衔有:

一、公职

行宪国民大会代表(曾当选主席团)

上海市参议员(当选第一任议长,旋即辞让)

上海市商会常务监察(徐寄庼任会长,骆清华、王先青任常务理事)

中国红十字总会副会长(自抗战前担任以迄当时)

上海市地方协会会长

上海南区救火联合会理事长

上海市工业会筹备主任

上海慈善团体联合会会长

浦东同乡会常务理事

二、教育

正始中学创办人

中华职业教育社董事

复旦大学校董

上海法学院校董

三、文化

申报董事长(由潘公展任社长)

商报董事长(由骆清华任社长)

新闻报常务董事

中央日报常务董事

世界书局代董事长

大东书局主席董事

东方经济研究所理事长(设有经济通讯社、图书馆、东方书店、印刷所等单

位)

中华书局董事

四、金融

上海市银行公会理事

中国银行董事

交通银行董事

中国通商银行董事长兼总经理

中汇银行董事长

浦东银行董事长

国信银行董事长

亚东银行董事长

五、交通

全国轮船业公会理事长

上海市轮船公会理事长

招商局理事

民生实业公司董事

上海市轮渡公司董事长

大达轮船公司董事长

大通轮船公司董事长

裕中轮船公司董事长

复兴轮船公司董事长

六、纺织

全国棉纺织业公会理事长

荣丰纱厂董事长(总经理是章荣初)

大丰纱厂董事长

恒大纱厂董事长

抄市纱厂董事长

中国纺织公司董事长

华丰织布厂董事长

利秦纺织公司董事长

西北毛纺织厂董事长

七、面粉

全国面粉业公会理事长

第四区面粉业公会理事长

华丰面粉厂董事长

八、造纸

华丰造纸厂董事长

畏丰造纸厂董事长

云丰造纸厂董事

九、渔业

上海鱼市场理事长（总经理唐承宗）

中华水产公司副主任委员

洽茂冷气公司董事长

十、证券

上海证券交易所理事长

十一、贸易

中华贸易公司董事长（在上海复业）

通济贸易公司董事长（在上海复业）

扬子贸易公司董事长

嘉陵贸易公司董事长

十二、公用事业

华商电气公司董事长兼总经理

十三、国货工业

大中华橡胶厂董事长

新华玻璃厂董事长

永兴化学工业社董事长

亚浦耳电气厂常务董事

南洋兄弟烟草公司董事

香港中国国货公司董事

十四、茶业

中国茶业公司董事长

十五、水果

上海水果业公会理事长（因为杜月笙是水果行学徒出身，上海水果业者引以为荣，一致拥戴他当公会理事长，杜月笙欣然接受）

以上列举杜月笙的职衔共70个，其中计董事长34，理事长10，常务董事3，董事9，会长2，副会长1，校董2，常务理事1，理事2，代表，参议员，常务监察，筹备主任，创办人，副主任委员各1。全部职衔都印在名片上，即使字体缩小7号，也得比普遍名片加大4倍才印得下。杜月笙如此多的职务，真可谓官多不压身。然而，像他这样涉足如此多的行业的人，在全中国又有几人呢？

5. 迟来的艳福

不愿过的花甲大庆

1947年8月30日，就是杜月笙花甲大庆了。在此以前，他喘疾时发时好，住在18层楼里，轻易不出大门，而且国共内战正酣，处处狼烟，又有两广和四川、苏北等地发生严重水灾。杜月笙不想大肆铺张，遭人非议，因此对于建议做寿者一概摇头拒绝，逼不过的时候，他会气喘吁吁地说：

"算了吧，现在我还有什么心情做寿呢？"

但是朋友、徒子、徒孙们都坚持说这次花甲大庆非做不可，因为杜月笙50大寿时恰值八一三抗战爆发，当时有不少要为他祝寿，他曾拒绝说：

"国难当头，哪里来做寿的兴致？要做，等打胜了东洋人，再来做60岁！"

所以，据此有人说："你杜先生言话一句，这做60岁寿的事体，当然也不能例外！"

各方好友加上徒子、徒孙们和恒社门生，不由分说地组织了一个"庆祝杜公60岁寿诞筹备委员会",推举23人为筹备委员,展开了准备工作。因此,杜月笙不做寿也不行了,只好任由他们去办了。

8月29日,杜月笙六十寿辰的头一天晚上,在顾嘉棠的家里,由杜月笙的各方好友联合设宴为他暖寿。人数经过严格甄选,精选了又精,但还是有两百多位。多年老友如黄金荣、杨虎、王晓籁、章士钊、钱新之、徐寄庼、范绍增,刘航琛等,党、政、军界友好如洪兰友、郑介民、潘公展、萧同兹、程沧波、陈方等络绎来临,场面热烈而又轻松。遗憾的是,这一晚,寿星杜月笙因为喘病又发,无法到场。于是,暖寿筵会由国民党中央执委副秘书长洪兰友发表了一篇祝词,然后是上海市长参议长潘公展,代表杜月笙致词答谢,与宴佳宾一般举觞,遥祝卧病18层楼的杜月笙早日恢复健康。

8月30日,杜月笙花甲之期,泰兴路丽都花园舞厅为之歇业一天,宽广无比的正厅布置成花园锦簇的寿堂,红烛高烧,香烟缭绕;五彩缤纷、芬香扑鼻的各式花篮由礼堂外面沿着两旁墙角,一直摆到照壁,数不清有多少个。国民政府主席蒋介石早就题赠了一幅匾额派人送来,已用精美镜框高高地悬在正中,贺词文云:"嘉乐延年"。

左右两厢,则为中央各院部会首长题赠的寿联寿幛,两侧墙上是各地各界的祝颂寿屏挂得密密层层,琳琅满目。

杜公馆当日收到的礼品共800余件,全部摆在一长串茶几上公开陈列,其中有金盾、银鼎、玉石、器玩。在各项礼物中有三件特别珍贵,一是朱学范的邮务工会利用各种邮票剪贴而成的百寿图,妙手天成,活脱纸上;一是美一绣业公司以百余种毛线绣制的一幅杜月笙巨像,据说是该公司继杜鲁门、麦克阿瑟绣像后的第三幅作品;一是一幅人物国画,画中的八仙吕洞宾居然是杜月笙,送礼的诚可谓善颂善祷了。

杜月笙因喘疾不能到场答礼,便命长子杜维藩率领弟妹和弟妇妹夫,分立礼台左右,代他答谢来贺的嘉宾。除此以外,杜月笙又请杨虎、钱新之、徐寄庼、徐丞采担任总招待。

早上8点钟,第一批来贺寿的是上海警备司令兼警察局局长宣铁吾夫妇;紧接是来自上海市市长吴国桢;在上海稍有名望地位的无不登门道贺,从南京赶来的中央要人有吴铁城、吴鼎昌、王宠惠、宋子文、莫德惠、张道藩、董显光等;远在外地的孙科、白崇禧也派来了代表。一日之内到贺嘉宾达到5600余人,汽车司机赏钱开发了1500多人。

杜公馆借丽都花园做寿,开的是流水席,一桌坐满10位客人,随即上菜,菜肴全是素的,而且只有四盘:素鸡、素鱼、素鸭、素火腿,此外每客还奉以素面一盆。

抗战胜利以后,杜月笙除在顾嘉棠家住过一段短时期外,为了便于养病,一直住在姚玉兰这边。这时,他已是8儿3女的父亲,维藩、维垣、维屏、维新和维宁都结了婚,五对小夫妇,都在华格桌路住。因为18层楼比较紧凑,不像华格桌路老宅那边规模宏大,人口众多。杜月笙生病后,怕烦、怕吵、怕人来客往,川流不息,同时更怕跑上跑下。这边房子小,四面八方可以照顾得到,因此对杜月笙这种"大家庭之主"的病人比较适宜。

暖寿盛宴,寿堂祝贺,杜月笙一概不能亲自出席。

这使他觉得内心愧惭,不胜惆怅。这一次花甲称庆,老一辈的弟兄或者老成凋谢,或者龙钟老迈,多不能代他主持盛会,照料一切。在寿堂那边答礼的是他子女,负责办事的则为小一辈的子侄、徒孙。杜月笙一向重场面,好操心,尽管在病榻之上喘息吁吁,一直为寿堂方面牵心挂肚肠,惟恐怠慢了客人,因此,寿堂和18层楼两边的电话始终在响个不停。

过个花甲,居然有五六千位贵客道贺,杜月笙感到心满意足了。此时此刻,他回想当年一道冒险犯难、出生入死的那班老兄弟,更是感慨万千。黄老板黄金荣垂垂老矣,曹河泾黄家花园一孵便是8年,抗战胜利之后,他完全不问世事,一心养老。杜月笙胜利还乡时,他还到西站去迎接,杜月笙喊了一声"金荣哥",对这位老把兄简直是千言万语一时无从说起,老弟兄分道扬镳,离别太久,便仿佛是两个世界的人了。啸林哥"张大帅"的那一幢凶宅,早由他儿子张法尧卖给了沈联芳,这人杜月笙也熟。但是,他根本就没有踏进张家一步的勇气。

令杜月笙引为欣慰的,是孟小冬惠然南来。

最好的礼物

十天的堂会盛况空前。金廷荪担任寿庆总提调。他为此曾几次北上故都专程邀角儿。尽管北平的四大名旦之三,程砚秋、尚小云、荀慧生,都因为有事缠身,不能南来,其余大牌名角,如莜翠花、马富禄、张君秋、芙蓉草、刘斌昆、谭富英、韩金奎、李多奎、阎世善、李少春、马盛龙则是一概到齐,加上原在南方的梅兰芳、马连良、麒麟童、章遏云、裘盛戎、叶盛兰、叶盛长、姜妙香、杨宝森、马四立、盖三省、魏连芳等,阵营自是空前的强大。其中,最值得一说的是,姚玉兰一封私函,邀来了昔日好友、当今余派老生孟小冬。演员声势之浩大,在抗战胜利后全国各地的平剧演出中,没有第二个了。

北来名伶大都住在金廷荪的南阳桥老金公馆,名伶在上海的开销,在义演票房收入项下支付,角儿则一概不支酬劳。他们唱纯义务戏,所有售票收入一律移充全国各地赈灾之用,七天公开售票的义务戏演下来,杜月笙大概筹到100亿左右的巨款。这一笔数目,即使在物价日涨的1947年也是相当可观。

义演前后历时10天,杜月笙由于生病,一场女子戏也没看过。倒是不少北来名伶纷纷上18层楼探疾。杜月笙在病榻上向他们连声道歉,并且答应他们的要求,只要喘疾稍愈,精神体力许可,他一定抽时间跟大家聚聚。

在杜寿堂会演出中,最令人瞩目的一对名伶,首推余派嫡传孟小冬和在敌伪时期曾经蓄须拒演的伶王梅兰芳。

这是两位举国无出其右的名须生与名青衣。孟小冬破例粉墨登场,已使杜月笙面上飞金,光采万丈;而梅兰芳在10日之内连唱8出大轴,仅只回避了与孟小冬同台的两场,这更是非比寻常。

因为,伶王梅兰芳和冬皇孟小冬,曾是一对恩爱夫妻。

值得一说的是孟小冬。她生于上海,祖籍山东,出身于一个梨园世家。祖父孟七出身徽班,父亲、伯、叔都是京剧演员,在这样的家庭氛围下,她从小就走上了从艺的道路,12岁在无锡首次登台,14岁就在上海乾坤大剧场和共舞台先后与张少泉、粉菊花、露兰春、姚玉兰同台演出。其中,她与姚玉兰情同姐妹,十分亲热,两人一度不分彼此,几乎形迹不离。但是,1925年,孟小冬离开上海,北上北京,在三庆园演出了。

这时北京正值平剧鼎盛之时,余叔岩、杨小楼、陈德霖、荀慧生合组"双胜班",和赴日演唱载誉归来的伶王梅兰芳打对台,斜刺里杀出南边来的小姑娘孟小冬,居然在两大戏王之间脱颖而出,使北平戏坛由双雄对峙一变而为鼎足而三。孟小冬天才横溢,使梅兰芳不禁刮目以看,由仰慕而生情愫,双方心仪,最后惺惺相惜,于是"冬皇"嫁于"伶王"。

孟小冬红遍北平时,拜倒石榴裙下的少年郎不知有多少。其中有一位京兆尹王达的儿子王维琛,单恋她到了发狂的程度。他听说孟小冬嫁给了梅兰芳,衣袖里藏了一支手枪,找到梅兰芳家里,扬言梅夺了他的"未婚妻",要找梅兰芳算账,一会儿要取人性命,一会儿要索赔10万大洋。梅兰芳恰在午睡,北平报界工作、绰号"夜壶张三"张汉举在梅家,便出面周旋。在他讨价还价时,梅兰芳一觉睡醒,贸然闯了进来,"仇人"照面,惊坏了张汉举,当下向他抛眼色说:

"这位王先生,是来跟你借5万块钱的。"

梅兰芳一眼看见王维琛脸色不对,以及他手上的那柄短枪,大吃一惊,匆匆地说了声:"我打电话去。"便一个转身从侧门溜走。

他立刻打电话求援,于是,首都警察厅以及北平军、宪、警单位派了大队人马,把梅兰芳的四合院围得水泄不通。

王维琛听到梅兰芳一句"我打电话去",已警觉大事不好,但他只是一个二十多岁的朝阳大学法科学生,养尊处优,任性惯了的大少爷,缺乏应变的能力,仍然僵着不走。等到大批军警赶到,他才想起利用张汉举当挡箭牌,一路开枪冲出去。屋外乱枪齐下,王维琛理性全失,把"夜壶张三"一枪击毙,自己也饮弹而亡。

闹出这一桩血案,梅兰芳为之吓伤,不久便携眷南下。因为有此一幕,孟小冬便被梅兰芳的发妻福芝芳抓住口实。福芝芳声称为梅郎安全着想,逼他和孟小冬分手。

孟小冬自幼傲比冰霜,这时又红遍南北,岂肯与福芝芳争一日之短长?而梅兰芳深爱孟小冬,不愿轻言分离,但又无法阻止发妻的吵吵闹闹,因此,深为苦恼,痛不欲生。他的至亲好友实在看不下去了,决定插身其间,帮梅兰芳做决定。

中国银行总理冯耿光是梅兰芳的后台靠山。梅兰芳一生对这位冯六爷可谓一言一行,无所不从。

在梅宅血案发生后不久,一次杜月笙的好朋友杨志雄偶然在冯家做客,亲耳听到冯耿光力排众议,要梅郎舍孟留福。

冯耿光的理由是什么呢？很简单，他分析孟小冬和福芝芳的性格，说孟为人心高气傲，需要"人服侍"；而福随和大方，她可以"服侍人"。以"人服侍"与"服侍人"相比，为梅郎的一生幸福计，就不妨舍孟而留福。他这个说法把那些拥孟论者列举的优点，什么梨园世家、前程似锦、珠联璧合，伶界佳话全都压了下去，在座的便不再赞一词说什么了。

就凭冯六爷对梅兰芳的影响力，一件关系三方终生幸福的婚姻大事，自此轻而易举地得到解决。孟小冬被迫与梅兰芳离异，黯然分手，这使梅、孟戏迷为之大掬了一把同情之泪。而这段失败感情对孟小冬打击沉重，以后每日参禅修佛食素。

因为这桩旧情事，在杜月笙六十诞辰盛大公演之期前后，上海的小报、杂志抓住孟小冬、梅兰芳同期演出这条花边新闻，谓孟、梅旧情复炽：早几年梅兰芳留须不唱，福芝芳为破除寂寞，寄情赌博，早已将梅兰芳的生平积蓄输得一干二净，因为怕丈夫知道，眠食难安，于是得了神经衰弱重症，梅兰芳正想驱之为快，如今心上人南来，破镜重圆便在眼前……全上海舆论几乎一致为孟、梅复合而大声疾呼，摇旗呐喊。

事实上，事情并非如小报和杂志所传说的那样。

这次孟小冬一到上海，姚玉兰立刻将她迎到了自己居住的18层楼。

杜月笙和孟小冬已有整整10年不曾见面，见到她时，对孟小冬的苦心学艺，获得辉煌的成就，爱重之余，尤有不胜饮敬之感。

在余叔岩病笃的时候，孟小冬曾亲侍汤药，衣不解带达一月有余。因此"看护"病人，早就有经验，细心体贴比姚玉兰更高一层。在18层楼与杜月笙、姚玉兰同住时，她自然而然兼代起姚玉兰对杜月笙的侍疾之责。

杜月笙在伶界以乐于捧角而出名。凡是到过上海的伶人，不曾受过杜月笙帮忙的很少。孟小冬也曾多次接受杜月笙的钱财，在这侍疾之中，与杜月笙因互相感激而陷于爱恋。姚玉兰心胸豁达，见杜月笙已是抱病延年，也乐得让他们尽情享受了。

但是，蒙在鼓里的好事的小报、杂志仍然不遗余力地撮合孟梅之合，这使得梅兰芳百口莫辩，福芝芳心惊胆战，姚玉兰心怀惴惴，杜月笙则有说不出来的滋味。孟小冬倒能处之泰然，对所有报章杂志刊载与她有关的文字，一概视若无睹。

然而,"梅孟重圆"的谣诼越传越盛,呼声甚嚣尘上,越是八字没一撇的无稽之谈,越是有人言之凿凿,煞有介事。这终于使卷入漩涡的梅兰芳、福芝芳夫妇,和杜月笙、孟小冬一对恋人,全感到心中不是滋味。于是,孟小冬便提出回北平料理诸事,杜月笙虽说万分难舍,知她用心良苦,也就不忍心拒绝,答应了。

果然,孟小冬突然返回北平,外间的种种谣传,一下子便静止下来。

风止尘定,波涛不兴。在上海的杜月笙虽然略微心宽,但是萦念伊人,心境渐渐变坏。这时,华北战云日急,共产党连取要地,北平岌岌可危,眼看将成围城,杜月笙真是急得睡不好吃不香,心忧如焚,于是函电交驰,又派专使,好不容易租到一架飞机接出孟小冬。

孟小冬抵沪时,杜月笙拖病躯,亲自到机场接人。之后,杜月笙欢天喜地,待孟小冬犹如捧住了一只凤凰。孟小冬也有感于他恩情之重,从此对他死心踏地,四门不出,像服侍师父余叔岩那样,尽心专侍杜月笙。后来有人说:"杜先生六十大寿时收礼不计其数,但孟小冬才是最好的礼物。"

6. 不愿儿女们走自己的老路

忙忙碌碌又一春

1947年底,杜月笙的抱病之躯,在姚玉兰、孟小冬通力合作和悉心照料之下,已有好转的迹象,精神和体力都渐渐恢复正常。因为卧榻太久,杜月笙觉得许多事体都不知道了,所以不时下18层楼,到各处走走。转眼间到了1948年元旦,一大清早,他驱车到市商会,参加元旦团拜。

在团拜席上,杜月笙遇见了上海市警察局长俞叔平。

一见面,俞叔平提起上海全市警察在元旦之日的大检阅,说:"早就发过请帖,邀杜先生莅临指导,现在大检阅即将开始,杜先生和我一道前往观操吧。"

杜月笙一时高兴,便答应与大家同去。

警察大检阅在福熙路浦东同乡会门前。杜月笙一行抵达后,全部被邀上临时布置的阅兵台。一行人往阅兵台上一站,看过分列式齐步前进后,还有各种表演,时值严寒,朔风扑面,杜月笙起先倒还顶得住,但是足足站了一个多钟头,便感到十分不适,碍于节目还没结束,不便中途告退,于是咬紧牙关硬撑,好不容易支撑到大检阅结束,才匆匆告辞,赶紧回18层楼。

回家后,杜月笙往床上一倒,就此发了高烧,请医生来诊视,说是感染风寒得了恶性感冒。这一场大病,又使杜月笙缠绵床第一个多月。

等这次恶性感冒痊愈,早已过了阴历年。

阳春三月,行宪第一届国民大会将在南京召开,大会要选举行宪后第一任大总统和副总统。3月29日大会开幕之日,杜月笙才匆匆赶到南京,报到出席。

这一次,他在南京住了整整一个月,下榻在洪兰友的公寓。其间长子杜维藩夫妇曾专程自上海前来探视老父,杜月笙非常高兴。他利用开会闲暇,带儿子、媳妇往游南京近郊的风景名胜。这便是他一生中最后一次的南京游了。

国民大会期间,由于副总统选举一连经过4次投票,才由李宗仁当选,所以会期一延再延,直到5月1日才宣告闭幕。当天杜月笙回到上海。

到了上海,杜月笙便马不停蹄在国际饭店开会,为5月5日在上海开幕的第七届全国运动会筹募。在他的号召之下,筹募到一笔巨额经费。

以后,只要健康情形许可,杜月笙每一个星期必定要到国际饭店去一次。因为他在上海发号施令的大本营、根据地——上海地方协会,经他硬性规定,一星期在国际饭店开一次会,议定一周大事,所以这一会议对于杜月笙可以说是相当的重要。尽管上海地方协会的事情,他关照常务委员王新衡、秘书长徐采丞多负一点责任,但他本人还是尽量多去亲力亲为一些事情。

忙忙碌碌,又成为杜月笙的生活。

"守法第一人"?

1948年8月19日,南京政府颁布"财政经济紧急处分令"发行金圆券,规定金圆券1元合"法币"300万元,金圆券4元合美金1元。8月21日,南京政府为加强经济管制,特在各重要地区设置经济管制监导员,特派俞鸿钧负责督导上海,张历生督导天津;宋子文督导广州,同时令电各省市政府。不久,鉴于上海的情况改由蒋介石之子蒋经国亲自挂帅督办。

根据"经济紧急处分办法"的规定，自1948年8月20日起"法币"停止发行，民间持有之一切"法币"、外币及金银，一律需在限期以内兑换金圆券。这时正值举国物价飞涨，民生维艰，蒋介石政权在人民的攻势之下到了命脉如丝的生死存亡关头，"经济紧急处分令"就是蒋介石颁发的一贴试图要起死回生、振疲起衰的猛剂，所以他下了大决心要把这场运动作为一场战争来做。

结果，蒋介石的明令一见报，立即引起各界震动。杜月笙得到这个消息的时候正卧病在床，但他反应很快，也很坚决，立即命人打电话叫大儿子杜维藩过来。

杜维藩进门后，杜月笙喘着气，从枕头底下摸出两把钥匙交给他，交代说："华格臬路楼下，那只保险箱里还有一些银洋钱，你统统取出来，送到银行，按照政府的规定，把他们全部兑换金圆券。"

杜维藩问："是在舅公住的房间里？"

杜维藩所说的舅公住的房间，就是指曾经显赫一时、常年冠盖云集、门庭如市的那幢华格臬路老宅。抗战胜利后，它被改成了宁波西路，门牌号码编为216，由于杜月笙一直不曾搬回去住过，再加上隔壁头张啸林家一度"流血五步，横尸两人"，于是被人视为凶宅，门巷冷落，车马转稀。抗战时期，杜公馆的人大部分都在后方，华格臬路老宅一度形成真空状态，杜月笙便把他高桥乡下的那位老娘舅朱扬声请了出来，帮他看守老宅。朱扬声在楼下挑了一个房间，就此在华格臬路长住。他那个房间里有一只很大的保险箱，他就忠心耿耿的守牢在保险箱旁边。谁也不知道杜公馆那只大保险箱里到底装了多少金银财宝。

杜月笙点点头，又吩咐他一句：

"你先去开保险箱，然后叫全家人都到我这里来一趟，我有极重要的事情关照他们。"

杜维藩答应了，再在病榻之旁坐了一会儿，然后辞出。

他回到华格臬路，说要打开大保险箱，把里面存放的东西拿到银行去换金圆券。这个消息惊动了全家。大家都跑过来，都要来看看大保险箱究竟装有多少金银财宝？然而，杜维藩在众目睽睽之下把大保险箱打开，找了半天，大家都不禁呆了，大保险箱里只有372块银元。

随后,杜公馆上上下下的人,分批到18层楼去,听杜月笙的话。杜月笙交代说:

"你们有多少黄金、美钞、银洋钿,我不晓得,我也不问你们,但是我要提醒你们一声,这次中央颁布的是'财政经济紧急处分令',中央一定会雷厉风行。你们所有的金银、美钞,务必要遵照规定,在限期以内全部兑换金圆券,否则的话,我今日有言在先,不论哪个出了事情,我绝对不管。"

话虽这么说,家人之中,各人环境殊异,胆子大小不同,有人听了他的话,遵时照规定,把金钞都换了金圆券。但也有人悄悄地藏起来。同时,各人所做的生意、处理方式也迥异不同。因此,杜门也埋下了遭殃的祸根。

虚惊一场的"被打虎"

杜维藩在上海证券交易复业之初,便租下战后歇业的百乐门茶座。百乐门的厅房很大,杜维藩与其妻弟合伙把茶座略加装修,开设了一片维昌证券号,只做散户生意,当场喊价,当场交割,从没做过一个大户,营业方针是"稳扎稳打,聚沙成塔"。这表面上看起来没啥好处,其实是有赚无赔。

实行"财政经济紧急处分令"发行金圆券以后,南京政府三令五申"奉行法令,不得投机牟利",没过半月,南京方面发布轰动一时的财政部秘书陶启明等泄露重要机密、非法投机牟利巨案,监察院公布陶启明等在币制改革前夕,在上海抛出永安棉纱超过千万股,骤获不法利得达5亿元之巨。东窗事发,陶启明等罪有应得,锒铛入狱,此案还连累主持金圆券改革币制的财政部长王云五,一系列的官员受到监察院的纠举。

看到南京政府推行"财政经济紧急改革令",果然铁面无私,雷厉风行,再加上受到父亲的严厉警告,杜维藩夫妇遵照法令,把夫妇所有的金银、美钞全部兑换成金圆券,而且认为证券交易风浪太大,夫妇俩一商量,干脆把维昌证券号关掉,免得节外生枝,弄出事体来。

证券号子关掉,夫妇俩没事干,空闲起来了,禀明杜月笙趁此机会一起到北平旅游,以了却多年的凤愿。临行前夕,在一个应酬场合上,杜维藩见到了淞沪警备司令部稽查处处长陶一珊。陶一珊在杜维藩念高中一年级接受军训的

时候,当过他的大队长,一方面有师生之谊,另一方面又是世交,陶一珊听说杜维藩夫妇要到北平去,就自动建议说:

"我写两张名片给你们,介绍你们去见北平的警备司令和警察局长。"

杜维藩回答说:

"用不着麻烦陶先生了,我们到北平,玩几天就要回来的。"

但是,陶一珊还是提笔写好了两张名片,交给他说:

"你带在身上,必要的时候可以派上用场。"

杜维藩道声谢,收好了,当时全不在意,只道是陶一珊爱护关怀。孰料夫妇俩到了北平,一日早晨起来看报时,忽然惊见宏兴公司杜维屏涉嫌投机牟利已被上海市公安局宣布逮捕的消息。杜维藩大吃一惊,弟弟怎么啦?他这一惊惊出了一身冷汗,突然想起陶一珊突如其来给他两张名片,心想此举个中意味可能不是那么简单。

杜维屏所涉嫌的案件和陶启明案如出一辙。杜维屏的宏兴公司曾在币制改革前一天抛出永安纱厂空头股票8000股,数额与陶启明案相比,不值得比较。但就在他抛空8000股永安棉纱后翌日"财政经济紧急处分令"下达,改革币制初期股票停止交易,当恢复营业时他因此赚进了一大笔。上海经济督导员办公处经济检查队认为杜维屏有重大的违法嫌疑,于是通知市警察局加以逮捕审讯。

杜维屏是杜月笙的儿子,他的被捕马上震撼了上海滩,有人认为,紧急处分,打虎确实雷厉风行!连杜月笙的公子都被捉进宫去,仅此一点就足以使那些玩法、惏法者警戒,懂得煌煌法令不是轻松随便、等闲视之的。但是,也有人睁眼在看这场好戏如何续演。但是,街头巷尾窃窃私议的是:"这下要看杜先生将会作什么样的反应了。"

杜月笙知道蒋家王朝现在大难当头,命脉如丝,前途既黯淡而又危险,尤其币制改革在全力推行时一错,满盘输,牵一发足以动全身;并且在上海滩比他儿子大的老虎还多的是!他把这个大环境看得非常清楚。因此,事发之后,对杜维屏被捕事件一语不发只字不提,既不向任何方面求情,也不跟要好朋友诉苦,只是说:"国法之前,人人平等,维屏果若有罪,我不可能也不应该去救他。"

但是,杜家公子被抓,家里人不明内情,频频催促他设法为之开脱。这时,杜月笙反倒显得非常轻松，带着笑说：

"怕什么，我有8个儿，缺他一个，又有何妨？"

杜月笙对于儿子的关押并不着急，其实他掌握有更有后台的更大老虎，那就是蒋介石连襟孔祥熙的公子孔令伟和其下的扬子公司，他作案的数字更大更加惊人。蒋经国来上海气势汹汹，大有打虎之势，随即就碰了孔家公子的壁。杜月笙的公子被抓后，有人立即告发孔令伟及其属下的扬子公司违法数字更大，蒋经国一去查，当场逮住现行，只好大义灭亲，把孔家公子也抓了起来，这下就惹马蜂窝了，宋美龄连夜急电在北平指挥"剿共"作战的蒋介石，蒋介石立即赶回南京，把蒋经国叫去，大斥一顿。蒋经国只好打虎不了了之，随之声势浩大的金圆券改革也黄了。

孔家公子的扬子公司案不了了之，上海经济特种法院也不得不给杜月笙面子，杜维屏案子数度审讯的结果后，特种法院以"全无佐证"为由无法认定杜维屏在改革币制之前获得机密，从而"投机牟利"、"破坏金融"的"事实"，法官接受了杜维屏"纯出巧合"的辩说，宣告杜维屏无辜无罪，予以释放。但是，这样也无法对民众交代，于是法院又判定他所经营的宏兴公司有兼营"对敌"之事，给予宏兴公司吊销牌照和依章罚款的处分。

杜维屏虚惊一场便平安无事地被送回家。

杜维藩夫妇遨游北平，在上海却传出杜先生"大少爷逃跑，三少爷坐监牢"的消息。获知三弟维屏被捕，杜维藩夫妇闻讯心惊，还以为陶　珊特意写两份介绍名片，为他们如在北平被捉可以拿来挡挡事，免"进牢监，吃苦头"。但是，不久杜维屏被释放回家，才知道陶先生并非出于此意。在北平，他们发现北国风云日亟，共产党军队着着进逼，北平马上就要陷入重围，这时夫妇才恍然大悟，陶一珊写那两张片子，是担心北平围城，两人陷在城内逃不出来，才特意做出此一安排。

杜月笙对他的儿女寄予很大的希望，但是，他本人一辈子在江湖混世界，打天下的痛苦经验使他不愿任何一个子女走他的老路。尽管杜家钟鸣鼎食，富埒王侯，其排场之大很少有人能超过他，但他对人生的最后愿望，亦即他所寄托于他的儿女身上，就是做一个朴实无华、能在平凡中显出其不群的人。因此，他从不在自己子女面前讲述他得意的往事、赫赫的事功，相反的，他倒不时告诉他的子女们,他儿时的孤苦伶仃,茕独贫困,纵使他在赌桌上一掷万金了无吝惜,但是他在与家人同食的饭桌上,一只酱油碟子倒得过多了些,他也会小心翼翼地将一碟匀作两碟。

这就是闯荡江湖多年的杜月笙。但是,动荡的政治、腐败混乱的官场会不会给他一些新的反思,逆火走向蒋家王朝的反面呢?

7. 局势危急,仓皇出逃

恐怖的上海滩

1948年11月20日以后,保定解放,徐州易手,12月间徐蚌会战又起,江南局势越来越紧,风声鹤唳中到了1949年1月1日,国民党军张淦兵团在搭口布防,4日,国民政府南迁广州,国共战事已经接近长江北岸,渡江战争在即。从这个时候开始,麇集而来的难民由徐蚌而南京,由南京而上海,开始了逃难生涯。

1948年阴历年前,浦口战云密布,首都南京一夕数惊,于是,连南京的商卖百姓,升斗平民,也都争先恐后地挤进了逃难行列。而逃难的目标只有上海一隅。

因为有钱人可以乘飞机、轮船,逃赴香港或台湾,中等人可以沿沪杭南、浙赣、粤汉铁路逃到广州或西南,无钱的人则往上海逃难,至少上海要比南京安全,而且,"讨饭讨到上海也不怕"。于是,南京下关车站一片紊乱。车站外的大广场,难民风餐露宿,或坐或卧,也不晓得挤了若干万人,月台上,更是万头攒动,挥汗如雨,车站秩序完全破坏无遗,用不着买票、验票,火车站的司乘人员,面对着蠕蠕而动的人潮束手无策,难民们惟有从车站广场尽头起,一步步往月台挨,一步步往月台挤,好不容易等来一列火车,月台就近的人一拥而上,直到车顶、车衔头,甚至车厢下火车轮子两旁,都绑满了急于逃往上海的难民,火车不能按班次,不照时间地向东驶走。

就这么一车车的难民往上海送,数日之间,上海难民多达十数万人,有钱的住旅馆或者出黑市高价买机、车、船票,继续登上逃难的旅程。有亲戚朋友住在上海的立刻便去投奔,大多数人走不了,也无亲友可投的,在严冬季节不能困马路,睡水门汀,于是只好纷纷住进庙宇、祠堂、公庙、学校……转瞬之间,上海凡有屋顶的公众场合全部住满了人。可是,还有大批的难民,在源源不断地来。

难民涌到上海,开始还只是住处的恐慌,不久便演变成严重的衣食问题。上海市政府虽然可以眼睁睁望着他们冻饿而死,但是却怕这些难民濒临饥寒交迫的边缘铤而走险,十万以上的饥民出现上海街头,治安马上出现了问题。

他也难为无米之炊了

这时上海已是物价飞涨,币值一日数落,许多机关为了解决职工的生活,薪津一日一发,还得到处筹措,煞费张罗。时任上海市社会局长的吴开先,为救济难民问题四处奔走,几乎精疲力竭,却什么办法也没想出来。他只好前往拜访杜月笙。他告诉杜月笙难民问题空前严重说:

"不得了,上海已经变成一个大收容所,而各地难民还在不断地涌来,现在所有的公共场所全部住满人,再来的难民只有露宿。难民之来无法限制,今天是10万人,明日就会增加到11万,莫说市政府没有钱,即使有钱的话,也是无法造预算。我去请示吴市长,吴市长说他毫无办法,币值天天跌,物价时时高,他说市政府根本无能为力!"

杜月笙听后,双眉紧皱地说:

"这件事,的确伤脑筋。老实不客气说,我一生一世也不曾遇见这么棘手的问题。"

吴开先知道他说这些话并非推托,而是有所焦虑与感慨,于是接着请教:

"杜先生,你可有什么好办法?"

果然,杜月笙毅然挑上了这副重担,说:

"只有劝募铜钿。"

"但是,"吴开先实事求是地说,"救急容易救穷难啊。"

"开先兄,"杜月笙摇头苦笑地说,"我们只好做到哪里算哪里了。事实上想造预算也没法造,想筹的款又无处可筹,但是我们偏又不能见死不救,所以我们惟有做了再说,做一日和尚撞一日钟,明天的事,谁能保证?"

吴开先见他斜倚病榻之上,多说几句话,便就咻咻喘息,不胜感慨不已,心情矛盾之余,坐在一旁默默无言。

室中一片宁静,过了一会儿,杜月笙轻声地问道:

"时局究竟怎么样啊?"

吴开先一听,便知杜月笙这话有弦外之音,其实是在问国民政府究竟能支撑多久?照管这十多万人生活的重担,要挑到何时为止?吴开先觉得应该一如往常实话实说,也好给老朋友一个心理准备。

"当然希望能够支撑下去,"他语言黯然,"不过共产党目前已经渡江骚扰,上海保卫战可能打几次胜仗,但是……"

杜月笙一声苦笑,打断了吴开先的话:

"开先兄,不管这些了。从今天起,我们和那些难民一样,有饭吃饭,有粥吃粥,凡事都不必打什么长远算盘。你说对吗?"

吴开先点点头,又将话题拉回难民救济事宜上面来,再问一声杜月笙:

"杜先生,你答应帮忙了?"

杜月笙奋力欠身而起,断然答道:

"言话一句,我一定尽力。"

君子一言,驷马难追,杜月笙答应协助解决难民衣食问题以后,虽然殚精竭虑,悉力以赴,想去筹款、募粮,甚至发动上海市民捐献衣物棉被,但是,抱病在身的他,莫说出外奔走联络,即便躺在床上拨几只电话,也会累得汗出如雨,上气不接下气。结果,他所谓说话算话、救济难民的诺言也成为一句空话了。要捐无可捐,募无可募,青黄不接,神通广大的杜月笙也巧妇难为无米之炊了。

杜月笙第一次失言了。

不募捐就是投共?

大上海保卫战正在积极部署,因为共产党几十万军队即将包围上海市,守军急需构筑城防工事,于是由守上海的国军统帅淞沪警备总司令兼第三方面军总司令汤恩伯和上海市长吴国桢联合出面,请杜月笙再为家乡尽一次力,出面筹组上海市城防工事建筑委员会。他们的用意是借杜月笙的声望筹募款项，同时，还请他负责"筹款购料"，从拿钱到付款一手包办，让他也不白干，从中也赚点钱。

但是，杜月笙并不赞成城防工事募款。他说："募款目标高达两百亿金圆券之巨，上海的有铜钿朋友，能飞的飞了，能走的走了，剩下来的小市民眼见大局急转，共产党军队已经渡江，南京且告易手，而币值日贬、物值飞涨，大家都在生死关头，诚所谓泥菩萨过江自身难保，如何能够捐得出城防巨款？"

此是其一。其二，杜月笙对守城没信心，暗地里对人说："南京龙蟠虎踞，长江号称天堑，上海滩只不过一处芦花荡，南京和长江守不住，上海一片平阳连座城墙也没有，这个城防战竟是如何打法？"据此，他认为修城防意义不大。

另外，负责城防工事的官员利欲熏心，混水摸鱼，城防工事募捐还没开始，负责构筑城防工事的贪官污吏就已经开始动手了。这样外间谣言又起，逐渐剑指杜月笙，说他不配合，不热心，是另有异心，想投共。杜月笙听说了，着实吃了一惊，他认为时值乱世，投共的谣言造到他身上来了，弄不好就会起大风波，大祸临头，于是，18层楼寓所的两扇大门紧紧关着，除非国民党军政首要、至亲友好、心腹智囊、亲信学生，其他任何人，杜月笙都不接见。

尽管如此，杜月笙还是做了一些努力，但是募款效果并不好。他不得不勉强打起精神，想方设法去摊派捐款，力使筹募目标顺利完成，因为只有如此，他才能表明自己是跟国民政府的步调始终是一致的，具有领导民众协助国军保卫大上海的决心。他咬紧牙关这么做，这对他的病体和心理都形成沉重负担。

这样，杜月笙的表现终于使他可能投共的谣言总算不攻自破。

决定要走了

尽管如此，局势还是一日不如一日。1949年1月20日，蒋介石发表文告，决定身先引退，当日离京飞杭，转赴奉化溪口。同日，李宗仁宣布代总统职。全国各地同胞看到报纸，得知这一消息，无不有天崩地裂、五内如焚的感觉，人人都知道国民党的局势已到了不可收拾的地步。

从这一天起，杜月笙和心腹智囊开始紧急商量后事。几次会商后，大家分头做撤离上海的准备。但是,杜月笙接受前度谣诼的教训,和手下心腹表面上都装着若无其事,甚至徘徊观望的样子,以免引起怀疑,酿成意外。

对于自己的家人子女、心腹亲信,以及要好相关的朋友,杜月笙的原则是大家一道走。不过,各人的情况不同,要一道走也不是那么容易的事。在劝促大家早日离沪时,他在表面的方式上略有不同。

最亲近的、关系最密切的,杜月笙便直接下命令:

"行李收拾好,说声走,就动身。"

对稍微有点隔阂者,他用浅显俚俗的比喻一语破的,促成他们离沪的决心,语重心长地说:

"跟国民党走,好歹还有一碗稀饭吃;跟共产党嘛,只有吃米田共的份!"

"米田共"三个字加起来恰好是一个"粪"字。杜月笙这句反共粗语在杜氏亲友之间口耳相传,像黄金荣、金廷荪、顾嘉棠……家家都准备行装。

这时黄金荣82岁了,年老的他舍不得上海滩上庞大的产业,又怕自己风烛残年受不了旅途的劳顿,于是叫媳妇李志清领着长孙黄启予一家先去香港,再投台湾,幼子则伴他暂住上海。然而,他还是做了走的准备,拍了登记照片,在照片背面写好自己的姓名、年龄、籍贯、住址,要李志清到香港后替他申请台湾入境证,以备万一。

金廷荪、顾嘉棠、万墨林、朱文德……是杜月笙的亲信,惟杜马首是瞻,都决定举家离沪,随杜月笙共进退。

有一天,杜月笙跟王新衡一起闲谈时局。王新衡特地提醒杜月笙:"外间风风雨雨,谣言太多。别人可以不走,你杜先生是非走不可的。"

杜月笙听后,笑了,告诉王新衡说:

"你放心,我会走的。但是现在何必喊出来说我要走呢?谣言让他满天飞,落得共产党对我放心,免得临时节外生枝。"

又一次,王先青来拜望他。坐定了,杜月笙便皱着眉说:

"黄任之(炎培)来过三次了,邀我到一个秘密地点,跟周恩来碰一次头,我怕不妥,黄任之说绝不碍事.而且只是见一次面而已,并不讨论任何问题。"

王先青一听着起急来,双手直摇,神情严肃地说:

"杜先生,这件事万万不可!即使双方见了面不做任何商谈,但一见面就是铁的事实,共产党又不知道要造出多少谣言来了。"

杜月笙宽慰地一笑,慢吞吞地说:

"我跟京士也谈过,他们也是你这个说法。所以,我已经拒绝了。"

听到这里,王先青才恍然大悟,原来杜月笙是试探他,唯恐他意志有所动摇。

就这样,杜月笙和他的徒子徒孙们都准备离开上海滩外出逃难了。

杜月笙要离开上海,急于要办理的事情相当的多。第一,他要尽量调集现金,作为庞大家族长期逃难的生活准备;第二,他一手创办尽人皆知的中汇银行,人欠欠人很多,他希望账目能够结得清清楚楚,不至于因中汇银行的未了事宜留人口实和话柄。此时,杜月笙仿佛已有自知之明,在有生之年不可能再回上海,因此中汇银行可能就此结束,他希望它的结束漂漂亮亮地画上一个完美的句号。

中汇银行创办至今历时20余年。在抗战胜利前后,杜月笙一直自己做着总经理,由徐懋棠以副总经理的名义主持业务,可惜,徐懋棠的能力还是有限,一直没能把中汇做强做大,业务始终打不开。和中汇同年开张的新华银行,经过20年的发展, 分行遍布全国各地。而中汇银行只有爱多亚路总行和天津路分行。1947年,杜月笙曾下定决心,加强中汇银行的阵容,自己担任董事长,改由浦新雅出任总经理,徐懋棠、杜维藩副之,这样中汇银行才在南京中山东路24号开了第二家分行。但是,时隔两年,整个银行却走到了一个尽头。这让杜月笙多少有些遗憾。

杜月笙希望能在撤退以前结清欠人人欠的账目,可是,时局乱糟糟,他的这一项愿望始终没能达成。

仓皇南去

1949年4月,李宗仁的和平计划宣告全面失败,4月21日,解放军发动全面进攻,自安徽荻港横渡长江,23日李宗仁悄然飞往桂林,南京弃守;28日宜兴、吴兴、长兴国民党军相继撤离,解放军向上海四郊集中……

淞沪大战将起,杜月笙不能不动身了。

陆根记营造厂老板陆根泉和杜月笙是浦东同乡,又是交往多年、彼此不拘形迹的老朋友。1949年春,陆根泉为了便于跟杜月笙联系,也搬来18层楼,和他同住在一座公寓里,碰到杜月笙精神好时,也邀几个搭子,陪他打打牌消遣。一日,这位同乡老友一本正经来见杜月笙,坐定以后,劈头便说:

"杜先生,你该可以动身了。"

"嗯,"在陆根泉面前,杜月笙倒也无须隐瞒,决断地说,"我是在准备要走。"

陆根泉很高兴,便问:

"杜先生准备到哪里?台湾呢还是香港?"

"我很想去台湾,"杜月笙坦然地说,"只不过,那边天气比较热,比较潮湿,对我的气喘病,大不相宜。"

"那么,杜先生是决定到香港了?"

"大概是这样,"杜月笙点点头说,"问题是房子还没有找好。这一次,我不但拖家带眷,还有不少人要跟我去,住旅馆不是长远之计,找房子,尤其还要找一幢相当大的。"

"这个杜先生只管放心,"陆根泉一拍胸脯,慨然承允,"香港方面,做房地产的朋友,我认得不少,杜先生所需要的房子,由我负责去找。"

结果,他信电往还,用不了几天,便来报讯说:"香港的房子找好了,坐落在坚尼地18号,大小保险够住,房费只要港币六万元。"

因此,杜月笙要去香港,住的房子早就准备好了,要走随时就可以走。

1949年1月底,调任新职的原上海市社会局长吴开先离沪赴台,然后到广州就任新职。临行前,他到18层楼来见杜月笙,谈到了杜月笙的动向问题。吴开先以20多年老朋友身份说:"杜先生即使无法去台湾,也得走香港,你可以逃离到任何地方,就是不能留在上海靠拢共产党。"

5月1日,解放军进攻上海前夕,宜兴、长兴、吴上兴三处外围据点的国民党军撤离上海。一时之间,上海草木皆兵。杜月笙不能不走了。

他起先想坐飞机,一脚到香港去。但是,给他看病的医生一致反对。他们认为杜月笙健康状况太坏,坐飞机有危险。医生的话不能不听,杜月笙只好决定乘船。

　　这时,急于逃出上海的人太多,买一张去香港或台湾的船票,难于登天。杜月笙走时,太太、朋友、保镖、佣人,还要跟上一大群亲友,急切之间很难买到理想的舱位。结果,当大队人马登上一万多吨的荷兰渣华公司客轮宝树云号时,舱位都是分散的。杜月笙、姚玉兰和孟小冬,三个人只有一间头等舱,舱内两张单人床,外带一张三等床位。

　　时值杜月笙喘疾大发方告小痊之后,身体极为衰弱。在此情形之下,他离开土生土长、血肉相连的上海滩,大有"扶上雕鞍马不知"之慨。一声笛号,轮船起航了,杜月笙英雄末路,内心中无限凄凉和感慨。

　　轮船通过黄浦江,直驶吴淞口,杜月笙的出生地浦东高桥转眼即过。别矣,上海!舱外脚步声杂沓,人语喧哗,杜月笙木然的表情稍微松弛,转动眼珠望了望侍坐一旁的姚玉兰,发出一声长叹,然后满脸苦笑地说道:

　　"我守了一辈子的寡,差一点就失了节。"

　　姚玉兰明白,此话是说他终于挣出重围离开了上海。

　　"就是嘛,"姚玉兰顺着他的心意说,"可见得一个人凡事都该自己有主张。"

　　轮船又一声笛鸣声,驶向了浩瀚的大海。杜月笙回到内室,颇觉自己的"明智",还不胜感慨地告诉姚玉兰说:

　　"他们要骗我留下来,目的就在于把我弄死为止。"

　　这句话一语道破杜月笙出走的天机:他对共产党不是很了解,对共产党也没那么大的恨意,只是担心解放了自己被捉住清算当年的反共旧账,为保全身家性命,他才走人,才离开他其实离不开的大上海滩的。

第十二章 飘泊的江湖

1. 处乱世一个"稳"字诀

偌大的家

上海撤离出来的各色人等陆陆续续地到了香港,来到了杜公馆。杜月笙发现坚尼地18号房子并不理想,房子不成格局,厅不像厅,房不像房,真正能派得上用场的数不出几间。但是,单单杜月笙的家人就不少,从杜月笙以下,有陈太太、孙太太、姚玉兰与孟小冬,长儿、长媳维藩夫妇和四名儿女,次子维垣、三子维屏、五子维新和他们的小家庭,七子维善、八子维嵩还在读书,还有大小姐杜美如,孟小冬的义女养娟,光是家中眷口便有20多人,另外还有跟随杜家出来的随从徐道生、司机小阿三钟锡良、大司务"小鸭子"及其下手、男仆陆圆、解子信、女雇阿妹、小妹等人,佣人也达10个之多。而坚尼地18号是一楼一地的房子,楼上住的是陆根泉一家,楼下杜公馆,既无庭园,又缺围墙,外面的人朝里望,一目了然。称得上满意的,惟有一间半圆半方的大客厅,正房三间。没办法,只好用走廊空隙隔出一些小房来,一间做了秘书胡叙五的办公室,另外三间住杜美如和杜维善、维嵩两兄弟。姚玉兰和孟小冬的两间房,则附在杜月笙的大房间外面,劈面相对。将这几个人勉强分配好房间以后,再要住人,便毫无空隙。厨房边一小间只够住一两个佣人，其他的佣人必须住在外面，每天早出晚归。

陈太太一度由台湾到香港，结果，只好住在新宁招待所，孙太太则在外面与儿子同住。杜维藩的太太先带小孩到香港，住过九龙李丽华的房子，后来杜维藩抵港后，一家6口便花两万港币在建华街买了一层楼，跟同从上海来的王新衡隔街对门。其余成了家的三儿一女，则杜维屏住堡垒街；杜维垣、维新住渣华街；二小姐杜美霞嫁给了金元吉，她是金公馆四少奶奶，跟金廷荪由上海带出来的一大家人也住在渣华街上。

抵达香港后，杜月笙由于身体的关系，加以环境所限，心情萧索，早已失去创办事业养家活口、作长期打算的壮志雄心。

事实上，杜月笙离开上海时，只有两笔财产，其中之一，是美金10万。当年他因预储子女教育费，交给了好友宋子良，请他带到美国代营"生意"。另一笔，约美金30万。这是出卖杜美路渠渠华厦之所得，在杨管北的帮助下提出预存于香港，以应付杜月笙逃难到香港的生活所需。这么一大家人的生活所需是一个巨大的负担，杜月笙本人每月还要花费港币两万以上的医药费用，光只坚尼地一处一月开销至少港币6万以上。杜月笙带一大家人到香港，没有办实业的打算，那么打的是什么算盘，"坐吃山空"，用光为止？

不贪心所以没惹祸

杜月笙迁居香港不久，便有一笔找上门来的好生意。这对于开销巨大的杜月笙来说，无疑是雪中送炭。

说起来，这是一位热心朋友好意帮忙，想给杜月笙在一进一出之间，赚一大笔钱。

这位朋友是四川人，经常来往重庆、成都与香港。据他所说，四川猪鬃量特多，价格又低，又碰上了时局关系无法出口，因而一跌再跌，已经跌到成本之内。他本人早已决定斥集巨资大量搜购，并且已接洽好了中航公司的飞机，代为运港。这批猪鬃运到香港后，即使比市价还低的话，也可以有三倍五倍的利润。

这岂不是千载难逢的良机？朋友极靠得住，生意更是十拿九稳，加若干股子进去，便在数日之间，就可以赚个三倍五倍。这种好生意不做，更待何时？

但是杜月笙听过之后，却一口谢绝了他的好意，推却说："我现在没有现款。"

由于争取时间的关系，这笔生意必须立刻拿出钞票来。杜月笙放弃了这个发财机会。但他身边的顾嘉棠闻讯，财心大动。顾嘉棠在"小八股党"首领之中最善理财。他平素的作风是"只进不出"，恰与杜月笙的"挥金如土"成对比，因为省吃俭用，他的积蓄尚超过抵港后的杜月笙。这次，他不惜倾家荡产，把从上海带出来的30万元美金甩下去，满心赚个百把万美金。

这是他一生最大的一笔投资。

顾嘉棠欣然加入的时候，四川朋友告诉他说："大部分猪鬃都已收购好了，集中在成都，只等中航公司的飞机开始履行合约，拨机逐批运港。"这时，解放军才攻下巴东，四川边境吃紧，但成都、重庆仍安如磐石，解放军跑得再快，也不可能猛一下便抵达成都，因此顾嘉棠交付款后，便笃定泰山地等着赚钞票。

万万料想不到，猪鬃方待启运，11月10日一早，他翻开报纸一看，中国航空公司与中央航空公司的负责人带着12架飞机一起飞往北平投共，顿然之间，全国各线空运全部中断！此消息震撼了国人。

这条大新闻，对顾嘉棠和那位四川朋友来说，震撼程度更是惊人和可怕。两航反戈起义，航线中断，运猪鬃的合同马上无人负责了，已经收购起来的大批猪鬃堆在成都，一根也运不出来。两人急得要死，却找不到其他可以利用的交通工具，只好眼睁睁看着解放军步步逼近重庆、成都，堆积如山的猪鬃终于无法运出来了。

这个打击对两人来说是致命的。那位四川朋友蚀了美金300万，几乎为之破产，顾嘉棠带出来的全部家当——30万元美金全部蚀光。这个沉重的打击使一贯心宽体胖的顾嘉棠变得长吁短叹，愁眉不展，见了熟人便一声苦笑地说：

"一票猪鬃，蚀脱我18磅。"

家当蚀光以后，他的体重骤然减了18磅之多。

杜月笙的"稳"字诀，再次让他避免一场因为贪心而惹出的灾祸。

病急乱投医

在香港时,气候潮湿多变,杜月笙喘病又发。治喘照样是中西并重,药石兼投。经常来为他把脉开方子的医生,中医有4位,西医则3名。这7位医师都不是碌碌之辈,在香港个个都有名望,是一流的名医。然而,由于中西药石兼投,医生一多,意见就难免出现分歧,究竟该用谁的医法,该吃哪位的药,家人不敢做主,惟有杜月笙自己决定。结果,"久病成良医",杜月笙反而变成自己的主治医师了。除了要决断医生的方子,亲眷朋友前来探病的人为数不少,人人对他的病情表示关心,今天张三介绍一位医师,明日李四贡献一个偏方,弄得杜月笙的医生越请越多,用药越来越杂,几个月下来,他自嘲地说:

"如今我是拿药当饭吃,拿饭当药吃了!"

由于杜月笙本人无法拿出意见,决定只请哪一位医师主治,别人更不敢代他出这个主意,"群医咸集,药石纷下",对他的喘病毕竟是益少害多。杜月笙"急病乱投医",这样,他的病反而花钱了,却很难治疗得好了。

2. 有人坚持要回上海

在香港杜公馆和任何一处杜公馆不同,那便是坚尼地门庭冷落车马稀,一夜之间,几十年来杜氏门庭的热闹风光仿佛已成陈迹。

这并不是说杜月笙已成落日余晖,苟延残喘,而被各界人士冷落忽视,而是他一则抱病,二则由于大陆局势急转直下,香港是国共双方都公开活动的是非之地,他有心避一避风头,躲一躲各种纠缠。

因为刚到香港不久,他曾请袁树珊给自己看了个相。当时,袁树珊慎重其事地说:

"杜先生,最近一段时期,你最好闭门谢客,任何人都不见,否则的话,恐怕会有事非。"

袁树珊这一番话正中杜月笙的下怀,于是命人写张条子,贴在房门口,词曰:

"遵医嘱,碍于病躯,谢绝访客。"

条子贴出,倒也蛮有效力,却是有一天,曾担任过中央银行总裁兼中央信托局理事长的张公权来访,一脚踏进了杜月笙的房间。因为是要好朋友,杜月笙不得不带病见客。从此以后,病中谢客的"规矩"为之破坏。

杜月笙在香港长住下来了,他虽然怕麻烦、怕纠缠,可是那颗爱热闹的心,却并没因健康太差而予稍减,即令气喘吁吁,爬不起床,每天还是巴望着家人、亲友多走动,常来来。

每天一大早,多半是"小八股党""硕果仅存"的老兄弟顾嘉棠头一个到。他是专程前来打一个转,问声月笙哥昨夜睡得好吗?今早可曾起床吃过药了?他风雨无阻,问过便走,甚至有时并不一定要见到杜月笙。等歇到了快吃中饭的时候,他如果没有应酬,这顿中饭便十有八九在杜家吃。杜月笙精神好时,他便陪陪杜月笙,不然的话,就在外面饭厅陪陪杜公馆的熟朋友。顾嘉棠一生对共产党没好感,上海解放以后一提起共产党便破口大骂。他说只要共产党在上海,他是宁可死在外头,也绝不回转去受罪的。

跟顾嘉棠抱着同样坚决反共态度的是金廷荪。

金廷荪这次逃难,逃得非常之彻底,全家大小,四儿四媳全部搬到了香港。他也是抱定主张,绝对不跟共产党打交道,殊不料他的夫人怀乡情切,不耐客居,也不晓得听了什么人的挑唆,居然跟金三哥老夫妻俩意见分歧,各行其是。结果,金老太太硬是不顾一切地带了3个儿媳妇,4名女儿将由香港开回了上海滩。杜月笙、金廷荪、顾嘉棠一般老兄弟再三苦劝,劝不动这位金三嫂。照金三嫂的意见,她坚持要把4名儿媳全部一道带回去,幸好大少奶在香港医院中待产,总算免于同行。

金三嫂带了3位少奶奶回上海,却让杜月笙、金廷荪日日担惊受吓。

因为金三嫂回上海后,住在杀牛公司附近朱家木桥的金公馆,平安无事了一段时期。后来,大陆开展三反五反运动,朱家木桥一带每天都有满载罪犯分子的卡车开过,吓得金三嫂心惊肉跳,险乎得了神经病,最后,她托人想办法打张路条,自己先逃回香港,留下3位少奶奶继续在上海。而其中的四少奶,正是杜月笙的次女杜美霞。

杜月笙在香港想尽方法,想把二小姐救出来,起先命次婿金元吉写信到上海,请杜美霞来香港,后一再函电交驰,仍然石沉大海,杳无消息,最后以杜月笙病危为词拍发急电,杜二小姐才回香港,回来后见不是这么一回事,发了一通脾气。

同时,杜月笙的二太太陈夫人,在杜月笙赴港之先曾到过一次台湾,想在那里定居。杜月笙抵港后,她由台北来港打了一转,夫妻间话不投机,陈夫人便和维翰、维宁回了上海,而这趟回去后,竟始终没有回来了。

因此,香港杜公馆的人渐渐少了不少。人客虽少,饭厅里每天中午仍然准备两桌饭,一张圆台面一张四方桌,通常那张圆台面必定坐得满,圆台面坐不下了,再开方桌一席。

经常来杜公馆吃中饭的,除了杜月笙的儿子、媳妇、女儿,女婿、顾嘉棠、金廷荪、王新衡、骆清华、沈楚宝等诸人之外,还有杜月笙的表弟朱文德、总管万墨林两位在香港经常不离杜月笙左右的哼哈二将,朱、万两人为了往来方便,都在坚尼地租了房子,和杜公馆近得很,等于隔壁。

其中,朱文德一家住在坚尼地10号,万墨林一家住6号。

3. 秘书跑了

风起青萍之末

杜月笙抵香港不久,共产党方面还是对他展开了统战工作,争取他重回上海。

这与他个人的声望及号召力有关。

因为上海滩的金融领袖、工商巨子莫不纷纷紧跟着杜月笙。他们挟巨资而抵香港,中共在港统战人员千方百计促使那些金融工商巨子回上海去参加新中国的建设。但是,这些金融工商巨子一向以杜月笙马首是瞻,言听计从。经过他们艰苦地做工作,其中相当一部分人开始向往上海的新生活,甚至蠢蠢欲动。于是乎,旅港金融工商界人士渐渐为三种:一种人抱定决心在香港地区另创事业,或静观待变。一种人已被中共统战政策打动,热切地希望杜月笙带他们回上海,参加中国建设。还一种人接受中共的统战宣传后,仍然模棱两可,迟疑不决,不过内心仍存一线之望,希望最好杜月笙也回上海去,他们好跟着他一起行动。

在中共统战政策的感召下,杜月笙的好朋友、上海金融工商巨头如王晓籁、刘鸿生、吴蕴初等人,都已打定主意向左转。在很长一段时间里,这些有心回上海的人频繁出入杜月笙之门,拼命地劝他跟他们同回上海,王晓籁和刘鸿生两个更是无日无夜,舌蔽唇焦,声泪俱下地劝。但是,杜月笙始终立定脚跟,不为其所动。

一日,台北一家很有权威的国民党报纸突然登出了一篇轰动一时的社论,在这篇社论中出现两个新名词,即所谓的"政治垃圾"与"经济蝗虫"。王晓籁、刘鸿生认为这是一个"劝杜月笙回上海"的好题目,拿了报纸去见杜月笙。王晓籁告诉说:"社论中所指的暗中操纵上海金融、物资的'经济蝗虫',不正是暗指你杜月笙吗?台湾报纸差一点就要对你提名道姓了,尤其是那篇社论的结论,旨在'绝不容许政治垃圾、经济蝗虫'到台湾复兴根据地去兴风作浪,重施故技。"

刘鸿生也劝道:"在这种情形之下,你杜月笙难道还有到台湾去的可能?还不如风风光光地跟我们回大陆吧。"

杜月笙没有做声。

劝说杜月笙的人越来越多,而且都是异口同声,众人一词。杜月笙剪下这篇社论来,叫来秘书边读边讲解。社论的措辞确实过火,将"罪状"与"实际"对证,杜月笙三个字仿佛"呼之欲出"。杜月笙不由得大受刺激。他小心翼翼地将那张剪报折好,放在自己的马甲袋里。

也就是说,台湾方面主动阻拦了杜月笙去那边的路。

理解不了新中国

1950年9月间,杜公馆又有一位常客进出。

他就是曾经身为和谈五代表之一,被代总统李宗仁派到北平去跟毛泽东谈判的章士钊。当初章士钊随同和谈代表团在1949年4月1日飞北平,谈判28天不得要领,后留在北平历时4月有余。这次,他奉毛泽东之命前往香港,劝说昔日的好友们回内地参加火热的新中国建设。

章士钊衔命而来,深知主要目标何在,因此集中全力先解决杜月笙的问题。到香港后,他不时出入杜公馆,登堂入室,有时直趋病榻之侧,和杜月笙接席密谈,分析天下大势、国际动向,尤其对他的同乡后辈毛泽东大加赞赏。

第一次长谈,杜、章之间,便有一段颇为精彩的对话。

当章士钊滔滔不绝,盛赞毛泽东是如何的尊老敬贤,求才若渴时,杜月笙很巧妙地接过他的话来,用非常关怀的口吻问起章士钊:

"章先生是决定在北平定居了,是吗?"

怔了一怔,章士钊答道:

"是的。"

"章先生是否照旧挂牌做律师?"

"这个——"顿一顿,章士钊老老实实地告诉说,"诚然,共产党统治下是用不着律师的,我不能再挂牌,不过……"

这一次,杜月笙接口很快,不等章士钊把话说完,便问:

"章先生既然不能再做律师,那么,你有什么计划?是否想改行做做生意?"

"做生意嘛,只怕共产制度也不容许,"章士钊被杜月笙逼得太紧,惟有直话直说、坦然吐露,接下去他直言地说:"不过,毛主席当面告诉过我,我在大陆,一切由他负责。有了毛主席的这一句话,个人的生活种种,那还用得着担心吗?"

于是,杜月笙像在自言自语,一迭声地说:"啊啊,只是生活不用担心,只是生活不用担心。"

第一次长谈,自此草草结束。

等到章士钊告辞离去。姚、孟二氏,儿子、女儿,还有亲信诸人都在等候消息。杜月笙有点累乏,可是仍然说了两人所谈的最要紧的一段,然后摇头苦笑地说:

"章先生年纪一大把,做官的兴致高!只要有官做,他跟谁都可以,但是他投了共产党毛泽东,却只说是保障他的生活。既然只为了生活的话,台湾、香港、美国……随便哪一个地方,也要比共产党那边的日子舒服得多。"

晚间,休息过来,精神恢复,杜月笙又提起了章士钊的往事,抗战八年,章士钊夫妇曾与杜家合住香港、同游西北,尤其曾同住重庆,一应生活开销,都由杜月笙负责。谈到到这一件事,杜月笙嘿嘿一笑说:

"负责生活,毛泽东不过给了他一句言话,我杜某人倒是真负责过不少年啦!"

讲过了往事,在一旁凝神倾听的妻子、儿女,心里都有了数目,章士钊怎能说服坚决反共的杜月笙?

冰释前嫌

一日,杜月笙正在客室和章士钊肩室长谈。突然,万墨林进来说:"又来了一位好朋友,他就是原江苏省党部主任委员兼立法委员的汪宝瑄。他是从广州来的。"

杜月笙听说汪宝瑄到访,非常高兴,请章士钊到另外一间房里小坐稍候,一面起身迎迓汪宝瑄。

章士钊和汪宝瑄打了个照面,就匆匆告辞了。

章士钊走后,杜月笙情绪显得相当激动,一伸手,便从自己的中式马甲口袋里,掏出一份剪报,苦笑着把它递到汪宝瑄的手上。

汪宝瑄一看,便知道是引起轩然大波的台北某报一篇社论,向杜月笙一笑,开门见山地告诉说:

"杜先生,我正是为这件事到香港来,专程拜访你的。"

激动之余,杜月笙罕见地向汪宝瑄发了一顿牢骚。他说:"我并非国民党员,而抗战、戡乱,一连两次为国民党牺牲一切,毅然赴港,用心无非是免为国民党的敌人所用,我这么做完全是本诸良心,既不求功,也并不是为了求什么显人表现。在这种情形之下,台湾还有人认为我是'政治垃圾、经济蝗虫',讥笑讽刺,不留遗地,实在是令人伤心。"

汪宝瑄立即向杜月笙表明来意说:"在广州因公稽留的洪兰友公,正是奉当局之命,便道赴港将对先生加以安慰,并且有所解释。"

接着,汪宝瑄告诉杜月笙,社论用了"垃圾、蝗虫"二词,斥责"投奔自由者"，言下之意仿佛这般人还想到台湾来乌烟瘴气地搞垮台湾这一处"反共基地"，因此讥讽这般人为"垃圾、蝗虫"。洪兰友为这件事心中也很难过，始终不得安心，因此托汪宝瑄转告杜月笙台湾的近况：蒋介石犹未复职，一切难免显得紊乱，某报的这篇社论大有亲痛仇快之意，一见便知撰稿人既幼稚且有偏见，因此，当局目前已在着手整顿。

听到这么一番话，杜月笙的情绪才渐渐平静下来。汪宝瑄又说：

"当局还有一封亲笔函，将由洪兰友当面交杜先生。信上所说的，和我刚才讲的意思差不多。"

杜月笙顿了一顿，方始语重心长地回答说：

"宝瑄兄，你回台湾以后，务必请你代我杜某人转告台湾方面那许多党政负责朋友，我杜月笙是白相人出身，我不是国民党员，同时我也不懂三民主义、五权宪法。但是自从1927年起我追随国民党，往后的抗日、'戡乱'，甚至于将来反攻大陆，我一定还是跟着国民党走。"

"这不但是因为我杜月笙一生不做半吊子的事，而且，我还有我一层最简单的道理，老实不客气说，现在跟国民党的人未见得满意，不过我们大家应该明白这一点，跟国民党纵使没有干饭吃，最低限度也有口稀饭喝，倘使去跟共产党呀，"他突然提高声音说，"我敢于说将来连屎都没有得吃的！"

汪宝瑄不但甚以为然，尤且衷心感慨，立即说道："许多国民党一手培育、造就、栽培的高级官僚，都纷纷反戈投共，在这个混乱时期，杜先生忠贞不贰，对自己的进退出处大义凛然，晚节不亏。你的作为，超过若干国民党高级干部，以此，我认为杜先生的忠党爱国，反使国民党干部有所勉励。"

这话说得杜月笙很高兴地笑了，接着他对汪宝瑄说道：

"宝瑄兄，这就是我的心意。无论如何，我还晓得个好歹香臭，所以，我绝不会跟共产党走。杜月笙一生一世，凡事都要做到言话一句，哪能这么一件大事反倒会破例？总而言之一句话，我杜月笙跟国民党算是跟定了，随便怎样也不会回头。"

汪宝瑄感到很振奋，紧接着便和杜月笙谈起共产党竭力争取金融工商界领袖人物回返大陆的问题。他不惜直接指明利害关系告诉杜月笙说："撤离大陆的金融工商巨子多一半集中在香港，他们所携出的只是少数的资金，绝大部分资产仍还留在大陆,我很为他们的未来动向担心,惟恐他们自投罗网,落于陷阱。"

接着他还强调说:

"据我所晓得的,这么些跟杜先生有关的金融工商界人士,他们留在香港进退维谷,左右两难,其实,都是在看杜先生的风向。"

"我的风向早已定了,"杜月笙一语破的,片言决疑后又说道:"倒是最近王晓籁和刘鸿生居然悄悄地回到上海去,使我心里非常难过。"

听到这话,汪宝瑄知道自己的使命已经圆满达成,很高兴地打起了哈哈。这时已到午餐的时间,杜月笙便邀汪宝瑄一起午餐,为他洗尘。

同席的还有王新衡和宣铁吾。老友聚晤,倍感欢快。席间,杜月笙问汪宝瑄:"你什么时候回去?"

"翌日即将返回台北。"

谁知杜月笙却殷切留客,不准他走,当场说:"将杨管北替你退票,留在香港多住三天,以资盘桓。"

盛情难却,汪宝瑄只好答应了。

杜月笙决定不回上海和内地,让台湾的国民党放心了,但是这也使得他自己随后陷入一种极其尴尬的境地。

干了十一二年的秘书居然走了

然而,章士钊还是三日两头地来,有时候就在杜公馆吃中饭,和满座嘉宾、杜门中人同席用餐,说说笑笑,情景依稀当年。但是,许多熟朋友因为杜月笙决心已定,便与章士钊有相当的距离,有时候场面难免显得尴尬。

一次,章士钊碰到多年交好的老朋友吴开先也来到了杜公馆。晚饭后,杜月笙邀章士钊、吴开先一同到阳台上歇凉,看香港夜景。

晚风拂面。言谈中,章士钊忍不住又夸毛泽东何等礼贤下士,奖推人才,并且对杜月笙保证说:"只要杜先生肯回大陆去,不论在何种情形之下,共产党绝对不会亏待你。"

章士钊时常登门,发起统战攻势,眼看杜月笙不答应就不会罢休。而杜月笙已铁心不改自己的政治立场,有时难免也不耐烦。这时他自有退兵之计。章士钊劝他回上海,他便反转来劝章士钊"弃暗投明",到台湾去,弄得章士钊也无可奈何。

这时,担任杜月笙的秘书是胡叙五。他是抗战初期经黄炎培介绍过来的,抗战八年、胜利四载,他为杜月笙效力甚多。杜月笙第一次旅港时,身边的得力帮手是翁左青与胡叙五,现在第二次来港仍然还是他们两位。不过,首度旅港时,杜门座客常满,人文荟萃,如"老虎总长"章士钊、"江东才子"杨云史,吴佩孚的高级幕僚杨千里,都曾降尊纡贵,为杜月笙司过翰墨词章。而杜月笙二度香港居时,文墨方面就只剩了胡叙五一人独挑大梁了。其他不少人和章士钊一样,都选择了留在内地,与中共一起建设新中国。而翁胡两大助手中,翁左青明于事理,擅长分析,颇能出出主意,管理庶务,若论笔下功夫,新旧文学俱有根底,那他还不及胡叙五。因此,多数文墨工作,杜月笙不得不依赖胡叙五。

孰不知杜月笙不跟章士钊回内地去,秘书胡叙五随杜月笙到香港,工作了一段时期,不知怎的忽然起了还沪之念,口口声声地说要回上海,思乡之情还真不轻。

他这一决定使杜月笙大为不安,惟恐胡叙五回大陆引起周围人的情绪波动,更怕给自己惹出大麻烦。因为胡叙五兼为杜月笙掌管机密,晓得的事情太多。杜月笙很怕共产党利用胡叙五,因此亲自劝胡叙五说:"没这必要,不要冒险自陷共区!"恳切挽留胡叙五。

但是,胡叙五辞意颇坚。杜月笙劝说不动,无可奈何,又叫跟胡叙五谈得来的长子杜维藩和万墨林两人从旁劝阻。

万墨林先出面,劝驾老半天,不起一点作用,便由杜维藩接手。他约胡叙五到外面吃咖啡。

在餐厅里,杜维藩直打直地与胡叙五谈判,问胡叙五道:

"你说老板从前待你好吗?"

"很好。"

"那么,你是嫌老板现在待你不如从前了?"

"我没有这个意思。"

"既然是多年交往的自家人,我便坦坦白白地说,老板从前待你好,是因为从前的路子粗,进账多,日子好过。现在跟从前大不相同了。老板在香港,一点进账都没有,就靠带出来的那点钱,天长日久,坐吃山空。老板自家的日子不好过,跟他的人当然要比从前差一点,好在有粥吃粥,有饭吃饭,大家同甘苦共患难,所以我说你最好不要在这个时候离开,免得人家批评你不够义气。"

胡叙五回答说:"我并不否认你所讲的话有道理,但是我去意已决,无法挽回。"

谁也劝阻无效,杜月笙也毫无办法。随后,胡叙五还是辞去了干了十二三年的杜月笙秘书一职,回了上海。

杜月笙本人死活不回上海和内地了,岂料他不走,秘书走了,劝也劝不住。胡叙五一走,杜月笙机要秘书出缺,因此大伤脑筋。幸亏早年曾在杜公馆任过秘书的邱访陌这时也在香港,杜月笙便去请邱访陌,一席谈话之后让他接替了胡叙五之职。

但是,这一时期许多昔日的朋友和部下还是一个个跑回了上海,和杜月笙铁心留在香港的,并没有他预期的那么多。于是乎,病榻上的杜月笙心情总是像香港多雨的天气一样:阴霾霾的。

4. 心系上海,惊魂不宁

前车之鉴?

杜月笙死活不回上海和内地,是不是共产党真的如他所说那样见人就杀,"清偿血债"呢?

此刻和杜月笙几乎同样经历的黄金荣还在上海老家,一直没有走出上海,他的处境如何呢?

早先,杜月笙决心离开上海赴港之前,曾经扶疾往访黄金荣,力劝"金荣哥"预早为计,跟他一样做避难香港的打算。黄金荣向杜月笙吐露自己不得而已的苦衷说:

"月笙,我老了,这些年来,我跟你的境遇不同,我是能不出门便不出门,能不动顶好不动。你算算，我今年已经82岁，俗话说得好：'人生七十古来稀'，我活到了82，就已经多活了12年，今日死或者明日死，对我并无多大的关系。"

黄金荣接下去娓娓细诉说，自从他60岁那年正式宣告不问世事，安享余年，他生活的目标就只剩下每天抽几筒大烟，上一趟澡堂泡一个浴，凑几位牌搭子碰几副铜旗。除此三者以外，复无他求，也非有此三项享受而不欢。因此，他堆满一脸苦笑告诉杜月笙说：

"月笙，你替我想想，假使我去了香港，头一样，差馆里发现我抽大烟要捉。第二样，你叫我到哪里去找碰铜旗的搭子？第三样，香港没有澡堂，能否容我这80多岁的人每天去泡趟浴？都是问题。何况，树高十丈，叶落归根，我已风烛残年，能有几年好活？好歹我也死在家乡。"

杜月笙听他金荣哥说得如此剀切透彻，心知其意已决，也就不再劝了，却是辞出来时突然感到这便是最后的诀别，忍不住洒了两行热泪。

到香港坚尼地18号定居后，他第一次听到黄金荣的消息，就吃了一惊。上海来人说得绘声绘影，言之凿凿：

上海沦陷前夕，黄老板惟恐炮火殃及，自曹河泾黄家花园迁居钧培里老宅，逐日泡浴、碰铜旗、吞云吐雾如故。共产党进了上海，起先倒还安然无事。但是数月以后，忽有一日，足有一百多人气势汹汹地直扑钧培里，围在黄老板公馆大门口，大呼小叫，扬言要把黄老板家中打得稀烂。这时候，黄老板精神矍铄，大踏步抢出门外，面对着那一百多攘臂掳袖、疯狂暴跳的强徒，黄老板拉开嗓门便是声声怒吼：

"我就是黄金荣，你们各位今朝来，阿是要把我黄金荣的家里打烂！"

多一半人被这白发皤皤老者的虎虎生震慑，也有人杂在人群中喊：

"是的！今天一定要打烂黄家！"

"好！"黄老板斩钉截铁地一答："要打烂，我自己来，现在我把大门关上，我自家来打给你们看！等会儿你们进来查，有一件东西没打烂，你们尽管把我的房子拆了！"

说完,他就命手底下人关大门,童颜鹤发的黄老板撸起衣袖,抄根门闩,就此要自己打烂自己的家。这时候,偏偏不知从何而来的"调解者"隔扇大门之外,好说歹劝,高声排解:

"好啦,好啦,黄金荣已经知错,看在他一大把年纪的分上,饶他一次!"

紧接着,又有人来拍门,黄老板气喘咻咻的,亲自把门打开,外面有几个毛头小伙子,张牙舞爪,指手画脚,好生教训了黄老板一顿,一场毁家的纠纷方告有惊无险,化弭于无形,百把个穷凶极恶的人逐渐散去。

黄老板80多年来从不曾受过这大的侮辱,回到客厅,气呼呼地一坐,足有半晌说不出话,他老泪纵横,徒呼负负,那几个毛头小伙子教训了他些什么,也是一个字也都不曾听见。

隔了不几天,又有共产党的干部上门来,叫他"向人民大众坦白",黄老板双手一摊地问:

"叫我坦白啥么事?"

"你这一生的罪恶,"共产党干部字字着力地说,""请你详详细细写份自白书。"

黄老板有意反抗,但是家中各人苦苦劝他忍耐:"人为刀俎,我为鱼肉,反抗是没有用处的。"迫于无奈,他请位朋友写了厚厚一叠的自白书呈上去,从此以后便坐立不安,提心吊胆地等候判决,其结果,是共产党派人来抄家,妙的是毛病还并不出在黄金荣的自白书上,而是在枪上面。

黄老板的二公子黄源焘有一支自备手枪,又跟一位姓戚的谍报人员很要好,上海撤退,姓戚的有一大捆步枪存放在黄源焘住处。这件事黄老板确实并不知情。

"倘若是在黄老板当权得势的那些年,钧培里黄公馆,长短枪支经常也有个五七十杆,这一大捆步枪,实在无啥稀奇。"杜月笙接口说。

来人接着说:"不过共产党来了,情形不大相同。因此当从黄公子的那一支手枪抄到了一大捆步枪时，连经过多少惊风骇浪大场面的黄老板，居然也给吓得目瞪口呆，面如死灰。

"当时，共产党仅只把枪支没收，黄源焘则被带了去问话，共产党对他倒也并不为难，招出来枪支来源就此作罢。然而，正当祖、叔、孙三代，黄老板、黄源焘和黄启予之弟黄启明衷心庆幸逃过一场大祸后，又过了数日，来了一份通知，黄金荣的自白书看过了，人民认为他有罪，所给他的处罚是每天早晨到黄老板自家开的大世界游乐场门口扫街。

"处在矮檐下，不得不低头，老态龙钟的黄老板开始在大马路大世界门口手执长帚扫街了。消息传出当日，也不知有多少人聚集街头，黄老板则面部毫无表情，一步一步地在扫地，矮胖身躯，仿佛一具笨重的机械。许多记者来采访，来拍照，许多干部围在黄老板的四周。这张黄老板在大世界扫街的照片，刊登在上海各报显著地位。"

杜月笙一听，马上问管家万墨林："上海报纸为何多日不见？"

这时杜月笙很关切上海方面的消息。而家中人则因为时值上海清算敌特斗争，惟恐杜月笙看到一些老朋友如何受到屠戮，心中难过会得妨碍病体，所以有时便藏过几张不给他看。现在，他一定要看新到的《上海新闻报》，万墨林无奈，只好再找出来，交到他的手上。

杜月笙一眼便看到"黄老板扫街"的那张照片，脸色灰白，身子摇摇晃晃，勉强地将那一段新闻读完，自此便坐在沙发里咻咻地气喘。

这几天本来他精神略好一点，黄金荣所受的遭遇带给他莫大刺激，于是当日又告病倒。家人见他的喘势越来越急，十分慌乱。

斗智斗勇，却无果而终

杜月笙又病倒了，于是公馆内中医、西医川流不息。第二天，黄金荣的长媳李志清到访，除了探病外，她说："还有重要事体要跟杜家伯伯商量。"

杜月笙在病榻上，见着李志清进来，很亲切地喊："妹妹！"请她坐下后，问她道："有什么要紧事？"

于是，李志清拿出了一封方自上海寄来的信，黄金荣向他的媳妇"求援"，叫李志清赶紧设法筹款汇寄上海。

看完了信，杜月笙又是一阵愤恚与激动，好不容易用药物把他的急喘压制下去，他漾一抹苦笑，有气无力地问李志清："妹妹，你打算怎么办？"

李志清告诉说："我得信以后急如热锅蚂蚁，正因为一时打不定主意，所以才到杜家伯伯这边来讨教。"

于是，杜月笙开口说话了："妹妹，倘若是金荣哥能出来，只要平安无事到了香港，莫说是2万美金，便是美金20万，我和你倾家荡产都不够，哪怕去求、去借，我们也是愿意的。"

李志清很伤心和难过，点点头说："就是说嘛。"

"倘使金荣哥到了香港，我们有饭吃饭，有粥吃粥，苦日子一样过得快活。"

但是，李志清对这话没兴趣，一心惦记公公在上海的遭遇，只想筹出这笔钱汇过去，于是把自己的心意向杜月笙说了。杜月笙听后却摇头苦笑说："我不赞成这个做法。"

李志清急得掉下了眼泪，焦灼万状地说："杜伯伯，你说我们到底应该怎么个做法？也不能看着公公受罪呀！"

"妹妹，你不要急，事已如此，急煞也没有用处。"杜月笙安慰说，"要么你照我这一个办法做，回信老板，告诉他在香港筹钱很不容易，跟亲眷朋友开口，必定说要接得出老板来，方始可以筹到这一笔大数目。唉！"

杜月笙浩然一声长叹后，又接着说道："金荣哥82岁了，还害得有老肺病，一生一世不曾起过早，如今喊他天天起早扫街，风尘残年，能够熬得了多久！依我看，即使要接他到香港，这件事也得赶快。"

李志清得了杜月笙的应付之策，兴辞离去。

可是，她怕黄金荣在上海被逼得太紧，可能发生意外，凑集了一部分现款，又变卖了些首饰准备先汇一笔数目到上海去，好让黄金荣有个缓冲的余地。

果然，钱还没有汇走，黄金荣又打长途电话来，关照她速即筹款，立汇上海。黄金荣在电话中问起儿媳妇在香港借筹款项的情形，李志清晓得他身边有监视，只好推托地说："到香港来的上海朋友都在难中，叫我好去向哪一个开口吗？"

于是，黄金荣便指明了说："只去找两位老弟兄，杜月笙与金廷荪。"

李志清马上说："金家目前环境不好，我不便去谈。杜家伯伯那边早去过了，他也筹不出这么多的钱。杜家伯伯又说我手头这点首饰，我还有家人，我和启予将来也要安身立命的。"

时间将到，李志清才透露已典当了所有财物，凑了1万美金不日即将汇出。其余部分再慢慢想办法。

汇出了1万美金以后，李志清根据杜月笙提示的计策，主动写信寄回上海，禀告公公黄金荣说，她已经和汇丰银行接洽好，用黄家在上海的房地产作抵押，可以借到一笔巨款。房地产的地契被她带出来了，不过汇丰银行方面表示，必须黄金荣本人到香港来亲自签字，贷款契约方可成立。谁知黄金荣倒没有动静了。

这更是急坏了杜月笙和李志清等人。

谁知没过多不久，杜月笙的好友陈彬和从上海逃出来，抵达了香港。他带来黄金荣的口信，告诉旅港亲友说，他不用扫大街了，一切平安如常了。

当时，他收到李志清的信后，拿给政府的人看，要求办理出境路条，到香港去签字借钱。政府方面有关人士对他说：

"这是你媳妇摆的噱头，老先生还是不必动的好。"

原来，共产党经过调查，通过所掌握的资料证明他在过去若干年里并不曾直接杀害过共产党，因此，他被告知不是共产党清算的对象，反而是团结的对象。于是，他回归了以前的生活。

病让人变得越来越胆小

金荣哥没有了危险了，杜月笙放心了许多。然而，隔不了多久，上海方面的消息又越来越坏，越来越糟了。

杜月笙在香港心系上海，每天都要看上海的报纸，了解那里的情况。一日，他看到上海的报纸报道说，通商银行大楼已被布置成"工人文化之宫"，里面正在举行汪寿华血衣展览，大叫一声："不好！"

他心想，来不及逃出的叶焯山和马祥生一定糟了。

果然，不久就传来马祥生、叶焯山双双被杀的新闻。马祥生和叶焯山两个当年杀害汪寿华的凶手，一同被绑赴枫林桥。在当年处死汪寿华的现场，人民政府举行了"规模特别庞大"的公审，参观者人山人海，树顶、汽车和三轮车上，全都成了临时看台。

马祥生、叶焯山两人坦白认罪后，立时三刻就被判决枪毙。

"我虽不杀伯仁，伯仁由我而死。"杜月笙回想当年，马、叶两位和他一道赤手空拳，组织共进会，参加"清党"。原是他的一个主张，马祥生、叶焯山无非惟自己之命是从而已，如今杀汪案的主谋避居香港，马祥生、叶焯山则落了断头下场。杜月笙兔死狐悲，报纸没看完就泪下沾襟，痛哭失声，由于心力交瘁，喘疾又骤然之间如山洪暴发。

这一次哮喘发得来势凶猛，将人吓坏。杜月笙气喘时，满头满颈青筋直暴，大汗淋漓，身上穿的丝棉袄过一阵，就像是从水中捞起那样湿淋淋的。每一次气喘都有极度窒息，几次晕厥过去。当喉头吸不进空气时，他会从床上直跳起来，伸张双臂，十指叉开，仿佛失足溺者急于抓到一块浮木似的。喘到这步田地，吃药、打针、喷烟，一概失去功效。中医西医穿梭般跑来跑去，商议，会诊，始终无法使杜月笙的喘势减轻，更谈不了让他止喘恢复呼吸平顺。

一位有名的西医戚寿南斟酌再三，提出了一个无可奈何的办法：

"喘到这样，只好用氧气。"

医院里所备的氧气，原是准备急救用的，经过会商，这七八位名医采纳了戚寿南的建议，大批的氧气筒搬到杜公馆，便成为杜月笙一刻不能轻离的活命之资，除非喘停，他口鼻之间的氧气罩就像是他身上的器官一样了，从此，杜月笙不分昼夜与氧气罩、氧气筒为伴，随身多了笨重的配件，等于是套上了一副枷锁，结果，好动的他八九个月都不能出门一步。

因为经常需要氧气，杜月笙卧室外面氧气筒排列成行，还须专人进行管理。杜月笙用氧气之多及为时之久，使得许多初次赴杜公馆看病的医生极为惊异。氧气罩倒很管用，只要一罩上，杜月笙便喘得好些，呼吸也渐渐平缓下来。

但是，那一阵喘大发，常常发得杜月笙余悸犹存，担心害怕。这使得他意识到生命力的脆弱，久而久之，他那种强人所具有的安全感在疾病前面渐渐丧失无存，急切无奈之中，他很信托医药。于是乎，他变得家中一时缺了医生便很不自在，饭吃不下，觉也睡不着，必定要喊人带来一位医生，才能安心吃喝与睡觉。

　　杜月笙所请的那些中医西医都是名医，都是香港很有名望的高明之士。他们业务最为繁忙，通常不出诊，而杜公馆这边的要求是必须随请随到，一刻也不能迟延。结果，碰上他们在诊所给人紧急治疗时，杜公馆的催促电话急如星火，弄得他们手足无措，常常顾此失彼。好在这些名医，或钦仰杜月笙的为人，或早就是杜门故旧、朋友、学生。如中医师朱鹤皋和他的介弟朱鹤龄都是杜氏门生，杜月笙病笃，哪有不尽心侍疾之理？因为这一层关系，朱鹤皋在众名医之中最最辛苦，他则是不分昼夜，一接到电话就马上放弃手头一切活儿，尽快赶去。杜月笙夜里睡得不安稳，睡睡醒醒，心神不宁，必得有医生在家才睡得着觉，这时候多一半是朱鹤皋在杜公馆里睡沙发，整夜守候，或者全日不离。而他自己的诊所里，也许正门庭如市，候诊者排起长龙，朱鹤皋业务再忙，若杜月笙需要他，总是不忍离去。

　　杜月笙越病越胆小，全然不像原来上海滩叱咤风云的"杜先生"了。这是许多人所料不到的。他在上海的老秘书胡叙五闻讯则说："黄老板在上海好好的，杜维藩在上海也没事，杜先生今日如此，大概是滞留香港水土不服所致啊！"

5. 希望破灭

　　杜月笙使用氧气之后，喘疾逐日减轻。他除了为上海的徒子、徒孙们悲哀，为受难的同党痛哭外，还有一件牵心挂肚肠、使他眠食难安的大心事。

　　那就是他仍在上海的长子杜维藩。然而，正在他万分着急的时候，杜维藩却安然而归。

　　杜月笙离开上海时，并没有结束中汇银行。1949年年底，中汇银行"告急"的函电如雪片般飞来。中汇拥有两个存款最多的大客户，一个是杜月笙一手创办的上海鱼市场，一个是杜月笙任董事长的大东书局。以前，中汇有这两大客户每天解存巨额现款，问题不大。然而，上海解放后，大东书局和上海鱼市场的主持人杜月笙和唐承宗都撤离上海，顿使两大客户风流云散，几同解体，中汇再也没有巨额现款存进来,照说它无事可为,应该关门大吉了。但奇怪的是,上海秩序恢复后,生意买卖正常了,中汇的存户突飞猛进,与日俱增,业务反倒欣欣向荣。此一反常的现象不曾使杜月笙沾沾自喜,引起欢慰,相反却认为照这样下去,大事不妙。他的理由是共产党断不会允许私家银行存在,中汇银行不久必要被中共没收。所以,他不但无意继续维持中汇,反而急于早将中汇关门。

然而,他撤离上海时,匆匆忙忙,无法宣告中汇停业。到了香港后,他便采取亡羊补牢之策,决心不惜任何代价设法结束中汇银行。这时总经理浦拯东已辞职,因此,他便嘱令他的门徒,副总经理徐懋棠到上海走一遭。

徐懋棠大半辈子席丰履厚,养尊处优,好不容易在中共占领上海前逃到香港,此刻杜月笙一声命令叫他回上海去,他哪来这个甘冒生命危险深入"龙潭虎穴"的胆量?起先他推三阻四,后来便支支吾吾,他的态度使杜月笙勃然震怒。杜月笙带着三分气愤说:"好,你既然不肯去,我就叫维藩到上海去了中汇结束的事。"

杜维藩也是副总经理。徐懋棠还是不声不响,于是杜月笙言话一句,便再也收不回去,明知杜维藩此去非常危险,话已出口,只好硬着头皮,叫杜维藩赶回上海,办理中汇银行的结束事宜。

父命难违,杜维藩只好别妻离子,心惴惴然地回上海。

他到达上海后,共产党没有为难他,于是住进爱多亚路中汇银行办公。但是,他发现中汇银行已在倾向共产党职工的把持之下了。领头人是储蓄部的一名襄理兼课长。

杜维藩奉杜月笙之密令,冒险赴沪原为结束中汇业务,但是共产党为稳定上海,广为宣传,尽量扩充业务。双方南辕北辙。

杜维藩不能完成父命,极为痛苦,尽力应付公事外,一天到晚都在想着怎样离开上海。于是,他故意跟那位课长套交情,说"知心话",谈业务,并且强调说:"当前中汇为了扩充业务,非得增资不可。"

那名课长不知有诈,一听"增资"二字,便眼睛一亮,当下便问:"怎么样个增资法呢?"

"老板在香港,"杜维藩指的是父亲杜月笙,"一大笔款子存在手上,香港又没什么生意好做；让我到香港去跟老板讲，中汇业务大有可为，何不拨一笔钱给中汇增资呢？"

这个话的前半段一丝不假，杜月笙在香港有一笔买房子的钱，中汇同仁大抵晓得。此时上海军管会也希望杜月笙能回上海，所以答应了杜维藩"回一趟香港"的要求。不过，杜维藩必须自己去找一位保人。

为了找这个保人，杜维藩煞费踌躇，为难至极。他所谓回香港请杜月笙增资，原本是骗取共产党的信任，得以脱身的一记噱头，一到香港便打算不再回转，因此也就无法决定请谁出来为他做保。

这件事被刘寿祺知道了。刘寿祺是杜月笙好友刘春圃的儿子，经杜月笙一手栽培提拔，在杜月笙的华丰面粉厂当经理。他跟中共上海劳工局长关系拉得极好，听说杜维藩正为出境问题犯难，便愿意担保杜维藩离开上海、回到香港后在共产党指定的日期之内赶回上海来。刘寿祺的帮助让杜维藩万分感动，随后，他就领到了路条……

1950年5月初，杜维藩终于平安地回到了香港。杜月笙全家大小欢欣如狂，人人都额手称庆，并由衷感激刘寿祺的"仗义勇为"之举。

杜月笙也大大地松了一口气，心中无比欢慰。

因为杜维藩重返"自由世界"，对他来说，有两层重要意义。杜维藩由香港去上海，前后半年时间，外面不明真相的人议论纷纭，都说杜月笙长子返沪，是为杜月笙本人投共铺路，因而"料准"杜月笙不久也一定会回上海滩，最低限度，杜维藩上海行，是替他父亲从事试探，看看杜月笙和共产党究竟有否合作的可能性。

另一层重要的意义，当然是长子杜维藩个人的安全问题。

当初，杜月笙派徐懋棠去上海而他不敢去，他多一半是动了气，小一半也是实逼至此无可奈何，才把杜维藩送进上海滩。杜维藩去上海，全家上下何尝不是硬起了心肠？倘若真有个三长两短，不但对病中的杜月笙来说，将又何以对九泉之下的发妻和都在跟前的媳妇、孙儿、孙女？所以，杜维藩人回到香港，杜月笙可以说是披襟当风，如释重负。

当晚，他精神一振，把一别半年的杜维藩喊到了房里，嘉勉慰劳了几句。随即，父子两人开始难得的长谈。

　　杜月笙问起的头一件事情便是："我拍给黄国栋，叫他转给你的电报，你收到了没有？"

　　杜维藩一听，便晓得父亲要问的是什么事情：黄金荣的正室夫人，杜维藩的寄娘，杜月笙尚未出道前对他一力栽培提拔的林桂生——1950年春病逝上海。杜月笙惊闻噩耗，至感悲悼，立刻打电报给留在上海的杜家账房黄国栋，转知杜维藩前去料理丧事，尽哀成服。

　　林桂生自从黄金荣另娶露兰春，"提得起，放得下"，翩然离开了她帮黄金荣建立起来的声势赫赫、钟鸣鼎食的黄公馆，杜月笙不惜开罪"金荣哥"，替她在西摩路备下一幢住宅，搬去定居，林桂生从此闭门不出，不问世事。十几年来，哪怕上海滩炮火连天，打得稀烂，她仍不避不走。上她门的，只有一个炙手可热、步步高升的杜月笙。而杜月笙一生惟独视林桂生为"大阿姐"，总说永远报不完她的恩。所以，这次林桂生之死，杜月笙以未能亲自送终叹为憾恨。为此，他安排杜维藩去吊孝治丧，一再关照必须由他负担所有丧葬费用。

　　杜维藩禀告父亲说："在上海时已遵嘱，妥善办好了寄娘后事。"然后具体介绍了前后经过。杜月笙听后犹在不胜唏嘘，感叹林桂生的为人和性格，对她的"硬气"赞不绝口，告诉儿子说："以一个孤老太婆在上海滩关起大门，度过了刃兵时起、动荡不安的二十五六年艰苦岁月，她不但不要你寄爹给她一文钱，帮她一点忙，而且绝不告贷求借，或者接受任何人的馈赠，上海人所说的'白相人阿嫂'，桂生姐可以赞得上是代表性的人物。她是白相人阿嫂的开山祖师，自从她溘然去世，这一类典型的人物就此永远绝迹。"

　　接着，杜月笙便询问自己那些徒子、徒孙和恒社子弟的近况，不胜担心地说："他们留在上海，处境有否危险？"

　　杜维藩摇头苦笑，说："根据我的统计，恒社弟兄滞留沪上不会逃出来的还有五六百人，在我离开上海前夕，共产党早已开始清算斗争，五六月间上海被捕的清算斗争对象在万人以上。这其间有多少恒社分子，无从打听。不过，可以预见恒社分子的前途一定是凶多吉少。"

　　杜月笙则闻言嗒然不语，神色一变而为愁惨悲痛。20多年来，他对恒社一人加意培植，呕心沥血，其用心之苦，不是一般朋友师生的情谊可比拟。杜维藩的报告可能是他预料中事，但他内心对于留沪恒社分子的安全犹存一线侥幸之望,杜维藩最后的"预见"使他这最后的希望也归于破灭。

在上海滩横行几百年的黑帮在人民政府的打击下走向毁灭,是其历史不可逆转的命运,但对于杜月笙来说,却是致命的"伤害"。

尽管如此,杜维藩无恙返港对于杜公馆来说确实是一件天大的喜事,但是杜月笙更关切上海的一切,一连和他谈了好几个晚上。但是,他从儿子口中所听到的,都是恒社分子如何危急,留在上海的帮会朋友的不同的被镇压的下场。这些消息让杜月笙刺激颇深,于是,这场犹未痊可的哮喘又开始变本加厉,愈发严重。他开始一阵接一阵地急喘,随后喘得他汗出如浆,神志不清,半人高的氧气筒用完一支又接一支,情况最紧急的时候,所有的医生都不约而同地摇头叹气,向亲属们暗示:"应该有所准备。"

杜公馆上上下下乱成一团。几个成家立业的儿子和孙太太都住在外边,惟恐临时生变来不及到坚尼地来送终,孙太太、杜维藩、杜维屏、杜维新,再加上住在坚尼地的杜美如、杜维善、杜维嵩,和嫁到金家的杜美霞,所有在港的太太、儿女、孙儿、孙女,每天都到坚尼地守夜,以防万一。

自1950年5月中发病到6月下旬,杜月笙这次病情恶化连续一个多月。他躺在床上用氧气,仍旧喘个不停,身上的小褂裤一转眼就被淋漓大汗濡成透湿,侍候他的人忙不及脱下,揩干身体再换穿。好不容易在盛夏时分,喘势又渐渐地止住了。

杜月笙在鬼门关口打过了一转。大病初愈后,他形销骨立,面容憔悴得令人不忍平视。

6. 信江湖术士丢了命

寻找生命的力量

"男儿由来轻七尺,好汉最怕病来磨",随着各个帮会在上海滩十里洋场的没落,杜月笙被大病磨得壮志消沉,彷徨畏怯。尽管他极力想活下去,但是,他内心里却已失去对生命力的信心。这位曾经艰辛奋斗,用赤手空拳打出一片花花世界的一代豪强,当他九死一生活过来时,竟开始热衷于求巫问卜,参详命理,借命相专家的言语来求得心理上的安定与慰藉,从中寻找活下去的力量。

于是乎,杜公馆常常出入的人员中,又多了一批或则道貌岸然,或则仙风道骨的星命专家、江湖术士。他们有的是朋友介绍的,有的是自家慕名而来的,一时旅港的名相士紫虚上人、袁树珊、李栩庵,还有什么赵神仙、一成仙等等,被延请为杜公馆座上客,为杜月笙细推流年,观察气色。

杜月笙要算命看相,应邀者必是命理泰斗、神仙铁口。所以,每位都有其特别灵验的事例、脍炙人口的传奇。譬如最为杜月笙信服的袁树珊,以君平之术享誉海外,历数十年而不衰。他和另一位测字灵验、百发百中的李栩庵,都异口同声,推算杜月笙至少还有10年大运,要活到73岁,然后"福寿全归"。这些安慰安慰病人的门面话,杜月笙起先是深信不疑。

杜月笙的妻子、儿女、至亲好友,一概认为他热衷算命看相,遍请名家,无非是求个心理上的安慰,痼疾缠身之余得到一份新的希望而已。殊不知,杜月笙"算命看相"积久竟然成迷。这一点,连杜月笙的家人都是始料所未及。

真真假假的谶语

袁树珊和李栩庵推算杜月笙还有10年大运,是否是慰藉病人的违心之言不得而知。但在杜公馆来得最勤、走动得最多的,则是一位叫赵神仙的人。家人很快发现,他算定了杜月笙的死期,却在杜月笙本人面前故意没说真话。

赵神仙是旅美华侨,对于国文不甚了了,一口生硬的国语也是回到香港、重庆以后才学的。据说他是因为偶遇一位喇嘛僧,于是皈依佛家,专以持咒结印为修行要法,得了密宗,善觇候,可以望云气而知征兆,有一对千里眼看得到千里以外的事物。杜月笙和他相识已久,据说还多次亲眼目睹他的种种奇术。

抗战时期,杜月笙避难香港。一次,和赵神仙相聚,一些朋友请教赵神仙,告诉他上海家中所在的街道名称和门牌号码,赵神仙望空凝视片刻,然后便说出他家中的情景,种种言辞一一对实。这使求教者无不脱口惊呼,钦服他千里眼术的灵异。

杜月笙还有一次经历。祝绍周是他1927年"清共"之时曾并肩作战的好友。

抗战中期,祝是川陕鄂边区警备副总司令,坐镇汉中。杜月笙西北行时,曾接受过他的隆重军礼欢迎。后来,祝绍周赴重庆述职,杜月笙便邀他在交通银行下榻。赵神仙偶然到访,一眼瞥见祝的头顶上官星正旺,当场恭贺他不日升迁。果然不久,祝绍周被上峰任命为陕西省主席。这一幕也是杜月笙亲眼目睹的,因此对赵神仙深信不疑。

杜月笙病了,赵神仙自然也得来为他望气。看过之后,他当面对杜月笙和家人说:"杜先生的固疾短时期内并无大碍。"

不久他便去了澳门。

可是,在澳门,他写了一封信给一位杜月笙也很熟的朋友,信中说他实际上已经望见到杜月笙的魂魄逸出体外,在距地一尺多的半空中飘飘荡荡,这便是所谓的"三魂悠悠、七魄无依"的险象,因此断定杜月笙命已不久,并且还说杜月笙除非度过1951年的7月13日、15日、和18日三道险关,否则必死无疑。结果是杜月笙只过了阴历7月13那一道关口,死于7月14日。

还有一位同样预测杜月笙死期的,是善观天文星象的星家吴师青。 杜月笙不曾直接求教过他,倒是杜月笙的好友唐天如,慕吴师青之名,把他请到坚尼地杜公馆,请他为杜月笙推算。吴师青唯唯诺诺,支支吾吾。后来,出了门,他才悄声地告诉唐天如说:

"阴历7月15日的这个关口,杜先生很难逃得过。"

总而言之,常常出入杜门的命相专家、神仙铁口,当着杜月笙的面,要么欣然算出他还有十年大运可走,或则病势无碍,要么就吞吞吐吐,嗫嗫嚅嚅,没有一个人对他坦然无隐,直言相告。

精明的杜月笙真的被他们蒙混过去了吗?

一个耐人寻味的故事

家人亲友认为杜月笙真正得到了安慰,"算命看相"的功劳似乎比"起死回生"的中西名医更高。然而,偏有一日,杜月笙当着众人的面,语音苍凉地说出了一段30年前的往事。家人亲友过后一想,情不自禁地为之悚然,心情又沉重起来。

　　杜月笙说大概是1921年左右，他不曾出道，还是黄金荣左右的一位小兄弟，有一天，他陪老板逛城隍庙，走到九曲桥畔时，遇见一个和尚，一把拖牢黄金荣，硬要给他算一个命。黄金荣无可奈何，报了自己的生辰八字，和尚便给他细推流年，说以往之事，道今日之境遇，说黄金荣来日如何前途远大，如何名利双收，如何成为名噪天下的风云人物，又如何在花甲之年急流勇退，安富尊荣，寿登期颐而善终，一番恭维把黄老板喜得搔耳挠腮，乐不可支，掏一块银洋，塞在和尚手里便就离去。

　　孰不知那位和尚志不在此，收好了银洋后，偏又一把拉住杜月笙，眉开眼笑，阿谀讨好地说："慢慢交，慢慢交，你这位小阿哥，我看你顾盼自如，神完气足，眼看着就有大运来到，一步登天。这位老板，"他伸手一指黄金荣："运道固然好，但是你将来的好处还要胜过这位老板不知多少倍。来来来，快把你的八字报给我听，让我来为你细推流年，说得不准，我不要你一文钱。"

　　杜月笙听他把这一段话讲完，欢喜固然欢喜，但是起了警觉，心想自己是小伙计，老板终归是老板，命再好，也不可能好过老板几倍去。靠黄老板吃饭的他，早已对老板的性格为人如何，胆量深浅几许，摸得一明二白，清清楚楚，因此，他不等黄老板怫然变色，立刻便故作怒容，伸手指着算命和尚的鼻子，开口便骂：

　　"触那！侬阿是瞎脱了眼乌珠，侬晓得我老板是啥人？敢拿我来跟老板相比？"

　　黄金荣这才面有喜色，然后颇为满意地迈着八字步，挺胸叠肚而去，杜月笙则亦步亦趋，貌至恭顺，却是隔了一夜，他心痒难搔，独自一人上城隍庙，找到那位算命和尚，满脸赔笑，向他解释昨日不得不出于一骂的道理，果然获得算命和尚的理解。他于是定下心来为杜月笙细细参详。杜月笙30年后犹仍感叹地说：

　　"可惜我往后再也寻不着这位法师了，凭良心讲，他算命算得真准，推断我往后的事，竟是没有一件不灵验的。"

　　杜月笙为什么突如其来提起这件往事，而且不胜其感慨？莫非是他听命相专家的"美言"太多，骤然明白"君子报喜不报忧"的道理？如果真是如此，那这些星相专家们的所作所为对他的心理健康极可能会一变鼓舞而为打击。家人亲友听他说了这个故事后，反倒是忧心忡忡，疑惧不已。他是怎么想的呢？

答案一直到杜月笙死后方始揭晓。

催命书来自台湾

果不其然，杜月笙对诸多命相专家的当面奉承、饰词宽慰渐渐地起了怀疑。他辞离人间后，家人为他清理遗物时，找到了一纸命书，摊开一看，那纸命书上写了那么两句：

"64岁在辛卯，天克地冲绝难渡过。"

再一细看，命书上印好有"六月息馆主"字样，馆址则在台湾台北馆前街。

这时杜月笙的诸亲好友业才有所悟，杜月笙算命看相着了迷，同时他毕竟也算是夙有慧根的人，迷到了相当程度便晓得当面求教，一定问不出真话，于是开好时辰八字，请那位远在台湾的"六月息馆主"覆函批命，"六月息馆主"乃将杜月笙的最近命运据实批来。杜月笙看后，惟恐亲友、家人伤心难受，便把命书藏在贴肉的衣袋。

杜维藩追忆这一段经过时，他眼圈已红、不胜嗟叹，沉痛地说，父亲在1950年底以及1951年初生命意志极其坚强，对于人生犹仍乐观，"六月息馆主"那一纸命书来后，他便仿佛一心只往死路上走。

和杜维藩持同样论调的杜门中人大有人在。大家都认为，杜月笙在迈向人生最后的旅程时，由于经年累月求神问卜，可能走火入魔，"六月息馆主"那一纸命书来后，他便全盘丧失自信，失去了挣扎求生的力量。

余波尾声，这位判决杜月笙命运的"六月息馆主"究竟是何方神圣呢？直到1952年5月，杜维藩从香港返抵台湾，向王新衡打听："六月息馆主究竟是何人？"王新衡说他也不知道。后来，有一天他跟程沧波谈起这件往事，程沧波却晓得"六月息馆主"姓季，而且是一位"国大"代表。杜维藩前去拜访他，谈起杜月笙的那一纸命书，季"馆主"回答八字确由香港寄来，不过八字上没有写姓名。他怎想到算的就是杜月笙的命？ 杜维藩和许多杜门中人惊异"六月息馆主"推算流年的灵验，也曾相继求教。

但是，后来杜维藩还听说这位季"馆主"只是一个八字推算的业余爱好者，有的确实算得很准,有的也不怎么灵光,算不得大师,只能算一个三四流的"偏才"。

7. 红颜知己,冬皇之爱

在杜月笙痛苦磨难、呻吟床笫的病中生涯中,他惟一的安慰是孟小冬的尽心侍疾。

孟小冬身怀绝艺,孤苦伶仃,一辈子傲岸于荣瘁之际,受过数不清的打击,"历尽沧桑"四字可以说是她一生的写照。她自杜月笙60多岁那年进杜门,与杜月笙一起生活。但是,杜月笙长日与茶炉药罐为伴,她不曾有一日分享过杜月笙的富贵荣华,因此,杜月笙病越重,便越觉得辜负了孟小冬,认为像她这样卓荣不群的女子,踏进杜公馆这么一个紊乱复杂的环境,长伴一位风中残烛般的久病老人,对她而言,实在是一件不公平和残酷的事情。

事实上,孟小冬陪侍杜月笙到香港后,也内心不尽那么如意。因为这样的同侍同居身份名不正言不顺,她自入杜门对杜公馆的一切看不惯、听不得、受不了的事情,向来都以不屑与问的坦荡襟怀漠然对之,从不发一句牢骚,出一声怨言。然而,在她43岁生辰前夕,在迫不得已的情形之下,轻轻地说了一句话。这一句话事后杜月笙回想,便觉得其关系之大,分量之重。

那是1950年。杜月笙有意全家迁往法国。一天他在房里屈指细算,连同顾嘉棠和万墨林两家,一共需要多少张护照。当他算好了一共要27张,当着房中各人,孟小冬便淡淡地说了一句:

"我跟着去,算丫头呢还是算女朋友呀?"

她一语方出,环室肃然,一个相当重大的问题,总算提了出来。因为他们虽然同居一年多了,她还没有任何的名分。于是杜月笙下定决心,不顾阻挠与困扰,当众宣布说:他要践履诺言,尽快与孟小冬成婚。

这话一出,杜公馆仿佛投下了一枚炸弹。杜月笙与孟小冬已成同居夫妻,早成不可否认的事实。如今杜月笙缠绵病榻,天天在靠氧气过活,而且正值避难香港,日处愁城,又何必大事破费多此一举? 成婚与否对任何人都没有裨益,反而可能节外生枝,徒生无穷的纠纷。反对者持此这些理由再三陈词,苦口劝阻。但是,杜月笙置之不理,决意完成孟小冬的心愿。

杜月笙吩咐万墨林立刻筹备喜宴:"赶紧办事。"

万墨林说:"因为在孟小冬之前杜先生还有一位已逝的原配和三位夫人,所以原则上不能举行仪式,再加上先生抱病在身,出不了门,于是见礼喜宴只好在坚尼地杜公馆举行,为地点所限,请的只是一些至亲好友。"

杜月笙说:"那就叫好的酒席。"

万墨林便渡海到九龙,在九龙饭店点了900元港币一席的菜,把九龙饭店的大司务统统拉到坚尼地来做菜做饭。

喜期已近,坚尼地楼下的大厅不够摆。因为喜筵有10桌之多,临时又借了楼上陆根泉的那间大厅,邀请的亲友全部到齐,无一缺席。那一晚,杜月笙带病陪客,做63岁的老新郎,43岁的孟小冬的脸上也出现了笑容。杜月笙在港的儿子、媳妇、女儿、女婿一一前来重新见礼,跪拜磕头如仪。

"妈咪"送了他们每人一份礼物,女儿、媳妇是手表一只,儿子、女婿则一人一套西装料。

但是,办了喜宴,孟小冬有了身份,杜月笙去法国的打算却泡了汤。这则低调的婚事虽然明确了孟小冬在杜家的身份,却把她牢牢地绑在病榻上的杜月笙身上了。

她虽然在杜月笙跟前强颜欢笑,神色自若,然而,即使是朝夕相见,杜月笙也可以看得出她花容憔悴,日渐消瘦,眉宇间常有忧悒之色。在杜公馆,她是孤寂的,忧闷的,她不能随波逐流,更不会敷衍应酬,对内对外,一应交际酬酢、家务事项,都是姚玉兰管,孟小冬轮不到也不想挨,而看护随时可能有生命危险的杜月笙,则是落在她肩头的一副重担。这一副担子,一日24小时,常年累月,没有一时一刻可以卸得下来。大家庭,两房太太合住一个屋檐下,姚玉兰和孟小冬即使情同姐妹,牙齿也有咬着舌头的时候,杜公馆因为男主人病重,仿佛一年四季不露一丝阳光,不闻一阵笑声,这凄凉黯淡的日子,孟小冬过得更是心不舒,气不畅。

由于杜月笙常年卧病在床,他再也没有了当年的神威、名望,杜公馆也逐渐冷落下来,日渐失去了以前的兴旺景象,并且掩饰不住地显露出大家庭破散的先兆。

经常出入杜公馆的亲戚朋友,常常可以看得到,坚尼地台18号杂乱无章,一片散漫。家里面往往只有三五个人,一日三餐,也得开上好几处,除了中午外面厅上开一桌或两桌招待客人外,就常是姚玉兰在房自己吃饺子;孟小冬冲牛奶下洋点心,也是关起门来吃;至于病人杜月笙,他那一碗煨面当然要端到床上。其余少爷、小姐,各有各的卧室,同样也各有各的吃处。杜月笙的那个大房间,由于病中怕烦,儿子、女儿们平时就没有和他亲近的习惯,于是那个房间也不能成为全家聚晤欢谈的集合地。在这种情形之下,把坚尼地18号地大门一关,杜公馆便成为了许多各自为政的小单位、凑在一起的大杂院。

这样的状况使得寂寞、孤单的孟小冬更加心境凄凉,只有机械般地每日从事"看护"工作,而她所悉心调理的病人,又是几乎已注定是不可能痊愈的。因此,她心中的苦楚说都说不得,也无人可去诉说。

杜月笙体会得出孟小冬的心境,了解她的苦闷,因此对孟小冬一向具有的"敬爱之情",一变而为"深心怜惜",他很小心地不把这种"怜惜之心"形诸颜色,因为孟小冬的性格就是"荷尽已无擎雨盖,菊残犹有傲霜枝"所言。无论在任何艰难困苦的情况之下,她不会皱一下眉,叫一声苦,然而,假若有人贸然地向她表示同情、怜悯,她反而会怒气填膺地绝裾而去。

愧于孟小冬给予的太多,而自己为孟小冬尽心尽力的地方太少,杜月笙急于争取补偿的机会,在日常的生活中,忍耐着自己的痛苦,跟她轻声细气地说话,聚精会神地交谈,平时称呼也跟儿女们一样,亲亲热热地喊她"妈咪"。"妈咪"想买什么,要吃什么?只要孟小冬略一透露,他便忙不迭地命人快办。于是,在外人看来,很多时候,几乎就是杜月笙反转过来多方面照顾孟小冬。尽管如此,人们都可以看出:这是一对惺惺相惜的人儿。

8. 我不想活了

一句话的"惊醒"?

1951年7月,吴开先又从台北飞抵香港。杜月笙很高兴,讲定7月27日中午为他接风。

那天早上,杜月笙觉得自己头发长了,便命人去喊了一个剃头师傅在家中理发。一会儿,隔壁头的朱文德一脚踏进来。这时是上午10点钟,杜月笙的头发刚理过,显得春风满面,容光焕发。朱文德见他气色这样好,心中也是欢喜,和先他一步而来的万墨林一起陪着杜月笙聊天。

万墨林提起了美国国务院公布的旧金山草案:"全文竟然没把中华民国列为签字国,我们抗战过八年,是第一个和日本人交战的国家,现在和日本人订和平条约,居然没有我们中国,很不近人情。"

杜月笙也认为此一轻率的决定不仅不合情理,而且太不公平,愤慨地说:

"中国的八年抗战,牺牲3000万军民生命,方始换来太平洋战争的全面胜利,终使日本宣告无条件投降,而今大战结束,不过6年,对日和约之签订,我国居然连签字国的资格,都被剥削。这简直是欺人太甚!"

接着,杜月笙由八年抗战谈到"一二八"、"八一三"抗战,说上海市民抗战情绪之高涨,捐输支援之热烈,再谈到他一手组织的抗敌后援会、地方协会,再谈到他迁居重庆,谈他直抵淳安。话匣子一下打开,他滔滔不绝,一谈就谈了两个多钟头。

朱文德和万墨林看他精神甚佳,固然私心窃喜,但又察觉他这种情形似乎是有点反常,当下两人心里便系上了一个疙瘩。

中午1点钟,吴开先如约而至。 杜月笙亲自迎到客厅,握手寒暄,十分欣愉。随即,开洗尘之宴。一席欢宴,从1点钟吃到下午2点多钟,一桌人还在开怀畅饮,兴高采烈。多年老友、每天都要到杜公馆吃中餐的秦大律师——秦联奎,这一天却迟到了,巧的是还赶上了众人并未散席。他来了,在座诸人含笑相迎,佣人安排好座位杯筷。秦大律师之来使接风席上又起高潮。

喝了杯酒,吃几筷子菜,秦联奎向杜月笙望望,脱口而出地说:

"月笙哥,你这几天见胖啊!"

"胖?"杜月笙听了便是一怔,伸手摸摸自己的面颊,皱起了眉头说:"恐怕这不是胖啊,是我脸上浮肿了呢。"

于是众人异口同声,一致说杜月笙近两日确实胖了。万墨林一再强调,杜月笙今早谈国家大事,一谈便是两个多钟头,此刻坐席又一个多小时之久,精神饱满,丝毫不露疲色,这是最近以来极其罕见的情形,表明他的身体确实好了不少。

尽管众人都善为譬解,多方安慰,然而,杜月笙脸上的欣快之色却渐渐消尽而去,换上了愁容满面,疑惑不定,接着喊声:"杜维藩,去给我拿面镜子来!"

杜维藩应声离座,到内室去找了面镜子,递到杜月笙手上。

杜月笙揽镜自照,细细端详,等他放下镜子招呼客人用菜时,在座的人都看得出来,他已笑容牵强,无精打彩,和几分钟之前判若两人。又勉强坐了片刻,他便推说困倦,要进去午睡。

这又是极不寻常之举,他回房间了,留下满座嘉宾相顾愕然。

这一天是阴历6月21日,距离杜月笙64岁生辰只差23天。

就从一句"月笙哥你见胖啊"开始,杜月笙闷闷恹恹,了无生趣,家人、亲友想尽方法使他开心欢喜,却是一概不生效力。

自己吓自己

7月28日上午,11点钟,朱文德又到了杜公馆。杜月笙把他喊进房间,交代把门关上,然后十分机密地告诉朱文德说:他有一笔美金,交给远在美国的宋子良,请宋子良代为投资,宋子良说是把这笔钱买了美国股票,倒还赚了些钱。他叫朱文德代笔,写一封信给宋子良手下的席德懋,请他把股票生意的经营情形开一份清单,尽快寄到香港来。

朱文德代杜月笙把信写好,发出去了。吃过中饭以后,他先回家打过转。

晚间,袁国梁又来探望"杜先生",杜月笙命他留下,陪他在小房间里吃煨

面,突然之间他眉头一皱,向袁国梁摇头苦笑,说道:

"吃不下去了。"

袁国梁赶紧起立,双手扶起他,嘴里说:

"我扶你回房间休息。"

杜月笙用力挺了挺腰,身子却仍不能起立,于是他喃喃自语:

"怪呀!怎么我这两只脚一下子变得一点力气也没有了哩。"

袁国梁便多用点力,将杜月笙半抬半挽地送回房间,服侍他睡下。杜月笙睡到了床上,好像自己也觉得诧异,连连摇头,自言自语:

"不对了,不对了!这次不对了!"

坚尼地杜公馆立即陷于一片紊乱。姚玉兰和孟小冬闻讯匆匆赶来,趋前急问,惶恐之色溢于言表。杜月笙于是吩咐家人说:

"去喊丁济万来!"

有人忙不迭跑去打电话,房间里不知是谁轻轻提醒一声:

"要不要把陆医师也请来?"

说这话的用意,是因为丁济万是中医,杜月笙果若情况危殆,必须西医才能救得了急。躺在床上的杜月笙听到了,点点头说:

"对的,再去请陆医师。"

丁中医师和陆西医师一前一后赶到杜公馆,把过了脉,听过了心音,仿佛并没有什么毛病。再问杜月笙:"可觉得什么不适意?"

这一次,连杜月笙自己也答不上来,他只是说:

"我只是觉得不对了,再就是两条腿发软。"

没有显明的症状,两位医师都苦于无从处方,于是,由丁济万开了一贴常服的药,培元固本,增强体力。杜公馆两位夫人惟恐深更半夜意外生变,请陆医师留下来通宵守夜。

孙夫人、隔壁头的朱文德与万墨林、杜月笙的几位公子全都得到了消息,十万火急地赶来,一大群人陪着那位陆医生在客厅里枯坐守夜,大家自我宽慰,都说杜月笙近来健康情形很有进步,不至于有什么特殊变化,今夜无非老病复发,多半是一场虚惊。

然而,时钟敲了一下,午夜1时正,杜月笙的房门开了,徐道生快步走到客

厅,直趋朱文德的面前,轻悄地说一声:

"杜先生请你。"

朱文德进房间以后,守夜的人焦急地在客厅里等候,可是过不了多久,朱文德气急败坏地跑出来了,告诉大家:

"杜先生关照我,打电报到台北,请京士兄火速来香港。"

守夜的那许多人心脏齐齐的往下一沉。陆京士这时在台北,公务极为繁忙,杜月笙说是请他火速来港,肯定是自知不行了。

大家心情沉重,商量起草电稿,朱文德怕耽误时间,顾不及听取七嘴八舌的意见,当机立断地说:

"京士兄已经接到杜先生的信,晓得病情恶化,这个电报,简单明了,就用'尽速飞港'四个字,这要胜过千言万语。"

28日,平安无事。

秘密原来在这里

29日,杜月笙乍看起来一如寻常,可是,他却命人再拍急电到台北,电文由他自己口述,也是干脆了当的四个字:

"病危速来!"

7月31日接获陆京士的复电,定于8月1日自台飞港。

8月1日,亦即阴历6月25日。杜月笙精神振作了些,老友杨志雄来探疾,中午两位老友一道在客厅里午餐。吃过了饭,杜月笙先向杨志雄抛个眼色,然后轻声说道:

"我们到里面去谈谈。"

杜月笙所谓的"里面",即他自己的房间。杨志雄跟在杜月笙的后头,走进房间之后,杜月笙先把房门关上,请杨志雄落座,然后自己躺了下来,神情肃穆的正告杨志雄说:

"我今朝要跟你谈一件正经事情。"

于是杨志雄正襟危坐,双手加膝,俯身向前问道:

"老兄,有什么指教?"

万万料想不到，杜月笙竟石破天惊，晴天霹雳般地说道：

"我告诉你，我不想活了。"

当下杨志雄大吃一惊，心跳突突。他深知杜月笙平生无戏言，更知道问题之严重。但是，另一方面，他又衷心希望杜月笙是在跟他开玩笑，于是特地打个哈哈，漫不在意地答道：

"月笙哥，阿是侬今朝心里不开心，侬阿是要跟我发发牢骚？"

"我今朝已经做过祷告了。"杜月笙答非所问地说，"京士今天能够来，我还可能有希望，否则的话，我这次的病一定凶多吉少。"

这一日，正值台风袭港，山摇海啸，天昏地暗，杨志雄听杜月笙这么说，心中即已升起不祥之兆。但是为了安慰杜月笙，不使他尽钻牛角尖，因此他再用玩笑口吻说：

"月笙哥，你这叫什么祷告？你简直是在跟天老爷打赌嘛！"

然而，杜月笙并不理会他，一声苦笑，慢慢地告诉杨志雄说：

"志雄兄，我跟你相交已久，素有渊源，而且特别的有缘分，因此，我才把我在别人面前从来不说的话，说给你听，我老老实实告诉你，我实在是不想活了，我为什么不想活？其中原因，我想你至少可以晓得一半。"

杨志雄这才明白，杜月笙是对现实生活失望了。他一面搜索枯肠，想找些能使杜月笙"看得开些"的劝慰说词，然而直到最后，只是无可奈何地说：

"月笙哥，自从共产党占据大陆，我们逃出上海滩，那所有的朋友，哪一个没有困难？月笙哥你只要想想，困难是人人免不了的，你就可以心安理得，撑过这一段日子，将来总有重回上海的一天。"

"你说得不错，志雄兄，你们都可以重回上海滩，就只是没有我杜月笙了，"杜月笙惨然一笑，继续说道："我老实不客气告诉你，如今我存在香港的钱，几乎全部用光。我早就晓得，我这笔钱用光了的时候，我就惟有死路一条。"

"笑话！"杨志雄提出抗议，提高声音说："莫说你杜先生一生一世仗义疏财，功在国家，就凭你几十年里放出去的交情，你救了多少条性命，济了多少人的急难，造成多少人升官发财的机会？只要受你恩的人天良不泯，略略的尽一尽心，报一报恩，月笙哥你还会为铜钿的事情发愁？"

但是，杜月笙摇摇头，笑了笑，其笑容之苍凉、惨淡，令杨志雄无比悲酸、无限凄楚。杜月笙接着说：

"志雄兄，人人都有床头金尽，钱用光了的时候，人人都可以说明朋友有通财之义，缓急相济的话。惟有我杜月笙不可以，因为我无论借多少钱，其结果终究还是用光。"

"月笙哥！"

"一个人与其沿门托钵的求生，多活一日只不过多拖累一些朋友，"杜月笙不胜唏嘘地说，"何不如早点走路，落个清清白白地死，干干净净地去？"

杨志雄不胜悲怆，不敢正视杜月笙，于是默默地低下头去。

"我杜月笙还是这个老牌气。"蓦地，杜月笙又眉毛一掀地说，"说一句是一句，我说我不想活下去，老兄，我只是希望你不要跟他们一道乱搞，你们想救我一命，其实是反而增添我的苦恼。"

这是杜月笙和杨志雄推心置腹，坦诚相见的最后一次倾谈。

9. 死了五次，才撒手人寰

唯一能救命之人

8月1日香港风狂雨骤，整夜不停。杜月笙视为一线生机的陆京士自台抵港的希望终于因为受阻于恶劣气候，因而破灭。

其实，陆京士在凌晨5点，拂晓之际就已赶到台北的松山机场。由于香港刮台风，松山机场宣布停航。陆京士忧心如焚，却是也无可奈何，只好在机场急电香港，改在8月2日启程。

当天晚上，杜月笙面容灰白，神情沮丧，至亲好友围绕在病榻之旁。他环顾四周，一张张面孔俱是焦灼万状，于是又皱了皱眉头，漾起一抹苦笑于唇角，然后宣布说：

"我今天许了个心愿，我心中所想的这一个人如能飞到香港，那么，我的病或许能够得救。但是，方才我偏偏接到这个人的电报，说他今天不能来了，所以我现在已经晓得，我这个病绝不会好了。"

围着的家人、亲友挖空心思进行宽慰劝解,劝他不必迷信。但是,杜月笙的脸上却竟出现一种极不耐烦的神情,向这些争先恐后发话安慰的人,着力地一挥手说:

"好啦,好啦!"

众人缄口不语了,他更是闭紧了嘴巴,躺在床上,睁大了眼睛,仰望天花板,似在休息,又像是在深思长考。一室寂然,逼人而来的低气压使房里的人一脸愁苦郁悒。

狂飙来袭的一夜总算平安度过。8月2日早晨,满天阴云,空中偶尔飘过一阵急风劲雨。吴开先、沈楚宝、朱文德和杜维藩赶去飞机场准备迎接陆京士。万墨林打电话问香港启德机场,终于获悉:台风已离境,可是滞留台北未能成行的旅客很多,当日上午是有一架飞机从台北来香港,飞机上有没有陆京士,启德机场还不知道,因而也就无可奉告。麕集在客厅里的杜门亲友一商量,决定暂且先不告诉杜月笙陆京士究竟来不来,等到获得了确讯再告诉他,免得他激起希望再失望。

但是杜月笙却深信陆京士这一天一定会到,因此精神显得特别好,坚持要起床到客厅里去,家人、亲友明知他是极力振作等候陆京士,没人敢劝阻。吃中午饭的时候,他要在客厅里和大家一同进食,眼睛却不时地在向门口探望。

刚开饭,还不曾动筷子,电话铃响了,杜月笙特别留神,接电话的人一听对方讲话的声音,立刻喜滋滋地向杜月笙报告说:

"是朱文德从飞机场打来的。"

杜月笙点点头,筷子往桌上一放,等着电话里传来的消息,只见万墨林放下电话筒,一面跑过来,一面在哇里哇啦地喊:

"京士兄到了!朱文德说,他今天一早5点钟就跑到飞机场,所以赶上了飞机,此刻正在办手续,马上就可以坐车来!"

杜月笙脸上却将信将疑,似笑非笑,谁知他却缓慢地摇头,冷冷地说:

"假的,假的,骗骗我高兴罢了。"

虽话如此说,但是众人注意得到,他已经轻轻地搁下了饭碗,那意思显然是想等一等,等陆京士到了再一道同吃。于是,在座诸人也不约而同地将碗筷放下。

从杜公馆门外一直到客厅里,一路都有人在驻足盼望,因此,当陆京士一行抵达杜公馆时,便自外而内地爆出声声欢呼:

"来了!来了!"

饭桌上的杜月笙更是迫不及待。他颤巍巍地站起来,于是,客厅门口一下子涌进来好些个人,簇拥着风尘仆仆的陆京士。紧跟在陆京士身后的,则是到启德机场去接他的吴开先、沈楚宝、朱文德和杜维藩。

杜月笙一见陆京士,情不自禁,喜极而泣,眼眶中滚动着泪水,右手一抖袍袖,急切地伸出那只干瘪枯瘦的手和陆京士紧紧交握,一抓住了便牢牢不放,与此同时,他还用左手在陆京士的背上,一遍又一遍地,轻轻抚拍。

陆京士和杜月笙多时没见面了,乍一见面,看见他病体支离,形销骨立,竟然憔悴衰弱到如此程度?心中也一阵酸楚,两股热泪即将夺眶而出。但是,他深知此刻一哭不大相宜,于是竭力地忍住。聚集在周围的杜门中人看见他眼睛红了,人人都在心中默念:"京士兄,你万万不可哭啊。"

陆京士忍住不哭,却是苦于一肚皮的话一句话都讲不出来。这时他只听到杜月笙在用感慨万千的声调声声叹息地说:

"就是我的儿子,听到了我病重的消息,也未必能够立刻赶了来。京士,你在台北有这样重要的工作,居然就不顾一切的,跑一趟香港,真使我不胜感激。"

陆京士凄酸难忍,讷讷地说:

"先生,这是我应该的嘛。"

于是杜月笙重又亢奋起来,流露着一脸的喜色,关怀地问:

"京士,你还没有吃饭吧?"

陆京士点点头。其实,他惟恐迟到一步,搭不上飞机,大风雨中,天还没亮便匆匆地赶到松山机场,莫说午饭,他这大半天里竟然是水米不曾沾牙。

"来来来!"杜月笙拉起陆京士的胳膊,"我方才就是在等你,此刻我们一道来吃。"

杜月笙拉陆京士和自己并肩坐下,又殷殷地招呼吴开先、朱文德和沈楚宝,叫大儿子杜维藩也落了座。佣人立刻送上饭来,杜月笙眼睛直直地望着陆京士,伸出右手去接,那只右手由于过度的兴奋和激动一直在簌簌地发抖。佣人确实将饭碗递到了他的手上,他也接住了,然而却不知道怎么一来,饭碗晃了一晃,"当啷"一声,摔到了地上。

一只饭碗齐巧摔成两片,杜月笙身旁的地板上饭粒狼藉。这立即仿佛骤然之间响起了巨雷,一客厅的人脸色陡变,偌大客厅寂静如死。

然后又有此起彼落地宽慰、支吾和敷衍之声:

"快点再添一碗来!"

"赶紧扫开!"

"不要紧,碎碎(岁岁)平安!"

佣人迅速地再添上饭,扫掉地面的碎碗和饭粒。

在杜公馆吃中饭,原是众口交誉的一份无上享受,杜公馆的厨师"小鸭子"烧得一手上佳的家乡口味,名肴美酒,源源而来。主人好客,天下闻名,在座又都是知己、好友,上天下地,插诨打科,健谈聊天的题材,无所不包,无奇不有,到杜公馆吃这一顿饭,常常使人乐而忘返,遍体舒泰。然而,8月2日杜公馆的这一顿午餐,却是人人心情沉重,食不甘味,连最能"打棚"的朋友也想不出一句话来排解。

只有杜月笙一面捧着满满的一碗饭,一面在跟陆京士慢慢而谈:

"今年上半年毛病发作得少,我还以为病况好转了哩。哪里想到这个月初以来,两只脚忽然麻痹,简直下不了地,更苦的是不分白天夜里都睡不着觉,气喘病又是越来越厉害,病到这个地步,我就晓得自己一定是不行了。因为我有不少的事体要嘱托你,所以又是写信又是电报的催你来。并不是我无缘无故害你着急,实在是怕迟了两天就见不到面。京士,你今天来了我好开心,原以为我这个病还有得救呢。"

陆京士心乱如麻,挖空心思想出几句话安慰说:

"先生气喘的毛病由来已久了,只要静养几天,自然会好。"

"不,"杜月笙摇着头说,"这一次我是爬不起来喽。8月1日你不来呢,那就是我寿数已尽,无法挽救。哪里想到8月1日那天突然之间起了台风,飞机不能开,把你硬留在台北,这件事对我来说就是一项凶兆,再加上刚才我打碎了饭碗,岂不是凶上加凶了吗?我认为这不是迷信,而是天老爷在告诉我,我再也爬不起来了。"

陆京士只好强颜作笑地答道：

"先生还说不是迷信呢，8月本来就是台风季节，打破饭碗那更是稀松平常的事情。"

杜月笙付之一笑，不说了。

从这一天开始，陆京士昼夜侍疾，衣不解带，这倒不是杜月笙非要他亲侍汤药不可，而是陆京士心知师生相处的时间已很短暂，因为20多年的知遇之恩，一刻也不忍轻离。另外，杜月笙随时都有机密大事和他相商，往往一觉睡醒，睁开眼睛便喊：

"京士！"

假使陆京士不在身边，杜月笙便会觉得恍然若有所失，必等陆京士闻讯赶来，他的神色才怡然轻松下来。近代中国，论个人交游，杜月笙上自名公巨卿，下至贩夫走卒，他的一本交游录即使只开名单，恐怕也得写上厚厚的一本，论其广阔及为数之多，当代可以说没有第二人。然而，当他病入膏肓，朝不保夕之际，他竟仿佛只有一个知己——陆京士。陆京士口口声声强调这是缘分，其实，在杜月笙的心中，还是可能有着"相交遍天下，知己能几人"之感慨，所以特别看重陆京士，甚至视之为"可以救命之人"。

难以侍候的病人

自8月2日到8月16日，杜月笙一直不曾离开过病榻。

2日中午吃过了那餐打碎饭碗大不吉利的午餐后，杜月笙被人搀回他的轮椅，徐徐推向他的房间，再把他扶到床上，宽衣睡好。从这个时候起始，他便给他的家人、亲友一个印象，前两日他焦急地在等陆京士的到来，现在陆京士来到了，他便心满意足，了无憾恨，只有睡在床上等死这一件事了。

焚膏继晷，随侍在侧，对杜月笙尽最后一份心意，这个差使是很难当的。因为在步向人生最后旅程的杜月笙，不但喘疾时发，而且体力衰竭，神志涣散，饮食睡眠一概逸出常轨。他一天只睡很少的觉，尤其那短暂到显然不够充分的睡眠，还要分作几次去睡，最令人伤脑筋的，是谁也无法测知他睡着了还是仅在瞑目养神，往往眼看着他已睡得很熟，正想蹑手蹑脚地走出去，办一点私事或

透一口空气,杜月笙偏又适时地睁开眼睛,有气无力地喊:

"京士!"

"妈咪!"

或者是:"娘娘!"

于是,不论是陆京士,孟小冬或者姚玉兰,全部停止脚步,走回他的跟前探问:

"有什么事吗?"

然而杜月笙的回答,又多一半是缓缓地摇头。

其实这只是他对人世间最后的一点依恋,对于他所心爱的人能多谈一句便多谈一句,能多看一眼就多看一眼。

像这种霍然而醒,脱口而呼,杜月笙喊的次数最多者的是孟小冬与陆京士。所以,孟小冬,陆京士像被一根无形但却有力的绳索拴牢在杜月笙病榻之前。陆京士是摆脱一切公私事务专程侍疾而来,孟小冬则对杜月笙一往情深,此时此境恨不得以身相殉。然而,这两位杜月笙一刻也不能离的人——孟小冬与陆京士都有苦衷,孟小冬的身体本来不好,她一入杜门只有"亲侍汤药"的份,弱质红颜于是人比黄花瘦,再加上明知杜月笙油尽灯枯,终将不起,巨大的悲哀把她压得椎心刺骨,眠食俱废,若不是杜月笙需要她,她早已不支病倒。她那副勉力振作,强打精神的模样,神情憔悴,人见人怜,因此大家都劝她也要保重自己的身体,倘若她再一病,将给杜月笙带来的打击肯定不堪承受。孟小冬总是摇头苦笑,轻轻地说道:"我不要紧。"

陆京士自抵香港之日起,每天尽可能留在杜月笙身边,但是他有双重的困难,一是杜月笙还有许多事情要他办,有时不得不到外面去走走,二是坚尼地房屋并不宽敞,每个房间都住有人,他每日睡眠很少,只是靠在沙发上歪歪,因此熬了几夜之后,便跟杜月笙先说明白了,每天下午两点钟暂且离开一下,去出门办事或到朋友家中小睡片刻,然后,他再赶回来。

交代后事:"死后要回大陆"

陆京士与经常为杜月笙诊疗的几位大医师——吴子深、梁宝鉴、丁济万、吴必彰和朱鹤臬都是熟人,有深厚的友谊,他暗中向他们请教:"杜先生这一次发病,究竟危险到什么程度?"

结果,获得的答复是"群医摇头"。同门弟兄朱鹤臬是杜月笙上海撤退来港时一路跟了来的,为杜月笙诊病已历两年半之久,他直打直地说:

"先生这一次病得严重,恐怕不是药石所可以奏效。因为他'精、气、神'三者无一不缺,随便怎样都难以拖下去。"

陆京士听了这话,对杜月笙的康复也绝望了,几位大医师语气中还暗示他应该及早预备后事,迟则惟恐不及。这让他极其为难,煞费踌躇,后事如何办理?必须杜月笙自己先有所交代,但是,这样的话又叫他怎样开得出口?还一个问题就是钱的问题。据陆京士了解,杜月笙的经济情况不但不如外间所传那么富有,相反,可以说是已形拮据。而他还有四房妻室,八个儿子和三位爱女,后事肯定拮据。

8月4日早上,杜月笙睡了一会儿,醒来时已是红日满窗,天色大亮。他没有喘,连氧气罩都不要用。在房间里守了一夜的除陆京士外,还有姚玉兰、孟小冬、杜维藩、杜美如好几个人。他们看见杜月笙面容平静,神清气爽,心中不由一喜,以为这又是好转的征兆,却不料杜月笙嘴唇翕动了一阵,张口便叫声:

"京士!"

"哎——"陆京士连忙答应,急趋床前。杜月笙两眼直望着他,淡然一笑说:

"趁此刻我精神还好,我要和你谈谈,怎么样办我的后事了。"

屋里的人听了齐齐的一震,孟小冬头一个痛哭失声,立刻掏出手绢掩住自己的嘴;姚玉兰、杜维藩等人也在吞声饮泣。陆京士把悲哀压在心头,说不出话,于是点了点头,表示他在凝神倾听。

杜月笙望望陆京士,又闪了啜泣声中的妻子、儿女一瞥,他神情肃然,语调十分平静、低沉,很像是在谈着别人的事情。

"此地是香港,不是上海,我们在这里算是做客,所以丧事切忌铺张,"顿一顿,杜月笙又说,"从移灵到大殓,前后绝不可以超过三天。我去的时候就着长袍马褂,这是我着了大半辈子的衣裳。"

陆京士点头。

"不过有一件要多用两钿的事,我那一口棺材,"杜月笙顿了一顿,然后加以解释地说，"这并不是我死出风头，一定要买口好棺材，而是我不要葬在香港，'树落千丈，叶落归根'，活的时候我因为这个断命气喘毛病，到不了台湾，死了我还是要葬到台湾去的。将来反攻大陆，上海光复，再把我的棺材起出来，我请你们带我的尸骨重回上海，落葬在高桥，我出世的地方。"

杜月笙话说多了，有点累乏，歇了一阵，才继续交代陆京士。他先自嘲地说：

"我一生一世，过手洋钿何止亿万，一旦两脚一伸，我只要你们在这件事上完成我的心愿，让我多用两钿，其余的事一概从简。顶要紧的是要记得我们正在落难，凡事切忌招摇，免得给别人批评。所以不论开吊、出殡，绝对不许再摆什么场面，你们要是不听我这个话，那就不是爱我，反倒是在害我了。"

接下来，他又再三叮咛，遗体大殓以后，移灵东华三院的义庄。因为华东三院主席是杜月笙的老朋友、老搭挡，早年相帮他联络法国佬，担任翻译的李应生。李应生是广东人，离开上海后业已侨居在香港多年，在香港有势力，足以保护杜月笙灵柩的安全。

关于遗嘱的拟订，财产的分配，杜月笙反倒仅约略指示了几项原则，然后说：

"后天晚上，京士你邀钱三爷、金先生、顾先生、开先兄和采丞兄，到这边来便饭，就烦你们六位，先来商量一下。"

从这一天开始，杜月笙集中心智，一一安排他的后事，对于妻子、儿女、至亲好友，乃至于服侍他的佣人，每一个人他都分别有所交代，但由于人太多，要说的话一时说不完，他只好说一阵，又瞑目休息一会儿，养半天神，等到精神体力，稍微恢复，他又挣扎起来再说一两句。因此，有人一次便听完了他的谆切嘱咐，有的则一等再等，将分为许多次所说的话，总加起来，才知道一件事情。家人、亲友眼睛红肿的，穿梭般来往于病榻之前，看他说几句话都如此吃力，却又一心急着要多讲些，回想他扬威沪上、纵横香港……一幕幕撼人心弦往事，念及人犹是也，而洛钟将崩，于是，一离开他的房间竟无不泪流满面，放声一恸。

8月6日下午7时，钱新之、顾嘉棠、金廷荪、吴开先、徐采丞和陆京士，在客厅里屏却诸人，密商杜月笙的遗嘱。六个人一边用饭一边长谈，杜月笙还在房间里醒着，频频关照不许任何人闯进去，打扰他们六位的谈话。

陆京士首先发言。他报告杜月笙这几天里所关照他的各项原则,并且透露当他在台北接到香港方面"病危速来"的电报,即已知道杜月笙的后事必须及早安排,为此他曾在一日之内访晤了台北高官洪兰友、陶百川、刘航琛、王新衡和吕光,向他们请教如何办理杜月笙身后事宜,然后再把这五人所提供的意见也逐一加以叙述。

在座六人参酌杜月笙本人所提出的原则,再加上台北方面的建议,起草了三份遗嘱稿,一份是对于国家、社会的公开表白,一份训勉子孙,一份为遗产分配。

其中最为家人戚友关心的,当然是杜月笙的遗产如何分配?但是,由于没有人晓得杜月笙究竟还有多少钱,因此只能作原则性的分配比例。比例定为杜月笙的四位太太和八儿三女,各获遗产的一半为原则。四位太太平分杜月笙遗产的一半,八儿三女中,则硬性规定未成家的比已成家的多拿二分之一。

9点钟,三份遗嘱草稿均已拟妥,问过了杜月笙犹仍醒着,于是,六位友好和门人拿着三份遗嘱稿,一起进入杜月笙的房间。这时,孙夫人、姚玉兰、孟小冬和杜月笙在港子女都在病榻之旁,或坐或立。

于是,由陆京士宣读三份遗嘱的内容。杜月笙聚精会神,注意倾听,他偶尔打一个岔,修正若干字句,但从大体上来说,他几乎是全部同意。

遗嘱读给杜月笙听过了,经他允可,算是定稿。钱新之尽管是多年老友,杜月笙却向来人前人后都尊称他"钱先生",金廷荪、顾嘉棠是结拜兄弟,吴开先也是他缔交二十年的好友,徐采丞则为抗战前后杜月笙的心腹智囊之一,陆京士为恒社的首脑人物,跟杜月笙之间,一向情逾骨肉。于是,钱新之、金廷荪、顾嘉棠,吴开先、徐采丞、陆京士六人被杜月笙指定为遗嘱执行人。

遗嘱由杜月笙略予修改就算OK了,在病榻前的三位夫人,四子三女,闷声不响毫无异议。

等到仅列分配方式的遗嘱当众确定后,杜月笙才从容不迫地说出他的遗产数额。在交代了几件家事以后,他开口说道:

"我只有一笔铜钿,留给家属作生活费用。这笔钱我是托宋子良先生保管的,数目是10万美金。因为宋先生代我用这笔钱买了股票,多少赚着一点,大概有11万美金左右。"

这时,在场的人无不为之惊怔错愕!谁也没有想到,一辈子在金山银海里面挥之如土的杜月笙,留给庞大家属的遗产居然只有11万美金左右,折合港币,不过60多万。

三位太太,四儿三女分这笔钱,一个人到手能得几文呢?

但是杜月笙对于任何人的反应,一概是置之不理。他说完了话,长长地吁一口气,然后,似老僧入定,轻轻地合上了眼睛。

总在鬼门关前打转

从8月7日这一天起,杜月笙沉睡的时候多,清醒的时候少,不过他沉睡只是为了培养精力,使自己能够妥妥善善地安排后事,而在所有乱杂如麻的事项之中,他最注意的还是他和知己友好之间银钱的往来账目的清楚。人欠欠人,十万百万,在这般人里一向是"言话一句",既不见账目,又绝无字据,因此就必须由他自己"言话一句"而理楚了清。

下午5点40分,杜月笙突然昏厥。有人跑过去把他的脉,惊天动地一声喊:

"哎呀,杜先生脉搏呒没哉!"

顿时,妻儿、子女便爆出号啕大哭。这时,又有人发现杜月笙的小便直在流个不停,于是便高声地劝慰:

"不要紧,不要紧,还有小便哩!"

正巧守候的都是中医师,急切间无法下药救治。忙乱中有人飞奔出外打电话,请距离最近的吴必彰快来,但是一直等到6点20分,吴必彰才匆匆的赶到。这一次,吴必彰真是卖尽了气力。他用人工呼吸法,先使杜月笙喘过这一口气,"人工呼吸"紧急施救足达半小时之久。没有一个人认为杜月笙还有回生的希望,然而他却在7点钟的时候,悠悠醒转,一声长叹。

由于吴必彰竭力救治,终告妙手回春。8点钟,他连打了两次强心针,方始把奄奄一息的杜月笙从鬼门关口拉了回来。

8月8日立秋,杜月笙的病了无起色。他时睡时醒,总是说嘴里干渴,频频地叫人取西瓜汁。其实他并不知道家属听从医师嘱咐在西瓜汁里拌了麻醉物品,以暂时性的麻醉作用使他提神益气,以兼收利小便的功效。

他早上一连喝了几杯特制的西瓜汁,果然,中午时分忽然清醒过来,精神陡长。他环顾四周,妻子、儿女的面貌历历在目,然后问道:

"事体我全部交代过了,你们还有什么并不清楚的,快快问我。"

妻儿、子女惟有不断抽泣,并无一人发问,于是,他又侧脸问陆京士:

"宋子良先生可有复电来?"

"复电来了。"陆京士赶紧地说,"10万美金之外,还有些利润,都在他那里。"

"那就好了。"杜月笙像是诸事已毕,说时似有不尽的欣慰。

这时家人亲友涌上前纷纷提出建议,一致认为主治医师过于谨慎,希望杜月笙同意换一位医师,"有以彻底改造"医疗方式,说不定能够立刻解除杜月笙的痛苦,使他很快"早好勿药"。

杜月笙以一种怜悯的眼神望着他们,由此更激起了他们更大的勇气,有人提张三,有人荐李四,众口交铄,莫衷一是,居然还引起了争论。

"算了吧!"杜月笙森冷地一声回答,宛如一盆冷水浇熄了众人的希望,他满脸苦笑地说:"你们何苦要我多受些罪?"

杜月笙所谓的"受罪",那倒不是故作矫情之言,因为"精、气、神"三者已竭,头一步,他的排泄系统全部损坏,大便小便毫无知觉地自然排泄,偶然排不出来,还得动用工具,拿铜铤去"通","通"时的痛苦自非血肉之躯所能忍受。

8月10日,医生说杜月笙最好是能去多睡一些,可是他偏偏神志清醒,合不上眼,还和陆京士频频地交谈。忽然,他伸手到枕头底下掏摸,随后摸出一个手巾包来。

"京士。"杜月笙把手巾包递到陆京士的手上,告诉他说:"这里是7000美金。"

"先生——"

杜月笙紧接着便作交代:

"你替我分一分。"

"先生。"陆京士忙问:"分给啥人呢?"

杜月笙的回答却是浩然长叹,不胜低徊:

"说起来,只有妈咪最苦。再嘛,三楼也是手里没有铜钿的。"

于是，陆京士便顺从他的心意，决定将这7000美金，分给孟小冬3000元，孙夫人和杜维藩则各为2000。如数分讫后，他再报告了杜月笙。

8月11日，杜月笙表现出一心求死、了无求生的欲望的做法。他唉声叹气地说人生乏味，再也没有任何人受过像他这样的罪。这天又有一件不吉利的事情发生，便是杜月笙的多年老友江干廷，也不知从哪里听到了杜月笙病逝坚尼地的谣言，一路哭泣地赶了来，捶胸顿足，声声号啕，嘴里直在嚷着：

"月笙哥呀，你怎么就去了呢！"

哭声惊动了坚尼地18号。万墨林快步赶到门口，一眼看到江干廷正哭得声嘶力竭，口口声声地在喊："月笙哥你去了！"当下十分慌乱，便急不择言地高声埋怨地喊道：

"江干老，你是吃饱了饭没事干，专门来触杜先生的霉头？"

"我触杜先生的霉头？"江干廷大为诧异，立刻止住悲声，急急地问道："墨林，你说这话是什么意思，难道我江干廷也会触杜先生的霉头吗？"

明晓得这是事出误会，可是万墨林因为杜月笙命在旦夕，心情当然不好，于是他借题发挥，把白发苍苍、老迈清健的江干老狠狠地埋怨了一顿。江干廷也了解他的心理，无非是为杜月笙发了急，想想自己也是不好，怎可以不问青红皂白上门就放声大哭的呢，因此不言不语地结束了这场闹剧。

12日那天，杜月笙清醒一阵，喊了声："京士，"突如其来地说：

"你想个办法，让我搬到养和医院去住院治疗。"

陆京士没有追问，杜月笙是为了家中人多怕烦，还是自以为住院治疗，可能有好转的希望？抑或，他不愿意在坚尼地18号咽气，使这里成为一座丧宅，将来徒使活着的家人、亲友触景伤情？他立刻便去和梁宝鉴、吴必彰等几位医生商量，但是获得的回答都是大摇其头。医生们异口同声地说：

"以杜先生目前的情形来看，他的病已经到了很严重的时期，从家里搬到医院，途中难免颠簸，很可能发生意外。"

陆京士回复杜月笙的时候，当然不便照医生的话直说，他只是含糊其辞，说是养和医院那边须事先安排。杜月笙听了，悄然不语，但是，自此便绝口不提要去医院的事了。

但是，从下午开始，杜月笙便陷于昏迷状态，偶然翕动一下嘴唇，即使把耳朵贴上去,也听不清楚他在说什么。

8月13日凌晨3时半,医生又发现他脉搏全无,呼吸停止,于是由梁宝鉴和吴必彰打针急救。杜月笙的许多好友多一半都在坚尼地杜公馆守候,等着送他的终,一部分人连续熬夜,精神不济,已回家休息。当他们得着消息,又快马加鞭地赶了来,好友齐集,梁宝鉴、吴必彰的急救针偏又生了效,杜月笙第二次悠悠醒转,再次还魂。

8月14日,凌晨2点40分,医生决定做最后一次挽救,替杜月笙输血250CC。这250CC血输了1个钟头又40分钟。3点3刻,天还没有亮,杜月笙第三次死去活来,不过这一回他既睁不开眼睛,也说不出话了,只是两眼微合,从嘴巴张一个洞,眼睛眯一道线,偶尔喉咙口咯咯作响,所有亲友都已明白他距离死亡只有一步。6时1刻,突然他在昏迷之中又晕厥过去,脉搏呼吸第四次全部停止。亲友们大叫:"不好了!"梁宝鉴立命护士注射强心针,他第四次进入死亡状态,8分钟后又被硬拖了回来。

终于有人说出了真话

没有人认为杜月笙度得过8月14日这一天,偏有奇迹出现。当陆京士等人正在分头打电话请人准备为"杜先生"办后事时,忽有一位远客来到,这就是时任蒋介石台湾"国民政府"行政顾问、由台北专程赶来送终的吕光。

吕光行色匆匆,抵达杜公馆后,直趋病榻前。他看到杜月笙的情况,心中焦急,于是不管杜月笙听不听得到,凑近他的耳朵,高声地告诉说:

"洪兰公明天到香港来,'总统'叫他当面向杜先生致眷念慰问之意。本来我们约好今天同机来香港的,但是因为洪兰公临时赶不及,他要我转告杜先生,明天中午一定赶到香港。还有维善,他也搭明天的飞机。"

"总统"自然是指蒋介石。

吕光一声声,一遍遍地喊,垂死中的杜月笙竟似听见了。众人惊喜交集地看见,他的眼睛睁大一些时,嘴唇翕动,似乎在微微颔首。

所有的医生都认为这是难以置信的事。自8月14日下午至15日中午,杜月笙不需任何药物,仅只是吕光带来的一句话,"'总统'命洪兰友面致眷念慰问之意",带给杜月笙无限的鼓舞与感奋,他又活下去了。其间,只是在14日夜晚和15日清晨各通了一次大小便,杜月笙还忍住了痛楚,不曾呻吟,身体也不起颤动,仿佛肉体上的痛痒和他完全无关。

8月16日下午2点15分,在台湾求学住在陆京士家中的杜维善由陆夫人陪同,先一步自台湾飞到香港。他走进大门时就已泣不成声,陆京士趋前加以抚慰,嘱咐他:"不要在病人眼前落泪。"然后来到杜月笙的床前,陆京士一声声地大喊:

"先生!先生!维善来了!"

杜月笙勉力地睁开了眼睛,眼珠迟滞地望了杜维善和陆太太一眼,便乏力地合上。他残存的精力恍如一线游丝了。

一刻钟后,下午2点30分,时任台湾"国民大会"秘书长的洪兰友抵达坚尼地杜公馆,当即引起一阵欢呼。洪兰友面容肃穆,神情哀戚,快步走进杜月笙的房间,一眼看见了躺在床上呼吸屏止的杜月笙,怔了一怔,以为他已来迟了一步。但是,围绕在杜月笙四周的亲友还在急切地大呼小叫:

"先生!先生!洪兰友来了!"

洪兰友见杜月笙似乎还有点知觉,为达成使命,连忙高声地在他耳边喊:

"杜先生,'总统'对你的病十分关怀,希望你安心静养,早日康复。目前台湾一切有进步,国家前途一片光明,我们还是有希望的!"

这时洪兰友只想杜月笙能在易箦之际,听得见他这几句话,在他人生的最后历程得到一份慰藉。谁知,杜月笙凝聚他每一分精力等候着洪兰友的到来。他不但听清楚了洪兰友所说的每一句话,而且竟奋目迅张,睁开了一闭三日的眼睛,甚至伸出了那只颤抖不已的手,非常吃力地伸向洪兰友,和他紧紧地交握。与此同时,他清晰明白地说出了他在世最后的一句话:

"好,好,大家有希望!"

洪兰友的两行热泪,不可遏忍地抛落下来。

最后一个"望"字说完,杜月笙那只手松弛,垂落下去,眼睛又合,嘴唇紧闭,但是他仍在竭力挣扎着,似乎还想多说一两句,然而气逆舌僵,他已语不成声了。

洪兰友忙再上前一步,大声地说:

"杜先生的心事,我都明白,杜先生所没有说出来的此间友好可以转告我,我回台北以后,一定代为上达。"

这时,口眼紧闭的杜月笙又艰难万分地点点头,两颗眼泪逸出眼眶之外。

站在一旁,注视这一幕的钱新之情不自禁地一声长叹,热泪泉涌,喃喃地说:"大家有希望,大家有希望,天啊!就是他没有希望了啊!"

"什么就他没有了希望呀?"这时人群中的孟小冬突然发疯似地冲着他们大喊起来:"他不这么死心塌地跟着老蒋,会没希望吗?!"

众人大惊失色。有人慌忙要捂住她的口。但是,她口里还是迸出了:"黄老爷子不是在上海还活得好好的吗? 就是你们让他跟着老蒋逃出上海,踏上了不归路啊!"

孟小冬披头散发,大喊大叫。 众人以为她这段时间被杜月笙死亡的阴影压得神经失常了,慌忙把她拖了出去。刚刚平息了这一幕,有人探手伸进被窝去摸摸杜月笙的脚,立即失口惊呼:

"哎呀!脚已经凉了!"

杜月笙拖到距离他生日不到24小时的8月16日,于下午4时50分,终于走完了这一段漫长而艰苦的死亡历程,撒手尘寰。